177 CÔTE OUEST ET NORD

Changement d'ambiance avec la région des ranchs, des *stockmen*, pour une ambiance Far West ! Et au nord, découvrez la partie la plus sauvage et la moins touristique de l'île.

229 CÔTE EST

Place aux changements de paysage et à l'émerveillement face aux forêts verdoyantes, à la beauté des cascades et à la découverte des nuits en tribu !

253 ÎLE DES PINS

A moins d'une heure de vol depuis la Grande Terre, préparez-vous à être émerveillé par les eaux cristallines, la majestueuse baie d'Upi et les nombreuses plages de sable fin.

Plage de Kanumera sur l'île des Pins. © JOEL-T - ISTOCKPHOTO.COM

Lifou. © TURBO989 - ISTOCKPHOTO

271 ÎLES LOYAUTÉ

Bienvenue dans les îles les plus proches du paradis ! Prenez un masque et un tuba et laissez-vous envoûter par la richesse sous-marine de la Nouvelle-Calédonie.

309 ORGANISER SON SÉJOUR

C'est la partie des informations pratiques ! Comment se rendre sur place, quelles agences organisent des séjours là-bas, des conseils logements ou pour se déplacer...

Totem kanak. © DE-PIXEL

ÎLE POTT
ÎLES BELEP
ÎLE ART
Waala
ÎLE YANDÉ
ÎLE BAABA
ÎLE YENGHBANE
ÎLE BALABIO
ÎLE NEBA
ÎLE YAVA
POUM
Arama
ÎLE TANLÉ
OUEGOA
MER DE CORAIL
POUEBO
Bondé
Pagoumène
1629 M
MONT PANIÉ
KOUMAC
KAALA-GOMEN
HIENGHENE
TOUHO
Ouaco
Témala
POINDIMIÉ
VOH
Grombaou
KONE
PONERIHOUEN
POUEMBOUT
Basse-Poya
HOUAILOU
POYA
Nandaï
BOURAIL
Nessadiou
MOINDOU
50 KM
Altitude (en mètres)
1000
500
0
Route principale
Route secondaire
Ville

PAPOUASIE-NOUVELLE-GUINÉE
AUSTRALIE
NOUVELLE-CALÉDONIE
NOUVELLE-ZÉLANDE

ÎLES LOYAUTÉ
ST-JOSEPH ★★
WENEKI
FAYAWA ★
OUVEA ★★★
FAYAOUÉ ★★★
WADRILLA ★
MOULI ★★★
LEKINY ★★★
JOKIN ★★★
XÉPÉNÉHÉ ★★★
HNATHALO ★★
KUMO ★★
Jinek
Drueulu
WÉ ★★
HAPETRA ★★
LIFOU
★★★★
LUENGÖNI ★★★★
MU ★★★
XODRE ★★★
WAKONE ★
ILE TIGA ★
KAEWATINE ★★
LA ROCHE ★★
RO ★★
ILE DUDUN
Ménaku
Thogoon
WAKUARORY ★★
HNAWAYACA
NECE ★
TADINE ★★
MARE ★★★
WABAO ★★★
ENI ★★
PENELO ★
KOUAOUA
Nakéty
SARRAMEA ★★
THIO ★★
FARINO ★★
Les Pétroglyphes
LA FOA
★★★
BOULOUPARIS ★
Mont Humboldt
1618M
Tomo
PARC DE LA RIVIÈRE BLEUE
★★★★
LAC DE YATÉ ★
PAITA ★
YATE ★★
RÉSERVE DES CHUTES ★★
DE LA MADELEINE
DUMBEA ★★
Robinson
MONT DORE ★★
NOUMÉA ★★★
PRONY ★★★★
PLUM ★
PORT-BOISÉ ★
ÎLOT SIGNAL ★★
ÎLOT LARÉGNÈRE ★★
ÎLOT CASY ★
ÎLE AUX CANARDS ★★★
ÎLOT MAÎTRE ★★
ÎLOT SAINTE-MARIE ★★
ÎLOT AMÉDÉE ★★★
ÎLOT GOÉLAND ★★
ORO ★★★★
GADJI ★
ÎLE DES PINS
★★★★
KUTO ★★★
VAO ★★★

QUAND Y ALLER

JANVIER

22° / 29°

$

FÉVRIER

23° / 29°

$

MARS

23° / 28°

$

JUILLET

17° / 23°

FÊTE DE LA MER
(POUM)
Venez découvrir l'habileté des pêcheurs de Poum et dégustez poissons et crustacés ! On s'amuse et on se régale ! Idéal en famille.

LA TRANSCALÉDONIENNE
Avis aux sportifs ! Voilà une course incontournable de l'île avec au choix des distances de 5, 12, 25 ou même 50 kilomètres !

$ $ $

AOÛT

17° / 23°

FÊTE DU SANTAL ET DU MIEL « WETR EST LÀ »
(WÉ)
C'est la mise à l'honneur des savoir-faire traditionnels des tribus de Lifou : la vanille, les sculptures, le bois de Santal...

$ $ $

SEPTEMBRE

18° / 24°

FRANCOFOLIES
(NOUMEA)
Ce festival – originaire de La Rochelle – très connu débarque pour un week-end ici ! Profitez-en, l'ambiance est là !

FÊTE DU VER DE BANCOULE
(FARINO)
Et si vous partiez en quête d'un gros ver blanc, en fouillant dans les troncs de bancouliers ? Promis, vous allez adorer !

$ $

Nouvelle-Calédonie

BIENVENUE AU BOUT DU MONDE !

C'est l'histoire d'un petit pays, d'un archipel au grand cœur, posé telle une offrande de la nature au milieu des eaux translucides du Pacifique. Elle s'appelle Nouvelle-Calédonie. Certains disent familièrement « le Caillou », d'autres « Kanaky ». Elle ne laisse personne indifférent et enrichit forcément celui qui lui consacre un court séjour ou toute une vie. Bordée par le plus grand lagon du monde, dont six sites sont classés au patrimoine mondial de l'Unesco, cette terre riche, haute, sanguine et spirituelle est l'une des plus anciennes de la planète. Ses montagnes d'ocre en sont l'épine dorsale et leur empreinte gorgée de minerais se retrouve partout. Elles forment le vaste massif de la Chaîne centrale, dont les flancs rougeoyants contrastent intensément avec le vert émeraude des forêts profondes, la blancheur de nacre des plages désertes et le bleu saphir lagon si généreux. La barrière de corail en garde jalousement les charmes infinis et dévoile ses palettes chatoyantes de turquoise, entre la houle du large et le calme absolu d'un littoral au sable fin. Si l'on dit d'Ouvéa et de l'île des Pins qu'elles sont les îles les plus proches du paradis, la description peut aisément s'étendre à l'ensemble de l'archipel. Berceau éternel de l'âme kanak, le territoire tout entier est imprégné d'une culture mélanésienne fascinante, qui s'inscrit au centre d'une grande diversité ethnique, influencée par les Européens, les Polynésiens et les Asiatiques.

Retrouvez cette offre en page 97

SOMMAIRE

Lagon au nord de la Nouvelle Calédonie. © CACHOU44 - ISTOCKPHOTO

Plage de la Côte Est. © CAMILLE RENEVOT

6 INSPIRER

Quelle est la meilleure période pour partir ? Quelles sont les bonnes raisons de partir ? Quel itinéraire privilégier ? Toutes les infos et plus encore dans cette partie.

31 DÉCOUVRIR

C'est la première approche avec l'autre bout du monde ! Son histoire, sa culture, sa gastronomie, son art, sa faune et sa flore ou encore ses meilleurs spots de plongée, vous saurez tout ou presque !

101 RÉGION DE NOUMÉA

Nouméa – la plus grande ville de l'île et la ville d'arrivée – vous accueille avec ses musées, ses restaurants et surtout, ses nombreux îlots alentour !

161 GRAND SUD

Découvrez les terres rouges de l'île, prenez de la hauteur avec l'ascension du Mont Dore, explorez la baie de Prony, cherchez à entendre le fameux cagou... Bienvenue dans le grand Sud !

Baie Sainte Marie avec le Mont Dore. © DAMSEA - SHUTTERSTOCK.COM

Peu importe l'époque à laquelle vous décidez de vous rendre en Nouvelle-Calédonie, l'île réserve des paysages magnifiques et de belles expériences. Située dans l'hémisphère Sud, l'île bénéficie de saisons inversées par rapport à la métropole. C'est en juillet que les températures sont les plus fraîches, tandis qu'en janvier, elles sont les plus élevées. Mais toute l'année, la vie en Nouvelle-Calédonie est rythmée par les fêtes de village ou dans les îles.

AVRIL

21° / 26°

FÊTE DE L'AVOCAT
(TADINE)
Une fête incontournable si vous êtes sur Maré à cette période ! Et de l'avocat frais, vous allez vous régaler !

FÊTE DE L'OMELETTE GÉANTE
(DUMBÉA)
Au menu, nombreux concerts et spectacles pendant qu'une omelette est confectionnée dans une poêle géante au parc Fayard !

MAI

20° / 24°

FESTIVAL DE L'IMAGE SOUS MARINE
Venez découvrir la richesse des fonds sous-marins de la Nouvelle-Calédonie ! Idéal pour s'y rendre en famille.

FÊTE DU DIAHOT
(OUÉGOA)
De nombreux activités sont mises en place pour découvrir la région et ses produits : marchés de produits locaux, randonnées...

JUIN

19° / 24°

FESTIVAL DE CINÉMA DE LA FOA
(LA FOA)
Ce festival met à l'honneur des films du monde entier ! Un rendez-vous incontournable pour les cinéphiles et les curieux.

OCTOBRE

19° / 25°

FÊTE COMMUNALE DE HIENGHÈNE
(HIENGHÈNE)
Pendant deux jours, les tribus de Hienghène vous permettent de découvrir leur culture et leur territoire ! Immanquable !

TOUR CYCLISTE DE NOUVELLE-CALÉDONIE
Depuis 1967, cette épreuve cycliste se dispute sur tout le territoire ! Difficile et populaire, c'est un incontournable de l'île.

NOVEMBRE

21° / 27°

FESTIVAL FEMMES FUNK
(LE MONT-DORE)
Plus de 20 ans que ce festival de musique met à l'honneur les femmes. Profitez-en que vous soyez entre amis ou en famille.

FÊTE DU MWATA
(POUÉBO)
Venez découvrir ce produit typique, à base de banane et de manioc et profitez également des nombreuses animations organisées.

DÉCEMBRE

22° / 28°

FÊTE DU LETCHÏ
(HOUAÏLOU)

Au mois de décembre, cette fête rassemble les gourmands lors des concours du plus gros fruit ou du plus gros noyau ! Bon appétit !

LES BONNES RAISONS D'Y ALLER

ACTIVITÉS DE PLEIN AIR VARIÉES

Destination nature par excellence, c'est un véritable paradis pour les randonneurs.

UNE TERRE D'AVENTURES

Sur la côte ouest, les *stockmen* des stations vous conduiront au cœur de la Grande Terre.

LES RYTHMES MUSICAUX

Dansez sur le rythme du Kaneka, un mouvement musical né en Nouvelle-Calédonie en 1984.

© MAYUMI.K.PHOTOGRAPHY - STOCK.ADOBE.COM

UN TEMPLE DE LA PLONGÉE

Les fonds marins de l'île sont exceptionnels, tant par les coraux que les poissons.

© ALTRENDO IMAGES - SHUTTERSTOCK.COM

GOÛTER LA CUISINE LOCALE

Venez découvrir bougna, fruits de mer, poissons et autres spécialités !

© ALTRENDO IMAGES - SHUTTERSTOCK.COM

SA CULTURE

A l'autre bout du monde, découvrez la richesse de la culture mélanésienne.

© CESARTRAVELS - SHUTTERSTOCK.COM

POUR PRENDRE DE LA HAUTEUR

Avec un vol en ULM ou un saut en parachute, pour s'émerveiller des couleurs du lagon.

LES BONNES RAISONS D'Y ALLER

UN ART UNIQUE

De nombreux artistes racontent leur culture à travers des sculptures.

OBSERVER LES REQUINS

Quel bonheur de nager et d'observer des requins à pointes blanches ou noires… !

UN STYLE DE VIE RELAX

On ne se prend pas la tête ici, on est *chill* et surtout on profite !

LES 12 MOTS-CLÉS

#BINGO

Le célèbre jeu où les numéros tirés sont à comparer avec les numéros des cartes qu'on a achetées. Un bingo existe sur le port à Nouméa et nombreux sont ceux qui y vont dépenser toutes leur paie, attention aux addictions ! Des bingos informels sont souvent organisés dans les quartiers et les tribus. Une bonne ambiance y règne.

#BOUGNA

Le plat kanak incontournable ! Bananes, tubercules (taro, igname, manioc) et viande ou poisson sont enveloppés dans des feuilles de bananier avec du lait de coco, le tout mis dans un trou creusé dans la terre ou le sable. Les techniques diffèrent selon la région. Si le *bougna* est préparé à la marmite ou au gaz, il est appelé *bougna marmite*.

#CAGOU

Le *cagou* n'est autre que l'emblème de l'île. Cet oiseau au plumage bleu n'a pas été gâté par la nature : maladroit, trapu, incapable de voler… vous ne le trouverez nulle part ailleurs ! Sa survie est aujourd'hui menacée. Sa population compte seulement un petit millier de spécimens. Essayez d'en apercevoir au Parc de la Rivière Bleue !

© HOLGER KIRK - SHUTTERSTOCK.COM

#CALDOCHE

Terme qui désigne la population blanche, voire métissée, implantée depuis plusieurs générations sur le Caillou. Descendants des premiers bagnards ou des premiers colons, ils sont toujours prêts pour « un coup » de chasse ou de pêche. Aujourd'hui, on lui préfère le terme de « Calédonien », même si « Caldoche » s'emploie quand même.

#CASE

C'est l'habitat kanak traditionnel. La case est la manifestation d'une culture mélanésienne qui a traversé les siècles et les rapports sociaux au sein du clan. Chaque région possède une technique de construction particulière. Sa singularité réside d'abord dans son entrée : un adulte ne peut pas la franchir sans se courber.

© BOB TAZAR - STOCK.ADOBE.COM

#CONFITURE

L'un des plaisirs gastronomiques de la Nouvelle-Calédonie est la confiture ! Les petits déjeuners en gîtes ou en tribu seront l'occasion pour vous de découvrir de délicieuses confitures faites maison, par exemple banane, papaye, coco, citron, patate douce, goyave, corossol… N'hésitez pas à en rapporter en métropole en guise de souvenir !

#CORAIL

Le corail est un animal marin et non un végétal. Il vit en symbiose avec des algues et constitue lui-même son squelette calcaire. Une barrière de corail de 1 600 km ceinture presque la totalité de la Nouvelle-Calédonie. Ce formidable rempart protège un lagon de 24 000 km², un univers paradisiaque qu'on observe en PMT ou plongée en bouteille.

© DAMSEA - SHUTTERSTOCK.COM

LES 12 MOTS-CLÉS

#COUTUME

Ce terme difficile à définir est pourtant l'un des éléments centraux de la vie et de l'identité kanak : la coutume incarne un concept utilisé pour désigner la tradition et la bienséance. On dit souvent « faire coutume ». Cette offrande est par exemple composée d'un morceau de tissu et d'un billet de banque ou d'un paquet de tabac.

#LAGON

Vient de l'italien *lagone* qui signifie « grand lac ». C'est l'étendue d'eau fermée au large par le récif corallien. Attention, on ne dit pas : « Je veux une chambre avec vue sur la mer », mais : « Je veux une chambre avec vue sur le lagon » ! Et pas n'importe quel lagon, puisqu'il s'agit du plus grand du monde ! Profitez-en, c'est sublime !

#PARADIS

Quelle est l'île la plus proche du paradis ? Deux îles revendiquent ce titre : Ouvéa, et sa sublime plage de sable fin de Mouli, ou l'île des Pins, sa baie d'Oro ? Mais rendons à César ce qui lui appartient, *L'île la plus proche du paradis* est un *best-seller* de Katsura Morimura paru dans les années 1960 au Japon et elle parlait... d'Ouvéa !

#TATA

Mot incompréhensible pour les non-Calédoniens, mais utilisé à tout bout de champ par les habitants du Caillou. Tata signifie tout simplement « au revoir » en kanak. *Tata bisou* est une variante. Dans la foulée, le tutoiement est courant en Nouvelle-Calédonie. Il doit être réciproque et ne représente pas une familiarité intempestive.

#TRICOT RAYÉ

Petit serpent marin amphibie qui n'est pas moins doté d'un venin mortel. Mais il n'a jamais mordu un humain, sa mâchoire ne s'ouvrant pas suffisamment ! Attention, il digère dans les plantes de bord de mer, ne pas lui marcher dessus. Les Calédoniens ont beaucoup d'affection pour lui et on en aperçoit énormément au phare Amédée notamment.

VOUS ÊTES D'ICI, SI...

▸ **Vous prévoyez « une coutume »** au cas où, quand vous vous rendez en tribu.

▸ **Vous vous levez tôt** et vous commencez par aller faire un tour au marché de Nouméa. Et pour faire le plein d'énergie, après le repas, vous n'hésitez pas à faire une petite sieste !

▸ **Vous savez qu'on ne peut pas aller n'importe où** sans demander la permission ! Les Kanaks emploient souvent le mot « tabou » pour désigner les sites dont l'accès est interdit sans autorisation.

▸ **Vous aimez l'eau !** L'île offre tellement d'opportunités pour en prendre plein la vue.

Les spots principaux de plongée sont Nouméa, Hienghène, Poindimié, Koumac et bien sûr sur les îles Loyauté et l'île des Pins. La faune et la flore marines y sont extrêmement diversifiées.

▸ **Tata bisou !** Mot incompréhensible pour les non-Calédoniens, mais utilisé à tout bout de champ par les habitants du Caillou. Tata signifie tout simplement « au revoir » en kanak.

MA NOUVELLE-CALÉDONIE

Par Marie-Charlotte Amblard, auteure du guide

© MARIE-CHARLOTTE AMBLARD

Interview

Parcourant le monde depuis son adolescence, Marie-Charlotte est rapidement tombée amoureuse de cette terre si particulière qu'est la Nouvelle-Calédonie. Ici, on ralentit le rythme, on se lève tôt pour profiter de l'ambiance des marchés, on randonne, on plonge, on découvre une culture d'une richesse incroyable... Elle aime qu'au-delà des plages, l'île offre des paysages à couper le souffle !

IDÉES DE SÉJOUR

Au prix du billet d'avion (au minimum 1 600 euros en s'y prenant à l'avance) et au regard du décalage horaire (entre 9 et 10 h), il est difficile d'envisager de passer moins de 15 jours en Nouvelle-Calédonie. Y passer un mois vous permettra de vivre à l'heure de la Nouvelle-Calédonie et de percevoir plusieurs facettes du territoire, de la Grande Terre et des îles Loyautés. Question budget, l'archipel est une destination chère, que ce soit pour les hôtels, les restaurants, la nourriture, les transports, tous les prix sont supérieurs à ceux pratiqués en métropole. Nous vous proposons plusieurs itinéraires selon le temps dont vous disposez sur place, de 15 jours à un mois. A vous de les adapter selon vos envies (plongée, randonnée, farniente...). N'hésitez pas à piocher entre les différentes propositions afin de trouver l'itinéraire parfait pour vos envies ! Commencez dès maintenant à rêver...

MOSAIQUE DE PAYSAGES EN NOUVELLE-CALÉDONIE

Montagnes, lagons, plages de sable fin, la Nouvelle-Calédonie à tout pour vous séduire. Ce séjour propose de découvrir tout ces aspects, et de vous plonger au cœur de la douceur de vivre de ce territoire.

› Jour 1 - Arrivée à Nouméa

Découverte du centre-ville et promenade sur la baie des Citrons et l'anse Vata ★★★. Récupération du décalage horaire.

› Jour 2 - Visite de la ville

Visite du centre culturel Tjibaou (p.121) ou du musée de Nouvelle-Calédonie (p.121) pour se plonger dans la culture du pays. Promenade jusqu'au sommet du Ouen Toro pour profiter du panorama au coucher du soleil. Réservez votre billet pour l'île des Pins ★★★★ (en avion pour un départ le lendemain).

› Jour 3 - Cap sur l'île des Pins

Le mieux est de louer une voiture ou un scooter pour le premier jour. Direction les baies de Kuto et de Kanuméra (p.260) puis ascension du pic N'ga (p.260)pour profiter du panorama, avant de faire le tour de l'île.

› Jour 4 - Excursion en pirogue

Voguez de la baie d'Upi jusqu'à la baie d'Oro ★★★★ (p.265). Il est déjà l'heure de déjeuner : rendez-vous au Kougny pour déguster une langouste que vous aurez pris soin de réserver la veille. N'oubliez pas vos palmes, masque et tuba pour explorer la piscine naturelle (p.267).

› Jour 5 - Sortie bateau

Naviguez autour des magnifiques îlots, avant de repartir vers Nouméa ★★ (p.101).

Les roches de Lindéralique, Hienghène.

› Jour 6 - Retour à Nouméa

Matinée au marché et visite de l'aquarium des lagons (p.127) en fin de matinée. Après midi au parc zoologique et forestier (p.123).

› Jour 7 - Direction la brousse !

Louez une voiture. A l'heure du déjeuner, arrêtez-vous chez Mamie Fogliani à Farino ★★ (p.197) ou Aux Délices des Jumelles à Sarraméa ★★ (p.201) (réservation obligatoire). Visitez le fort Teremba (p.203) l'après-midi pour découvrir l'histoire coloniale du pays. Dormez à deux pas de la plage, à Poé (p.207) ou à la Roche percée.

› Jour 8 - Promenade sur les plages

Matinée sur la magnifique plage de Poé. (p.207) L'après-midi, explorez le sentier des Trois Baies et profitez de ses plages. Les amateurs de sensations pourront essayer L'ULM au-dessus du lagon. Expérience inoubliable garantie. Retour en fin de journée sur Nouméa ★★ (p.101).

› Jour 9 - Envolée vers Lifou

Le premier jour, cap au nord. Visitez la grotte du diable, (p.293) la Grande Case de Hnatalo, la vanilleraie de Felix Bolé à Mucaweng et assistez au superbe coucher de soleil des falaises de Jokin ★★★ (p.296) (où vous pourrez dormir).

› Jour 10 - Observation de la vie sous-marine

Le deuxième jour, équipez-vous de palmes, masque et tuba pour découvrir les fonds marins de la baie de Jinek (p.293) ou rendez-vous au club de plongée. Descendez ensuite vers le sud et dormez à Wé ★★ (p.290).

› Jour 11 - Après-midi Farniente

Le troisième jour, profitez des plus belles plages de Lifou ★★★★ : Luengöni (p.299) et Peng (p.298) et retour à Nouméa en fin de journée.

› Jour 12 - Journée détente sur l'îlot Canard

L'îlot Canard ★★★ (p.156) se situe à 10 minutes en bateau à peine de l'anse Vata. Admirez les coraux et poissons sur le sentier marin qui cerne l'îlot. Profitez de la fin d'après-midi pour admirer le coucher du soleil depuis la terrasse d'un des bars de la baie des Citrons ★★★.

› Jour 13 - Le sud de la Grande Terre

Louez une voiture. Au programme : visite de la réserve botanique des chutes de la Madeleine (p.175) ou balade dans le parc de la Rivière Bleue ★★★★ (p.165).

© SUZSI - SHUTTERSTOCK.COM

Baie de Jinek.

› Jour 14 - Plongée ou randonnée

Les amateurs de PMT peuvent consacrer le deuxième jour aux fonds marins de Yaté ★★ (p.168), tandis que les randonneurs peuvent découvrir l'un des nombreux sentiers du sud. Retour sur Nouméa le soir.

› Jour 15 - Dernières heures en Nouvelle-Calédonie

C'est déjà la fin…

DOUCEUR DE VIVRE EN NOUVELLE-CALÉDONIE

Si vous restez un mois sur le Caillou, vous pourrez ajouter la visite d'Ouvéa ★★★ et le tour complet de la Grande Terre en plus d'un circuit basique autour de Nouméa ★★ (p.101).

› Jour 1 - Arrivée à Nouméa

Découverte du centre-ville et promenade sur la baie des Citrons et l'anse Vata ★★★. Récupération du décalage horaire.

› Jour 2 - Visite de la ville

Visite du centre culturel Tjibaou (p.121) ou du musée de Nouvelle-Calédonie (p.121) pour se plonger dans la culture du pays. Promenade jusqu'au sommet du Ouen Toro pour profiter du panorama au coucher du soleil. Réservez votre billet pour l'île des Pins ★★★★ (en avion pour un départ le lendemain).

› Jour 3 - Cap sur l'île des Pins

Le mieux est de louer une voiture ou un scooter pour le premier jour. Direction les baies de Kuto et de Kanuméra (p.260) puis ascension du pic N'ga (p.260) pour profiter du panorama, avant de faire le tour de l'île.

IDÉES DE SÉJOUR

Pirogue sur l'île des Pins.

› Jour 4 - Excursion en pirogue

Voguez de la baie d'Upi jusqu'à la baie d'**Oro** ★★★★ (p.265). Il est déjà l'heure de déjeuner : rendez-vous au Kougny pour déguster une langouste que vous aurez pris soin de réserver la veille. N'oubliez pas vos palmes, masque et tuba pour explorer la **piscine naturelle** (p.267).

› Jour 5 - Sortie bateau

Naviguez autour des magnifiques îlots, avant de repartir vers **Nouméa** ★★ (p.101).

› Jour 6 - Exploration de Nouméa et ses alentours

Visite du **bagne de Nouville** (p.124), marche jusqu'au fort Téréka et fin d'après-midi au Kuendu Beach pour profiter du coucher de soleil sur l'océan.

› Jour 7 - Îlots au large de Nouméa

Profitez de la deuxième journée pour visiter un des îlots à proximité de Nouméa (phare Amédée ou **îlot Canard** ★★★ (p.156)). Réservez vos billets d'avion pour Lifou (départ le surlendemain pour 4 jours).

› Jour 8 - Promenade sur les plages

Matinée sur la magnifique **plage de Poé.** (p.207) L'après-midi, explorez le sentier des Trois Baies et profitez de ses plages. Les amateurs de sensations pourront essayer L'ULM au-dessus du lagon. Expérience inoubliable garantie. Retour en fin de journée à Nouméa.

› Jour 9 - Envolée vers Lifou

Le premier jour, cap au nord. Visitez la **grotte du diable,** (p.293) la Grande Case de Hnatalo, la vanilleraie de Felix Bolé à Mucaweng et assistez au superbe coucher de soleil des **falaises de Jokin** ★★★ (p.296) (où vous pourrez dormir).

› Jour 10 - Observation de la vie sous-marine

Le deuxième jour, équipez-vous de palmes, masque et tuba pour découvrir les fonds marins de la **baie de Jinek** (p.293) ou rendez-vous au club de plongée. Descendez ensuite vers le sud et dormez à **Wé** ★★ (p.290).

› Jour 11 - Après-midi Farniente

Le troisième jour, profitez des plus belles plages de Lifou : **Luengöni** (p.299) et **Peng** (p.298) et retour à Nouméa en fin de journée.

› Jour 12 - Route vers l'ouest

Louez un véhicule. Remontez la côte Ouest en visitant les environs de **La Foa** ★★★ (p.192) (**fort Téremba** (p.203), marché de Farino) et de **Bourail** ★★★★ (p.204) (la Roche Percée et la **plage de Poé** (p.207)). Dormez au gîte Nëkweta.

› Jour 13 - Découverte de la côte ouest

Arrêts à **Poya** ★ (p.215), **Koné** ★ (p.217), **Voh** ★★ (p.219) (le célèbre cœur de mangrove), **Pouembout** ★ (p.216) et **Koumac** ★★ (p.223) (les **grottes de Koumac** (p.223)). Au programme : randonnées pédestres, équestres et visite de mines.

› Jour 14 - Exploration des fonds marins

Laissez-vous séduire par une plongée du côté de **Koumac** ★★ (p.223) en compagnie du club Rêve Bleu.

› Jour 15 - Impression de bout du monde à Poum

Achevez votre périple en réservant au moins une nuit au gîte du Relais de Poingam et visitez les environs de **Poum** ★★★ (p.226). Attention : la route est longue, mais les paysages valent la peine.

› Jour 16 - Cap sur l'est

Empruntez la transversale entre **Koumac** ★★ (p.223) et **Ouégoa** ★★ (p.235)et redescendez la côte Est. Réservez des nuits à **Hienghène** ★★★★ (p.236)et **Poindimié** ★★★ (p.243) pour prendre le temps de découvrir les lieux à pied ou en kayak.

› Jour 17 - De lieu en lieu

Tout au long de la route, d'imposantes cascades vous invitent à la baignade.

› Jour 18 - Paysages grandioses

Continuez vers le sud pour prendre la transversale à partir de **Houaïlou** ★ (p.246)et profiter encore un peu des paysages de la côte Est, ou remonter pour prendre la transversale qui rejoint **Koné** ★ (p.217). Cette route est la plus rapide.

› Jour 19 - Retour à Nouméa

Restez à **Nouméa** ★★ (p.101)pour une nuit. Goûtez à la vie nocturne de la baie des Citrons, ★★★ ou rendez-vous à la Bodega del Mar sur l'anse Vata.

› Jour 20 - Rendez-vous dans « l'antichambre du paradis ».

Cap sur Ouvéa. Visitez les trous d'eau, parcourez l'île à vélo, observez le passage des animaux marins depuis le **pont de Mouli** (p.308).

› Jour 21 - Détente sur la plage

Savourez un bain de soleil sur l'une des plus belles plages de Nouvelle-Calédonie : faites-vous plaisir !

› Jour 22 - Direction le Grand Sud

Découvrez le lac de Yaté, ★ la terre rouge et une végétation unique. Explorez le **parc de la Rivière Bleue.** ★★★★ (p.165) Vous pourrez même y camper.

› Jour 23 - Dernières heures en pleine nature

Le lendemain, passez par la **baie de Prony** (p.174), puis revenez sur Nouméa.

› Jour 24 - Fin du séjour

C'est déjà l'heure du départ.

PRATIQUE

SE REPÉRER / SE DÉPLACER

DE L'AÉROPORT AU CENTRE-VILLE

A votre arrivée sur Nouméa (aéroport la Tontouta - www.aeroports.cci.nc/fr/tontouta), nous vous conseillons vivement d'avoir réservé au préalable votre transfert. Déjà parce que vous n'avez pas beaucoup de choix et ensuite, vu la fatigue du voyage, vous serez content de gagner du temps et d'être pris en charge rapidement. Notre chouchou, c'est l'entreprise Arc en Ciel (www.arcenciel.nc) à Nouméa qui s'occupe de tout et qui propose des transferts privés ou collectifs, selon votre budget. Il y a également la société Lyvai (www.lyvai.com).
Comptez 45 minutes de trajet jusqu'au centre-ville et 1h minimum jusqu'à l'aérodrome de Magenta.

Pour les liaisons inter-îles, vous décollerez de l'aéroport de Magenta, à proximité du centre-ville. Comptez 30 minutes de vol pour l'île des Pins, 45 min pour Lifou, 40 min pour Ouvéa ou encore Maré.

ARRIVÉE EN TRAIN

Evidemment, il est impossible de rejoindre la Nouvelle-Calédonie en train. A l'époque, la Nouvelle-Calédonie comptait cependant 400 kilomètres de voies ferroviaires. Beaucoup de locomotives servaient principalement pour les mines. Dès 1936 le trajet « Nouméa-Païta » disparaît, au profit des camions. Des associations aimeraient voir revivre ce tronçon... Affaire à suivre !

ARRIVÉE EN BATEAU

Il est possible de rallier l'île des Pins (2h30), Maré (4h) et Lifou (5h30) à bord du catamaran *Betico 2*, qui est l'unique bateau à proposer des liaisons pour passagers. Meilleur marché que l'avion, ce mode de transport n'est pas sans inconvénients : le trajet est bien plus long et les rotations sont fréquemment annulées au dernier moment à cause de la météo (www.betico.nc/fr).

TRANSPORTS EN COMMUN

Nouméa possède trois compagnies de bus qui desservent respectivement : le réseau urbain, le réseau suburbain, et la brousse. Les îles, quant à elle, ne comptent malheureusement aucun transport public.

Karuïa bus dessert la commune de Nouméa dans son ensemble. Même si la fréquence est un peu faible et que les services s'arrêtent en début de soirée, ces bus sont pratiques pour rejoindre la baie des Citrons, l'anse Vata, le Centre culturel Tjibaou ainsi que l'aérodrome de Magenta au départ de la gare routière principale de Port Moselle.

Carsud dessert le réseau suburbain de Nouméa à destination des communes de Païta, Dumbéa et du Mont-Dore. Il est important de noter que c'est la seule compagnie qui dessert l'aéroport de La Tontouta. Les gares routières se trouvent à Montravel et rue Demazures dans le centre-ville, en face de la gare maritime.

R.A.I (Réseau d'autocars interurbains) dessert la quasi-totalité des communes de Grande Terre au départ de la gare routière de Port Moselle à Nouméa. Les bus sont neufs et confortables, la fréquence assez bonne pour la plupart des destinations, et les prix plus que raisonnables. Une très bonne option pour les petits budgets qui souhaitent faire le tour de Grande Terre à moindre coût.

VÉLO, TROTTINETTE & CO

Grande Terre : compte tenu de la vitesse à laquelle roulent les Calédoniens et du nombre de morts sur les routes chaque année, sans compter le peu de civilité dont font preuve les automobilistes envers les deux-roues, Grande Terre est loin d'être l'endroit idéal pour ces derniers. La route du Sud est particulièrement déconseillée aux motards du fait de caillassages sporadiques ayant lieu aux abords de la tribu de Saint Louis.

Les îles : les distances et le relief se prêtent aux balades en deux-roues sur l'île des Pins et

5493 kgCO_2e / personne
Aller-retour Paris-Nouméa

→ Le calcul de cette consommation CO_2 est fait à partir de Paris. L'idée est ici de montrer concrètement l'empreinte carbone de ce trajet, même s'il n'existe pas d'autre alternative que l'avion pour se rendre dans cette destination de manière directe.

© POMINOZ - SHUTTERSTOCK.COM

Ouvéa, où il est possible de louer vélos et scooters. À Maré, les distances étant plus longues, seul le scooter est recommandé. Quant à l'île de Lifou, grande comme la Martinique, elle n'est propice ni à l'un ni à l'autre, et ne compte d'ailleurs aucun loueur de deux-roues.

AVEC UN CHAUFFEUR

Les taxis sont concentrés à Nouméa. On y trouve leurs voitures en vert et blanc stationnées au centre-ville, à l'anse Vata et à l'aérodrome de Magenta. Après 19h, ils sont l'unique moyen de se déplacer, les services de bus s'arrêtant à cette heure-là.

EN VOITURE

Le sens de circulation du centre-ville de Nouméa a été complètement modifié en 2008 afin de fluidifier le trafic. Une fois que vous êtes familiarisé avec les petites subtilités d'orientation, tout va bien ! À noter que la plupart des Nouméens en âge de conduire ont une voiture. La ville est en effet assez étendue (1 heure de marche entre le centre-ville et l'anse Vata) et les transports en commun peu denses. Sur le reste de la Grande Terre, le réseau est en amélioration constante. Il est aujourd'hui possible de faire le tour de l'île en voiture de tourisme, à l'exception de certaines pistes du Sud et de l'Est où la prudence s'impose (notamment après de fortes pluies). Le passage d'ouest en est nécessite le franchissement de cols plus ou moins escarpés avec des routes souvent très sinueuses. La vitesse est limitée à 50 km/h en ville, comme en métropole) et à 110 km/h hors des villes.

▸ **Nous vous déconseillons particulièrement de conduire la nuit.** Des piétons peuvent longer les routes et les animaux en liberté traversent naturellement sans prévenir !

▸ **L'alcoolisme au volant reste un vrai problème en Nouvelle-Calédonie.** Soyez donc particulièrement prudent les week-ends et pendant la saison des mariages. Notez que la vente d'alcool au détail est interdite du vendredi midi au lundi midi.

▸ **Les résidents roulent très vite,** sur route comme sur piste, et les accidents sont malheureusement fréquents. Partez avec des véhicules en parfait état. Très important : vérifiez que vous possédez bien une roue de secours et un cric lors de la location de votre voiture. En cas de crevaison, téléphonez au garage le plus proche en donnant les références inscrites sur votre pneu. Le garagiste a le temps de s'organiser et de récupérer le bon modèle. C'est également un bon moyen de ne pas trouver porte close (surtout le week-end). Pour être remboursé par l'agence de location, vous devrez prouver que la crevaison – ou la fente – n'est pas de votre fait. Comme on ne croit que ce que l'on voit, c'est bien connu, le loueur vous demandera de constater par lui-même les dégâts ! Il ne vous reste plus qu'à embarquer le pneu usagé si vous vous en sentez le courage.

Une réserve d'eau à bord de votre véhicule vous évitera les déboires physiques et parfois mécaniques. Les grosses chaleurs tendent en effet à mettre à rude épreuve le radiateur.

Des stations-service sont disséminées dans tous les villages de la côte ouest et le long de la côte est. Elles assurent une permanence à tour de rôle le week-end. Surveillez cependant votre jauge et soyez prévoyant, histoire de ne pas tomber en rade. Lors de notre passage, il n'y avait toujours pas de station-service après Koumac, en direction du nord. Notez enfin que l'ouverture des stations entre Touho et Ouégoa est aléatoire. Attention aux mauvaises surprises !

Routes. Les 5 routes transversales qui relient les côtes est et ouest du territoire sont superbes. Au nord, entre Koumac et Pouébo, le trajet ressemble fort aux montagnes russes au milieu d'un paysage somptueux. Comptez 1 heure et quart pour 73 km. La transversale Koné-Tiwaka, dont le tracé a été achevé en 1998, est également magnifique. Elle permet d'atteindre Poindimié (1 heure 20) ou Hienghène (1 heure 30) sur la côte est. Au centre, vous empruntez la route de Bourail à Houaïlou (2 heures 30) par le col des Roussettes qui culmine à 360 m. Vous serpentez au cœur de belles vallées et de prés verts où paît le bétail jamais très loin de grands pins colonnaires. Entre La Foa et Canala, la transversale passe par le col d'Amieu culminant à 474 m. La route, très sinueuse, traverse la chaîne et de splendides forêts primaires classées réserves botaniques. Comptez 60 km à effectuer en 1 heure. Enfin, la transversale (47 km) la plus au sud raccorde Boulouparis à Thio par le col de Nassirah (350 m).
Juste après Pouébo (côte est), au lieu-dit Yambé, vous trouverez une piste de 45 km en terre. Le paysage est grandiose entre monts et mer, la route longe les bananiers, les cocoteraies, les cases traditionnelles et les abribus colorés. Prévoyez 3 heures 30 pour relier Koumac à Hienghène sans vous hâter. Arrivé au dernier tiers de la piste, vous franchissez la rivière par le bac de la Ouaième. Il fonctionne en permanence, les passeurs se relayant pour vous mener d'un rivage à l'autre (comptez 15 minutes de passage). Vous avez tout le loisir de contempler les îlots situés à l'embouchure de la rivière. Ils sont sacrés (tabous) : les ancêtres kanaks viendraient s'y réincarner. Le bac peut transporter jusqu'à trois voitures. En règle générale, les routes goudronnées sont bonnes et plutôt bien entretenues. Les pistes sont larges, pour la plupart pas trop accidentées et également bien entretenues. Néanmoins, ne vous fiez pas aux distances mais au temps dès lors que vous vous engagez sur une piste. N'hésitez donc pas à questionner les gens sur la durée du trajet.
Sur la côte ouest, le paysage est assez vallonné. La route qui se déroule devant vous est assez éloignée de la mer. Les fleuves côtiers comme la Dumbéa, la Tontouta et la Ouenghi débordent souvent de leur lit à la saison des pluies et après le passage d'un cyclone.

ACCESSIBILITÉ

Cela dépend grandement des endroits, notamment en raison de la végétation luxuriante... Se renseigner au préalable auprès des endroits que vous prévoyez de visiter.

LES ATTRAPE-TOURISTES

La Nouvelle-Calédonie est plutôt calme en termes d'attrape-touristes, mais nous recommandons évidemment de prendre les précautions nécessaires applicables à tout endroit sur la planète.

A VOIR / A FAIRE

HORAIRES

Les musées ferment en général vers les 17h avec parfois une coupure entre 12h et 13h. Le dimanche, la plupart des établissements sont fermés.

A RÉSERVER

En dehors de Nouméa, il est préférable de réserver les visites guidées ou au moins, de s'assurer qu'elles auront bien lieu. Pour toutes celles qui demandent un guide, notamment pour les terres coutumières, mieux vaut envoyer un texto au moins 48h avant. Il est également préférable d'avoir un numéro local si vous voulez qu'on vous réponde au téléphone !

BUDGET / BONS PLANS

La plupart des musées calédoniens sont payants, comptez 1 000 CFP maximum. C'est souvent gratuit pour les enfants de moins de 12 ans, et ceux qui ont moins de 18 ans, qui sont détenteurs de la carte étudiante, les plus de 65 ans... bénéficient de réduction.

LES ÉVÉNEMENTS

Ne manquez pas des fêtes typiques comme la fête de l'avocat qui a lieu chaque année à Maré, fin avril ou début mai. L'avocat fait en effet la réputation de Maré dans toute la Nouvelle-Calédonie. À manger soit avec du sucre ou avec une vinaigrette ou encore coupé en lamelles avec des œufs et du bacon le matin au petit déjeuner.
Pour les sportifs, le marathon au mois d'août est une bonne façon de découvrir les baies de Nouméa en profitant d'une très bonne ambiance ! Au programme, trois courses : le marathon international (42 km), le semi-marathon (21 km) et les 10 km de Nouméa. Pour les coureurs, de nombreux ravitaillements et brumisateurs sont accessibles tout au long du parcours. De nombreux participants d'Australie, du Japon haussent le niveau. Des animations sont organisées pour les spectateurs.

VISITES GUIDÉES

Attention, lorsque vous visitez des plages, des grottes... situées en terre coutumière, il est parfois indispensable d'être accompagné par un guide (ou de payer un droit d'entrée).
Sur l'île de Lifou, ne manquez pas les visites guidées de vanilleraies par exemple pour découvrir comment est cultivée la vanille. Et à Nouméa par exemple, la visite guidée du bagne de Nouville vous permet de découvrir un pan important de l'histoire de l'île !

C'EST TRÈS LOCAL

Attention, on veille à respecter les terres coutumières et les endroits préservés ! Pensez à prendre un guide lorsque c'est nécessaire et ayez sur vous de la monnaie, il est parfois nécessaire de déposer un droit d'entrée dans une petite boîte.

PRATIQUE

SE RÉGALER

HORAIRES

La plupart des restaurants sont ouverts du lundi au samedi dès 11h et ferment souvent entre 14h et 18h30. Attention, on mange tôt en Nouvelle-Calédonie ! Le dimanche, soyez prévoyants surtout si vous quittez Nouméa (et que vous partez en pleine terre ou dans le Nord !). N'hésitez pas à vous renseigner auprès des offices de tourisme ou de votre hôtel pour connaître les restaurants ouverts.

BUDGET / BONS PLANS

De manière générale, les restaurants coûtent cher sur l'île ! En particulier l'alcool qui peut vite faire grimper l'addition. Comptez en moyenne 30 € le repas dans des restaurants abordables. Hors Nouméa, privilégiez le poisson, souvent local, qui en général offre un très bon rapport qualité-prix.

- **Le Passeport Gourmand.** Le Passeport Gourmand permet de bénéficier de réductions dans une soixantaine de restaurants et d'hôtels, ainsi que 70 activités de loisirs. Ils sont vendus 15 000 CFP et ils sont valables pour deux à six personnes. Pour plus de renseignements : www.passeportgourmand.nc

C'EST TRÈS LOCAL

La langouste ! Produit de luxe mais que vous retrouvez très souvent à la carte ici.

Ne manquez pas non plus de goûter le plat typique de l'île, le bougna, un plat à base de légumes, poissons ou viande et igname cuits dans du lait de coco. Le tout est regroupé et entouré de feuilles de bananier puis déposé sur les braises que l'on recouvre de terre.

Cerf, roussette, notou (gros pigeon), escargot de l'île des Pins, crabe de palétuviers, crevette grise, langouste, poisson de mangrove du lagon ou du large, igname, taro d'eau, manioc, noix de coco, banane plantain, fruits tropicaux... tels sont les ingrédients que l'on retrouve dans la cuisine calédonienne.

A ÉVITER

Attention si vous pêchez votre poisson, à ne pas attraper la gratte. Il s'agit d'une intoxication alimentaire due à l'ingestion du poisson du lagon, qui s'est nourri d'un corail contaminé par une algue.

En fait, les coraux sont tués par divers phénomènes (pollution, élévation de la température des eaux...) et sont colonisés par des algues, abritant elles-mêmes des toxines nocives. Ces coraux et ces algues peuvent être ingérés par certains poissons du lagon, et les toxines remontent ainsi la chaîne alimentaire jusqu'à l'homme. Les effets secondaires sont faciles à deviner : démangeaisons et sensations de picotements. Préférez les poissons du large et pour ceux du lagon renseignez-vous.

FAIRE UNE PAUSE

© DON MAMMOSER - SHUTTERSTOCK.COM

HORAIRES

En règle générale, partir du principe que les journées de fermeture sont le dimanche.
Certains bars dansants sont ouverts uniquement du jeudi au samedi. Les bars et salons de thé ferment en général assez tôt, vers 17h30.

BUDGET / BONS PLANS

La Nouvelle-Calédonie est un magnifique endroit à visiter, mais il coûte de l'argent.
Le coût de la vie y est 32 % plus élevé qu'en France, et le pouvoir d'achat plus faible de 28 %. Faites donc attention à votre budget durant le séjour !

A PARTIR DE QUEL ÂGE

Comme en France, la consommation d'alcool est tolérée à partir de 18 ans.

C'EST TRÈS LOCAL

Le bougna, le crabe de cocotier, les crevettes, les escargots de l'île des Pins, la langouste, la salade de cerf mariné... On apprécie également beaucoup leur bière locale, brassée sur place : la Number One.

FUMEURS

Les Calédoniens sont réputés pour être de grands fumeurs (avec plus de la moitié de la population considérée comme consommatrice régulière de tabac). Il est interdit de fumer dans certains lieux publics du territoire, notamment les cafés, les restaurants et les aires de jeux pour enfants. On peut trouver des espaces fumeurs.

LES ATTRAPE-TOURISTES

Dans l'ensemble, la Nouvelle-Calédonie connaît peu d'attrape-touristes, vous pouvez être tranquille là-dessus !

(SE) FAIRE PLAISIR

HORAIRES

En Calédonie, on se lève et on se couche tôt, et les horaires d'ouverture sont à l'image de ce rythme de vie. A noter que le dimanche est une journée morte sur l'île (surtout à Nouméa), excepté pour tout ce qui touche aux activités touristiques.

Si les bureaux ouvrent de 7h30 à 11h30 et de 13h30 à 17h30, les grandes surfaces commerciales ouvrent leurs portes de 7h30 à 19h, parfois jusqu'à 20h. Certaines accueillent les clients le dimanche matin. Les horaires d'ouverture des petits commerces sont plus variables. En règle générale, vous pouvez vous y rendre de 7h30 à 11h30 et de 13h30 à 18h en semaine, le samedi matin jusqu'à 11h.

A savoir : la lutte contre l'alcoolisme et l'ivresse sur la voie publique est une des luttes prioritaires de la police municipale. Notez donc qu'à Nouméa, la vente d'alcool est interdite les mercredis, vendredis, samedis, dimanches, jours fériés et veilles de jours fériés, de 12h à 21h (sauf dans les hôtels, cavistes et restaurants). Pensez donc à faire vos courses en fonction.

BUDGET / BONS PLANS

Attention, dans l'ensemble le coût de la vie est cher, plus qu'en métropole. Cependant, vous trouverez de nombreux objets d'artisanat local, ou des productions locales qui ont un bon rapport qualité-prix. En particulier, si vous voulez rapporter de la vanille par exemple !

C'EST TRÈS LOCAL

Au marché de Nouméa, profitez-en pour acheter des tissus et autres paréos qui vous serviront pour faire la coutume.

Et si vous êtes sur l'île de Lifou, surtout, ne manquez pas d'acheter de la vanille !

BUDGET / BONS PLANS

Comptez en moyenne 9 800 CFP pour un baptême de plongée, 4 500 CFP pour une randonnée palmée.

C'EST TRÈS LOCAL

- **Assister à un match de cricket,** le week-end, dans la vallée du Tir. Pour info, il s'agit en effet du sport le plus pratiqué par les femmes kanakes, vêtues en robes mission...
- **Le snorkeling et la plongée** sont également des immanquables.
- **Selon les régions, l'équitation** et même le rodéo, sont des activités à découvrir.

VOS PAPIERS SVP

- **Pour la location d'un quad :** un permis B est obligatoire et la taille minimum est de 1,40 m pour le passager (5 ans minimum).
- **En fonction du type de bateau,** un permis peut également vous être demandé.
- **Pour la pêche ou la chasse,** un permis est obligatoire.
- **Pour la plongée,** vous pouvez facilement faire un baptême. Sinon, pour les plongées plus profondes, il vous sera demandé un niveau (nombre de plongées) minimum. Pour plonger en Nouvelle-Calédonie vous devrez être diplômé niveau 1 au minimum. En dépit des accords passés entre organismes, certains clubs de plongée étrangers ne reconnaissent pas toujours les diplômes français. Tantôt décriée, tantôt encensée, la Professional Association of Diving Instructors (PADI) reste la première organisation internationale de plongée. Son diplôme « de base », l'OpenWater, permet des plongées autonomes en binôme. PADI est reconnu dans le monde entier et sur l'ensemble du territoire calédonien.

A RÉSERVER

Mieux vaut réserver vos activités en avance – quelques jours suffisent – surtout en haute saison. En basse saison, certaines activités peuvent être annulées, réserver en avance permet également parfois de modifier les dates.

LES ÉVÉNEMENTS

De nombreux raids sont organisés en Nouvelle-Calédonie. Ils peuvent être un moyen original pour les sportifs de découvrir les paysages du territoire et de partager des instants de vie en tribu, notamment pour les raids du Nord. La Gigawatt Enercal a lieu en juillet ou en août, en traversant traditionnellement le barrage de Yaté, le raid de l'île des Pins en octobre, la Transcal sur un ou deux jours...

SORTIR

HORAIRES

La Nouvelle-Calédonie n'est pas l'endroit le plus fêtard qui soit. Les soirées commencent tôt et la plupart des établissements ferment aux alentours de minuit/1h. Certaines discothèques, notamment à Nouméa, ferment à 4h du matin.

BUDGET / BONS PLANS

En général, les prix peuvent être plus élevés qu'en France métropolitaine en raison de la distance et des coûts d'importation. Notamment l'alcool qui peut faire très très grimper le budget *sortie*.
Des sorties et animations gratuites peuvent avoir lieu, n'hésitez pas à vous rapprocher des offices de tourisme pour connaître l'agenda complet.
Concernant les pourboires, c'est une pratique assez peu répandue.

TRANSPORTS NOCTURNES

La vie nocturne de Nouvelle-Calédonie n'est pour ainsi dire que peu développée, donc ne comptez pas trop sur des transports nocturnes. Pour le reste, il existe deux réseaux de bus principaux, le réseau urbain du Grand Nouméa, Tanéo, ainsi que le réseau d'autocars interurbains, le RAI. Egalement disponibles sont des navettes privées offrant un service de qualité (mais plus onéreux).

A PARTIR DE QUEL ÂGE

En Nouvelle-Calédonie, on est considéré majeur à partir de 18 ans, comme en Métropole. Ainsi, les débits de boisson ne servent pas d'alcool à quiconque en dessous de cet âge. La carte d'identité ou le passeport peut être demandé.

C'EST TRÈS LOCAL

▸ **Pour vous tenir informés** de l'actualité artistique calédonienne, consultez le trimestriel *Endemix* édité par le Pôle d'Export de la Musique et des Arts (Poemart), et le fascicule *Sortir*, tous deux gratuits et disponibles dans la plupart des établissements culturels ou à l'office de tourisme de Nouméa. C'est un outil indispensable pour suivre la programmation musicale, culturelle et cinématographique du Caillou, les week-ends découvertes, les journées portes ouvertes dans les associations, etc.

▸ **Le site Internet** www.noumeabynight.com recense toutes les sorties et les bons plans où faire la fête.

▸ **L'activité typique, c'est le bingo.** Sur le port, c'est une institution à Nouméa. On montre sa pièce d'identité à l'entrée, puis on s'installe à une table et on fait des croix sur des cartons. Lorsque la carte est pleine, on crie « bingo ! ». Une partie dure 5 minutes.

▸ ***Kava* et *nakamal*.** Incontournable en Nouvelle-Calédonie : le **kava**. Si la fameuse boisson locale importée du Vanuatu voisin n'a rien de savoureux, l'ambiance autour de sa consommation et les effets du breuvage justifient à eux seuls d'y goûter. Pas de panique, les *nakamals* ne constituent pas le repaire de drogués et vous ne sombrerez pas dans la dépendance. Il s'agit simplement de lieux de socialisation et de détente version Océanie. On recense officieusement quelque 150 *nakamals* avec plus de 5 000 consommateurs quotidiens.
Posons donc le décor. L'après-midi se termine, le soleil décline lentement, le repos approche... Installés le plus souvent à l'écart du bruit, les *nakamals* sont signalés par une petite ampoule rouge ou jaune. Une fois entré dans le *nakamal*, on passe au comptoir pour acheter un *shell* de *kava* servi dans une moitié de noix de coco appelée un *shell*, avant de s'asseoir entre amis. Le *kava* se boit d'une traite, sans grimacer. La dernière goutte est jetée aux esprits. Enfin, on se rince la bouche pour faire passer le goût terreux. Sous le *faré*, souvent sur des bancs, chacun choisit son feu et ses occupants, la discussion à voix basse s'étire au milieu des murmures et des silences couverts par le grésillement du feu. Les membres se relâchent, la mâchoire et les lèvres sont progressivement anesthésiées. C'est l'occasion de faire de belles rencontres et de s'ouvrir à l'autre face de la Nouvelle-Calédonie. On part, apaisé, sourire aux lèvres... Plusieurs *nakamals*, souvent difficiles à trouver, existent à Nouméa. Demandez aux habitants, ils ne manqueront pas de vous recommander leur préféré.

FUMEURS

Il est interdit de fumer dans certains lieux publics du territoire, notamment les cafés, les restaurants et les aires de jeux pour enfants. On peut trouver des espaces fumeurs.

PRATIQUE

SE LOGER

BUDGET / BONS PLANS

De l'accueil en tribu à l'hôtel 5 étoiles : une large gamme d'hébergements est proposée sur l'ensemble du territoire. Cependant, sur l'ensemble de l'île, les prix sont souvent disproportionnés par rapport aux services offerts. Vous serez logé pour 6 000 CFP dans des gîtes qui ne valent pas les campings 4 étoiles de la métropole. A Nouméa, les prix sont très élevés. Il n'y a qu'une seule auberge de jeunesse.

A RÉSERVER

Même s'il y a peu de touristes en Nouvelle-Calédonie, il est préférable de réserver son logement un peu en avance, surtout si vous avez un budget limité. Nous conseillons en particulier de réserver sur les îles et à Nouméa. En dehors, vous trouverez assez facilement un hébergement chez un particulier ou dans un petit hôtel.

C'EST TRÈS LOCAL

Vous aurez l'occasion de dormir dans de véritables cases kanak, sur un matelas posé à même le sol. C'est rustique mais cela permet de voyager autrement et de découvrir une autre facette de la Nouvelle-Calédonie. Les gîtes de construction moderne sont parfois bâtis sur le modèle des habitations traditionnelles. Les conditions d'hygiène ne sont pas les mêmes qu'en métropole ; les cases étant ouvertes, les insectes ont tendance à s'y balader. Mais avant d'être trop critique, observez le mode de vie de vos hôtes et prenez conscience des efforts qu'ils ont réalisés pour vous offrir un confort supérieur au leur.

POUR LES GOURMANDS

La plupart du temps le petit déjeuner est soit un buffet, soit composé de tartines de pain, de confitures locales et de fruits frais.

ALLO ?

Indicatif téléphonique : 687.

Comment joindre vos correspondants extérieurs depuis la Nouvelle-Calédonie ? Le 00 permet d'accéder automatiquement au réseau international, puis après la tonalité, il faut composer l'indicatif du pays recherché. Pour la France métropolitaine, composez le 00 33 puis les 9 chiffres de votre correspondant (ne pas composer le « 0 » inscrit dans la numérotation métropolitaine).

Les téléphones portables métropolitains peuvent fonctionner sur le réseau local de Nouvelle-Calédonie, mais mieux vaut se renseigner sur les tarifs appliqués par votre opérateur. Pour les utilisateurs d'un téléphone portable débloqué (le déblocage d'un portable coûte environ 5 000 CFP sur le Caillou), il faut compter 5 000 CFP pour l'achat d'une puce auprès de l'OPT (Office des Postes et Télécommunications de Nouvelle-Calédonie). Vous pourrez acheter les recharges type Carte Liberté dans les stations-service ou sur internet directement (https://rechargetonmob.nc). Recharges à partir de 1050 CFP.

En Nouvelle-Calédonie le prix d'un appel est le même qu'il soit en provenance ou à destination d'un fixe ou d'un portable. Depuis 2013, le prix des appels vers les portables en métropole, Australie et Nouvelle-Zélande est très avantageux.
Qui paie quoi ? La règle est la même chez tous les opérateurs. Lorsque vous utilisez votre téléphone français à l'étranger, vous payez la communication, que vous émettiez l'appel ou que vous le receviez. Dans le cas d'un appel reçu, votre correspondant paie lui aussi, mais seulement le prix d'une communication locale. Tous les appels passés depuis ou vers l'étranger sont hors forfait, y compris ceux vers la boîte vocale.

ACCESSIBILITÉ

La Nouvelle-Calédonie dispose malheureusement de peu d'infrastructures accessibles aux personnes à mobilité réduite. Les transports en commun ne sont, par exemple, pas encore équipés.
En revanche, les hôtels les plus récents ou les établissements ayant fait l'objet de travaux de rénovation proposent des chambres accessibles aux fauteuils roulants. Si vous présentez un handicap physique ou mental ou que vous partez en vacances avec une personne dans cette situation, différents organismes et associations s'adressent à vous.

SANTÉ

Dengue. Ce virus assez courant dans les pays tropicaux est transmis par les moustiques *Aedes aegypti*, le même vecteur du virus Zika et du chikungunya. La dengue se traduit par un syndrome grippal (fièvre, maux de tête, fortes douleurs articulaires et musculaires). Il n'existe pas de traitement préventif. Ne prenez jamais d'aspirine. Cette maladie pouvant être mortelle,

© ONFOKUS-ISTOCKPHOTO.COM

il est fortement recommandé de consulter un médecin en cas de fièvre et de boire de l'eau régulièrement.

▸ **Intoxications dues à l'ingestion de poisson.** A chaque voyage que vous effectuez sur des rivages tropicaux, vous entendrez parler de la *ciguatera*, ou « gratte ». La recette pour récolter une gratte : des eaux d'une température supérieure à 20 °C, des coraux et des poissons. Ceux-ci, habituellement comestibles, ingèrent le *Gambierdiscus toxicus* proliférant uniquement sur des coraux morts. L'envasement d'un lagon lorsque la passe est éloignée, les alluvions des rivières lors de fortes pluies, les gros dégâts occasionnés par les dépressions cycloniques qui cassent les coraux : tous ces paramètres provoquent la mort des coraux et donc la prolifération de *Gambierdiscus toxicus*. Vous disposez de mesures simples pour vous préserver : dès que vous avez acheté ou pêché un poisson, videz-le immédiatement. Enlevez, sans les percer, la tête, le foie et les viscères et évitez de les consommer. Lorsque vous faites cuire votre poisson au court-bouillon, jetez l'eau de cuisson. Les symptômes de cette intoxication surviennent après la digestion de votre repas. On ressent des démangeaisons sur le visage, dans les mains et les pieds. Vous comprenez alors mieux l'appellation « gratte » ! On a la sensation de décharges électriques au contact de l'eau froide, l'impression d'être très fatigué et d'avoir froid. Diarrhées et vomissements peuvent accompagner les symptômes. Au pire, le ralentissement cardiaque et la chute de tension artérielle peuvent conduire à l'hospitalisation. La plupart du temps cependant, un simple traitement médical à base d'antihistaminique fait régresser très favorablement les symptômes. Vous devez arrêter la consommation des produits de la mer pendant plus d'un mois. Les poissons du large ne présentent pas cette maladie. Renseignez-vous en achetant votre poisson.

URGENCES SUR PLACE

▸ **SAMU** (urgences médicales) : 15.

▸ **S.O.S.médecins :** 15. En semaine de 19h à 7h.

▸ **Pompiers :** 18.

▸ **Poste de secours en mer :** 16.

▸ **Police secours :** 17.

SÉCURITÉ

▸ **Dangers potentiels et conseils.** A Nouméa, le centre-ville se vide à la tombée de la nuit. Les rencontres n'y sont pas toujours amicales, du fait notamment d'un usage excessif d'alcool. Evitez donc de vous promener seul, particulièrement si vous êtes une femme. Pour le reste de l'archipel, évitez de prendre votre véhicule de nuit. Sur la côte Est, la revendication indépendantiste est parfois prétexte à une certaine rudesse.

Pour connaître les dernières informations sur la sécurité sur place, consultez le site du gouvernement ou du Haut-Commissariat de Nouvelle-Calédonie.

Femmes seules. La Nouvelle-Calédonie est une destination relativement sûre pour les femmes qui voyagent seules, cependant ce n'est pas dans les habitudes. N'hésitez pas à rebrousser chemin si un endroit vous semble peu rassurant, et changez de logement si vous ne vous y sentez pas en sécurité.

LGBTQ

A Nouméa, il ne faut pas choquer les gens mais les esprits sont ouverts. Dans les communautés kanak, la culture est fortement ancrée, l'homosexualité est loin d'être parfaitement acceptée et le sujet reste sensible.
La communauté gay se fait plutôt discrète. L'association Homo-sphère a pour objectif la reconnaissance de l'homosexualité dans la société calédonienne. Elle développe des réseaux de soutien, d'information et d'échanges socioculturels.

POSTE

L'Office des Postes et télécommunications (OPT), installé sur l'ensemble du territoire, gère le courrier, les services financiers et les télécommunications. Le poids maximum autorisé pour l'envoi d'un colis est de 20 kg. L'envoi des colis est assez onéreux, mais c'est tout de même moins cher que les surtaxes sur les bagages des compagnies aériennes si vos valises regorgent de souvenirs... Plusieurs départs vers la métropole : lundi, mercredi, vendredi et samedi avant 9h. Un acheminement le lundi, non prioritaire, par avion, pour les colis de plus de 300 g. N'oubliez pas de mentionner « par avion » sur les enveloppes. Un guichet est réservé aux philatélistes à la poste principale de Nouméa et dans les principaux bureaux. Les collectionneurs seront agréablement surpris car les timbres sont splendides.
L'OPT offre aussi d'autres services : centre de chèques postaux de Nouméa et Caisse nationale d'épargne.
Bon à savoir : vous ne pouvez pas utiliser le livret de Caisse nationale d'épargne métropolitain sur le territoire. Certaines opérations entre la métropole et le territoire demandent des délais assez longs, parfois jusqu'à 6 semaines.

MÉDIAS LOCAUX

Le guide touristique *Le Globe Trotter* est distribué gratuitement dans les offices de tourisme et dans certains hébergements. Il répertorie les sites à visiter et les différentes activités et hébergements présents sur le territoire. Très apprécié, il disparaît des rayons très rapidement, mais vous pourrez toujours le consulter en ligne sur www.leglobetrotter.nc et le télécharger.
La Nouvelle-Calédonie est l'un des territoires comptant le plus de journaux distribués par habitant tant la presse de proximité est développée. Vous retrouverez des filiales des grands médias de métropole, principalement à la télévision, qui diffuse les mêmes programmes, avec une journée de retard pour s'adapter au décalage horaire.

DÉCOUVRIR

C'est parti pour la découverte de cette magnifique île à l'autre bout du monde... Venez en apprendre plus sur son histoire, sur sa géographie, son climat et toutes ses spécificités. Ne manquez pas notre dossier « faune & flore », qui vous offre un premier aperçu de la richesse de sa faune marine. Quels sont les poissons les plus présents, quels types de requins pouvez-vous croiser ? Toutes les réponses à vos questions ! Une lecture idéale avant de faire votre premier plongeon dans les eaux translucides du lagon ! Nous vous avons aussi sélectionné quelques-uns de nos spots de plongée préférés. Mais le dossier « découvrir », c'est également la gastronomie de l'île, une première approche de la culture kanak, de sa littérature, son art (peinture, musique...), ses enjeux sociaux et actuels... Découvrez aussi quelques conseils de cadeaux souvenirs à rapporter que ce soit pour vous ou votre famille. Bref, un tour d'horizon parfait !

LA PLONGÉE SOUS-MARINE

S'il y a bien un immanquable à faire, une activité à pratiquer, c'est la plongée sous-marine, qu'elle soit simplement en masque-tuba-palmes ou alors en bouteille. Vous y découvrirez l'un des plus grands lagons du monde, mais surtout un récif inscrit sur la prestigieuse liste du patrimoine mondial de l'Unesco. Ceinturé d'une barrière de corail de 1 600 km, le lagon abrite une faune et une flore variées qui raviront les plongeurs et les baigneurs. Vous croiserez peut-être des pois- sons-perroquets, poissons-clowns, mérous célestes, tortues et raies mantas dans ces eaux transparentes dont la température descend rarement en dessous de 21 °C. En classant 6 sites différents, l'Unesco a offert un très beau cadeau aux Calédoniens et les a également chargés d'une grande responsabilité : veiller sur le deuxième ensemble récifal du monde et le protéger. C'est absolument merveilleux !

Merveilles sous-marines

En 2008, l'Unesco a tenu à souligner l'exception que constitue le récif calédonien en l'inscrivant sur la liste du patrimoine naturel mondial : il représente près de 60 % de la superficie totale de l'espace lagunaire et corallien du territoire. Les possibilités de plongée en Nouvelle-Calédonie sont uniques au monde, et pour cause, c'est ici que l'on trouve le plus grand lagon du monde, ceinturé par une barrière de corail de plus de 1 600 km. L'offre est à la hauteur du potentiel extraordinaire des fonds marins, quels que soient votre niveau ou vos motivations : combinaisons et bouteilles de plongée, randonnée palmée, bateaux à fond de verre, ou spéléologie. Lors de vos pérégrinations aquatiques, vous évoluerez au sein d'un écosystème rare abritant plus de 2 000 espèces de poissons (du poisson-perroquet à la raie manta) et des dizaines de coraux différents. Tortues, requins, coquillages, hippocampes, langoustes, carangues, serpents marins et bien d'autres encore forment une faune sous-marine de premier plan. La magie et l'harmonie d'un biotope sont à portée de main et de palmes. Laissez-vous émerveiller par ces paysages sous-marins uniques et respectez naturellement votre environnement. La règle d'or : « on ne touche qu'avec ses yeux ! »

C'est la première fois ?

Dans ce cas, vous passerez votre baptême : 30 minutes sous l'eau avec un moniteur qui vous tient la main. La faible profondeur (5 m au maximum en général) suffit à rassurer et donne envie de recommencer. Comptez 9 000 CFP pour une première incursion dans le monde sous-marin. On goûte alors au plaisir de respirer sous l'eau, en apesanteur. Très vite, la découverte conjointe de la vie sous-marine et de la technique excite la curiosité et pousse à aller plus loin.

Vous en voulez plus ?

Dans ce cas, une formation s'impose. Le plaisir de la plongée sous-marine est étroitement lié à la sécurité. L'évolution d'un plongeur passe impérativement par l'intégration progressive de certaines notions techniques. Nous vous conseillons de suivre une formation au sein de l'un des centres de plongée agréés par la Fédération française ou internationale. Les organismes de plongée se livrent malheureusement à une « guéguerre » assez stérile : le diplôme obtenu chez les uns n'est en effet pas forcément valable chez les autres. La Fédération française d'études et de sports sous-marins (FFESSM), la Fédération sportive et gymnique du travail (FSGT), l'Association nationale des moniteurs de plongée (ANMP) et le Syndicat national des moniteurs de plongée (SNMP) constituent les organismes de formation français. Ils dispensent des niveaux de plongée (de 1 à 4). Pour plonger en Nouvelle-Calédonie vous devrez être diplômé niveau 1 au minimum. En dépit des accords passés entre organismes, certains clubs de plongée étrangers ne reconnaissent pas toujours les diplômes français. Tantôt décriée, tantôt encensée, la Professional Association of Diving Instructors (PADI) reste la première organisation internationale de plongée. Son diplôme « de base », l'OpenWater, permet des plongées autonomes en binôme. PADI est reconnu dans le monde entier et sur l'ensemble du territoire calédonien. La National Association of Underwater Instructors (NAUI) est également l'une des plus grandes organisations internationales de plongée. C'est aussi l'une des plus anciennes. Elle présente un cursus complet qui pourra satisfaire les plongeurs les plus exigeants.

Quelle que soit la formation que vous choisissez, les centres de plongée vous demanderont un certificat médical d'aptitude à la plongée délivré par un médecin du sport spécialisé. Les plus prévoyants auront pensé à se procurer ce document avant le départ pour ne pas perdre de temps une fois sur place à trouver un médecin. Les autres demanderont au centre de plongée qu'ils auront choisi les coordonnées d'un spécialiste. Une fois que vous serez muni de ce sésame, les choses sérieuses pourront commencer. Plonger en club nécessite de maîtriser certaines techniques essentielles. L'obtention d'un brevet couronne la première formation. Les clubs de plongée proposent généralement des formations ANMP/ SNMP ou PADI étalées sur deux jours ou plus. Elles comprennent une partie théorique et une partie pratique (exécution d'exercices sous l'eau). Comptez généralement 40 000 CFP. Ce premier diplôme vous donnera le droit de plonger jusqu'à environ 20 m.

Les choses sérieuses commencent.

Vous avez obtenu votre brevet ? Félicitations, à vous de jouer maintenant ! Les clubs de plongée répartis sur l'ensemble du territoire calédonien vous proposent de découvrir les somptueux fonds sous-marins. L'intérêt des plongées en club est la sécurité : vous êtes encadré par un moniteur diplômé connaissant bien le site et capable de vous montrer ce qu'un œil non averti ne distinguerait pas forcément. Généralement, les clubs proposent des sorties en mer comprenant deux plongées : une première plongée de 45 à 60 minutes, avec une pause d'au moins une heure sur le bateau pour récupérer, et une seconde plongée, généralement plus facile et moins profonde que la première. Le retour sur terre a lieu en début d'après-midi. Comptez près de 12 000 CFP pour une sortie (location de matériel compris).

Spots de plongée autour de Nouméa

On commence avec des spots à proximité. Parfaits pour se donner un premier aperçu des merveilles sous-marines du caillou !

- **Ile aux Canards** ★★★ **(p.156).** De belles randonnées palmées sont à effectuer sur le sentier sous-marin. Les débutants et les moins débutants apprécieront.

- **Sèche-croissant.** Plongée peu profonde (10 m) accessible à tous. Langue de corail peuplée de lutjans. Un site propice aux plongées de nuit.

- **Patate de Tépava – Ilot maître** ★★ **(p.157).** Accessible à tous. La faune y est abondante : loches, raies, petits requins de lagon et tortues font le bonheur des plongeurs.

- **Patate du Sournois.** La formation corallienne s'élève d'un fond de 10 m et attire de nombreux bancs de poissons.

- **La passe extérieure de Boulari.** Plateau corallien à 15 m, pied du tombant à 50 m et plongée

Raies manta dans les eaux de Nouméa.

dérivante. Les plongeurs débutent l'exploration le long du tombant pour finir dans la passe par 12 m de fond. Si la chance vous sourit, vous pourrez observer des poissons pélagiques.

- **La pointe sud du récif tabou.** Il s'agit d'un tombant très accidenté se terminant sur un fond de sable de 25 m. On peut y croiser tazars, carangues, langoustes porcelaines, mékouas...

- **La patate du phare Amédée** ★★★ **(p.157).** Cette réserve sous-marine constitue le repaire de poissons- perroquets, de barbillons jaunes, de poissons-papillons. Le site est propice à l'initiation.

- **L'épave de *La Dieppoise*.** Le dernier patrouilleur en bois de la Royale fut coulé le 19 janvier 1988 pour en faire un site de plongée. Pour la petite histoire, ce bateau fut construit à Port Arthur, au Canada, en 1952, avant d'être basé à Brest en 1961, puis à Diego Suarez (Madagascar) en 1972 et enfin à Nouméa en 1976. Il fut, dit-on, donné à la France par les Américains dans le cadre du plan Marshall. *La Dieppoise* gît à moins de 26 m sur un fond sableux. Heureux plongeurs, vous visiterez la timonerie par les deux portes latérales.

- **Le mur aux loches.** Vous plongez directement dans la passe de Dumbéa où, dès la mi-octobre, commence la reproduction des loches. Il est possible d'y croiser des requins gris.

- **La corne de Uitoé.** De grands canyons et un magnifique récif corallien. Vous croiserez peut-être des pélagiques.

- **L'épave du *Humboldt*.** Bien moins visitée que celle de *La Dieppoise*, cette épave n'en est que plus intéressante. Ce palangrier fut coulé par 22 m de fond en 1993. La rambarde bâbord se situe à 13 m de fond et l'accès du bateau s'effectue par les cales du pont avant.

Plongées autour de Hienghène

Direction le côte nord-est, un des plus beaux coins de l'île pour plonger !

Récif Doïman – Cathédrale. Cette plongée fait partie des plus renommées de Nouvelle-Calédonie. Les scientifiques s'accordent à dire que le corail y est d'une qualité incomparable. Une faille profonde conduit dans un tunnel qui débouche sur le bleu où de grands pélagiques rodent souvent. La plongée se poursuit le long d'un mur vertigineux au-dessus d'un fond de plus de 50 m. Les gorgones accrochées à la paroi côtoient une faune marine abondante. Les perroquets à bosse font l'honneur de leur présence aux mois d'octobre et de novembre.

Récif Doïman – Pointe aux cachalots. Impensable de faire cette plongée en autonomie, sans l'aide d'un guide. La plongée débute sur le haut du récif et très vite une faille profonde vous conduit dans un dédale minéral. Canyons, arches et failles offrent des perspectives saisissantes et des jeux de lumières irréelles. Des images du film *Océans* ont été tournées dans l'une de ces failles.

Passe de Hienghène – Anse aux baleines. Souvent observées près de la grande passe de Hienghène ou à l'intérieur du lagon, entre juillet et septembre, les grandes baleines à bosse affectionnent particulièrement cette partie nord de l'îlot Hienghène. Le site présente une architecture en V ouvert sur le large. Ici pourtant pas de poissons. En revanche, vous rejoindrez un tunnel puis une belle arche constellée de gorgones.

Passe de Hienghène–Tidwan. La plongée « Poissons » par excellence. Trois énormes pinacles qui remontent de 25 m de profondeur servent de repaire aux bancs de carangues, de ludjans et de barracudas.

Passe de Hiengu. C'est un grand plateau corallien, abrité de l'alizé, qui affleure à 3 m sous la surface. Le nord du récif est un véritable gruyère : tunnels, arches et canyons... Les grottes dont le plafond s'ouvre vers la surface offrent une belle perspective ainsi que de splendides jeux de lumière sur des jardins de coraux.

Donga Hienga. Ce site n'est pas abrité de l'alizé et doit être visité par mer calme. Sa particularité : il abrite la murène ruban que vous croiserez certainement dans la zone des petits fonds. C'est le lieu idéal pour partir à découverte des nudibranches, anémones, crevettes et autres invertébrés.

Fonti Reef. Bien abritée de l'alizé, cette plongée débute sur le plateau formé par le récif à 3 m sous la surface. Rapidement, une faille vous amène vers 20 m de fond à l'entrée de deux belles grottes dont le plafond s'ouvre vers la surface. La remontée s'effectue par une large cheminée oblique, tapissée de gorgones blanches, qui vous ramène à 3 m, sur le haut du récif, où vous attendent de splendides coraux ainsi qu'une myriade de poissons.

Plongées autour de Poindimié

Au sud de Hienghène et au nord de Nouméa, Poindimié est un très beau site, pour débutants ou confirmés.

Bargibanti. Un pinacle isolé dans la passe centrale. La faune pélagique fréquente le site. De nombreuses gorgones s'accrochent aux parois et les fameux hippocampes pygmées ont déjà été observés. La plongée prend fin au sommet du pinacle, dans un cadre très coloré. Bon niveau souhaité.

Waneque. Plongée en bordure est du plateau de la passe centrale. L'architecture est exceptionnelle : arches, grottes parsemées de gorgones... Ouvrez l'œil pour apercevoir des nudibranches.

L'Arche. Située en bordure nord du plateau de la passe centrale, cette immense arche (12 m de hauteur) tapissée de gorgones offre une plongée facile. Pélagiques, nudibranches et crevettes y sont souvent observés.

Actineria. La plongée se fait l'extérieur du récif, le long d'un petit parcours pour rejoindre un remarquable pinacle isolé. Celui-ci abrite de grandes gorgones, d'immenses coraux en forme de rose et des anémones géantes. Le nom du site provient de l'anémone à grappe ou actineria. Observation des coquillages blancs (*Ovula ovum*). Passages de tortues.

Val d'Isère. Fausse passe dans le récif, sur fond de sable blanc parsemé de très gros massifs de corail. La couleur, les formes, la taille et la diversité des coraux sont exceptionnelles. Les poissons foisonnent. Les requins-léopards y rôdent parfois.

Tibarama. Il faut y plonger la nuit, à la rencontre de perroquets, de langoustes, de tortues ou encore de porcelaines.

Spots de plongée de l'île des Pins

Les sites de l'île des Pins sont absolument exceptionnels, on en compte pas moins de 17 dont on retiendra les principaux :

Passe de Gié. Plongée dérivante dans une passe où se croisent barracudas, carangues, requins et raies aigles.

Vallée des Gorgones. La plongée débute au sommet d'une plate-forme récifale culminant à moins 3 m et dont les pans sont couverts de superbes coraux. Les failles sont nombreuses et la faune y est abondante (requins gris, requins pointe blanche, raies aigles...).

Le jardin d'Eden. Les plongeurs confirmés évolueront à travers une succession de failles entre 5 et 50 m. Coraux mous, gorgones, alcyonaires et éponges ont colonisé les lieux. Les chanceux pourront y observer des hippocampes pygmées.

La grotte du troisième. Les amateurs d'ambiance spéléo seront ravis. Ce site offre une plongée unique au cœur d'une forêt de stalactites et stalagmites, dans une partie immergée de la grotte. Accès réservé aux plongeurs confirmés.

▶ **Le récif Kasmira.** Fief des requins-léopards, ce site fera le bonheur des plongeurs, qu'ils soient novices ou avertis. Les hauts fonds y sont très poissonneux.

▶ **Mur aux Pouattes.** Une diversité et une abondance de corail rarissime, le tout sur un tombant de 30 mètres : le courant souvent présent y attire de plus gros poissons. A faire !

Spots de plongée et PMT à Ouvéa

Sur l'île du paradis, on vient principalement observer les raies mantas. Pour les trois premiers sites de la liste qui suit, on pourra simplement s'équiper de palmes, masque et tuba.

▶ **Le pont de Mouli :** en se mettant du côté non tabou. Fort courant. La rampe de Oulouop, au nord.

▶ **La pointe de Mouli :** à l'extrême sud de l'île, avec un tombant accessible à quelques mètres seulement. Attention aux courants.

▶ **La plage de Tiberia :** à l'entrée de la tribu d'Ognat (au niveau de l'escalier vert), ou au départ du snack Au Soleil levant. Laissez-vous dériver avec le fort courant pour atterrir sur cette belle plage.

▶ **La Pointe :** il s'agit de la première passe d'Ouvéa. La plongée s'effectue sur tombant, dans des failles et tunnels naturels. Retour au bateau ou dérive.

▶ **Les Miettes :** les plongeurs expérimentés explorent un récif immergé d'un kilomètre de long. Le courant y est fort. Possible dérive.

▶ **La Passe du Styx :** plongée en dérive, sur tombant et à l'intérieur d'une passe.

▶ **Camelot :** superbe récif corallien. Plongée sur tombant et passe. Possible dérive.

▶ **Bonaparte :** dérive sur tombant et passe.

▶ **Jardins du Styx :** profondeur maximum de 20 m. Jardin de corail en pleine passe : les coraux durs et mous y sont splendides.

▶ **Fausse passe :** superbes jardins de corail plantés dans une passe peu profonde (18 m). Retour au bateau ou dérive.

Idées de séjours thématiques

Que vous soyez novice ou plongeur aguerri, les fonds marins de Nouvelle-Calédonie ont tout pour vous séduire. Voici une suggestion de séjour 100 % plongée. Avant de repartir, rappelez-vous qu'il est nécessaire de laisser s'écouler 24 heures entre votre dernière plongée et votre départ en avion pour éviter tout risque d'accident de décompression.

▶ **Jour 1 :** commencez par vous remettre du décalage horaire. Vous pouvez visiter Nouméa, son bel aquarium (p.127) et ses plages, notamment la baie des Citrons (p.126) et l'anse Vata (p.126). Profitez-en pour réserver une sortie plongée pour le lendemain.

▶ **Jour 2 :** plongée au phare Amédée ★★★ (p.157) ou randonnée palmée avec Aquanature.

▶ **Jour 3 :** dirigez-vous ensuite vers la province Nord, premier arrêt à Koumac. Profitez de l'après-midi pour visiter les grottes (p.223) et réserver votre plongée pour le lendemain.

▶ **Jour 4 :** découvrez les sites sous-marins vierges de Koumac au cours d'une ou deux plongées. Les plus aventuriers partiront à la découverte de Canyon Valley, un site à -20 m où il est possible de voir des requins marteaux et des requins à pointe blanche.

▶ **Jour 5 :** prenez la route transversale qui mène à la côte Est en vous arrêtant en chemin aux cascades de Colnett (p.233) et de Tao. Continuez la route jusqu'à Hienghène pour y passer la nuit.

▶ **Jour 6 :** partez à la découverte des fonds sous-marins de Hienghène avec le club de plongée Babou Côté Océan (p.241). Il y a une dizaine de sites parmi lesquels choisir, dont un des lieux de tournage du film de Jacques Perrin, *Océans* (2009).

▶ **Jour 7 :** aujourd'hui, découvrez Hienghène sur terre, prenez le temps de faire une des balades qui donne de beaux points de vue sur les roches de Lindéralique (p.238) et sur la poule.

▶ **Jour 8 :** en route pour Poindimié à présent. Si vous n'êtes pas pressé par le temps, arrêtez-vous ici un jour ou deux pour découvrir les vallées environnantes ou l'îlot Tibarama. Si vous n'avez pas le temps, rentrez à Nouméa.

▶ **Jour 9 :** rejoignez l'île de Lifou en bateau ou en avion, récupérez une voiture de location et accordez-vous un après-midi de farniente sur l'une des magnifiques plages que compte l'île : Luengöni, Peng ou la baie du Santal.

▶ **Jour 10 :** c'est l'heure de découvrir les fonds marins de Lifou, qui comptent parmi les plus beaux de l'archipel, au cours d'une ou deux plongées.

▶ **Jour 11 :** ce matin, partez à la découverte des « joyaux de Luengöni (p.299) » avec un guide. L'après-midi, rendez-vous au site d'Easo pour une randonnée palmée sur le sentier sous-marin de l'aquarium de Jinek.

▶ **Jour 12 :** vol matinal pour Ouvéa, « l'île la plus proche du paradis ». Après vous être installé dans l'hébergement de votre choix, faites appel à un guide pour visiter les falaises de Lékiny (p.307).

▶ **Jour 13 :** en route pour le sud de l'île qui héberge des sites de plongée remarquables.

▶ **Jour 14 :** accordez-vous une dernière journée de farniente sur la plage de Mouli (p.308), ou bien rendez-vous à la plage de Tiberia, dans le nord de l'île, pour une dernière randonnée palmée.

▶ **Jour 15 :** vol pour Nouméa.

DÉCOUVRIR

GÉOGRAPHIE

La Nouvelle-Calédonie fait partie sur le plan géographique et historique du monde mélanésien. A l'autre bout du monde par rapport à la France, elle est située dans le sud-ouest de l'océan Pacifique, à quelques degrés du nord du tropique du Capricorne. Collectivité française, cet archipel s'étend sur 18 575 km², formant le troisième ensemble du Pacifique après la Papouasie-Nouvelle-Guinée et la Nouvelle-Zélande. L'île principale, plus communément appelée Grande Terre, possède une dimension de 450 km du nord au sud et de 60 km de l'est à l'ouest. Elle comprend également les îles Loyauté à l'est et l'archipel des Bélep au nord. L'immensité de son espace maritime (1 740 000 km²) et la superficie de son lagon (24 000 km²), le plus vaste monde, témoignent encore de l'étendue d'un pays inséré au cœur d'une zone naturelle économique et politique stratégique sensible : le Pacifique.

Reliefs

La Grande Terre est traversée en son centre, du nord au sud, par une chaîne montagneuse longue de 400 km. Si les deux grands sommets, le mont Panié au nord et le mont Humboldt au sud culminent à 1 628 et 1 618 m, l'altitude moyenne de la chaîne dépasse rarement 1 000 m. L'incidence de ces montagnes sur le climat et la géographie des deux côtes est importante. Vous pourrez le vérifier par vous-même en empruntant les routes transversales de la côte Ouest à la côte Est. Très variée sur le plan du relief, la Nouvelle-Calédonie offre des possibilités multiples. De la mer aux grandes plaines en passant par les sommets des montagnes, l'archipel est une destination de premier plan. La barrière récifale, distante de 10 à 65 km des côtes de la Grande Terre, dévoile un magnifique lagon parsemé d'îlots et de patates coralliennes immergées, royaume des amateurs de voile, de planche à voile et de plongée sous-marine. Sur les îles Loyauté, le plateau calcaire de ces anciens atolls coralliens surélevés, n'excède jamais 100 m. Le lagon, s'il existe à Ouvéa, est en revanche comblé sur Maré et Lifou.

Principales régions

Il y a Nouméa, puis il y a le reste de la Nouvelle-Calédonie ! Cette vaste commune (5 000 hectares) constitue le centre névralgique de la Nouvelle-Calédonie, dans des proportions plus encore importantes qu'à Paris vis-à-vis de la province : elle concentre avec les communes périphériques plus de la moitié de la population du territoire ! La plupart des institutions politiques et économiques sont regroupées dans la capitale, ainsi que nombre d'infrastructures. Nouméa ressemble aussi parfois à une ville de la Côte d'Azur. Hors de Nouméa, le pays est très différent, en brousse et dans les îles.

La côte Ouest « Côte sous-le-vent » est nettement moins arrosée que la côte orientale. A titre de comparaison, il tombe en moyenne 1,06 m d'eau à Nouméa pour 1,70 m à Houaïlou. Les prairies et la savane à niaoulis occupent une grande surface entre les rivages de la mer et les contreforts de la chaîne. Sur le plan économique, l'élevage demeure une des activités principales de la côte Ouest. Dans cette zone littorale, la mangrove prolifère sur un sol salé et marécageux, qui abrite notamment des palétuviers qui composent des mangroves avec un écosystème unique. La chaîne centrale présente un climat plus frais et plus humide, et une végétation dense. Vous y rencontrerez des tribus installées dans le haut des vallées, accessibles par des pistes. Leurs emplacements sont signalés le long de la route par de petits panneaux indicateurs. Les forêts humides sont situées dans le massif près de Bourail et dans le massif des Koghis à Dumbéa. Quatre centres administratifs principaux se succèdent une fois quitté Nouméa : La Foa, Bourail, Koné et Koumac. Ce sont de petites villes qui drainent toute l'activité environnante des stations (fermes) et des tribus.

La magnifique côte Est ou « Côte-au-vent », exposée à l'alizé, présente les caractéristiques d'une zone tropicale : chaleur, pluie abondante, végétation dense et luxuriante. C'est ici que les tribus sont les plus nombreuses sur le territoire : la population est mélanésienne à 80 %. C'est également une grande zone minière : Thio et Kouaoua au sud demeurent de grands centres d'exploitation du nickel. Sur le plan des infrastructures, la construction de nouvelles voies et l'entretien des routes déjà existantes restent onéreux et certaines régions sont parfois difficiles d'accès, surtout les accès aux tribus de la chaîne. Les reliefs prononcés et les pluies torrentielles ne simplifient pas la tâche.

La chaîne montagneuse, contrairement à la côte Ouest, plonge presque dans la mer et sur-

Mont Koghi.

plombe la route du haut de ses à-pics. Au nord de Hienghène, la forêt humide recouvre le massif du mont Panié, à l'instar de la région de Thio avec la forêt de Saule ou de la Haute Combue. Cette forêt primaire témoigne de la puissance d'une nature non domestiquée par l'homme, qui privilégie les vallées isolées et les flancs des montagnes. Kaoris, hêtres, tamanous et bagnans rappellent ce que l'environnement doit aux arbres.

L'extrême Nord. Les résidents vous parleront du nord du territoire, à partir de Koumac, comme s'il s'agissait d'un État à part, de la région la plus reculée du Caillou. C'est l'achèvement de la chaîne centrale qui meurt sur une côte déchiquetée, énigmatique et parsemée d'îles et d'îlots, qui s'espacent jusqu'à l'horizon lointain pour les Bélep. La route étroite, sinueuse et vallonnée, qui mène à l'extrémité nord de l'archipel, étire son long ruban d'asphalte au milieu d'un paysage éblouissant où le rouge de la terre le dispute au vert des arbustes et niaoulis (arbres), trace des nombreux incendies qui ont ravagé les lieux. Puis au bout du bout, la piste vous emmènera à Boat Pass, après Poingam. Soyez vigilant en roulant sur piste et assurez-vous que votre voiture de location peut vous y emmener. Ce bout du monde, planté là au cœur de l'hémisphère Sud, avec ses montagnes couvertes de forêts, la savane et les baies bordées de cocotiers, semble se partager entre l'Australie, la Nouvelle-Zélande et parfois même le Canada... En passant d'est en ouest, vous traversez le maquis minier aux formes végétales sèches et aérées. L'arbre « bois de fer » symbolise bien la zone. Extrêmement dur, il sert à la construction des cases et plus particulièrement aux poteaux de soutènement.

Le Sud. La route provinciale n° 3 (RP 3) traverse la région délimitée par le col pentu aux nombreux lacets de Mouirange (255 m), le lac du barrage de Yaté et le village de Yaté, d'une part et Unia de l'autre. Les amoureux des grands espaces y trouveront leur compte. Plus grand massif minier de Nouvelle-Calédonie, le Sud marque immédiatement le voyageur, généralement hypnotisé par la vivacité d'une terre rouge riche en oxyde de fer. Les tribus sont concentrées entre Unia, Yaté et Goro, sur la côte Sud-Est, et à Plum sur la côte Sud-Ouest. Autant dire que ce vaste espace est très peu peuplé... C'est néanmoins l'occasion de se frotter à la latérite, qui colle à la route et imprègne tout. L'usine hydrométallurgique de Goro, Vale, traite les latérites à basse teneur et extrait du nickel et du cobalt. Au milieu de ces territoires vierges et arides, sept réserves botaniques ont été implantées. Côté océan, les eaux chaudes de la baie de Prony abritent les baleines à bosse entre juillet et septembre. L'île Ouen et l'île des Pins délimitent les extrémités de ce grand Sud.

Les îles périphériques. L'archipel, outre l'île principale (Grande Terre), compte également des îles de moindre taille. Les îles Loyauté, situées à une centaine de kilomètres à l'est de la Grande Terre et à trente minutes d'avion de Nouméa, regroupent Ouvéa, Lifou, Tiga et Maré. À titre indicatif, Lifou est à elle seule plus étendue que la Martinique, mais elle est seulement peuplée que de 15 000 habitants ! L'île des Pins, au sud du Caillou, s'étend quant à elle sur 150 km².

© FRANCIS - STOCK.ADOBE.COM

Barrière de corail vers Voh.

Le minuscule archipel des Bélep, à 50 km de la pointe nord du territoire, comprend de son côté les îles Art, Pott et Dau Ac réparties sur 70 km². Certains îlots, plus éloignés, sont même inhabités comme ceux d'Huon et Surprise, au cœur des récifs d'Entrecasteaux, à 300 km au nord-ouest de la Grande Terre. Vers l'ouest, les îles Chesterfield et les récifs Bellone donnent encore l'occasion d'oublier la civilisation. A l'est, à proximité d'Ouvéa, Beautemps, Beaupré et l'Astrolabe stimulent presque naturellement l'imaginaire. Les îlots isolés de Walpale, Matthews et Hunter, au sud-est sont revendiqués par le Vanuatu.

Lagon et récif corallien

Dans ce domaine, les superlatifs sont inutiles : les chiffres parlent d'eux-mêmes. 24 000 km² de lagon ceinturés par 1 600 km de récif ! Des chiffres qui donnent la mesure de l'exceptionnel environnement maritime dont jouit la Nouvelle-Calédonie. L'Unesco a d'ailleurs placé une partie du récif calédonien, en 2008, sur la liste du Patrimoine mondial : 2 000 espèces de poissons aux couleurs et aux formes toujours singulières peuplent ces eaux prodigieuses, dont la température oscille entre 21 et 28 °C. La croissance des coraux, des coquillages et des poissons y est donc assurée. Même les baleines à bosse, de passage dans le lagon Sud et à Lifou entre juillet et septembre, se donnent rendez-vous à proximité des côtes du territoire. Les plongeurs exploreront des cavernes tapissées d'éponges et de bryozoaires. Les reliefs terrestres se prolongent sous la mer avec un plateau continental immergé jusqu'à 60 km de la bande côtière. Dans les zones les moins profondes, les récifs coralliens se sont constitués sur une période de 10 000 ans. La croissance annuelle des coraux varie de 1 à 10 cm selon les espèces. La plupart des récifs coralliens sont frangeants. Une fois développés sur le socle insulaire, ils croissent jusqu'à atteindre la surface de l'eau (selon la hauteur des marées). Des zones précises distinguent l'espace du récif. La dépression d'arrière-récif est ainsi située entre la côte et la partie émergente du récif (le platier). Vous pouvez tranquillement vous y baigner. Le platier récifal, pour sa part, est recouvert selon les marées de quelques centimètres d'eau ou de plusieurs mètres. Les vagues viennent se briser sur son arête extérieure. C'est la zone idéale pour la randonnée palmée. Vous serez fasciné par la succession de vasques et de patates de coraux. L'eau peut être trouble (de 5 à 20 m de visibilité), du fait de la présence de sable ou d'eau de rivières se jetant dans le lagon. La barrière corallienne délimite l'extrémité du lagon avec une pente interne – souvent superbe à explorer – et une pente externe située face au large, le bleu turquoise se transforme en bleu marine. La zone extérieure, plongeante, dernière constitue la zone de croissance du récif. Le profil des pentes est soumis à un hydrodynamisme important : les déferlantes se brisent dès que le récif est exposé au vent. Les récifs frangeants sont en fait des constructions fixées au rivage, les récifs-barrières sont, quant à eux, séparés de l'îlot par le lagon.

Hydrographie

Les cours d'eau se forment dans la chaîne centrale et s'écoulent donc pour la plupart à partir de cet axe transversal. Les bassins versants sont très courts et en cas de fortes pluies, les cours d'eau gonflent à l'excès. Les cascades, souvent splendides, résonneront le long de votre parcours au cœur des vallées encaissées de la côte Est. Vers la côte Ouest, les cours d'eau dans la plaine constituent de longs méandres qui serpentent, puis vers les estuaires, s'élargissent et se transforment en mangroves avec des prairies salées, des marécages, les palétuviers sont alors omniprésents. Bon à savoir : aucune de ces rivières n'est navigable et ne peut être remontée au-delà de 6 ou 7 km. De nombreux Calédoniens y pratiquent le kayak. Attention cependant, il faut rester prudent pour les baignades dans ces zones, car ce sont des zones de chasse et de reproduction de requins-bouledogue. Les pouvoirs publics ont installé des barrages artificiels, en particulier sur la Dumbéa, pour ravitailler Nouméa en eau. A Yaté, le barrage fournit de l'énergie hydroélectrique. Les tribus isolées sont alimentées en électricité par des petites centrales hydroélectriques, installées sur les cours d'eau secondaires. Lors de fortes précipitations, les crues sont violentes et peuvent tout dévaster sur leur passage. Le franchissement des rivières par les radiers et les gués est alors difficile, voire impossible, les petites routes et les pistes deviennent rapidement impraticables. Renseignez-vous avant de partir et consultez la météo lorsque vous empruntez des parcours peu fréquentés. En brousse, en période de pluie, évitez de boire l'eau d'ordinaire potable. Sa couleur, ocre, en indique assez clairement la teneur.

Marées

Elles sont semi-diurnes. Deux marées hautes et deux marées basses se produisent quotidiennement. L'annuaire des marées est en vente dans les magasins de nautisme de Nouméa. Il regroupe les informations concernant la Grande Terre et les îles Loyauté.

Courants

Ils sont violents à proximité des passes, ces trouées creusées dans la barrière récifale, où s'effectuent les échanges aquatiques entre lagon et océan. Mais les passes sont très éloignées de la côte. La marée peut en effet s'opposer au vent et agiter les flots, qui déferlent alors à l'entrée ou à la sortie de la passe. L'élévation du niveau de la mer submerge la ceinture du récif et donne naissance à de très forts courants de l'océan vers le lagon : les courants de passe. Ces turbulences, dues à la rencontre frontale entre le courant de passe et la houle, ou le vent, ont également un nom : le mascaret. En règle générale, quand le courant est entrant, l'eau est alors plus claire, mais la faune moins dense. Lorsque le courant est sortant, du lagon vers l'océan, l'eau est plus trouble, chargée de nutriments, et attire de nombreux poissons. En l'absence de houle ou de courants opposés, le mascaret est pratiquement inexistant. La vidange et le remplissage de la passe ne sont pas toujours faciles à anticiper. Ils dépendent des variations du vent, du débit des rivières et de la météorologie journalière. Bon à savoir : des poissons de toutes tailles y évoluent.

Géologie

Il y a 300 millions d'années, la Nouvelle-Calédonie était intégrée à l'immense plaque indo-australienne nommée Gondwana, qui regroupait l'Antarctique, l'Amérique du Sud, l'Afrique, l'Inde et l'Australie. Elle ne s'en détachera que 160 millions d'années plus tard en même temps que la Nouvelle-Zélande. Puis 100 millions d'années s'écoulent avant la scission de ce nouveau bloc. La Nouvelle-Zélande fait alors cap au sud, alors que la Nouvelle-Calédonie remonte vers le nord-est. Selon les estimations, cette dernière devrait rencontrer le Vanuatu, archipel voisin, d'ici à 2 millions d'années. Les îles Loyauté devraient alors s'enfoncer sous la plaque supportant le Vanuatu. Cette zone du Pacifique est très sensible aux effets sismiques, ceci est surtout vrai pour le Vanuatu.

Richesse du sol calédonien

Le sous-sol calédonien regorge de richesses minérales, mais en général non exploitables industriellement en dehors du nickel et du cobalt. Le calcaire lithographe est extrait à Nouville (Nouméa) et le jaspe à Païta (côte Ouest). La région de Prony (sud) abonde en zoïsite et la carrière de l'île Ouen en jade. Les rivières de Thio (est) et Koumac (nord) renferment, quant à elles, de la dunite. Par de subtils processus géologiques, les minéraux renferment jusqu'à 6 % de nickel, dont la saturation confère une belle couleur verte à la pierre. Découverte par Jules Garnier, la garniérite (dont est extrait le nickel) illustre bien ce phénomène géologique. Né à Saint-Etienne en 1839 et diplômé des Mines, Jules Garnier est envoyé en mission en Nouvelle-Calédonie où il se passionne pour le pays... et pour le nickel, forcément, dont il découvre un procédé d'extraction. Après avoir déposé un brevet pour l'exploitation industrielle de ce précieux minerai, il participe à la création de ce qui deviendra la Société Le Nickel-SLN, toujours existante. L'extraction et la métallurgie du nickel constituent aujourd'hui le pilier de l'activité industrielle de Nouvelle-Calédonie. Cette extraction provient en quasi majorité du traitement des latérites et des minerais de montagnes. Le nickel procède d'une altération superficielle des roches, due à l'action du climat tropical. Il s'accumule alors en couche. Le territoire concentrerait ainsi 20 à 40 % des ressources mondiales connues de nickel et s'est imposé comme le quatrième producteur mondial. Trois usines, la plus ancienne à Doniambo à l'entrée de Nouméa, la seconde à Goro dans le Sud et la troisième à VKP (Voh-Koné-Pouembout) produisent près de 130 000 tonnes de nickel par an. Si la grenaille et le chrome de fer (rouge) étaient auparavant considérés comme des déchets, l'effondrement des cours du nickel en 1998, en raison de la chute du yen (crise asiatique) et de la mise sur le marché du nickel russe, a changé la donne. L'omniprésence du nickel sur la Grande Terre attire forcément le regard du voyageur. Les énormes camions chargés de terre rouge s'engouffrent sur les routes et les quais. De la route qui longe la côte Ouest, les mineurs s'activent et grattent le flanc des montagnes. L'exploitation à ciel ouvert des mines de nickel, qui se prolonge en escaliers au cœur de la montagne, donne une teinte rouge aux massifs, contraste saisissant avec le vert des forêts. La montagne du Kopeto, entre Népoui et Pouembout (côte Ouest), en témoigne à merveille. La remontée des cours du nickel dès 2018, liée à la forte demande de cobalt, pour les batteries de voitures électriques, redonne un regain d'activité à ce secteur clé.

NATURE

La Nouvelle-Calédonie est une terre riche en faune et flore. Et pour préserver cette richesse, deux actions ont été mises en place : la Province Nord, puis la Province Sud en 2009, ont adopté un code de l'environnement, qui définit les autorisations ou les dérogations pour mener à bien certains projets. De la même manière, les forêts humides et sèches, les mangroves, les herbiers et les récifs sont désormais protégés en tant qu'écosystèmes d'intérêt patrimonial. Tout projet qui pourrait les impacter doit être autorisé avant d'être réalisé.

Le deuxième action, c'est le guide du lagon. La Province Sud a également édité un guide du lagon qui réglemente la gestion des aires marines protégées, la pêche, la protection des espèces emblématiques, ou encore la bonne conduite à adopter sur les îlots. Les deux sont téléchargeables sur le site Internet (www.province-sud.nc).

Faune terrestre

La faune de la Nouvelle-Calédonie, particulièrement riche et variée pour le milieu marin, est plus restreinte sur terre.

Cagou – *Rhynochetos jubatus*. Le cagou est une espèce rare et protégée. Si vous le croisez, vous serez sans doute surpris par son cri, semblable à un aboiement. Gros comme une perdrix avec de longues pattes corail, il porte une huppe sur la tête qui se hérisse lorsqu'il a peur ou lorsqu'il est en colère. Le cagou peut vivre jusqu'à 30 ans, mais, ne sachant pas voler, il constitue une proie facile pour les chiens. Il fabrique des nids où la femelle pond un œuf unique, l'une des raisons de sa vulnérabilité. Il est l'emblème de la Nouvelle-Calédonie, et vous l'apercevrez peut-être dans le parc de la Rivière Bleue, où en subsistent encore plusieurs centaines. Familièrement on nomme « cagou » les sportifs représentant la Nouvelle-Calédonie dans les compétitions sportives.

Cerfs Russa – *Cervus timerensis russa*. Introduits au siècle dernier, ils se sont multipliés en grand nombre essentiellement sur les terres de l'Ouest. Les Calédoniens prononcent le « f » de cerf. Les cervidés posent aujourd'hui de réels problèmes aux éleveurs et causent de graves dommages à la végétation. Le gouvernement calédonien tente d'y remédier.

Corbeau – *Corvus moneduloides*. Ce corbeau fabrique des outils avec des feuilles de pandanus et des brindilles pour crocheter sa nourriture et la couper.

Crabe de cocotier – *Birgus latro*. Cet animal est victime de son succès gastronomique ! Le crabe des cocotiers est facilement reconnaissable : il arbore une carapace bleue et marron, et est connu comme étant le plus grand arthropode (animaux possédant des pattes articulées) terrestre. Bref, il est énorme ! En réalité, il s'agit d'un gros bernard-l'hermite qui n'habite plus de coquille. Cette espèce vit dans les forêts

Gecko.

de bord de mer et sur les sols calcaires, comme les falaises. L'espèce se retrouve principalement sur les îles Loyauté et leurs îlots, au sud de la Grande Terre, sur l'île des Pins et dans d'autres régions du Pacifique. Sa croissance est très lente et il n'atteint 2 kg qu'à l'âge de 30 ans. Il raffole de la pulpe des noix de coco et c'est cette gourmandise qui lui coûte cher, puisque les locaux utilisent ce talon d'Achille pour le capturer. Le piège est simple : une demi-noix de coco est plantée sur un bâton, lui-même enfoncé dans le sol. On attend le crabe attiré par l'odeur de la noix de coco pour le capturer.

▶ **Escargots.** Les bulimes font la notoriété de l'île des Pins, ce sont des escargots géants qui y sont protégés.

▶ **Margouillats.** Aussi appelés geckos. Ils s'accrochent avec leurs petites pattes à ventouses sur les murs ou les plafonds et guettent l'insecte qui passera devant eux dans un halo de lumière. La présence de ces petites bêtes vous sera d'une grande utilité dans votre lutte contre les moustiques.

▶ **Moustiques.** En quantité insignifiante, ils sont tout à fait supportables à Nouméa. En revanche, ailleurs, ils deviennent agressifs à la tombée de la nuit. Mieux vaut se protéger pour éviter les démangeaisons douloureuses et surtout éviter d'attraper la dengue ou d'autres maladies voisines (Zika...). La politique de prévention est bien développée et le risque reste faible.

▶ **Notou** – *Ducula goliath*. Dressez l'oreille si vous entendez des roucoulements dans la forêt humide, vous êtes en présence d'un notou, le plus gros pigeon arboricole recensé. Il fait dorénavant partie des espèces protégées, mais l'espèce a beaucoup souffert de la chasse.

▶ **Perruche d'Ouvéa** – *Eunymphicus cornutus uvaeensis*. Elle est superbe avec son plumage vert, jaune et rouge. Malheureusement, elle fait partie des vingt psittacidés les plus menacés de la planète. Les collectionneurs se l'arrachent et incitent donc au trafic.

▶ **Roussette.** Cette jolie chauve-souris rousse se nourrit de fruits et de nectar de fruit pendant la nuit. Elle raffole des érythrines rouges et des fleurs de hêtres qui ne fleuriraient que pendant les cyclones... Il paraît que notre roussette devient ivre en suçant les fleurs du faux frêne et finit par tomber par terre. Les chauves-souris sont les seuls mammifères capables de voler. La roussette chasse la nuit. Le jour, elle dort dans les grottes, les troncs d'arbres creux, les puits de mine ou les feuillages dans lesquels elle se tient cachée.

▶ **Vers de Bancoule.** Les vers de Bancoule sont en réalité les larves d'un insecte qui vit dans la forêt. Ils engraissent en dégustant du bois mou, comme celui du bancoulier, d'où l'origine de leur nom : les Bancoules ou wattias en mélanésien

Noddi brun.

(la langue païci). Ils entrent dans la composition des plats traditionnels et se mangent crus ou cuits.

Serpents marins

Il existe une douzaine de serpents marins en Nouvelle-Calédonie. Ils sont tous extrêmement venimeux, mais non agressifs. C'est principalement les tricots rayés que vous allez croiser ! Ils possèdent des crocs reliés à des glandes contenant un venin mortel (leur morsure équivaut à dix fois celle du cobra royal). Pas d'inquiétude, ils n'ont pas une ouverture de mâchoires suffisantes pour attaquer l'Homme. Ces tricots rayés existent sous deux formes : jaune et noir (*Laticauda colubrina*) et noir bleuté (*Laticauda laticaudata*). Ce sont les seuls serpents à être amphibies. Ils tiennent en apnée de vingt minutes (en mouvement) à une heure (au repos).

Oiseaux de mer

▶ **Balbuzard ou aigle des mers** – *Pandion haliaetus*. Vous apercevrez son vol majestueux et planant au-dessus des îlots ou du rivage. Il vit en couple et construit un nid imposant, proportionnel à sa taille, composé de branches d'arbres et de coraux morts.

▶ **Mouettes**–*Larus novae hollandiae*.Comme en métropole, elles sont braillardes et s'adaptent parfaitement à votre présence. Elles construisent des nids rudimentaires posés sur le sol derrière des buissons. A l'îlot Canard, près de Nouméa, ne vous aventurez pas près de leurs nids, car elles sont alors très agressives.

▶ **Noddi brun** – *Anous stolidus*. Vous les reconnaîtrez à leur grand bec effilé et leur plumage noir. Ils sont sauvages et reculent devant les investigations humaines dans les îlots.

Puffin – *Puffinus pacificus*. Cette espèce est très vulnérable, car les puffins creusent une galerie d'un mètre dans le sable pour nidifier. Lorsque les promeneurs marchent dans une zone colonisée par les puffins, ils provoquent ainsi l'effondrement des galeries. Chaque couple peut élever un poussin par année, qu'il laisse seul toute la journée et ne rejoint qu'à la nuit tombée en poussant des cris stridents. Les puffins sont des oiseaux migrateurs venant des contrées froides arctiques. La réserve du Sèche Croissant a été conçue pour préserver ces oiseaux, elle se situe au cœur de la triade constituée par l'île aux Canards, l'îlot Maître et l'îlot Larégnère.

Sterne – *Nereis sterna nereis*. Elles partent nicher sur les îlots. Si vous y campez, vous vous souviendrez longtemps de votre nuit blanche tant elles sont bruyantes. Elles déposent leurs œufs directement sur le sol pendant la saison chaude. Bon à savoir : les œufs et les poussins posés sur le sol se confondent avec le sable et vous risquez de les écraser sans les voir. Rappelez-vous qu'un oiseau trop dérangé ne se sent plus en sécurité et abandonne sa couvée...

Faune des récifs

Le saviez-vous ? Le corail est un animal et non pas un végétal. Les coraux font l'essentiel du paysage sous-marin. En réalité, ce sont des madrépores qui lentement élaborent des édifices sous-marins. Il s'agit d'une bioconstruction. En Nouvelle-Calédonie, vous êtes en présence de plusieurs dizaines de spécimens de madrépores distincts. Ils sont organisés en colonies et vivent en symbiose avec des micro-algues et les zooxanthelles. Ils se reproduisent une fois par an, quelques nuits après la première pleine lune d'été, souvent entre novembre et janvier. Savez-vous qu'une colonie de faviidae (corail en boule) ne grandit que d'un seul centimètre de diamètre par an ? Vous pouvez donc en conclure qu'une boule d'un mètre de diamètre a environ un siècle.

Baliste Picasso.

Acropora. Ce sont des coraux graciles durs dont l'élégance caractérise les fonds sous-marins lorsque ceux-ci en sont composés à 90 %. Ils peuvent prendre la forme de doigts (digitiforme) et présentent de grands polypes au bout du doigt. C'est la couleur des polypes qui fait dire que les coraux sont bleus, jaunes ou mauves. Les acroporas se développent dans les fonds de faible profondeur, abrités et ensoleillés.

Coraux fluorescents. L'aquarium de Nouméa possède une salle obscure où les madrépores reçoivent des ultraviolets accentuant leur fluorescence. En réalité, seules les parties vivantes de l'animal réagissent à l'éclairage : le squelette calcaire ne produit aucune fluorescence. La gamme des couleurs fluorescentes émises par les coraux varie du vert foncé au jaune lumineux en passant par le rouge et l'orange. Vous ne verrez pas la fluorescence des coraux lors d'une plongée de nuit avec une lampe normale. Rappelez-vous : dès les premiers mètres de profondeur, les radiations jaunes, orange et rouges du spectre lumineux naturel sont arrêtées et seuls les bleus, verts et ultraviolets persistent. Or, pour observer la fluorescence, il ne faut pas que des ultraviolets. Aussi, de jour, votre œil exercé peut distinguer un corail fluorescent d'un autre.

Coraux mous – Alcyonaires. Ils ont une prédilection pour les courants. Aussi les retrouvez-vous aux abords des passes et le long des tombants extérieurs. Ils forment des colonies dressées avec une consistance charnue. Ils sont constitués d'un hydrosquelette, c'est-à-dire qu'ils se gonflent d'eau. Certains sites, réputés pour leurs alcyonaires, s'explorent uniquement lorsque le courant est rentrant. En effet, dès que le courant sort, les alcyonaires se vident de leur eau et leurs polypes se referment : ils ressemblent à des baudruches dégonflées.

Corail noir – *Antipathaire*. Vous aurez du mal à comprendre pourquoi on l'appelle corail noir lorsque vous verrez ces buissons denses, de couleur marron, possédant des reflets comparables à ceux d'un sapin couvert de givre. En réalité, leur squelette est noir et on en fait des bijoux très prisés.

Eponges. Les éponges ou spongiaires comptent parmi les espèces les plus primitives du règne animal. Elles n'ont pas d'organes : ce sont de simples agrégats de cellules délimitant un réseau très ramifié de tubes où circule l'eau de mer.

Fungia. Lorsque vous rencontrerez un corail champignon de forme ronde ou allongée, vous ne l'oublierez pas. Chaque corail est en fait un grand et unique polype qui n'est pas attaché au

Pins colonnaires sur l'île des Pins.

substrat (sauf à un stade très jeune). Le fungia mène une existence autonome et libre de ses mouvements sur le fond. Il est strié en étoiles de crêtes acérées. Vous remarquerez des zones violettes qui marquent sa croissance. Pour se déplacer, il se hausse sur ses tentacules.

Gorgones. Elles forment des branches avec un squelette et du tissu autour. Elles sont ramifiées en éventail dans un seul plan. Certaines ne sont pas ramifiées, comme les fouets de mer. Elles ont la forme de balais dressés vers la surface et de grandes tiges ressemblant à un épais fil de fer déroulé. D'autres s'étalent en éventails plus ou moins grands, offrant des variantes roses, jaunes ou encore orange. Attention à vos palmes, car ces colonies se détériorent très facilement.

Montipora. Vous serez certainement séduit par ces colonies aplaties en forme de vases gigantesques dont les pétales s'étalent artistiquement autour du « cœur ». Les polypes en surface forment parfois une « chair de poule ». D'autres montiporas ressemblent à de grosses salades dont les feuilles se chevauchent. Le bord de ces feuilles est dentelé et irrégulier comme si une armée de limaces s'était acharnée dessus. Les couleurs varient : brun, vert, crème, blanc, rose…

Poissons

Requins, tazars et carangues traversent les passes, aidés par les courants des marées pour arriver dans le lagon, puis ils ressortent vers l'océan. Les poissons du lagon se concentrent autour des patates de corail. Entre les îlots coralliens du lagon se baladent mulets et surmulets, becs-de-cane. Les poissons-trompettes et les aiguillettes passent en bande ou s'isolent entre deux eaux. Dans les mangroves jusqu'aux passes du lagon, de nombreuses sortes de picots font la joie des pêcheurs.

Les spécimens présents en Nouvelle-Calédonie sont très nombreux, en voici donc une liste non exhaustive :

Baliste Picasso – *Rhinecanthus aculeatus*. Le baliste possède une peau rugueuse et dure. Vous remarquerez les couleurs et dessins de sa livrée : ils pourraient être l'œuvre d'un enfant. Ce poisson possède un éperon courbe, fiché au sommet du dos, qui se dresse en cas de danger. Vous comprendrez alors le nom de poisson-gâchette dont on l'affuble ! Le baliste Picasso rôde souvent dans le lagon, non loin de la barrière récifale.

Bec-de-cane ou bossu. Vous le rencontrerez sous l'eau ou sur les étals du marché de Nouméa. Il évolue dans les baies, dans les passes et le long du récif extérieur.

Diagramme ou loche castex – *Lethrinus nebulosus* ou *miniatus*. En réalité, on l'appelle perche de mer. Son faciès rappelle le profil des loches, une lointaine cousine, avec une bouche lippue. La perche vit dans les lagons et à l'extérieur de la barrière récifale.

Labre. Le terme vient du mot latin *labrum* (la lèvre), car le labre possède une bouche aux lèvres épaisses. Les mâles arborent des teintes plus chatoyantes que les femelles. Celles-ci peuvent changer de sexe et de livrée pour devenir mâle adulte.

Loche sanguine – *Cephalopholis sexmaculatus*. Appelée également Vieille, elle fait le régal des photographes tant sa couleur, orange et rouge écarlate parsemée de petites taches bleues, est seyante. Elle tourne autour des madrépores dans le lagon. Elle est curieuse et sort de son trou facilement.

Baleine à bosse.

Loche marbrée, loche-crasseux ou mérou-camouflage – *Epinephelus microdon*. Vous la reconnaîtrez du premier coup d'œil : elle est marron avec des taches irrégulières beiges. La loche marbrée colonise les eaux peu profondes du lagon et le versant océanique.

Mère-loche – *Epinephelus lancealatus*. C'est une sorte de mérou géant qui se terre souvent dans les recoins d'une grotte où elle a élu domicile ou dans une épave. Elle est plutôt placide et curieuse et ravit tous les plongeurs. On évite de la pêcher, elle devient rare.

Mérou céleste – *Cephalophisargus*. Il se caractérise par de jolies taches bleu ciel. Il rôde souvent autour des patates de corail dans le lagon, aux abords des passes et le long des tombants océaniques.

Murène javanaise – *Gymnothorax javanicus*. Elle est en général l'habituée des massifs coralliens peu profonds. Vous la trouverez presque entièrement enfoncée dans un trou, la bouche ouverte et la gorge contractée au rythme de sa respiration. Elle arbore une couleur brune avec des taches plus foncées.

Murène ondulante – *Gymnothorax undulatus*. Aussi murène-léopard, elle revêt un habit moucheté de brun sur un fond blanc. La murène ondulante élit domicile à faible profondeur. Elle peut être un peu sournoise, paraître inoffensive, sembler se désintéresser de vous, mais gardez vos distances !

Napoléon – *Cheilinus undulatus*. Il est LA star des eaux calédoniennes. C'est en découvrant l'énorme bosse qu'il arbore que les Français décidèrent de le nommer napoléon. Le napoléon peut atteindre des tailles records (2 m). C'est un poisson très respecté, sa pêche est réglementée.

Poisson-ange. Les juvéniles ne portent pas la livrée des adultes et ils se nourrissent de parasites qu'ils prélèvent sur d'autres poissons, ainsi que de vers. Les adultes se délectent d'éponges, de coraux mous et d'algues. Ces poissons naissent femelles et finissent mâles, ils sont donc hermaphrodites.

Poisson-ange à six bandes – *Pomacanthus sexstriatus*. Il donne l'impression d'avoir été passé sur un gril ou d'avoir été exposé trop longtemps au soleil à travers des barreaux.

Poisson-ballon – *Canthigaster valentini*. Son museau, ressemblant à un long nez, lui sert à dénicher les crustacés dans les crevasses. Sa chair est comestible, mais son foie, ses gonades et sa peau concentrent un poison mortel, la tétrodotoxine. Il est très territorial.

Poisson-chirurgien. Il doit son nom aux scalpels semblables à ceux des chirurgiens (du type *Homo palmus*) qu'il porte à la base de la queue. Vous rencontrerez les poissons-chirurgiens dans les passes exposées à la houle et autour des patates de corail.

Poisson-clown. Vous apprécierez le spectacle du poisson-clown nageant entre les tentacules de l'anémone. Il est alors protégé de ses ennemis. Les tentacules de l'anémone sont pourtant couverts de cellules urticantes et ses sécrétions venimeuses sont fatales aux autres poissons. Ces deux espèces vivent en parfaite symbiose : le poisson-clown, en échange de la protection de l'anémone, lui procure des bribes de nourriture.

Poisson-clowns.

Poisson-couteau – *Aeliscus strigatus*. C'est une des curiosités des fonds sous-marins de la Nouvelle-Calédonie, car il nage la tête en bas et, couard, il se réfugie dès qu'il a peur entre les piquants d'un oursin noir contre le venin duquel il est immunisé. Le poisson-couteau revêt en effet, le long de son flanc, une longue bande fine qui lui permet de passer inaperçu entre les piquants des oursins.

Poisson-papillon. Le récif s'anime grâce aux poissons-papillons, leurs formes curieuses, leurs couleurs vives, leurs gestes saccadés... Ils sont affublés d'un museau tubulaire et de toutes petites dents. Vous les apercevrez partout où le corail est foisonnant et sain, dans le lagon et à l'extérieur de la barrière récifale.

Poisson-perroquet. Il illumine les fonds sous-marins de ses superbes couleurs. Nanti d'un bec, le poisson-perroquet arrache les coraux et broute les pellicules d'algues ou les polypes coralliens qui recouvrent le corail. Ses dents broient la nourriture pour récupérer le plus de nutriments possible. Vous pourrez les approcher en plongée en apnée à l'îlot Canard.

Poisson-pierre. Il est immobile au milieu des formations coralliennes, un peu enterré dans le sable. Il laisse apparaître seulement le sommet de sa tête et de son épine dorsale, impossible alors de distinguer sa bouche. Sa nageoire dorsale, qui apparaît comme une crête de coq, peut s'avérer dangereuse. Chaque bourrelet cache une épine, treize en tout environ, reliées à deux minuscules vésicules pleines de poison. En cas de contact, l'épine sort du bourrelet et le venin gicle. Une douleur instantanée très violente, des nausées, des vomissements et une perte de connaissance sont les premiers signes cliniques de cette rencontre avec le poisson-pierre. Alors prudence ! Pour contrecarrer ces effets néfastes, il faut approcher une source de chaleur au plus près (cigarette). La douleur due au venin est alors neutralisée.

Tazard ou wahoo – *Acanthocybium solandri*. Il se déplace très couramment autour de la Grande Terre, particulièrement sur les tombants de la barrière récifale. Il possède un museau très pointu et des formes hydrodynamiques.

Thon à nageoires jaunes – *Neothunnus albacora macroptery*. Il est réputé pour sa vitesse et effectue de grandes migrations. On repère son passage en observant les bancs d'oiseaux de mer qui chassent les mêmes proies.

Tortues

Leur capture et leur vente sont absolument interdites. Comme son nom l'indique, la tortue de mer vit et s'accouple dans l'eau. A la saison des pontes, les femelles sortent de l'eau et se traînent sur le sable des plages où elles sont nées, pour, dès la nuit venue, pondre leurs œufs dans un grand nid qu'elles ont laborieusement creusé. Chaque tortue y dépose 50 à 150 œufs, avant de reboucher le trou et d'essayer de retourner à la mer ; certaines meurent d'épuisement. Ce n'est qu'après 7 à 12 semaines que les œufs vont éclore. Les petites tortues effectuent alors le parcours du combattant en essayant de se dégager du nid et de rejoindre la mer. Les prédateurs les guettent et n'hésitent pas à improviser un festin : frégates, hérons, fous, crabes et bien d'autres espèces sont de la partie... 3 pour 1 000, c'est en moyenne le nombre de jeunes tortues, sorties vivantes de l'œuf, qui reviendront adultes sur la plage de leur naissance.

Si les tortues sont protégées, c'est en partie parce que les femelles atteignent leur maturité sexuelle entre 20 et 40 ans et ne peuvent pas se reproduire avant. Notez qu'une tortue peut vivre jusqu'à 50 ou 60 ans ! La Nouvelle-Calédonie se situe sur leur route migratoire entre la Polynésie et l'Australie. Elles viennent ici pour se nourrir et se reproduire. Aussi étonnant que cela puisse paraître, les tortues font partie de la famille des reptiles. Elles possèdent des poumons et sont donc obligées de remonter à la surface pour respirer.

Tortue grosse-tête – *Caretta-caretta*. Sa carapace possède la forme d'un cœur. Longue de 1,25 m au maximum, elle peut peser jusqu'à 150 kg. Elle est aisément reconnaissable grâce à sa tête imposante, qui lui a valu son nom. Elle est dotée d'un bec puissant et n'est pas réputée pour avoir bon caractère. Cette espèce est visible en haute mer, dans les estuaires des rivières et près des zones sableuses. La tortue grosse-tête est une grande voyageuse qui effectue de longues migrations et qui vient pondre le long des côtes calédoniennes entre novembre et janvier.

Tortue verte – *Chelonia mydas*. Elle peut mesurer 1,25 m et peser plus de 140 kg. Son nom ne provient pas de la couleur de sa carapace brun-vert, comme on pourrait le croire, mais de celle de sa graisse. Il n'est pas rare de rencontrer des tortues vertes en Nouvelle-Calédonie. Cette espèce se nourrit d'herbe, mais aussi de crustacés, d'éponges, d'oursins ou de mollusques. Sa période de reproduction et de ponte s'étend d'octobre à mars.

Bonne écaille – *Eretmochelys imbricata*. Cette petite tortue ne mesure que 90 cm de longueur pour 80 kg, ce qui fait d'elle la plus petite des tortues marines. Sa carapace marron foncé est recouverte d'écailles imbriquées les unes sous les autres. Elle possède une petite tête étroite et un bec crochu très pointu. Cette espèce vit essentiellement dans les eaux côtières et les lagons.

Raies

Les raies seraient des requins de forme aplatie dont le corps s'est modifié pour vivre dans les fonds marins. La raie manta, la plus grande de toutes, peut atteindre 8 m. Leurs nageoires pectorales, semblables à de grandes ailes, donnent l'impression qu'elles volent lorsqu'elles nagent. Les fentes branchiales sont situées sous le corps. Les évents, largement ouverts, leur permettent de respirer une fois au fond. Si elles sont armées d'un dard à leur queue, ces douces géantes sont néanmoins pacifiques. A moins qu'on ne leur marche dessus, elles n'agressent jamais. Cependant le risque est fréquent et la piqûre est douloureuse et met du temps à cicatriser. Dans l'urgence, mettre le pied (c'est souvent la cheville qui est atteinte) dans de l'eau très chaude afin d'éliminer le plus gros de la douleur. Il faut ensuite consulter.

Requins

Rencontre tant attendue pour certains ou pire cauchemar pour les autres. Toutefois, nombreux sont les plongeurs à venir en Nouvelle-Calédonie dans l'espoir d'en croiser. En Nouvelle-Calédonie, les requins sont nombreux et la coexistence ne pose généralement pas de problèmes.

- **Près des récifs, les requins gris** (de 1 à 2 m) à pointe noire ou à pointe blanche sont quasi familiers, il faut juste éviter d'avoir du poisson fraîchement pêché avec soi pour ne pas les rendre trop curieux. Les requins dormeurs et citron sont fréquents, il faut les laisser tranquilles.

- **Plus loin dans le lagon, les requins mako ou tigre ou bouledogue** sont potentiellement dangereux, les accidents sont très rares. Néanmoins, ils sont parfois attirés par les déchets humains des ports et des marinas, il ne faut jamais s'y baigner. Malheureusement, plusieurs accidents mortels ont eu lieu ces dernières années – avec des requins-tigres et bouledogues, notamment dans la baie de Nouméa. Des requins-tigres ont plusieurs fois été aperçus au niveau du ponton de l'îlot Maître.

- **Requin à pointes blanches du lagon** – *Trianodon obesus*. Le requin « obèse » est de petite taille, d'environ 1,50 m de longueur. Il n'est pas rare de croiser ce petit requin craintif. Gris foncé sur le dessus du corps, il dispose d'une tache blanche au sommet de sa nageoire dorsale ainsi que sur la partie supérieure de sa queue. Ce requin affectionne les grands plateaux coralliens aux eaux lumineuses. Il nage à une vingtaine de mètres de profondeur à l'extérieur de la barrière récifale ou bien se retranche pour se reposer sur les fonds des anfractuosités et des grottes.

- **Requin à pointes blanches de récif** – *Carcharhinus albimarginatus*. Vous l'apercevez à l'extérieur du récif car il passe le plus clair de son temps à plusieurs centaines de mètres de profondeur. Sa taille avoisine les 3,50 m, sa robe arbore un joli gris moiré et ses ailerons présentent une tache blanche comme sur les extrémités de toutes les nageoires et sur les lobes de sa queue.

- **Requin gris de récif** – *Carcharinus amblyrhincos*. Il avoisine les 2,50 m et présente une robe uniformément gris foncé avec un ventre blanchâtre. Ses nageoires sont bordées de noir ainsi que sa caudale. Il cherche à surprendre ses proies : il fonce dans les bancs de poissons trop serrés. Il attaque les poissons blessés qu'il détecte à 200 m de distance grâce à son système acoustique sensible aux vibrations basse fréquence.

- **Requin à pointes noires** – *Carcharinus melanpterus*. Il se remarque par sa couleur brune et par les marques noires aux extrémités de toutes les nageoires et particulièrement sur sa caudale. Il vous sera difficile de l'ignorer : tantôt vous croisez un solitaire se baladant au milieu des crevasses, tantôt un couple chassant près du récif. Les petits (1 m) sont plus téméraires que les gros (2 m). En règle générale, ils sont peureux et affectionnent les lagons peu profonds et les passes.

- **Requin-marteau** – *Sphyrna mokarran*. Impossible de ne pas le reconnaître : il est doté d'une tête en forme de marteau et d'une nageoire dorsale particulièrement développée. Il atteint facilement 3 à 4 m de longueur. Le requin-marteau affectionne particulièrement les passes et la pente extérieure du récif.

- **Requin-citron** – *Megaprion acutidens*. On le rencontre rarement et c'est tant mieux ! Il est du genre faux calme, il peut devenir agressif. En général, il patrouille dans les passes et parfois dans le lagon. Il fait semblant de vous ignorer… Faites de même !

- **Requin-taureau** – *Carcharinus leucas*. Il hante les tombants extérieurs des récifs et les estuaires des rivières qu'il peut remonter. Ses dents effilées et recourbées et sa taille massive (2,5 à 2,8 m) lui donnent un air agressif.

- **Requin-dormeur** – *Nebrius condolor*. Il vit dans le lagon et dort une bonne partie de la journée dans des grottes immergées. Son repas quotidien se compose de crustacés, d'oursins et de mollusques.

- **Requin-léopard** – *Stegostoma varium*. Il se vautre sur les fonds sableux. Lorsqu'on s'approche de lui, il se lève, effectue 10 m et va se reposer plus loin. Pas de crainte à avoir : il ne mange que des mollusques et des crustacés.

Mammifères marins

- **Baleines à bosse** – *Megaptera novaeangliae*. Elles constituent le clou du spectacle maritime en Nouvelle-Calédonie, évoluant du canal Woodin à l'île des Pins, au large de Hienghène et Poindimié et autour des îles Loyauté.

Les baleines à bosse présentent une taille respectable de 15 m de longueur et peuvent peser entre 25 et 35 tonnes. Elles effectuent de longues migrations des eaux tropicales aux régions antarctiques. Dame baleine met au monde un baleineau de 3,50 m qui pèse déjà 1 tonne, après 12 mois de gestation. Il sera sevré un an après.

▶ **Dauphin à long bec.** Son long rostre vous étonnera. Ce dauphin avoisine les 2 m de longueur et arbore les couleurs tricolores, gris foncé, gris clair et blanc. Il peut être cabotin et effectuer des triples sauts périlleux. Vous pourrez peut-être l'apercevoir à la pointe Bouraké ou si vous êtes chanceux sous le ponton de la Bodega del Mar à Nouméa.

▶ **Dugong ou dugon.** Il appartient au genre sirénien, mais ce n'est pas un lamantin. Le dugong possède une nageoire caudale semblable à celle du dauphin. Il est le seul sirénien à vivre complètement en mer. En fait, il s'agit d'une vache marine pouvant atteindre 3 m de longueur et vivre jusqu'à l'âge canonique de 70 ans. Du temps où il n'était pas encore en voie d'extinction, il vivait en troupeau. La protection de cette espèce date des années 1960. Le dugong a l'habitude de brouter placidement dans les anses et les estuaires et il est possible d'en apercevoir un spécimen au cours d'une sortie en bateau aux alentours de Nouméa. Le dugong donne naissance à un seul petit à la fois et met bas dans des lagunes peu profondes. Il n'en reste qu'une centaine en Nouvelle-Calédonie. Le braconnage et la détérioration des herbiers (son casse-croûte quotidien) lui portent gravement préjudice.

Coquillages et crustacés

▶ **Bénitier roulant** – *Hippopus hippopus*. Le bénitier filtre sa nourriture et vit en symbiose avec les zooxanthelles, petites algues présentes à la surface du manteau de l'animal. Celui-ci produit la matière organique nécessaire au développement du bénitier. En échange, le bénitier leur sert de support. La lumière est indispensable à la photosynthèse des zooxanthelles, ce qui explique la présence des bénitiers dans les eaux chaudes et peu profondes. Cette espèce est protégée par la Convention de Washington. Vous devrez demander un permis pour sortir une coquille de bénitier du territoire.

▶ **Nautile** – *Nautilus macromphalus*. En le rencontrant, vous vous transportez 350 millions d'années en arrière... C'est un fossile vivant qui évolue entre 200 et 600 m de fond. Le nautile évolue lentement, dans les trois dimensions grâce à un mouvement de pulsion de l'eau. Il capture les crustacés à l'aide de courts tentacules enduits d'un liquide visqueux. Il les croque ensuite avec son bec de perroquet. Les soigneurs de l'aquarium de Nouméa ont pu observer que les nautiles raffolent des mues de langouste.

▶ **Langouste porcelaine.** Ce crustacé mue de temps en temps et doit alors s'hydrater avant de changer de carapace dont le composant principal est la chitine. L'animal s'extirpe de sa carapace en quelques minutes et se camoufle jusqu'à ce qu'elle se renouvelle. Il arrive que des langoustes mal préparées ratent leur mue et meurent étouffées... Alors les nautiles se régalent.

Flore

▶ **Araucariacées** (*Kaori agathis lanceolata*). Il s'agit de conifères spectaculaires, présents en Australie, en Nouvelle-Zélande et en Nouvelle-Calédonie. Leurs troncs atteignent des diamètres importants. Il en existe cinq espèces en Nouvelle-Calédonie. Ce conifère colonise les terrains riches en minéraux. Son bois est résistant, sans nœud et facile à travailler. Vous en trouverez aux monts Koghis, mais le plus haut et le plus majestueux de tous est celui du circuit botanique de la Rivière Bleue : il culmine à 40 m de hauteur.

▶ **Niaouli** (*Melaleuca leucadendron*). Arbre emblématique de la côte Ouest. Partout où le feu a sévi, le niaouli a pris la place des autres espèces. C'est un arbre caractéristique de la Nouvelle-Calédonie. Aussi appelé « l'arbre à peau », il présente des couches successives d'écorce qui le rendent très résistant aux flammes. L'huile essentielle de niaouli est un puissant antiseptique et antiviral. Vous reconnaissez le niaouli à son tronc tortueux et à son écorce blanche et brillante qui se détache en larges bandes. Le nom « niaouli » provient de la déformation du mot *yauli* dans la langue de l'archipel des Bélep. Cet arbre ne pousse pas au-dessus de 500 m d'altitude. Vous verrez les plus beaux spécimens sur les terrains marécageux, ils se parent de jolies fleurs blanches au mois de mai.

▶ **Pin colonnaire** (*Araucaria cooki*). Il caractérise la Nouvelle-Calédonie. Le pin colonnaire pousse sur les îles Loyauté, l'île des Pins et sur la Grande Terre. Ces pins peuvent atteindre 60 m de hauteur. Sur les 19 espèces répertoriées, 13 existent uniquement en Nouvelle-Calédonie. Cet arbre affectionne les falaises calcaires et colonise les sols rocheux, surtout lorsqu'il est exposé aux vents dominants. Dans la culture kanake, ce pin incarne l'homme et signale les lieux tabous mais aussi il trouve sa place près des habitations. Les Kanaks l'utilisaient pour réaliser leurs pirogues.

Végétation de bord de mer

▶ **Arbre à pain.** Il existe dans les îles du Pacifique Sud depuis longtemps. C'est une denrée rare et appréciée en Nouvelle-Calédonie. Son fruit est délicieux. Pour le déguster, mettez-le au four tel quel pendant quarante-cinq minutes. Selon sa taille, la peau gonfle et prend une teinte rousse.

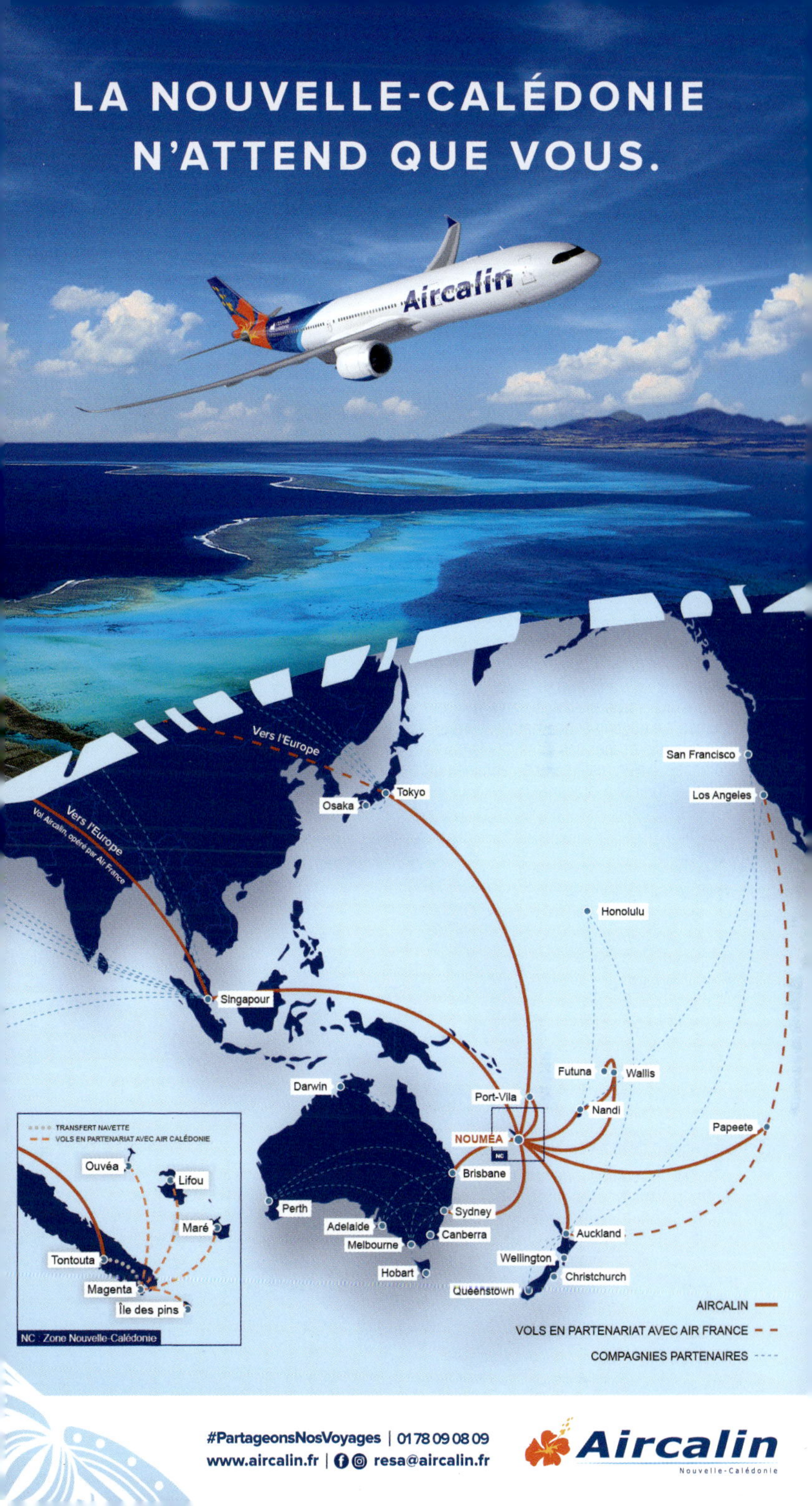
LA NOUVELLE-CALÉDONIE
N'ATTEND QUE VOUS.
Aircalin
Vers l'Europe
Vers l'Europe
Vol Aircalin, opéré par Air France
Tokyo
Osaka
San Francisco
Los Angeles
Honolulu
Singapour
Darwin
Port-Vila
Futuna
Wallis
Nandi
NOUMÉA
NC
Papeete
Brisbane
Perth
Sydney
Adelaide
Canberra
Melbourne
Auckland
Wellington
Hobart
Christchurch
Queenstown
TRANSFERT NAVETTE
VOLS EN PARTENARIAT AVEC AIR CALÉDONIE
Ouvéa
Lifou
Maré
Tontouta
Magenta
Île des pins
NC : Zone Nouvelle-Calédonie
AIRCALIN
VOLS EN PARTENARIAT AVEC AIR FRANCE
COMPAGNIES PARTENAIRES
#PartageonsNosVoyages | 01 78 09 08 09
www.aircalin.fr | resa@aircalin.fr
Aircalin
Nouvelle-Calédonie

Bancoulier – *Aleurites moluccana*. Le bancoulier est un arbre commun sur les îles de la Sonde, en Inde et en Chine méridionale. Sa feuille ressemble un peu à celle de l'érable et ses noix à de petites paires de fesses… Ses noix se mangent grillées. Il est d'ailleurs cultivé pour ses noix dont on tire une huile comestible et abondante. L'infusion d'écorce de bancoulier posséderait des vertus thérapeutiques.

Banian (figuier de l'Inde) – *Ficus indica* ou *Ficus prolixa*. Les Mélanésiens l'associent aux rites entourant la mort. Le banian est un arbre majestueux, remarquable par ses multiples racines plongeant dans le sol. Chaque arbre donne naissance à une grande quantité de troncs et forme à lui seul un bois inextricable.

Cocotier – *Cocos nucifera*. Il est très répandu sur le territoire, particulièrement sur la côte Est, dans les îles du Nord et dans l'archipel des Loyauté. La cocoteraie d'Ouvéa couvre une superficie de 3 400 hectares et produit environ 200 tonnes de coprah par an. Le coprah est utilisé dans la fabrication d'huile et de savon. Toutes les parties de l'arbre possèdent une utilité : les nervures des feuilles servent à réaliser des balais, les fibres de coco sont transformées en filets de pêche ou servent à la monnaie kanake. Bon à savoir : pour réaliser du lait de coco, râpez huit cocos, versez trois verres d'eau bouillante sur la pulpe, laissez dégorger la mixture puis délayez avec un peu d'eau froide. Prenez un torchon propre et pressez le mélange pour récupérer le lait dans un récipient.

Fougère arborescente – *Cyathea intermedia*. Cette belle fougère donne un petit air de Jurassic Park aux sites qu'elle colonise. La Nouvelle-Calédonie tire orgueil de ces fougères classées parmi les plus grandes au monde (20 m). Surnommée la « plante cicatricielle », elle pousse en lisière de forêt dense ou dans les clairières ouvertes par la disparition d'un gros arbre. Souvent, elle se développe après un déboisement modéré. Vous observerez les plus beaux spécimens dans le centre de la Grande Terre. Le bois des troncs est utilisé par les sculpteurs.

Gaïac ou gayac – *Acacia spirorbis*. Le gaïac est un arbre commun que l'on retrouve sur tout type de terrain. Il est couvert de feuilles allongées et se pare des petites fleurs jaunes comme le mimosa. Son bois, très dur et imputrescible, est très apprécié des sculpteurs. La résine de gaïac sert de réactif en médecine pour déceler le sang dans les selles. Cette propriété permet son utilisation en criminologie.

Houp – *Montrouziera cauliflora*. Son bois jaune est considéré comme précieux, car il est imputrescible. Il grandit lentement et donne de jolies fleurs rouges. Il est très répandu dans les forêts primaires de Nouvelle-Calédonie.

Igname – *Dioscorea*. L'igname est à la fois un aliment de base et un symbole. Dans la culture kanake, elle scelle le lien de fidélité et de reconnaissance envers le Grand Chef. La fête de l'Igname, avec ses rites et ses cérémonies, se déroule en mars lors de la récolte (il est planté en novembre). Sa culture règle le calendrier de la tribu.

Manioc. Les tubercules constituent la partie comestible de la plante. Faites-les cuire tels quels, ou réduisez-les en farine après séchage. Le tapioca, utilisé dans les soupes ou les desserts, est extrait du manioc.

Mangrove. On appelle mangrove l'ensemble des formations végétales qui croissent sur un sol salé. La mangrove constitue donc la zone intermédiaire entre la terre et la mer. En Nouvelle-Calédonie, elle couvre près de 50 % du littoral. A titre d'exemple, elle s'étend sur 1 400 hectares autour de Nouméa, dont 800 hectares sont composés pour l'essentiel de palétuviers. Cet écosystème joue un rôle physique indéniable et filtre les sédiments. C'est également un milieu très protégé où les alevins de poissons et les juvéniles de crustacés se développent en nombre.

Poivrier enivrant – *Pipermethystcum*. Petit arbuste aux grandes feuilles en forme de cœur, très allongées et pointues, le poivrier enivrant joue un rôle clé dans la culture mélanésienne. Cultivée essentiellement au Vanuatu, la plante, avec ses racines, est exportée dans l'ensemble de l'aire mélanésienne. C'est en effet à partir de son rhizome et de ses racines que l'on produit une boisson aux vertus analgésiques, anxiolytiques et enivrantes : le *kava*. Associé aux rites mortuaires et élément central des soins dans la société mélanésienne traditionnelle, il possède des propriétés analgésiques, anxiolytiques et antibactériennes. La pharmacopée occidentale a récupéré la substantifique moelle du *kava* et associe ses molécules à des traitements homéopathiques antidépresseurs. Paradoxalement, la Food and Drug Administration américaine le classe comme narcotique, car le *kava* procurerait paix et sérénité. Il se boit lorsque la nuit débute, dans les *nakamals*, ces bars à *kava* que vous trouverez partout en Nouvelle-Calédonie. L'effet zen est obtenu après deux bols du breuvage.

Taro ou colocase tubéreuse. C'est l'aliment de base de millions de personnes. Ses racines féculentes se consomment comme des pommes de terre, cuites à l'eau, au four, en purée ou en frites. On les transforme en farine et en aliments pour les enfants en bas âge. Le taro pousse dans le sol humide et fertile des îles du Pacifique. La plante se reproduit par boutures. Parfois vous entendrez parler d' « oreilles d'éléphant », car la feuille est immense et bien large. Dans la symbolique kanake, c'est une plante femelle.

CLIMAT

La Nouvelle-Calédonie, surnommée l'Île de l'éternel printemps, jouit d'un climat tropical tempéré par l'océan et les alizés de sud-est. Le climat varie cependant selon la région et l'altitude. La température moyenne annuelle oscille entre 22,5 °C, avec des minimums à 12 °C en juillet, et 26 °C en février. Durant l'été austral, entre décembre et mars, les températures peuvent grimper sur le littoral jusqu'à 33 °C, accompagnées de brèves précipitations tropicales. Le thermomètre affiche alors en moyenne entre 25 et 27 °C. La saison fraîche, ou hiver austral, s'étend d'avril à novembre avec des températures moyennes entre 20 et 23 °C. Les sommets, du fait de l'humidité et du vent, jouissent de températures plus fraîches.

La période idéale pour se rendre sur l'archipel s'étire d'octobre à novembre. A cette période de l'année, le soleil brille fort, mais les températures restent très agréables.

Tour d'horizon

▶ **Les pluies sont inégalement réparties :** la côte orientale, au vent, reçoit 1,70 m en moyenne de précipitations annuelles, soit près de deux fois plus d'eau que la côte Ouest, sous le vent. Les précipitations les plus importantes ont lieu entre février et mars. La côte orientale jouit donc d'un climat tropical avec des pluies quasi quotidiennes, qui nourrissent une végétation dense et luxuriante. Durant l'hiver austral (d'avril à novembre), les précipitations diminuent. A l'inverse, la côte Ouest peut subir de longues périodes de sécheresse. Les éleveurs, prévoyants, cultivent le foin qu'ils stockent en cas de coup dur.

▶ **Les alizés** soufflent entre est, nord-est et sud-est, de façon modérée à assez forte. Ils se lèvent vers 9 heures doucement puis ils forcent, d'où quelques précautions élémentaires : les sorties en mer sont préférables tôt le matin vers 7h30 (heure de départ des bateaux de plongée). Vous effectuez vos deux plongées au cours de la même sortie et rentrez vers 12h-13h30, lorsque le bateau a le vent arrière pour des conditions de navigation et de plongée optimales. La vitesse des alizés est nettement plus faible en début de matinée et au coucher du soleil. Les vents les plus violents soufflent entre 14h et 18h. La nuit, leur force est nulle à proximité des terres. A noter qu'ils sont plus forts et plus fréquents en été, de novembre à février, qu'en hiver. Ils soufflent en moyenne avec une force de 16 à 18 nœuds (avec des pointes de 25 à 30 nœuds). Leurs flux sont légèrement déviés au cours de la journée. Ils ont une nette tendance à s'orienter au sud-est à midi et au nord-est le soir. Ils sont aussi souvent infléchis par le relief côtier. Avis aux véliplanchistes !

© DANIELA CONSTANTINESCU - SHUTTERSTOCK.COM

Soumise aux alizés, l'île offre de nombreux spots pour les véliplanchistes comme ici sur l'île des canards.

© DANIELA CONSTANTINESCU - SHUTTERSTOCK.COM

L'île des Pins pendant la saison des cyclones.

Saison des cyclones

La Nouvelle-Calédonie est située dans la zone des cyclones tropicaux de l'hémisphère austral, qui peuvent se former lors de la saison chaude entre mi-novembre et mi-avril. L'appellation « cyclone tropical » est attribuée à une dépression « fermée » qui donne naissance à des vents dépassant 63 nœuds ou 118 km/h. Entre 33 et 63 nœuds, on parle de « dépression tropicale » et de « zone de tempête ». Ces dépressions se forment dans la région de la mer de Corail et peuvent parfois provoquer des dégâts graves aux infrastructures et aux cultures. Des vents violents, combinés à de fortes précipitations, peuvent durer plusieurs jours, coupant les routes, les pistes et isolant certaines régions. Un système d'alerte fonctionne et il faut rester attentif aux avis à la radio et dans les journaux locaux.

Respectez les consignes de sécurité en cas de cyclone, quel que soit l'hébergement choisi. Avant la période cyclonique (et en cas de pré-alerte jaune, quand un cyclone est signalé dans la zone d'observation météorologique), constituez des réserves de conserves, de légumes secs, de farine, de riz, de pâtes, d'huile, d'œufs, d'eau minérale et de lait, de serpillières, de bougies et d'allumettes ou de briquets. Il n'est pas inutile de revoir votre trousse à pharmacie en détail, de veiller au bon état des lampes de poche électriques et des éclairages de secours. Achetez des piles et rechargez les batteries. Assurez-vous de la bonne marche des postes radio : vous suivrez en effet l'évolution de la situation grâce aux bulletins météorologiques diffusés chaque heure sur les médias locaux. Ne comptez pas sur la télévision ou sur les radios fonctionnant sur le réseau électrique général.

Différentes couleurs. En cas d'alerte orange (un cyclone est annoncé sous 18h) : assurez-vous de la solidité des portes et fenêtres des maisons, attachez les volets, renforcez les crémones en clouant éventuellement contre les volets et les portes des barres de bois. Rentrez les animaux, et si vous avez des baies vitrées, fixez un contreplaqué souple de 5 mm à l'extérieur de la baie. Cessez toute activité professionnelle ou scolaire. En cas d'alerte rouge (le cyclone arrive), rejoignez un abri sûr construit en dur, ou enfermez-vous chez vous. Evitez de vous tenir à proximité des baies vitrées ! Consolidez également les portes intérieures de la maison en cas de rupture d'une fenêtre ou d'une porte extérieure. La consigne la plus importante à respecter : ne jamais quitter votre abri avant la fin de l'alerte diffusée par radio et surtout pas durant le passage de l'œil du cyclone qui est une zone courte de calme. Ne téléphonez qu'en cas d'absolue nécessité. En cas d'alerte grise (après le passage du cyclone), attention tout danger n'est pas écarté. Les secours assurent le retour à la normale et notamment le rétablissement des voies de communication. Evitez de sortir pour ne pas les gêner dans leur travail. Ne consommez pas l'eau du robinet.

Infos pratiques. Le répondeur de Météo Nouvelle-Calédonie (✆ +687 366 736) pour l'ensemble des prévisions et le site Internet (www.meteo.nc). Voici les quatre radios locales qui vous donneront des infos régulières sur la météo : Nouvelle-Calédonie 1ère (anciennement RFO), Radio Djiido, Radio Rythme Bleu et Radio Océane.

ENVIRONNEMENT

Comme une arche de Noé dans le Pacifique Sud, l'île regorge d'espèces toutes plus fascinantes les unes que les autres. Séparée du reste du continent depuis 70 millions d'années, la vie s'y est développée indépendamment, si bien que nombre d'espèces vivantes n'existent qu'ici. Ainsi, l'archipel a le troisième taux d'endémisme le plus élevé du globe. C'est aussi dans l'eau que se développe cette biodiversité, puisque les îles sont encerclées du plus grand lagon du monde. Ici, on trouve ainsi un tiers des récifs coralliens vierges de la Terre. Mais ce petit paradis subit bien des menaces : incendies dévastateurs, espèces envahissantes, chasse et réchauffement climatique… Son voisin, le Vanuatu, est lui aussi menacé par la montée des températures, au point d'avoir déclenché l'urgence climatique. Heureusement, les deux pays renforcent année après année leur cadre juridique de protection de l'environnement, accompagnés de plusieurs ONG.

Un point chaud de biodiversité

La Nouvelle-Calédonie, tout comme le Vanuatu, fait partie des quelques 25 points chauds de biodiversité : une poignée de pays dont la richesse biologique n'a d'égale que les menaces qu'elle subit. L'archipel français compte ainsi 80 % d'espèces végétales endémiques, telles que la délicate orchidée *Eriaxis rigida*. Sous l'eau se trouve un récif corallien extraordinaire. S'il n'est pas le plus vaste au monde, il détient en revanche le record mondial de longueur, battant ainsi son voisin australien.

Dans l'espace maritime calédonien, représentant 1,4 millions de km^2, barbotent de nombreuses espèces fascinantes : baleines à bosse, cachalots, tortues marines, et dugongs, sortes de vaches de mer. Mais de nombreuses menaces pèsent sur les êtres vivants de la mer et de la terre, à commencer par le braconnage, dont les dugongs sont l'une des nombreuses victimes. Les zones de protection se multiplient pour tenter d'enrayer ce phénomène, venu notamment d'Asie. Car la surpêche n'affecte pas que les espèces aquatiques, puisqu'on constate une baisse de la population de 5 des 13 espèces d'oiseaux marins, de l'ordre de 2 à 4 % par an, faut de poissons à se mettre dans le bec. Le Cagou (*Rhynochetos jubatus*) oiseau emblème de l'archipel, n'est peut-être pas marin, faute de savoir voler, mais il est lui-même menacé par la destruction et le morcellement de son habitat. Il faut dire qu'en plus de la déforestation et des incendies, les plantes doivent aussi composer avec l'introduction d'espèces envahissantes, qui, à l'échelle mondiale, représentent la deuxième menace sur la biodiversité.

Heureusement, grâce aux efforts de conservation, les *success-stories* sont elles aussi de la partie. C'est notamment le cas de la perruche d'Ouvéa, dont la population diminuait sous l'effet de la destruction de son habitat, de l'introduction de prédateurs par l'Homme, et d'une collecte à des fins de commerce comme animal de compagnie. Les efforts constants de préservation ont permis de faire passer l'espèce de 600 individus en 1993 à plus de 2 000 en 2009.

Politique et ONG main dans la main

Pour protéger sa biodiversité, la Nouvelle-Calédonie s'est munie d'un cadre juridique, constamment consolidé. Ainsi, la Province Sud a adopté en 2009 un guide du lagon (à télécharger sur https://www.province-sud.nc), qui réglemente les périodes de pêche autorisées pour chaque espèce.

En 2016, l'élue Nina Julié, trois ans avant de faire voter l'interdiction du plastique à usage unique, propose d'enrichir cet arsenal politique d'une loi sur la qualité de l'air, jusqu'ici absente. Les pics de pollution sont pourtant réguliers à Nouméa, dont l'air est pollué par l'usine de la société métallurgique Le Nickel, le trafic routier, et les centrales thermiques qui entourent la ville.

La loi, visant à limiter les émissions de certains polluants, a été votée à l'unanimité en 2017. Son rôle, en plus d'améliorer la santé publique, est d'autant plus essentiel que l'archipel est particulièrement vulnérable face au réchauffement climatique. Alors que l'eau monte, ses sols s'affaissent sous l'effet de l'érosion, et sous la chaleur, les incendies se multiplient. En face, le Vanuatu est, lui aussi, bien décidé à lever les armes face au dérèglement du climat, et tente depuis plusieurs mois de créer une coalition Pacifique, pour convaincre la cour internationale de justice, plus haute juridiction de l'ONU, de la nécessité d'obtenir plus de fonds pour lutter. Pour la petite île, la montée des eaux est déjà une réalité, alors qu'elle se fait lentement engloutir.

Parc de la Rivière Bleue.

Le corps politique calédonien est rejoint dans son combat par plusieurs ONG, à commencer par la plus ancienne sur place, l'association pour la Sauvegarde de la Nature Néo-Calédonienne (ASNNC), qui, en plus de ses actions de sensibilisation de la population, collabore avec d'autres associations pour créer des programmes de protection de la biodiversité. Elle travaille par exemple avec Bwärä, qui œuvre à la protection des tortues à grosse tête (*Caretta caretta*), comme elles sont surnommées sur place. De la même façon, une antenne permanente de la WWF, installée à Nouméa depuis 2001, a permis d'instaurer plusieurs projets de grande ampleur, comme de vastes actions de reboisement, des études de terrain pour alerter les décideurs ainsi que pour documenter les tortues à grosse tête, dont la population a chuté de 80 % dans le Pacifique Sud.

Une forêt disparue

C'est un triste constat : 98 % de la forêt sèche qui couvrait autrefois l'archipel a disparu. Les 4 500 ha qui persistent sont si morcelés qu'ils ne constituent plus un environnement viable pour de nombreuses espèces. Les raisons de cette hécatombe sont nombreuses : les herbivores introduits par l'Homme, faute de prédateurs, sont aussi nombreux que voraces, l'agriculture provoque un abattage en masse pour dégager des parcelles cultivables, les plantes introduites se montrent de terribles compétitrices pour les espèces locales, et les incendies se multiplient suite à la raréfaction de l'eau…
Neuf acteurs travaillent à la restauration et à la conservation de la forêt : l'Etat français, le gouvernement calédonien, la Province Nord, la Province Sud, la WWF, le Centre d'initiation à l'environnement, l'institut agronomique néo-calédonien, l'institut de recherche sur le développement et l'Université de la Nouvelle-Calédonie.

Le fléau du nickel

Sous le sol calédonien se trouve près d'un tiers des réserves de nickel au monde, un métal principalement utilisé dans la fabrication d'acier inoxydable. Un cadeau dont se serait bien passé l'environnement, ravagé par l'activité minière. Les exploitations rejettent près de deux fois plus de déchets que la quantité de métal obtenue. Ces boues, souvent imprégnées de métaux lourds, finissent leur course dans les réseaux d'eau douce, puis les océans.

En plus de cela, les mines ont tendance à laisser des trous béants dans les écosystèmes. Car si depuis 2009, les exploitants sont tenus de restaurer les parcelles, les végétaux ne tiennent en général pas longtemps dans cet environnement pollué. Le problème est d'autant plus important que les concessions représentent 18 % du territoire calédonien. On note toutefois de réels progrès, et les entreprises minières se dotent désormais d'un département lié à l'écologie. C'est ainsi que l'exploitant historique Le Nickel possède désormais une pépinière, dont les plantes servent à combler les parcelles abîmées. Ces mesures ne satisfont toutefois pas les écologistes, qui s'inquiètent du fait que les écosystèmes recréés soient bien différents de ceux perdus. En effet, sur les plus de 2 000 espères végétales endémiques de l'archipel, seules une trentaine sont utilisées.

Ces endroits dédiés à la nature

Les zones protégées calédoniennes sont réparties en cinq catégories : les réserves naturelles intégrales dont l'accès est strictement interdit pour empêcher tout impact humain, les réserves naturelles, les aires de gestion durable des ressources, les parcs provinciaux et les aires marines protégées.
Parmi ces dernières, l'une, créée en 2014, est particulièrement spectaculaire par sa taille, puisqu'elle représente 2,5 fois la taille de la France métropolitaine ; c'est donc la plus grande aire marine protégée de France, et la quatrième à l'échelle mondiale. Il faut dire que le Parc naturel de la mer de Corail représente tout bonnement l'entièreté de la zone économique exclusive calédonienne ! Le parc abrite ainsi de nombreuses espèces, dont 48 espèces de requins parmi lesquelles cinq menacées d'extinction, cinq espèces de tortues et une vingtaine d'oiseaux marins.
Sur terre, le parc de la rivière bleue (p.166) offre à la fois aux Calédoniens de superbes balades, et aux scientifiques une biodiversité exceptionnelle à étudier. Car entre les maquis et la forêt humide du parc, on trouve un oiseau exceptionnel : le célèbre Cagou ! Des 70 individus qui survivaient dans ce parc dans les années 1980, on en dénombre aujourd'hui 700, soit la plus grande population existante !
Les Nouméens peuvent quant à eux profiter des 36 ha du parc zoologique et forestier. Il a ouvert ses portes en 1972 pour protéger l'une des dernières parcelles de forêt sèche de Nouméa. On y trouve également un zoo, exposant certaines espèces endémiques de l'île.

HISTOIRE

Il y a 350 millions d'années, Pangée était l'unique continent qui rassemblait toutes les terres. Gondwana, au sud, s'en sépara, il y a 200 millions d'années. A la fin des glaciations, il y a 10 000 ans, le niveau des mers remonta, dessinant les contours de la Nouvelle-Calédonie. L'île accueillit ses premiers habitants il y a environ 5 000 ans : les Austronésiens s'installèrent dans les îles du Pacifique Sud. Les poteries retrouvées permettent de diviser la préhistoire de l'archipel en deux périodes. La période de Koné est marquée par la poterie Lapita et la poterie Podtanéan. La période Naïa-Oundjo correspond au peuplement de l'intérieur de l'île. Il est vrai que la terre s'impose comme l'une des clés de voûte de la culture kanake. Les clans déboisent les collines et développent les jardins horticoles. Le travail de la terre fonde l'essentiel de l'activité productive et détermine l'organisation sociale.

3 200 À 3 300 ANS

Des Austronésiens venus initialement de Chine, via les Philippines et Timor arrivent en Nouvelle- Calédonie et peuplent le territoire.
Les poteries retrouvées permettent de diviser la préhistoire de l'archipel en deux périodes. La période de Koné est marquée par la poterie Lapita et la poterie Podtanéan.

FIN DU XVE SIÈCLE

C'est l'époque des explorateurs.
L'Europe imagine qu'un vaste continent équilibre les masses des autres continents : Terra australis. Le Portugais Fernand de Magellan est le premier à tenter et à boucler le tour du monde à la voile (1519-1521). Découvrant à la pointe sud du continent américain le détroit qui porte aujourd'hui son nom, il s'aventure sur ce vaste océan qu'il nomme Pacifique, tant ses eaux lui semblaient calmes.

1774

Située à l'écart des routes maritimes, la Nouvelle-Calédonie ne sera localisée que tardivement, deux cents ans après l'Australie. James Cook et Antoine Bruny d'Entrecasteaux seront les premiers Européens à dresser avec précision les premières cartes de l'île. Le 4 septembre 1774, dans un navire commandé par Cook, on découvre la Nouvelle-Calédonie.

1792

À la recherches des navires de La Pérouse disparus quatre ans auparavant dans le Pacifique, d'Entrecasteaux et Jean-Michel Huon de Kermadec débarquent en Nouvelle-Calédonie en 1792.

1827

D'Entrecasteaux, meurt en mer, le 20 juillet 1793, au large de la Nouvelle-Guinée. Jules-Sébastien Dumont d'Urville part à son tour sur les traces de La Pérouse entre 1822 et 1829. Son nom reste attaché à la conquête du pôle Sud, qu'il baptisa Terre Adélie en hommage à sa femme. Il découvre les îles Loyauté : l'île Britannia (Maré), l'île Chabrol (Lifou) et l'île Halgan (Ouvéa), avant l'arrivée des commerçants de santal.

Les japonais pendant la Seconde Guerre Mondiale

Les Japonais, venus principalement pour le travail, s'installent en Nouvelle-Calédonie avec leurs familles dès le début du XXe siècle, notamment dans les sociétés liés au nickel, qui recherche une main-d'œuvre bon marché.

Suite à l'attaque de Pearl Harbor, l'Amérique demanda à ses alliés d'emprisonner ses ressortissants japonais dans des camps. Environ 1 200 civils japonais vivant en Nouvelle-Calédonie ont été internés et transférés en Australie. Privés de tous leurs biens, ils ne pouvaient retourner en Nouvelle-Calédonie. Certains vivaient en Nouvelle-Calédonie depuis plus de 30 ans. Bien qu'ils soient d'origine japonaise, ils vivaient avec leurs familles dans la colonie. Plus tard, leur demande de retour en Nouvelle-Calédonie a été refusée. La plupart d'entre eux étaient au Japon, certains ne parlaient pas la langue, et tous étaient dans une détresse totale. Ils sont partis à la recherche de fortune en Nouvelle-Calédonie, sont revenus vaincus et sont restés silencieux dans leur nouveau pays déchiré par la guerre. A l'époque, les épouses calédoniennes, dont on dit qu'elles ont pactisé avec leurs ennemis, sont stigmatisées par la société et subissent toutes sortes d'effets psychologiques. Eux et leurs enfants ont été expulsés de leurs maisons ou contraints de racheter leur propriété.

1956

La loi du 23 juillet 1956 débouche sur une plus grande autonomie pour la Nouvelle-Calédonie. Le député Maurice Lenormand crée dans le même temps le mouvement de l'Union calé- donienne (UC), au slogan fédérateur : « Deux couleurs, un seul peuple ». La question de l'indépendance émerge alors.

1978 - 1987

Le mouvement indépendantiste se radicalise.

En mars 1982, les indépendantistes accèdent au pouvoir territorial et Jean-Marie Tjibaou devient président du Conseil du gouvernement.

Dés 1984, le FLNKS (fond de libération national kanak et socialiste) constitue unilatéralement un gouvernement provisoire, ceci amène entre autres le début dit des événements 1984-1988).

En décembre, dix Kanaks sont assassinés lors d'une embuscade à proximité de Hienghène. Ceci fait suite à de nombreux incidents sur la côte est.

1936-1989

Jean-Marie Tjibaou

Né en 1936 à Tiendanite, cette forte personnalité est restée toute sa vie attaché aux valeurs culturelles de sa terre. Élève du petit séminaire de Canala, il se destine à être prêtre et est ordonné en 1965 à Hienghène. Attiré par les sciences humaines, il profite d'une bourse pour entreprendre des études de sociologie à Lyon, puis d'ethnologie à Paris. En parallèle, la tension monte en Nouvelle-Calédonie et Jean-Marie entend bien participer aux changements de son pays. En 1975, il concrétise sa vision politique en organisant à Nouméa le festival Mélanésia 2000, qui met à l'honneur la culture kanake. En 1977, Jean-Marie Tjibaou remporte les élections municipales de Hienghène, et est nommé vice-président du 8e congrès de l'Union calédonienne, principal parti indépendantiste. Deux ans plus tard, il crée le Front indépendantiste, puis le Front de libération nationale kanak et socialiste (FLNKS). Le 26 avril 1988, Jean-Marie Tjibaou participe aux négociations des accords de Matignon avec le Premier ministre Michel Rocard et Jacques Lafleur. Il signe ces accords qui prévoient une autonomie graduelle de la Calédonie sur une période de dix ans. Cette décision lui coûtera la vie, puisqu'un an plus tard, le 4 mai 1989, Jean-Marie Tjibaou est assassiné par un extrémiste indépendantiste.

1988 Le 22 février 1988, un groupe d'indépendantistes attaque vingt-deux gendarmes à Poindimié ; neuf d'entre eux sont pris en otage pendant douze heures.

Le 22 avril 1988, un autre groupuscule indépendantiste se lance à l'assaut de la gendarmerie de Fayaoué sur l'île d'Ouvéa. Quatre gendarmes sont tués et 30 pris en otage dans l'une des grottes de l'île. Dix-neuf indépendantistes et deux militaires trouvent la mort au cours de l'affrontement.

1932-2010

Jacques Lafleur

Né en 1932 et fils d'Henri Lafleur (homme politique et entrepreneur important), il est à la tête d'un vaste groupe commercial et industriel et s'impose pendant 25 ans comme « l'homme fort » du territoire. Fondateur en 1978 du Rassemblement pour la Calédonie dans la République (RPCR, tendance droite libérale), il signe les accords de Matignon en 1988 (on se souvient de sa poignée de main historique avec le leader indépendantiste Jean-Marie Tjibaou) et l'Accord de Nouméa dix ans plus tard, qui octroient une autonomie substantielle à la Nouvelle-Calédonie. Longtemps considéré comme inamovible et jugé trop autoritaire par ses opposants, il perd les élections provinciales de mai 2004 : c'est la fin d'un règne sur l'archipel. Jacques Lafleur rentre en dissidence dans sa famille loyaliste et fonde un nouveau parti en juillet 2006, le Rassemblement pour la Calédonie. Mais en 2007, il perd son siège de député contre le candidat officiel de l'UMP Gaël Yanno. En avril 2010, après quarante ans de carrière politique, Jacques Lafleur démissionne de ses derniers mandats à l'Assemblée de la Province Sud et au Congrès de Nouvelle-Calédonie. Il décède en Australie, le 4 décembre 2010.

26 JUIN 1988

Accords de Matignon

Jacques Lafleur et Jean-Marie Tjibaou signent les accords de Matignon stipulant que le gouvernement français gérera les affaires du territoire jusqu'en juillet 1989.

Dix ans plus tard, le 5 mai 1998, signature de l'Accord de Nouméa, pour prolonger la période intermédiaire des accords de Matignon de 20 ans.

1998 - 2008

Le 6 novembre, le référendum sur l'autodétermination est accepté à 72 %.

Début janvier 2000, c'est le début du transfert de certaines compétences de l'Etat français vers la Nouvelle- Calédonie, écoles primaires, droit minier, droit maritime...

En 2008, c'est le double anniversaire de deux accords historiques : l'Accord de Nouméa signé il y a 10 ans, et les accords de Matignon de 1988 qui ont mis fin à la quasi-guerre civile entre loyalistes et indépendantistes majoritairement kanaks.

ETÉ 2010

Le Congrès avance sur les signes identitaires prévus par l'Accord de Nouméa : l'hymne (Soyons unis, devenons frères), la devise (Terre de parole, terre de partage), le graphisme des billets de banque, et le drapeau. Il n'y aura pas de drapeau commun, mais selon le souhait de Pierre Frogier, alors président de la province Sud et du Rassemblement-UMP, deux drapeaux qui flottent côte à côte : le drapeau français et celui du FLNKS. Ce choix restera très controversé.

2013

Le FLNKS prend la présidence tournante du groupe mélanésien Fer de Lance, organisation politique du sud du Pacifique.

27 février 2013 : Jean-Jacques Brot prend les fonctions de Haut-commissaire de la République.

10 avril 2013 : Première coulée de nickel dans l'usine du nord à Koniambo Nickel.

Mai 2013 : Une grève générale contre la vie chère paralyse le pays. Le gouvernement accepte de prendre des mesures nécessaires pour une baisse immédiate des prix.

2018 - 2021

Les référendums

Trois référendums ont lieu pour répondre à cette question « Voulez-vous que la Nouvelle-Calédonie accède à la pleine souveraineté et devienne indépendante ? »

En 2018, le non l'emporte à 78 734 voix contre 60 199 pour.

La loi prévoit, en cas de victoire du « non », un mécanisme où le tiers des membres du Congrès de la Nouvelle-Calédonie peut demander l'organisation de deux nouvelles consultations dans les deux et quatre ans après le premier référendum.

En 2020, le « Non » à l'indépendance obtient 56,4 %, le « Oui » recueille 43,6 %.

La consultation de décembre 2021 est la dernière prévue dans le processus d'autodétermination.

Le « non » l'a emporté avec 96,50% des voix, avec une participation de 43,87%.

2023

Les indépendantistes, qui ont boycotté le troisième référendum d'autodétermination de décembre 2021 en raison de la crise du Covid-19, contestent la légitimité du scrutin remporté à 96,5 % par les partisans de la France.

Partisans de l'indépendance de la Nouvelle-Calédonie et opposants devraient se réunir à Paris à la mi-avril, sur invitation de la première ministre, Elisabeth Borne, a annoncé Gérald Darmanin dans lundi 6 mars.

Cette réunion vise à statuer sur l'ouverture du corps électoral, sujet sensible en Nouvelle-Calédonie.

« L'accord de Nouméa signé en 1998 dispose que seuls les natifs et les résidents qui peuvent prouver dix ans de résidence à cette date peuvent voter aux élections provinciales. Les loyalistes réclament de longue date l'ouverture du corps électoral, mais les indépendantistes y sont farouchement opposés. Le ministre a répété pendant sa visite qu'il souhaitait que les élections provinciales prévues en mai 2024 se tiennent avec un corps électoral modifié. « On ne peut pas fonctionner avec un corps électoral resté bloqué en 1998 », a-t-il plaidé. »

INDEPENDANCE ?

LE RÉFÉRENDUM DU 4 NOVEMBRE 2018

Il s'agit du premier des trois référendums pour une accession possible à l'indépendance, dont les termes officiels sont : « l'accession de la Nouvelle-Calédonie à la pleine souveraineté ». Ces votes sont prévus par les accords de Matignon en 1988, accords qui ont permis, grâce à l'État, et à Michel Rocard, de trouver outre le retour à la paix, un consensus politique entre les indépendantistes et les loyalistes. Dix ans plus tard, à la place du référendum, un nouvel accord est signé. Il « prévoit un processus de transfert progressif et irréversible de compétences à la Nouvelle-Calédonie avant le référendum d'autodétermination, en 2018 au plus tard. Si le « oui » venait à l'emporter, la Nouvelle-Calédonie deviendrait indépendante avec un droit électoral et une organisation politique à inventer, et si le « non » est répété trois fois, le droit constitutionnel habituel en France devrait se remettre en place sauf accord particulier sur ce point entre indépendantistes et loyalistes sous la houlette de l'État et sous la surveillance du Conseil constitutionnel.

Un peu d'histoire...

Ce consensus, entre deux idéologies opposées, a mis fin à une période dite des « événements » – 1984/1988 – proche d'une guerre civile, qui fit une centaine de victimes. L'événement marquant le début de ces événements fut le bris des urnes électorales le 18 novembre 1984 par Éloi Machoro, leader indépendantiste, qui mourut le 12 janvier 1985, sous les balles des forces de l'ordre. La fin de cette triste période fut le paroxysme des événements, avec la fin de la prise d'otages à Ouvéa le 5 mai 1988 et la signature des accords de Matignon le 26 juin 1988.

Le référendum de 2018

Ce premier référendum du 4 novembre 2018 a été gagné par les tenants du « non » à l'indépendance, famille politique qui se reconnaît sous le nom de loyaliste. « Non » 56,7 % et « oui » 43,3 %. Ce référendum doit dès l'origine être suivi de deux autres référendums, programmés en 2020 et en 2022 (ce sera 2021 finalement). Il s'agit de référendums unilatéraux, car si le « oui » à l'indépendance l'emporte les consultations s'arrêtent, mais si le « non » à l'indépendance est voté, les autres consultations référendaires prévues se poursuivent. (La loi prévoit, en cas de victoire du « non », un mécanisme où le tiers des membres du Congrès de la Nouvelle-Calédonie peut demander l'organisation de deux nouvelles consultations dans les deux et quatre ans après le premier référendum).

Cette protection du peuple natif offre aux indépendantistes des avantages tactiques, renforcée par un système politique dérogatoire sous deux domaines, ceci durant la période transitoire d'achèvement de l'accord de Matignon. Le premier concerne le corps électoral, qui est restreint, sur une liste dite « spéciale ». À l'origine, le corps électoral devait être « glissant » ; il suffisait d'avoir une présence minimum et continue de 10 ans pour être électeur. Depuis 2007, le corps électoral restreint fut « gelé » aux personnes pouvant voter en 1998. Ceci conduit actuellement environ 40 000 personnes à ne pouvoir voter, ni pour les référendums ni pour les élections provinciales. Cette mesure visait à éviter de prendre en compte la forte immigration métropolitaine de ces dernières années. Le second concerne la représentation différente entre les provinces. Les élus des provinces Nord et des Îles, à majorité indépendantiste, ont besoin de moins de voix que ceux de la Province Sud à majorité loyaliste. Ce sont des entorses, des dérogations provisoires au droit courant, car les accords de Matignon de 1988 prolongés par les accords de Nouméa de 1998 ont sauvé la Nouvelle-Calédonie d'une quasi-guerre civile et il fallait faire preuve de la plus large ouverture à une indépendance possible tout en maintenant des droits pour tous les Calédoniens.

Lors du premier référendum de 2018, le « non » l'emporte à 78 734 voix contre 60 199 pour avec une forte participation (81,01%). Par province, les îles Loyauté étaient à 82 % pour l'indépendance, la province Nord à 75 % pour l'indépendance et la province Sud à 74 % contre l'indépendance.

Les deux autres référendums ont eu lieu en 2020 et 2021. A deux reprises, le « non » l'a emporté avec 56,4 % des voix d'abord, puis 96,50 %. Mais les indépendantistes contestent ce dernier résultat qui a attiré qu'une faible participation et qui était en pleine crise sanitaire. La question n'est donc pas définitivement tranchée...

TOP 10

PERSONNAGES HISTORIQUES

Voici une liste non exhaustive des dix personnages historiques, explorateurs et personnalités locales, hommes politiques - calédoniens ou non - qui ont eu un impact important en Nouvelle-Calédonie et qui ont contribué à forger l'histoire du Caillou.

LA PÉROUSE

Le célèbre explorateur français longea les côtes Calédoniennes avant de disparaître en mer en 1788.

© GEORGIOS KOLLIDAS - STOCK.ADOBE.COM

JAMES PADDON

Un britannique et santalier qui s'installera et fondera en 1851 un petit village sur l'île Nou.

HENRI ROCHEFORT

Il est l'auteur de la seule évasion réussie du bagne de Nouvelle-Calédonie, en 1874.

JACQUES LAFLEUR

Homme politique qui fonde le parti RPCR en 1978. Il signe les accords de Matignon avec J-M Tjibaou en 1988.

HAROLD MARTIN

Chargé de plusieurs mandats politiques dans les années 2000, il est issu d'une des plus vieilles familles d'origine européenne.

ANTOINE BRUNY D'ENTRECASTEAUX

L'explorateur français était à la tête de la mission partie à la recherche de La Pérouse.

LOUISE MICHEL

Exilée dans le bagne calédonien, elle va se passionner d'ethnologie et défendra les Kanak.

© ZENO - STOCK.ADOBE.COM

© IMAMEMBER - ISTOCKPHOTO.COM

JAMES COOK

C'est l'un des premiers explorateurs Européens à dresser avec précision les premières cartes de l'île.

JEAN-MARIE TJIBAOU

Figure incontournable, il défend les valeurs culturelles de l'île et le nationalisme kanak avant d'être assassiné en 1989.

JULES GARNIER

Ingénieur français, il a découvert le minerai du nickel près de Nouméa autour de 1864.

LES ENJEUX ACTUELS

La Nouvelle-Calédonie s'affirme comme l'un des territoires les plus prospères du Pacifique Sud et possède le plus fort PIB par habitant des collectivités ultra-marines. Elle bénéficie actuellement d'une croissance économique faible, grâce à ses richesses en nickel et aux transferts publics, malgré un ralentissement dû à une baisse du cours des métaux sur le marché international du fait de la crise. L'économie reste dépendante des apports de la France et des fluctuations du cours du nickel pour le solde de sa balance commerciale et de la balance des paiements. Le Gouvernement essaie de développer de nouveaux secteurs comme l'aquaculture ou le tourisme. Le tourisme est de toute évidence au cœur des réflexions actuelles en ce qui concerne l'avenir économique de la Nouvelle-Calédonie. Les institutions y croient et se sont fixé l'objectif des 200 000 touristes par an d'ici 2025.

La place du tourisme

Destination exotique située à l'autre bout du monde, la Nouvelle-Calédonie, contrairement à la Polynésie française, est à l'écart des grands circuits touristiques. L'archipel n'attire en effet que 126 000 visiteurs (2019) et ce n'est pourtant pas faute d'être richement doté. Il est pourvu d'une nature exceptionnelle et préservée : le plus grand lagon du monde, une forêt tropicale riche et peuplée d'espèces endémiques, une grande diversité de paysages. Les prix du billet d'avion et le coût de la vie sur place freinent les ardeurs métropolitaines. Les Calédoniens n'ont jamais misé sur un tourisme de masse et c'est finalement une chance et un plaisir d'évoluer au milieu d'un tel cadre.

La politique du territoire tend aujourd'hui à diversifier l'éventail des touristes. Les chiffres sont en hausse. En 2017, les Métropolitains sont les plus nombreux (37 326), viennent ensuite les Australiens (23 025), suivis de près par les Japonais (21 472), puis les Néo-Zélandais (10 553)... Généralement, les Métropolitains restent un mois sur le Caillou pour visiter un membre de leur famille.

En 2018, la Province sud a organisé les ateliers du tourisme sur l'île des Pins qui, pour l'occasion, s'est transformée en véritable laboratoire du tourisme. L'île que l'on surnomme le « bijou » ou le « joyau » de la Nouvelle-Calédonie attire chaque année de plus en plus de monde. En moyenne, l'île des Pins accueille chaque année 66 000 touristes et 225 000 croisiéristes. Des chiffres importants et non négligeables. L'idée de cet atelier est d'essayer de déterminer ensemble (institutions, coutumiers, professionnels du tourisme et habitants) des mesures afin de concilier développement économique et protection de l'environnement. Les discussions ont abouti sur des thèmes tels que le tourisme choisi, la gestion de l'eau et des ressources. Un accent particulier a été mis sur les pollutions générées par les paquebots en ce qui concerne particulièrement les mouillages et la dégradation des fonds.

Les croisiéristes, qui débarquent en masse à Nouméa, Maré, Lifou et l'île des Pins, permettent de grossir les chiffres du tourisme. Cependant, l'impact de ce tourisme de croisières et parfois difficile à évaluer. En effet, ces bateaux déversent tous les jours des milliers de passagers sur un court laps de temps et sur une petite partie du territoire. Ces touristes ont tendance à dépenser peu d'argent en peu de temps, mais on voit alors quand même des commerces et services se mettre en place lors des jours d'arrivée de bateaux. Cela peut paraître paradoxal, mais il s'agit pourtant d'une forme de tourisme éphémère qui ne s'inscrit pas dans le temps.

© JM SMITH - SHUTTERSTOCK.COM

Parc provincial de la Rivière bleue.

En termes de tourisme, il est intéressant d'opposer les deux pays, Nouvelle-Calédonie et Vanuatu. D'un côté, la Nouvelle-Calédonie, terre des « Caldoches », des « métros », des métis, des Wallisiens et bien sûr du peuple premier les Kanaks (qui n'avaient pas un goût prononcé pour les activités touristiques, mais force est de constater que le nickel ne suffit plus), ouvre de plus en plus ses portes au tourisme. Un tourisme régulé le plus souvent, responsable et (presque) jamais de masse. De l'autre côté, le Vanuatu, lui, tel un nouveau modèle, plus qu'un simple voisin, inspire. Loin d'être encore autosuffisant certes, mais indépendant. Mais où les constructions vont bon train. De routes, des aéroports et des *resorts* voient peu à peu le jour. La Chine, silencieuse, est pourtant déjà bien présente. Elle « offre sa main-d'œuvre », les crédits sont gigantesques et on commencerait presque à la craindre…

Le nickel, l'or vert des Calédoniens

Le secteur du nickel, clé de voûte de l'économie du pays depuis le XIXe siècle, dépasse le seul cadre économique et participe au développement social de l'archipel. Le Caillou disposerait en effet d'un quart des réserves de nickel mondiales, et en 2007, le précieux minerai représentait environ 17 % du PIB de la Nouvelle-Calédonie. Malheureusement, depuis cette date, ce taux n'a cessé de chuter pour arriver à seulement 6 % du PIB en 2014. Des causes multiples sont invoquées pour expliquer cette décroissance inquiétante : la chute du cours du Nickel (-30 % en 2015), l'effondrement du marché mondial, et la compétitivité internationale qui s'amplifie sans cesse. En 2016, la situation était grave et la crainte réelle que les usines ferment leurs portes, si bien que l'Etat a décidé de renflouer les caisses pour éviter la terrible crise sociale qui aurait découlé de la suppression de nombreux emplois. En février 2018, le cours du nickel est bien plus favorable qu'un an auparavant. Il se trouve dans la moyenne de juin 2013 (13 200-15 000 dollars). Le 15 février 2018, il atteint 14 420 dollars la tonne, soit son plus haut niveau depuis 2015. Malgré cela, le nombre d'emplois dans ce secteur continue à chuter. En 2018, à la suite de la stabilisation des cours, poussée par le cobalt, le marché redonne quelques perspectives positives à cette activité stratégique pour la Nouvelle-Calédonie. Début 2022, il atteint un niveau record, son plus haut niveau en 11 ans, avec un cours a 30 000 dollars la tonne.

Début 2023, le cours a beaucoup chuté (22 000 dollars environ), soit environ 20 % depuis le début d'année « en raison d'un manque d'optimisme quant aux perspectives de la demande chinoise ».

L'agriculture

La superficie agricole utilisée couvre encore 13 % du territoire et permet de couvrir environ la moitié des besoins locaux. Une étude réalisée en 2013 par l'Institut agro-alimentaire de Calédonie a analysé la répartition de la production agricole en Nouvelle-Calédonie. Un tiers de la production est consommé par les producteurs eux-mêmes, un tiers est utilisé pour des dons ou pour la coutume, 20 % est replanté pour la production, et enfin 12 % de la production est vendue. L'agriculture en Nouvelle-Calédonie est donc essentiellement vivrière. Et représente seulement 2% du PIB en 2018.

Les cocoteraies sont très répandues sur le territoire. Elles sont particulièrement visibles sur la côte orientale de la Grande Terre et sur les îles Loyauté, notamment à Ouvéa où deux usines distinctes produisent de l'huile et du savon à partir du coprah. La production locale couvre environ 80 % de la consommation calédonienne de savon de ménage. De passage à Ouvéa, rendez-vous à Fayaoué et Wadrilla pour la visite des deux usines.

La culture du café s'est également implantée sur l'archipel à partir du début du XXe siècle avec l'arrivée des colons. Son exploitation connut un essor prodigieux durant l'entre-deux-guerres (1918-1939), époque à laquelle les exportations dépassent les 2 000 tonnes annuelles. Aujourd'hui, la production ne couvre même pas les besoins locaux. Environ 2 000 familles (généralement kanakes) exploitent désormais des plantations sous ombrage dont l'âge varie entre 30 et 80 ans. Les plants vieillissants et le faible niveau de rendement ont incité les autorités territoriales à lancer des plantations dites de « plein soleil ». Lors de votre séjour en Nouvelle-Calédonie, n'hésitez donc pas à goûter la saveur du Royal Pacific (www.royal-pacifique.nc).

L'élevage

Le secteur de l'élevage a consenti des investissements importants, en vue d'améliorer les pâturages, d'obtenir une sélection génétique intéressante et d'assurer une surveillance vétérinaire adéquate. Lors de votre séjour sur la Grande Terre, vous traverserez de grandes prairies et croiserez de vastes stations d'élevage extensif (bovins, ovins, porcins) essentiellement concentrées sur la côte Ouest, notamment entre les communes de Bourail, Boulouparis et La Foa. Au rang des premières productions agricoles en Nouvelle-Calédonie : le bœuf orienté vers l'embouche. La qualité est bonne, mais le prix demeure élevé et la production relativement faible au regard des espaces disponibles. Si vous visitez l'une de ces stations d'élevage, essayez d'assister à la baignade des bêtes. Une partie du *stockyard* est en effet aménagée en piscine de manière à laver le bétail à l'aide d'un produit contre les tiques. Cette opération est renouvelée une fois par mois. Sur le plan sanitaire, c'est indispensable tant la prolifération des tiques affaiblit le bétail (les mulets de l'armée américaine durant la dernière guerre les importèrent sur le territoire).

Vous pouvez visiter quelques stations d'élevage de la côte Ouest à cheval, à pied ou en 4x4. A l'occasion des foires agricoles, comme celle de Bourail en août, et qui se déroulent généralement de juillet à septembre, ne manquez pas les rodéos et leurs chevaux sauvages, taureaux, et veaux pris au lasso : partie intégrante de la vie des Broussards. Les fourrages et pâturages occupent une très grande partie de la surface agricole utilisée. Parallèlement, l'élevage des cerfs s'est également développé. Les cultures industrielles, quant à elles, sont réparties autour de Nouméa, comme l'élevage de volailles avec une importante production d'œufs. Néanmoins, la Nouvelle-Calédonie n'est toujours pas autosuffisante dans cette filière, en dépit des aides substantielles accordées. La production laitière reste elle insignifiante sur l'ensemble du territoire.

Les huiles essentielles

Les huiles essentielles comptent pour partie dans la production de la petite industrie locale. Le niaouli est ainsi exploité sur les contreforts de la chaîne montagneuse de Hienghène à Ponérihouen sur la côte Est, ainsi que dans la région de Boulouparis et Païta sur la côte Ouest. Les producteurs ramassent le niaouli, distillé ensuite dans l'un des douze petits établissements situés sur les côtes Ouest et Est. La production d'essence de niaouli entretient environ deux cents familles. Cette huile essentielle (goménol) entre dans la composition de certains médicaments. Essence balsamique naturelle très pure, elle nécessite d'être conservée à l'abri de la lumière, au frais, le bouchon du flacon bien refermé. On l'utilise en friction sur la poitrine et le dos, en gargarisme (de 2 à 3 gouttes dans un verre d'eau), en inhalation (3 gouttes dans un bol d'eau chaude) ou encore en la respirant, et même en l'avalant (mettre 3 gouttes dans une cuillerée de miel). Le goménol soulage également des piqûres d'insectes et apaise les douleurs rhumatismales. De son côté, l'huile de santal, issue du bois éponyme qui pousse sur les îles Loyauté (Mare) et l'île des Pins, est principalement destinée au secteur de la parfumerie.

Exploitation forestière

Lors du survol de la Nouvelle-Calédonie ou durant le tour du territoire en voiture, vous serez peut-être étonné par la superficie de la forêt. Elle occupe en effet les trois quarts des terres de l'archipel. C'est au cœur de la chaîne montagneuse centrale, entre les communes de Bourail et Boulouparis (côte Ouest), qu'est située la principale zone d'exploitation forestière à mi-chemin entre le col des Roussettes et le col de Nassirah. La production de bois a diminué au cours des dernières décennies suite aux craintes exprimées par les tribus, qui redoutent à juste titre une exploitation trop intensive des forêts, préjudiciable notamment à la survie du gibier. Dans le Sud, l'exploitation intensive a ainsi provoqué une érosion massive des sols. Heureusement pour la sauvegarde de ces forêts, le polychlorure de vinyle (PVC), l'aluminium et le métal se substituent désormais avantageusement au bois...

Pêche

L'activité halieutique en Nouvelle-Calédonie correspond à trois catégories bien distinctes. Ainsi, la pêche dans le lagon s'effectue à bord de petites plates motorisées et concerne les poissons côtiers et aussi la pêche d'holothuries, appelées bêches de mer ou concombres de mer, dont la chair est riche en protéines. Nettoyées et séchées sur place, elles sont ensuite exportées vers Hong Kong, la Chine et le Japon. Les coquillages comme les trocas servent à fabriquer des boutons et des bijoux. La pêche côtière, de son côté, s'intéresse principalement aux thons et vivaneaux que vous trouvez sur les marchés, notamment celui de Nouméa. Les navires exploitent le tombant externe du récif et les eaux territoriales. La pêche hauturière, quant à elle, concerne les thons et les poissons d'eau profonde exportés pour partie vers le Japon (thon obèse). Ce type de pêche industrielle au grand large est autorisé dans la zone économique exclusive (ZEE) et au-delà des eaux territoriales. Les navires étrangers des pays riverains doivent obtenir une licence ou jouir d'un accord annuel contracté avec la Nouvelle-Calédonie qui fixe un quota et une date d'arrêt de la pêche. Le Pacifique occidental est riche en thons. La moitié des prises mondiales de thons s'effectue dans cette zone.

Les référendums d'autodétermination

Trois référendums ont lieu pour répondre à cette question « Voulez-vous que la Nouvelle-Calédonie accède à la pleine souveraineté et devienne indépendante ? »

Signés le 26 juin 1988, les accords de Matignon-Oudinot prévoient une période de dix ans de développement économique, social, culturel et institutionnel avant la tenue d'un référendum d'autodétermination en 1998. Dix ans plus tard, à la place du référendum, un nouvel accord est signé. Il « prévoit un processus de transfert progressif et irréversible de compétences à la Nouvelle-Calédonie avant le référendum d'autodétermination, en 2018 au plus tard. » Le non l'emporte à 78 734 voix contre 60 199 pour.

La loi prévoit, en cas de victoire du « non », un mécanisme où le tiers des membres du Congrès de la Nouvelle-Calédonie peut demander l'organisation de deux nouvelles consultations dans les deux et quatre ans après le premier référendum. La consultation de décembre 2021, après celles de 2020 et 2018, est la dernière prévue dans le processus d'autodétermination.

Le « non » l'a emporté avec 96,50 % des voix, avec une participation de 43,87 % et un boycott des indépendantistes.

ARCHITECTURE

Le patrimoine de la Nouvelle-Calédonie est aussi riche et complexe que l'histoire dont il se fait le témoin. Des infrastructures militaires à celles de la toute puissante Administration Pénitentiaire, en passant par les temples et églises, la Nouvelle-Calédonie coloniale a vu naître une architecture, œuvre des forçats bâtisseurs, mêlant codes européens et adaptations au climat tropical. Puis, après la profusion ornementale coloniale, l'habitat individuel s'est paré aux couleurs de l'Art déco et d'un régionalisme moderniste. Après-guerre, les Américains laissèrent sur l'île les légendaires demi-lunes qui continuent d'inspirer une architecture contemporaine qui se fait le trait d'union entre tradition et modernité. Les Kanaks, eux, perpétuent la tradition d'une architecture profondément symbolique, entièrement pensée en adéquation avec son environnement, et dont la case ronde est la plus belle des représentantes. Vous avez tant à découvrir !

Epoque coloniale

La première phase d'urbanisation de la Nouvelle-Calédonie est intrinsèquement liée à la présence militaire. C'est particulièrement le cas à Nouméa, dont la création a été initiée par le capitaine Tardy de Montravel. D'importants travaux de remblayages y sont d'abord effectués, permettant de gagner du terrain sur la mer. Une fois le site établi, les militaires y ont dessiné un plan géométrique dont les rues se croisent à angle droit. Au départ plutôt austère, comme le montrent les forts autour desquels s'organisent la plupart des bourgs de l'île, l'architecture militaire s'adapte rapidement aux contraintes du climat, tout en conservant certains codes européens, comme le montre la grande caserne de Nouméa, dont on admire les 74 m de long, les deux étages à arcades en pierre de taille et ses galeries aérées. Ce mélange des genres va être poussé à son paroxysme par la toute puissante et tristement célèbre Administration Pénitentiaire. Les forçats ont été mis à contribution pour urbaniser l'île, se tuant littéralement à la tâche pour construire aussi bien les grandes infrastructures (ponts, routes, installations portuaires) que les bâtiments administratifs, les écoles et hôpitaux et même les temples et églises. Nombreux étaient les forçats à être choisis pour leurs compétences et savoir-faire. Du bagne proprement dit, il ne reste souvent que des vestiges envahis par la nature. Le site le plus important est le Bagne de Nouville. Au départ, les logements y étaient simplement réalisés en torchis, puis les forçats

Cathédrale Saint-Joseph à Nouméa.

furent envoyés à travers l'île à la recherche de carrières où ils découvrirent la pierre rose de Nouville. Sur le site, qui abrite encore près de 170 bâtiments, ont été retrouvés des vestiges d'un four à chaux et d'une briqueterie (au plus fort de la production, cette dernière produisait jusqu'à 80 000 briques par mois), mais aussi d'un vaste quartier cellulaire et d'un quadrilatère plus « administratif ». **Fort Teremba** (p.203), ancien poste militaire transformé en colonie pénitentiaire, avec sa tour de guet, son mur d'enceinte, ses cellules voûtées, de même que son ancien wharf pour acheminer les matériaux ; ou le chantier de bûcheronnage du **Bagne de Prony** (p.173) avec ses quais de chargement aux poteaux en bois imputrescible et ses vestiges de magasins et bâtiments en pierre de corail, sont d'émouvants témoins d'un système carcéral qui a transformé ses prisonniers en « bras armé » des urbanistes et architectes. Dimensions des édifices, hauteurs sous plafond, épaisseurs des murs et fondations… tout était entièrement standardisé. Mais tout comme les militaires avant elle, l'Administration Pénitentiaire emprunte aux codes européens, tout en s'adaptant au climat, dessinant les contours d'une architecture coloniale aux édifices plus sobres que dans les autres territoires d'outre-mer. Les maisons des commandants en sont les plus évidentes représentantes. La maison du commandant à La Foa révèle ainsi les caractéristiques phares de cette architecture : des fondations en pierre et brique avec vide sanitaire à claire-voie pour se prémunir de l'humidité tout en assurant une ventilation ; charpente et parquet en bois local ; grande hauteur sous plafond pour assurer l'aération des pièces ; séparation de la cuisine du corps principal et présence d'une véranda. Un style qui influença l'habitat individuel à travers l'île. Les premières habitations coloniales avaient la simplicité des cases créoles. Petites, aux toits en tôle peinte et ondulée et aux parois montées en clins de bois (revêtement en planches horizontales se recouvrant partiellement), ces habitations, souvent préfabriquées, étaient faciles à monter et à transformer, notamment grâce à leur plan géométrique et symétrique. Puis très rapidement, ces petites habitations sont devenues plus grandes et plus cossues, avec l'ajout de vérandas décorées de frises, de toitures passant de 2 à 4 pans et s'ornant de tourelles d'angles et d'une décoration très travaillée avec des lambrequins finement découpés et ciselés dans le métal ou le bois, des auvents métalliques élégamment courbés et placés au-dessus des fenêtres, des persiennes, des petits carreaux de verre cathédrale coloré et des épis de faîtage métallique aux allures de sculpture. Le jardin, d'agrément à l'avant et vivrier à l'arrière, est un autre élément phare de ces belles maisons coloniales. Nouméa possède aussi quelques

Fort Teremba.

superbes exemples de « villas caldoches », somptueuses demeures des élites françaises, où la pierre est reine, et où les codes européens sont parfois plus visibles, notamment dans les escaliers à double volée flanquant les façades. La **Maison Célières** (p.119) et le Château Hagen sont des immanquables. En parallèle, la Nouvelle-Calédonie connaît une colonisation religieuse voyant catholiques et protestants s'affronter dans ce que beaucoup qualifièrent de « guerre des missions ». Croix, calvaires, statues et grottes mariales fleurissent le long des chemins, tandis que chaque bourg se dote d'une église ou d'un temple. Les églises des missions catholiques se caractérisent souvent par d'imposants clochers aux formes géométriques, souvent de couleur rouge contrastant avec la blancheur des murs, comme le clocher hexagonal flanqué de 2 tourelles rondes coiffées de guérites à toits coniques de l'église de Thio-Mission. Avec sa nef de 56 m x 12 m et sa façade ornée de statues et flanquée de 2 tours hautes de 25 m, la **Cathédrale Saint-Joseph** (p.120) de Nouméa impressionne. Sa charpente voûtée en bois reposant sur 20 piliers engagés dans le mur, son plafond en planches de bois de kaori, sa tribune reposant sur 2 colonnes de tamanou et son lutrin en bois de kohu sont des chefs-d'œuvre des artisans forçats. Ces derniers ont également imprimé leur marque dans le Vieux Temple de la ville dont on admire les atours néogothiques, avec son escalier monumental en pierre menant à un porche ogival orné d'une rosace, ses superbes portes en bois sculpté, ses vitraux aux thèmes floraux, et son ébénisterie aux motifs gothiques (lancette, quadrilobe, entrelacs…)

Vers la modernité

Au tournant du siècle, d'étonnants exemples d'architecture métallique apparaissent, comme la **Bibliothèque Bernheim** (p.119) à Nouméa. En partie installée dans l'ancien pavillon de la Nouvelle-Calédonie de l'Exposition Universelle de Paris de 1900, elle possède une charpente métallique dessinée par Gustave Eiffel. Autre très beau témoin de l'époque : la Passerelle Marguerite, pont suspendu en acier et à haubans, traversant la rivière Foa. Ses 48 m de long et 3 m de large ont d'abord été réalisés en France, avant d'être assemblés sur place en 1909. Le béton, lui, devient le matériau phare dès les années 20-30. Nouméa possède quelques exemples d'Art déco que l'on reconnaît à ses volumes simples et géométriques. Mais la ville abrite surtout quelques beaux exemples d'un style régionaliste qui tire profit des potentialités du béton, en le couplant avec la pierre. Faux colombages en ciment, toits à 2 pans dissymétriques et couverts de tuiles rouges, beaucoup de ces maisons ont une allure résolument néo-basque très appréciée de l'entrepreneur Jules Mary qui les fait construire, d'où leur surnom de « Maisons Mary » ! De la présence américaine durant la Seconde Guerre mondiale subsistent des bâtiments étonnants : les demi-lunes. De forme semi-circulaire, ces structures préfabriquées en tôle ondulée et couches d'acier inoxydable se montaient sur des arches en métal formant la charpente. Une fois les panneaux intérieurs reliés par des systèmes de clips d'attache, on plaçait les panneaux extérieurs. Cette double paroi permettait une meilleure isolation, tandis que la forme en cylindre assurait une faible prise au vent et permettait de dévier les éclats d'obus. Certaines de ces demi-lunes pouvaient être disposées sur des blocs de pierre ou des plateformes en béton pour éviter l'humidité. Faciles à construire et à entretenir, ces structures offraient de vastes volumes et pouvaient s'agrandir à l'infini. Motor Pool et Receiving, les deux quartiers de Nouméa à avoir gardé leur nom américain, étaient constitués de centaines de demi-lunes, tout comme l'île Nou. Après-guerre, les demi-lunes furent utilisées pour reloger rapidement et à bas prix la population, avant de progressivement disparaître. Aujourd'hui, celles qui subsistent ont été transformées en commerces et même en églises et en temples comme l'église Sainte Jeanne-d'Arc de Koumac et le Temple de Montravel. Etonnant ! A Nouméa, alors que la pression démographique n'a cessé d'augmenter, les activités industrielles se sont renforcées, créant une sectorisation de la ville qui rend visibles les inégalités. Les HLM de béton sont collés aux vastes complexes métallurgiques au Nord, tandis que complexes hôteliers, villas cossues et immeubles de standing, tous aux codes très standardisés, émergent au Sud dans les zones de Val Plaisance ou Tina. Et entre les deux, la ville a vu se développer de vastes zones de squats. Au départ, ces zones permettaient aux habitants des HLM de créer leurs petits jardins avec cabanons, puis progressivement, les cabanes sont devenues des maisons en dur. Lieux de prière, salles communes, jardins vivriers, ces zones, bien que sommaires, permettent malgré tout de maintenir un mode de vie traditionnel. En réponse à ses dérives, la municipalité de Nouméa lance, dans les années 2000, un vaste projet visant à améliorer le cadre de vie des habitants, tout en offrant un meilleur accueil aux touristes via le réaménagement de l'entrée Nord de la ville notamment. Du fait d'opérations d'urbanisme peu réfléchies, la ville avait progressivement tourné le dos à la mer. Une situation ubuesque que de nombreux architectes s'attellent à transformer en ouvrant de nouvelles perspectives et en créant des zones mixtes, comme sur le Quai Ferry. Ce dernier a vu apparaître un vaste bâtiment de 10 000 m2 à la belle façade de bois ajouré ponctuée de fleurs métalliques, tandis que restaurants et commerces réinvestissent les quais. Autre projet phare : la transformation du **Musée de Nouvelle-Calédonie** (p.121) en MUZ. Porté par des architectes calédoniens, le projet propose un design ambitieux avec un bâtiment qui s'enroule comme un serpent autour du bâti existant, tandis que le revêtement de sa façade, fait de 24 000 écailles en bois et acier Corten, rappelle la peau du reptile. Pour agrandir les espaces, il a fallu abattre une centaine de pins colonnaires et cocotiers, mais ces derniers ont été réutilisés dans des ateliers de sculpture et tissage dont les œuvres seront présentées au musée. Ouverture prévue en 2024 !

Richesses kanakes

Chez les Kanaks, le bâtiment traditionnel est la case ronde, dont la plus importante est la Grande Case ou Case de la Chefferie, qui est construite par l'ensemble du clan. Il s'agit d'abord d'aménager un tertre en terre battue maintenu par un soutènement de pierres superposées sur lequel on place le pilier central en bois imputrescible, appelé rhéa. Des poteaux sont ensuite disposés en cercle autour du pilier central et réunis par un treillis de roseaux tressés. Le diamètre de la structure peut atteindre 9 m de diamètre et 12 m de haut. Pour les parois de la case, on utilise notamment le niaouli ou des feuilles de cocotiers tressées. Le pilier central, lui, soutient une imposante charpente circulaire. Si leur taille est plus modeste, les autres cases des tribus ou villages possèdent cette même forme de ruche. Elles s'organisent autour d'une allée centrale généralement bordée de cocotiers ou pins colonnaires et menant à la Grande Case. Si les matériaux traditionnels sont aujourd'hui souvent remplacés par le ciment et la tôle ondulée, les villages conservent cette même orga-

© STEPHANE - STOCK.ADOBE.COM

Case kanake.

nisation spatiale. Dans cette architecture, tout est symbole. Le pilier central abrite l'âme des ancêtres de la tribu, tandis que chaque poteau abrite l'esprit d'un mort. Pour entrer, il faut à la fois enjamber l'énorme seuil et baisser la tête en passant sous le linteau, toujours très bas, en signe d'humilité. Autour du tertre sont disposés des pierres sacrées ainsi que deux perches au pied desquels poussent l'igname symbole du père et de l'été, et le taro symbole de la mère et de l'hiver. Mais les deux éléments décoratifs faisant l'objet de toutes les attentions restent la flèche faîtière et le chambranle. La première est toujours sculptée à partir d'une seule pièce de bois. Elle figure l'Aîné de la tribu, l'ancêtre totémique, de façon anthropomorphique ou géométrique. Son pied est calé par de la fibre de coco dans une corbeille surmontant le pilier central, son centre est constitué de la représentation de l'ancêtre, et son sommet est composé d'une tige ronde effilée sur laquelle sont enfilées des conques. Visible de tous, la flèche faîtière est l'emblème de la puissance du clan. Les chambranles désignent des appliques sculptées fichées de part et d'autre de l'entrée de la case. On y retrouve des visages ainsi que de nombreux motifs géométriques (zigzags, étoiles, ellipses…) De superbes cases sont à découvrir à Lifou, Oua Tom, Bopope et sur les îles Loyauté. La puissance symbolique kanake a également influencé l'art et l'architecture religieuse sur l'île. Rapidement, les missionnaires ont compris qu'il leur fallait intégrer la culture kanake à leur projet d'évangélisation. Il n'est ainsi pas rare de voir des églises non plus surmontées d'une croix mais d'une flèche faîtière, tandis que les intérieurs se font plus colorés, intégrant des motifs floraux ou géométriques et faisant la part belle aux essences locales. Dans l'église Saint-Louis de Nouméa, le lutrin représente un personnage kanak, tandis que le tabernacle, en forme de case, est encadré de 2 chambranles de porte oblongs et surmonté d'une flèche faîtière. La richesse du patrimoine kanak a également inspiré les architectes contemporains. Sur la presqu'île de Tina, le célèbre architecte Renzo Piano a imaginé le **Centre Culturel Tjibaou** (p.121). 10 grandes cases de bois et de verre tout en verticalité y sont alignées le long d'une allée centrale bordée de pins colonnaires et surplombées d'autres bâtiments de verre et de béton tout en horizontalité. Autour des cases, dignitaires kanaks et architectes paysagers ont imaginé un « chemin kanak », sorte de parcours initiatique à travers un somptueux jardin. Chez les Kanaks, le nom d'un clan est indissociable de la terre où ce dernier s'enracine, or le clan Tjibaou appartient au Nord de l'île. Il a donc fallu obtenir l'autorisation du chef de clan pour déplacer le nom jusqu'à Nouméa et organiser une cérémonie coutumière pour assurer la symbiose entre le centre culturel, son nom et sa terre. Autre intéressante réalisation contemporaine : la mairie de Hienghène, très belle réalisation bioclimatique dont les bâtiments sont organisés autour d'une allée centrale et dont on apprécie les structures mêlant socle en béton anthracite rappelant les roches noires locales et l'ossature en bois de pin des caraïbes tout en légèreté. Une preuve de plus que l'on peut respecter la tradition tout en dessinant un avenir plus durable !

BEAUX-ARTS

La Nouvelle-Calédonie attire pour ses paysages tropicaux, ses traditions ancestrales en harmonie avec un environnement luxuriant. Présente au quotidien, la sculpture sur bois raconte l'histoire des tribus et transmet ses croyances fascinantes. L'influence française, apparue comme une conséquence inattendue de l'arrivée des bagnards dans l'archipel, prend ici des accents mélanésiens. Au XIXe siècle, la peinture à l'huile s'est ainsi développée sur bois. Les thèmes kanaks ont fait leur apparition. Désormais, les artistes locaux proposent un art implanté dans les préoccupations actuelles. On les rencontre à Nouméa notamment. Quelques galeries d'art et centres culturels invitent à prendre le pouls de la création contemporaine, fière de ses traditions. La capitale abrite le merveilleux Centre culturel Tjibaou. Dans cet écrin de choix signé Renzo Piano, toutes les facettes du patrimoine kanak se dévoilent sous le signe du partage.

Art kanak traditionnel

Les modes d'expression qui dominent les origines de la culture kanak sont la sculpture et les pétroglyphes. Loin d'être réservée à une époque ancestrale, la pratique de la gravure sur roche s'est poursuivie jusqu'à récemment.

La sculpture traditionnelle est étroitement liée à la case. Sur les chambranles des portes, comme sur la flèche des maisons, apparaissent des symboles protecteurs finement travaillés. Ces sculptures monumentales revêtent une fonction protectrice. Leur vocabulaire fait appel à la représentation des ancêtres, ou à l'appartenance à un clan. Le bois, matériau privilégié, est repris pour confectionner des statues plus modestes, qui peuvent aussi être en pierre. Toutes les œuvres sont stylisées, qu'elles représentent le corps humain, un visage au nez surdimensionné ou empruntent leurs motifs au bestiaire.

Flèche d'une case kanake.

Le masque sculpté est en revanche destiné aux cérémonies funéraires. Celles-ci étant réservées aux chefs, le masque devient par extension un symbole du pouvoir. Les caractéristiques esthétiques du visage rappellent les ornementations des poteaux et les chambranles sculptés.

Mentionnons la tradition du bambou gravé, porteuse de l'identité kanak. Cet art prend naissance au XVIIIe siècle dans la région de Canala. Le bambou est dans un premier temps orné de simples motifs géométriques. Plus tard, au contact des Européens, des scènes sont élaborées. Gravées, elles sont carbonisées pour les incruster dans le bambou. Les Anciens archivaient par ce biais les grands moments de l'histoire de la tribu. Les voyageurs emportaient quant à eux un bambou gravé pour se protéger dans leur aventure. Du fait de la colonisation, la technique est abandonnée de force en 1917.

Tous ces aspects de la culture néo-calédonienne sont à découvrir à l'incontournable Centre culturel Tjibaou (p.121).

Apports européens

Dans les dernières décennies du XIXe siècle, une vie littéraire et artistique prend naissance en Nouvelle-Calédonie. Il faut chercher l'origine de ce développement au bagne. En effet, les condamnés forment une fanfare qui joue en public, écrivent des poèmes ou s'adonnent aux arts plastiques. Les bagnards exposent leurs créations : un certain Alexandre Bertrand

Centre culturel Tjibaou.

dévoile ses sculptures en terre cuite, Julien Devicque réalise des lithographies des paysages de l'île. La fabrication d'objets artistiques donne lieu à une industrie clandestine. La « camelote » propose à la vente des coquillages gravés, dont ceux de Jean-Baptiste Gilet et Joseph Muller seront remarqués, ou encore des objets en os ou en noix de coco. Emile Girault réalise des dessins méticuleux de la vie au pénitencier qui constituent de précieux documentaires.

Louis Alfred Fellière et Adrien Marion peignent des scènes naïves, à l'huile sur des panneaux de bois ou des feuilles cartonnées. Si le manque de technique est visible dans leur production, quelques-uns d'entre eux font preuve de savoir-faire. Certains détenus sont des graveurs hors pair ayant basculé dans le faux-monnayage. Ils maîtrisent donc parfaitement les codes académiques et la reproduction de chefs-d'œuvre classiques.

Durant un siècle, l'art arrive en Nouvelle-Calédonie par l'intermédiaire des détenus.

Peinture néo-calédonienne

Ce sera la génération suivante, celle des descendants des colons jettera les bases d'un art néo-calédonien.

En 1904, la « Société artistique calédonienne » est fondée dans le but de promouvoir la création locale. S'il est vrai qu'elle soutient les beaux-arts, l'association tend à lisser la production en privilégiant un certain académisme. Il convient de saluer l'ingéniosité des artistes d'alors, qui ne disposent que d'un matériel limité. Pour pallier l'absence de toile, ils se tournent vers des panneaux de bois, de dimensions réduites. En l'absence d'école, ils sont tous autodidactes.

Dans ce contexte, le genre du paysage a les faveurs des artistes, séduits par la beauté naturelle des îles. De fait, les sujets sont majoritairement coloniaux, et laissent de côté la vie des tribus, le quotidien des Kanaks.

Mascart, père et fils

Les populations autochtones ne feront leur apparition dans les tableaux qu'à la période de l'entre-deux-guerres, sous le pinceau de Paul et Roland Mascart.

Le douanier Paul Mascart, né en 1874 à Rouen, participe en France métropolitaine à des expositions collectives. Puis il est nommé à Nouméa entre 1929 et 1935. Il réalise durant ce séjour de nombreuses huiles et aquarelles, qui seront exposées sur place puis à son retour, à l'occasion de l'exposition internationale de Paris. Le Musée du Quai Branly à Paris conserve plusieurs de ses paysages, dont *Rade de Nouméa*.

Mascart documente le quotidien et la population kanak, comme on le voit dans *Case kanak*. Dans ses paysages, son style impressionniste évolue vers un modernisme plus radical. Ses portraits sont quant à eux des instantanés d'une grande profondeur, toujours pris sur le vif. La démarche de Mascart, qui vit en immersion dans les tribus, mérite le terme d'ethnographique.

Son fils Roland Mascart (1909-1988), également peintre, est aussi photographe. L'un et l'autre sont qualifiés de « peintres de la lumière calédonienne ». Par son style, son regard sur la population indigène et sur la nature, il marche sur les pas de son père. Cependant, il évolue vers une peinture fauve. De fréquentes expositions lui sont dédiées sur l'archipel comme en métropole. Une rétrospective de son travail s'est déroulée en 1975 au **Musée de Nouvelle-Calédonie** (p.121). Ce lieu, consacré à l'héritage mélanésien, se concentre sur la culture kanak à partir des années 1930.

Peinture

A leur suite, de nombreux plasticiens défendent le patrimoine du Caillou. Citons Marcel Pétron (1927-1998), artiste-peintre, auteur du blason de la ville de Nouméa.

André Deschamps (1909-1980) peint dès les années 1930 des portraits de Kanaks, et plus ponctuellement, des panoramas de Nouméa et des natures mortes. Très tôt, le magistrat Eric Rau sélectionne plusieurs de ses créations et celles des Mascart pour assembler son ouvrage *Institutions et coutumes canaques*. Pendant la guerre, Deschamps est envoyé en France où il restera enseigner le dessin et la peinture à Tarbes. La nostalgie lui inspire sans doute deux tableaux de grandes dimensions, qu'il réalise dans les années 1950. L'une représente une danse collective kanak, dans des tonalités colorées. L'autre, une scène nocturne dans la brousse, est éclairée par un feu de camp qui répand une lumière exceptionnelle sur les personnages et la végétation. Colons et kanaks écoutent un conteur central.

Renouveau de l'art kanak

L'année 1986 est celle de l'officialisation, à la faveur de l'exposition d'art kanak contemporain : « Art Kanak ».

Les techniques et les symboliques de la sculpture traditionnelle se retrouvent dans la production contemporaine, mais adaptées aux préoccupations de la société actuelle. Un inventaire a recensé en 1990 une centaine d'artistes kanaks.

Certains contemporains, par ailleurs peintres, se sont spécialisés dans l'art du bambou gravé comme Gérard Bretty (1947-2007), Micheline Néporon, Paula Boi Gony, Kofié Lopez Itréma, Stéphanie Wamytan, Yvette Bouquet.

Professionnalisation

Quatre femmes kanak sont considérées comme des pionnières : Paula Boi-Gony (née en 1963), Yvette Bouquet (née en 1955), Micheline Néporon (née en 1955) et Denise Tiavouane (née en 1962). Au mépris du système patriarcal, elles sont parvenues à opérer une percée rapide dans le milieu de l'art contemporain, et ce bien au-delà des frontières.

Elles font leurs premiers pas sur la scène artistique dans les années 1980. Soit peu de temps après Mélanésia 2000, le premier festival des arts mélanésiens, qui s'est déroulé en 1975. C'est donc au cœur de la renaissance culturelle qu'elles intègrent l'Académie de la peinture de Nouméa. Là, elles reçoivent les enseignements de Jean-Pierre Le Bars. L'une d'elles, Micheline Néporon poursuit ses études à Bordeaux, les autres se familiarisant sur place avec des cultures étrangères.

A leurs débuts, elles réalisent exclusivement des scènes figuratives. Paysages, légendes et scènes du quotidien sont retranscrits au dessin ou en peinture. Elles sont à l'origine de la renaissance de la technique du bambou gravé, à l'initiative de Paula Boi-Gony. Loin de renouer avec des thématiques ancestrales, elles développent des questions actuelles comme celle de l'identité. La politique tient une place croissante dans leur démarche, qui s'oriente vers un militantisme féministe. En 2017, Denise Tiavouane organise l'exposition « Totems » avec Juliette Pita et Réapi Blyde. En 2018, l'exposition « Femmes » réunit autour de son travail Juliette Pita et Paula Boi.

En outre, elles participent à la reconnaissance du statut d'artiste en Nouvelle-Calédonie. Depuis 2012, ce combat est relayé par la Case des artistes.

Art contemporain

L'ADCK - **Centre culturel Tjibaou** (p.121) a accueilli un fonds d'art contemporain inestimable : le FACKO ou Fonds d'Art Contemporain Kanak et Océanien. Un millier d'œuvres couvrent toute la diversité de la créativité mélanésienne. Peinture, photographie, sculpture, art vidéo et installations attestent d'un renouvellement permanent des inspirations.

Le Festival des Arts du Pays regroupe artisans, plasticiens, arts vivants et vidéo. La sculpture sur bois ne perd pas de son dynamisme. Calixte Ourignat, originaire de la tribu de Borendi à Thio, perpétue les thèmes de la tradition kanak. Marie-Jeanne Nemba et Alexandre M'Boueri réalisent des tableaux de sable ; Mériba Kare, après une formation à Melbourne, s'est spécialisée dans la photographie.

Parmi les lieux dédiés, la galerie Arte Bello à Nouméa rassemble sur 320 m² un espace d'exposition temporaire, une collection permanente et un atelier. Plusieurs centres culturels disposent d'une salle d'exposition dont le **Centre culturel de Voh** (p.220), le centre culturel de Dumbéa et son Studio 56. Haut lieu de la création, les artistes viennent de toute la Nouvelle-Calédonie pour monter des spectacles et présenter les œuvres les plus originales !

MUSIQUES ET SCÈNES

Confluences d'influences européenne, polynésienne et asiatique, la culture mélanésienne est un objet envoûtant. Et c'est en elle que réside l'âme kanak. Une essence qui transpire notamment dans la danse, pratique ici aussi artistique que spirituelle. Le pilou (ou pilou-pilou) est celle à laquelle les Calédoniens s'adonnent le plus souvent, ponctuant de nombreuses cérémonies données à l'occasion de naissances, mariages mais aussi après des catastrophes naturelles (comme des cyclones). Sa pratique fut d'ailleurs bannie par les autorités coloniales au XIXe siècle, notamment en raison de l'état de transe dans lequel elle pouvait plonger les danseurs. La Nouvelle-Calédonie est aussi une terre de voix comme le raconte sa musique traditionnelle, essentiellement constituée de chants, la plupart polyphoniques. Terre française située à 20 000 kilomètres de ses côtes, la Nouvelle-Calédonie est une famille éloignée que l'on se doit de visiter avec les yeux autant que les oreilles.

Les musique et danse traditionnelles

Parmi les traditions les plus remarquables de Nouvelle-Calédonie, on trouve une multitude de chants. Les Taperas sont des chants religieux hérités des missionnaires, a cappella, souvent en chœur mixte polyphonique et quelquefois accompagnés de percussions. S'ils étaient à l'origine destinés à diffuser un message chrétien dans les langues locales, leur pratique transcende désormais le cadre du culte pour faire partie intégrante des traditions musicales kanak.

Autre tradition considérable, l'*ae-ae* est un chant vigoureux exécuté par deux hommes en alternance, mais avec de longues parties de chevauchement. Une véritable performance physique qui peut durer jusqu'à une nuit entière. Accompagnés de percussionnistes qui battent des bambous à terre, les chanteurs bénéficient d'une certaine liberté dans leur interprétation et peuvent s'adonner à de nombreuses improvisations.

Impossible d'aborder les chants polyphoniques calédoniens sans mentionner l'*Anethem*, l'un des plus remarquables de l'archipel. Lui aussi introduit par les missionnaires anglais, ce chant mixte, exécuté à quatre voix, aborde des thèmes en lien avec la foi et invite notamment à l'engagement religieux ou à la repentance.

Côté danse, la grande tradition calédonienne se nomme le *pilou*. Derrière cette appellation douce et moelleuse se cachent à la fois la danse et la cérémonie durant laquelle elle intervient. Exécutée lors des célébrations importantes ou mineures, elle convie hommes et femmes à danser en spirale – mais séparés. Ils peuvent se rejoindre dans une dernière partie, aux rythmes plus lourds, marqués par les piétinements et où parfois, des combats peuvent être simulés.

Les fêtes locales sont des temps et des lieux privilégiés pour embrasser la culture calédonienne. Par exemple, la fête de **Boulouparis** ★ (p.187), célébration du cerf et de la crevette où l'on assiste notamment à un concours du plus gros mangeur de saucisson de cerf ou à une compétition entre imitateurs du brame du cerf, est criblée de chants et danses traditionnels. On en voit également beaucoup à la fête de **Ponerihouen,** ★ (p.246) donnée en l'honneur de l'Igname et du Taro d'eau ou à celle du waleï, l'« igname sucrée » à Héo sur l'île d'Ouvéa.

La musique populaire

Bien que classée comme une musique actuelle, ne cherchez pas expression musicale plus emblématique de la Nouvelle-Calédonie que le *kaneka* : ça n'existe pas. Terme issu de la contraction de « Kadence née du kanak », il naît en 1984, dans un contexte de revendications larvées, préliminaires à la guerre civile à venir.

A cette époque, Jean-Marie Tjibaou (l'illustre figure nationaliste et indépendantiste), alors membre du gouvernement de la Nouvelle-Calédonie appellent les artistes kanaks à la composition d'un hymne dans le cadre de la préparation du 4e festival des arts du Pacifique. L'idée est de se démarquer du rock, du reggae et de la soul, très populaires en Nouvelle-Calédonie à l'époque, tout en valorisant l'identité et les différentes langues kanak.

Warawi Wayenece, musicien et musicologue est choisi pour composer cet hymne. Si le festival des arts du Pacifique est finalement annulé (du fait de la guerre), Warawi Wayenece a lancé la réflexion autour de la composition de cet hymne, accompagné de quelques musiciens, dont le fameux groupe Yata. Le résultat est l'enregistrement d'un album appelé *Boenando* qui, en mélangeant les rythmes traditionnels avec des instruments modernes (synthés, guitares électriques, etc.) et des esthétiques d'ailleurs (surtout le reggae), dessine le patron de la musique moderne kanak à venir. Le *kaneka* prend vie.

Danseurs sur l'île d'Ouvéa.

Dès les années 1990, une petite industrie commence à se former et tourner, portée par les premiers grands noms : Gilbert Tein, Moïse Wadra, Mexem ou Gurejele. C'est aussi à cette époque que le mythique studio Mangrove d'Alain Lecante enregistre les premiers titres qui se vendent à plusieurs milliers d'exemplaires. Le *kaneka* s'envole.

Depuis, les groupes et artistes se multiplient, le genre ne perdant pas en popularité. Ainsi, Edou est aujourd'hui l'un des ambassadeurs du *kaneka* ; Gayulaz s'impose comme l'un des groupes les plus populaires du pays avec son *kaneka* mélangé au folk mélanésien ; Celenod brille avec son *kaneka* très traditionnel et plus récemment, Boagan a fait voyager son *kaneka* très soul notamment aux Francofolies, Gulaan est connu en France parce qu'il est passé par The Voice et Hyarison est devenu une figure incontournable d'un *kaneka* de la nouvelle génération avec ses messages optimistes et engagés.

Les musiques actuelles

A l'instar du territoire métropolitain, au début des années 1980, la diffusion de l'émission *H.I.P. H.O.P.* va avoir l'effet d'une bombe sur la jeunesse calédonienne et favoriser l'éclosion d'une scène hip-hop. Cette dernière se manifeste dans un premier temps par le breakdance et le graff dans les quartiers de Nouméa avant que les premiers rappeurs ne fassent parler d'eux. Cela dit, ça n'est vraiment que vers le début des années 2000 que les rappeurs locaux commencent à commercialiser des albums, comme Section Otoktone qui en 2003 fait paraitre, le premier album de rap calédonien, revendicatif et bourré de désillusion.

Depuis, beaucoup d'artistes ont mené leur barque comme Ybal Khan, qui s'est imposé comme la figure tutélaire de toute la scène, Chavi parangon local du rap festif, Pacifika Hood ou Sanak plus austères et trap, ou encore plus récemment le duo Nasty & ReZa et leur rap conscient. N'oublions pas de mentionner Paul Wamo, incarnation calédonienne du slam.

Etant donnée l'attraction pour le genre dans l'archipel, les occasions d'en voir sur scène ne manquent pas. Il y a même un rendez-vous dédié, la Quinzaine du Hip Hop, qui se déroule dans plusieurs communes de la Province Sud et dont l'objectif et de fédérer un maximum autour de la discipline. La programmation est très axée autour de la danse mais l'évènement est aussi l'occasion de voir des rappeurs locaux se produire sur scène. Autrement, le Festnapuan propose chaque année un large éventail de genres dont le rock, le reggae et le hip-hop durant trois jours de concerts.

LITTÉRATURE

Bien loin de l'Hexagone, dans l'océan Pacifique et à l'est de l'Australie, se pose de longue date une question identitaire qui peine à se résoudre. Cette collusion, entre l'empreinte française remontant au XIXe et la volonté indépendantiste du peuple Kanak, imprègne forcément la littérature de la Nouvelle-Calédonie, cette île du bout du monde où la culture est millénaire mais l'écriture centenaire. La distance se fait également synonyme de carence : rares sont les livres à être publiés, encore plus rares ceux qui parviennent jusque sous nos latitudes. Pour autant, il ne faudrait pas croire que la littérature calédonienne est inexistante, elle a au contraire été couronnée par l'œuvre d'auteurs aussi importants que Georges Baudoux (1870-1940) ou Jean Mariotti (1901-1975), deux écrivains qui ont eu à cœur de jeter des passerelles entre les hommes, nourrissant leur époque de légendes anciennes. Et nul doute que l'avenir nous réserve des surprises.

Colonisation et premiers écrits

Si l'expédition orchestrée par James Cook arriva en Nouvelle-Calédonie en 1774 – le temps pour celui-ci de baptiser l'île en hommage à l'Ecosse, le pays natal de son père, avec laquelle il discerna une ressemblance –, ce n'est qu'en 1853 que débuta la colonisation par les Français qui rêvaient d'un bagne aux confins du monde (où sera d'ailleurs déportée l'écrivaine militante Louise Michel après l'insurrection de la Commune de Paris). Jusqu'alors, l'île était peuplée de Kanaks dont la culture reposait sur la tradition orale, les premiers échanges avec l'Europe coïncidèrent donc avec les premiers écrits. Tout d'abord épistolaires ou autobiographiques – nous pourrions ainsi citer *Voyage à pied en Nouvelle-Calédonie* de Charles Lemire (1839-1912) ou *Voyage autour du monde* (éditions L'Harmattan) de Jules Garnier (1839-1904) –, ceux-ci prirent une véritable tournure ethnographique à la faveur de la curiosité de certains missionnaires, le plus connu étant certainement Maurice Leenhardt, né à Montauban en 1878, mort à Paris en 1954. Le début du XXe siècle fut effectivement marqué par le désir d'évangéliser la colonie mais, en plus d'apporter la bonne parole, Leenhardt s'échina à récolter celle d'un peuple dont il comprit très vite qu'il était sur le déclin. Les mots circulèrent alors dans les deux sens : s'il fit traduire le *Nouveau Testament* en langue houaïlou, il insista aussi pour que ses élèves rédigent dans celle-ci leurs mythes et traditions, allant jusqu'à les faire éditer sous leur vrai nom. Du côté des laïcs, il ne faudrait pas manquer de mentionner l'ethnologue Pierre Métais (1906-1998) qui fut instituteur en Nouvelle-Calédonie, le linguiste André-Georges Haudricourt (1911-1996), Maurice Lenormand (1913-2006) qui mit sa passion pour le territoire au service d'une carrière politique, ou encore l'anthropologue Jean Guiart (1925-2019) dont les études initiales sur le terrain, à Ouvéa, furent diligentées par Leenhardt lui-même.

La première génération d'auteurs n'est ainsi pas native de Nouvelle-Calédonie, mais la tendance va finir par s'inverser après une période de transition. Cela est également le cas en littérature, domaine dans lequel Georges Baudoux, l'un des précurseurs des lettres calédoniennes, sert en quelque sorte de trait d'union entre l'héritage colonial et la culture kanak. Né à Paris en 1870, il arriva sur l'île dans sa prime jeunesse, quand son père y fut nommé comme surveillant au bagne. Tour à tour apprenti imprimeur à 12 ans, pêcheur à 17, dresseur de chevaux, mineur puis exploitant d'une concession (qu'il finira par revendre, ne voulant plus participer à la destruction du paysage), ses multiples expériences le lièrent intimement à la Nouvelle-Calédonie, à tel point que ses velléités de regagner la métropole furent brèves et vaines.

Il avait commencé à écrire des poèmes à l'aube de la trentaine, mais ce sont plutôt ses *Chroniques*, inspirées des légendes locales, qui lui ont assuré une certaine postérité (à défaut d'une vraie renommée, du moins à son époque) : il est d'ailleurs toujours possible de se les procurer aujourd'hui auprès des éditions du Lampion.

Dans un étrange jeu de miroir, Francis Carco naquit à Nouméa en 1886 mais rejoignit l'Hexagone à l'adolescence. Jusqu'à sa mort, à Paris, en 1958, il a voué son œuvre (*Jésus-la-Caille*, *L'Homme traqué*, *L'Equipe*, chez Albin Michel) aux bas-fonds et à ceux qui les hantent, s'inspirant plutôt de la capitale française que de son île natale, bien qu'il n'ait jamais oublié l'image des bagnards défilant sous ses fenêtres d'enfance. Enfin, Jean Mariotti oscillera lui aussi entre la Nouvelle-Calédonie – où il avait vu le jour en 1901 –, et Paris – où il mourra en 1975.

Son père, d'origine corse, faisait partie des prisonniers qui avaient dû « doubler » leur peine sur l'île, il sera donc élevé à Farino qu'il finira par quitter à la vingtaine, s'exilant pour la capitale française où il travaillera pour Hachette. Publié par Flammarion dès 1929 avec *Au Fil des jours*, *Takata d'Aïmos* l'année suivante et *Remords* en 1931, résistant durant la Seconde Guerre mondiale, nommé Chevalier des Arts et des Lettres en 1957, ses écrits – qui largement prenaient la Nouvelle-Calédonie comme décor – ont pourtant sombré dans l'oubli : seuls ses *Contes de Poindi* sont désormais proposés en version numérique par les éditions Stock.

Du XXe au XXIe siècle

A dire vrai, le peu d'informations sur Apollinaire Anova (1929-1966), curé-poète dont il est pourtant dit qu'il fut le premier auteur kanak de langue française, tend à corroborer que la littérature calédonienne a eu du mal à résonner à l'international. De la même manière, il s'avère compliqué de trouver le texte de la pièce *Kanaké* que l'indépendantiste Jean-Marie Tjibaou (1936-1989) écrivit en 1975 pour le festival Mélanésia 2000, alors qu'elle a sans aucun doute valeur d'épopée nationale. Que dire enfin de la méconnaissance du travail de Déwé Gorodé (1949-2022) qui consacra sa vie à faire connaître la culture kanak, en jouant tout autant de l'oralité – elle fut conteuse traditionnelle – que de l'écrit – ses publications furent nombreuses et de tous styles, de la poésie (*Se donner le pays* chez Bruno Doucey, écrit sous forme de dialogues avec une autre Calédonienne, Imasango) aux nouvelles (*L'Agenda*, *Utê Mûrûnû, petite fleur de cocotier*, Grain de Sable éditeur), en passant par le conte (*Tâdo, Tâdo, wéé !* aux éditions Aux Vents des îles) ou le théâtre (*Kënâké 2000*). Active sur la scène politique et militante pour l'indépendance, elle s'engagea aussi en faveur des droits des femmes, notamment avec un premier roman, *L'Épave*, en 2005, qui ne faisait pas fi du triste sort réservé à ses congénères, mentalement et physiquement. Précisons également que Déwé Gorodé travailla au développement de la littérature calédonienne en devenant l'un des fers de lance de la création du Salon International du livre océanien (SILO) et des prix associés.

James Cook.

Frédéric Ohlen, né à Nouméa en 1959, reprit le flambeau en créant en 1989 le concours de science-fiction TranspaSci-Fique et en fondant, à peine dix ans plus tard, la maison d'édition L'Herbier de Feu au sein de laquelle il accueillit les voix montantes de Pierre Gope – poète (*S'ouvrir*, 1999) qui s'est depuis tourné vers le théâtre (de *Wamirat, le fils du chef de Pénélo* en 1992, à *Convergence* en 2020) – et de Paul Wamo qui décline sa bibliographie (*Le Pleurnicheur*, L'Herbier de feu, 2006) en discographie, depuis qu'il s'est lancé dans le slam en 2014 avec *SOL*, son premier EP. Nonobstant l'humilité d'éditeur de Frédéric Ohlen, n'oublions pas les récompenses littéraires qu'il reçut pour son œuvre publiée principalement chez Gallimard (*Quintet* en 2014 et *Les Mains d'Isis* en 2016) et chez Au Vent des îles (*Le Monde flottant*, 2023). Encore discrète, la littérature calédonienne semble donc décidée à prendre un nouvel essor, comme le confirme l'inauguration en 1997 de l'Association des écrivains de Nouvelle-Calédonie qu'ont rejointe, entre autres, le bédéiste Bernard Berger et le poète Nicolas Kurtovitch.

De Bernard Berger, citons *La Brousse en folie*, la plus célèbre bande dessinée de Nouvelle-Calédonie. Il s'agit d'une satire hilarante des communautés de l'île, un excellent moyen de se plonger dans la culture calédonienne. Les aventures quotidiennes de Tonton Marcel et de ses amis, à travers leurs pérégrinations de chasse, de pêche et leurs fameux coups de gueule. Notre album préféré : *Bienvenue à Oukontienban* ! Allez donc vous familiariser avec les personnages sur le site Internet www.brousse-en-folie.com

TOP 10

LECTURE

Notre langue commune explique sans doute en partie pourquoi la littérature, qui prend pour objet la Nouvelle-Calédonie, est si riche et si diversifiée dans les rayons de nos librairies. Pour autant, la fascination que provoque ces terres éloignées, et le respect qu'on ne peut manquer de porter à un peuple si longuement opprimé, restent également de grandes sources d'inspiration.

CAMP EST

Tragique mais indispensable, ce « journal d'une ethnologue dans une prison de Kanaky » témoigne du quotidien des détenus, à 90 % Kanaks.
Chantal Deltenre-De Bruycker, *éditions Anacharsis.*

NOUVELLES DE NOUVELLE-CALÉDONIE

© ÉDITIONS MAGELLAN CIE

Un recueil de six nouvelles, écrites par six auteurs contemporains, pour découvrir de nouvelles voix.
Collectif, *éditions Magellan & Cie.*

LA SOLUTION PACIFIQUE : L'ART DE LA PAIX EN NOUVELLE-CALÉDONIE

© ÉDITIONS DELCOURT

Une bande dessinée fort documentée d'un épisode méconnu : le voyage en Nouvelle-Calédonie de Michel Rocard suite à la prise d'otages d'Ouvéa.
Makyo, Jean-Edouard Grésy, Luca Casalanguida, *éditions Delcourt.*

ALLÔ SORCIÈRES : UN PEU PLUS PRÈS DES ÉTOILES

Itaï et Gaïa prennent conscience des dangers qui menacent la biodiversité de leur île, elles vont appeler leurs amies sorcières à la rescousse. Dès 10 ans.
Anne-Fleur Multon et Diglee, *éditions Poulpe Fictions.*

C'ÉTAIT LA NOUVELLE-CALÉDONIE : SOUVENIRS DES ANNÉES 50

© ÉDITIONS L'HARMATTAN

L'auteure avait 17 ans quand elle a rejoint l'île, elle y deviendra enseignante. Grâce à son récit, tout une époque revit.
Cassilde Tournebize, *éditions L'Harmattan.*

CANNIBALE, SUIVI DE LE RETOUR D'ATAÏ : RÉCITS

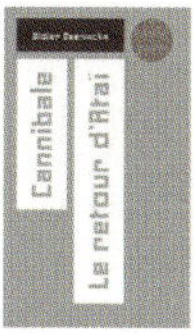

© ÉDITIONS VERDIER

Deux textes, dont le premier est devenu un classique, évoquant les Kanaks et l'Exposition coloniale de 1931.
Didier Daeninckx, *éditions Verdier.*

JETÉS AUX TÉNÈBRES

© ÉDITIONS DU SONNEUR

Les dix ans d'exil que le Communard Etienne Delandre passera en Nouvelle-Calédonie, entre rencontres enrichissantes et cyclones dévastateurs.
Sandrine Berthet, *éditions du Sonneur.*

CE PAYS DANS MES VEINES

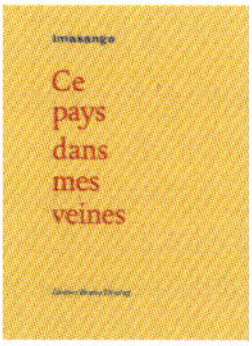

© ÉDITIONS BRUNO DOUCEY

Elevée entre Nouméa et la brousse dans les années 70, l'auteure évoque son pays avec force, entre mémoire et sensualité, tristesse et espoir.
Imasango, *éditions Bruno Doucey.*

CARNETS KANAK

© ÉDITIONS DU MUSÉE DU QUAI BRANLY

Le catalogue de l'exposition qui s'est déroulée au Musée du Quai Branly, et l'inventaire de ce patrimoine magnifiquement réalisé en aquarelles.
Roger Boulay, *éditions du Musée du Quai Branly.*

AÉROPLANES

© ÉDITIONS LE MOT ET LE RESTE

En 1978, une journaliste découvre les Nouvelles-Hébrides (devenues le Vanuatu) et s'intéresse à cette étonnante alliance entre la France et l'Angleterre.
Marc Trillard, *éditions Le Mot et le reste.*

A L'ÉCRAN

Sur le grand comme le petit écran, la Nouvelle Calédonie a su s'illustrer malgré une production locale quasi absente au vingtième siècle. Aujourd'hui, alors que les cinéastes locaux rivalisent d'inventivité en court métrage et en série télévisée, le pays peut se targuer de rayonner dans toute l'Océanie, au travers de différents événements. Mais au-delà de ces films, la Nouvelle Calédonie a aussi été une terre d'accueil pour les documentaristes européens, et en particulier ceux qui se sont intéressés à la diversité du monde vivant. Ainsi, Luc Besson y tourne la suite de son *Grand Bleu*, marchant dans les traces du cinéaste britannique David Attenborough, qui était déjà venu tourner sa série *Life on Earth*. Aujourd'hui, il ne reste que peu de salles. Mais vous retrouverez tout de même l'ambiance unique des cinémas Drive-In à Nouméa, et le bonheur de découvrir un bon film, après une journée de soleil et de plages inoubliables.

Bribes de cinéma

Le cinéma calédonien est, à l'échelle de son territoire, de petite ampleur. La production locale reste aujourd'hui marginale, même si les courts métrages récents de jeunes cinéastes s'exportent assez bien dans le Pacifique, sous l'impulsion de festivals et de tournées de projection dans les pays voisins comme l'Australie et la Nouvelle-Zélande. Ainsi, le New Caledonian Film Festival a récemment mis à l'honneur huit courts métrages en kanak ou en français, tournés par des cinéastes locaux. Par ailleurs, le petit écran a permis la naissance de la série *O.P.J. Pacifique Sud*, un feuilleton policier très suivi, et tourné majoritairement sur l'île. Ses stars, Yaëlle Trulès et Marielle Karabeu, sont très connues dans l'île, dont est d'ailleurs originaire la seconde.

Un paradis pour les documentaristes

Si le nombre de tournages internationaux sur les îles est assez restreint, il faut tout de même noter que la Calédonie a accueilli plusieurs grandes figures du cinéma européen comme Mathieu Kassovitz, Kristin Scott Thomas ou David Attenborough. Cela dit, l'un des premiers films tournés sur l'île est peut-être *L'espionne sera à Nouméa* de Georges Péclet (1963), un film entre espionnage et romance tropicale, d'une piètre qualité mais qui a tout de même le mérite de profiter des beaux décors de l'île pour installer son cadre. David Attenborough, lui, y viendra pour ses documentaires animaliers *Life on Earth* (1979), un classique du genre, avant que Luc Besson ne lui emboîte le pas pour la suite du *Grand Bleu*, *Atlantis* (1991). C'est également à cette période que Marie-France Pisier tourne *Le bal du gouverneur* (1990), un drame bourgeois sauce fifties qui n'a pas forcément traversé les époques, mais reste tout de même relativement digne d'intérêt. À la fin des années 1990, le critique et cinéaste Gilles Dagneau parcourt le pays au travers de six documentaires, étalés sur les dix ans de son séjour. Avec l'œil curieux, il se plonge dans le patrimoine culturel et social de l'île, redécouvrant son histoire et ses figures comme l'écrivain Jean Mariotti, l'homme politique kanak Jean-Marie Tjibaou, ou encore le gendarme français et cinéaste Robert Citron, qui filma dans les années 1950 la Nouvelle-Calédonie, avant Dagneau lui-même. Côté petit écran, certains épisodes de la série humoristique *H.* ont été tournés sur le territoire.

© MAYUMI.K.PHOTOGRAPHY - SHUTTERSTOCK.COM

Les raies manta, filmées par Luc Beson pour son film Atlantis.

Entre deux plages, les salles et les écrans de l'île

Aujourd'hui, il ne reste plus qu'un seul cinéma à Nouméa. Alors que les écrans du Rex, du Hickson, du Plaza et du Liberty animaient les soirées des touristes et des locaux, c'est désormais dans le complexe du Cinécity que se concentrent les cinéphiles de l'île. Un cinéma qui dispose également d'un drive-in, pour le bonheur des amateurs de cette activité délicieusement rétro. Du côté de La Foa, vous pourrez découvrir les dernières sorties dans la salle Jean-Pierre Jeunet, ainsi qu'un festival annuel de cinéma international.

POPULATION

Deux ethnies dominent en Nouvelle-Calédonie : les Mélanésiens, peuple premier, et les Européens, présents depuis plus de cinq générations. Des Asiatiques (Indonésiens et Vietnamiens) depuis plus de 100 ans. Les autres ethnies sont de souche plus récente : des Polynésiens (Wallisiens et Futuniens), des Vanuatais...

La population du territoire continue à rester particulièrement jeune comparativement à la moyenne nationale : l'âge moyen qui était de 27 ans en 2005 est passé à 31 ans en 2014 et 34 ans en 2019. Mais on constate qu'elle vieillit au cours des dernières années, les jeunes émigrent de plus en plus pour leurs études ou pour le travail. Le vieillissement s'explique à la fois par la baisse de la fécondité et par la hausse de l'espérance de vie. Le Sud concentre 75 % des Calédoniens, le Nord 18 % et les îles Loyauté 7 %.

Les descendants des colons

La communauté européenne, descendant de colons blancs et d'anciens bagnards, a fait souche en Nouvelle-Calédonie depuis près de 150 ans, et ses membres sont familièrement surnommés les Caldoches. S'il est peu apprécié par certains, le terme est au contraire revendiqué par d'autres. Utilisez-le donc avec discernement. On lui préfère le terme de Calédoniens, plus vague, mais politiquement plus correct !

Venus de métropole, mais aussi d'Australie, d'Allemagne, les colons sont également issus d'autres colonies de l'Empire français. Des natifs de La Réunion se lancèrent ainsi dans la culture de la canne à sucre et construisirent des sucreries, dont les ruines sont toujours visibles à Dumbéa, Boulouparis et Bourail (côte Ouest). Des descendants de Kabyles, déportés après la grande révolte de 1871, s'implantèrent également dans la région de Bourail : ne soyez donc pas surpris de traverser le col des Arabes ou de passer devant le cimetière des Arabes et la mosquée de Bourail.

Les Caldoches occupent souvent des emplois dans l'administration, les mines, l'import-export et l'agriculture. Généralement installés dans les communes de la côte Ouest comme propriétaires terriens (La Foa, Bourail, Koné et Koumac), ils sont également concentrés à Nouméa. Depuis quelques années, les éleveurs diversifient leur production et se lancent dans de nouvelles filières : fermes expérimentales d'élevage de bénitiers, de crevettes, d'huîtres et de palétuviers. Parallèlement, conscients du potentiel de la filière touristique, ils sont à l'origine d'un nombre croissant de structures destinées à vous accueillir : campings, gîtes, ranchs (superbes randonnées équestres, sorties en 4x4 ou en quad, balades pédestres). Ils seront donc enchantés de vous faire visiter leurs élevages de bovins et de cerfs. Levés très tôt, couchés tard, ils cumulent souvent les activités, l'élevage ne rapportant pas toujours suffisamment. Très attachés à la famille, ils sont parfois éleveurs de génération en génération. Les enfants sont attendus le week-end et pendant les vacances scolaires pour mener les troupeaux au *stockyard*, les laver, les trier, etc. Devant les contraintes du travail de la terre, certains jeunes quittent la brousse et optent pour la vie à Nouméa. Les aides financières dispensées par les différents organismes privilégient en effet davantage l'industrie, le commerce et le tourisme. Les circuits de distribution des fruits et légumes entre le Nord, le Sud et les îles ne sont en outre pas adaptés. Profondément attachés à la terre, à l'image des Kanaks, les Caldoches sont fiers du travail entrepris par les parents de leurs parents, et le perpétuent eux-mêmes. Ce sont des pionniers. N'hésitez pas à leur demander de vous expliquer le fonctionnement de leurs élevages et de vous montrer le bétail.

Les Kanaks

Il s'agit d'un peuple autochtone mélanésien. Les Kanaks sont arrivés en Nouvelle-Calédonie – ou Kanaky pour les indépendantistes – il y a environ 3 200 ou 3 000 ans, dans le mouvement d'expansion, sur de grandes pirogues à voile depuis les îles orientales de la Nouvelle-Guinée.

La nation kanak, qui ne regroupe pas l'ensemble des Mélanésiens, a par ailleurs un drapeau dont les couleurs sont : le vert à l'image de la nature luxuriante, le rouge comme le sang de ce peuple fier et ardent, le bleu comme l'horizon où s'unissent ciel et mer. Au centre du drapeau, un soleil, transpercé de la flèche faîtière qui représente l'histoire et l'âme de l'île. Ce drapeau est désormais officiel au côté de celui de la République française depuis une décision du congrès datant de 2010.

En 2019, 111 860 personnes déclarent appartenir à la communauté kanak, contre 104 960 en 2014. Pour la première fois depuis la signature des accords de Matignon de 1988, la part des Kanak dans la population progresse.

© KEVIN HELLON - SHUTTERSTOCK.COM

Chorale kanake à Lifou.

Polynésiens et Asiatiques

Des Wallisiens et des Futuniens se sont également implantés sur le sol calédonien. Ces arrivées, qui répondaient au préalable à une logique d'immigration économique, se sont progressivement transformées en peuplement durable avec le regroupement familial. Désormais, les Wallisiens et Futuniens sont plus nombreux en Nouvelle-Calédonie que sur leur archipel d'origine, et constituent la troisième ethnie du Caillou. À ce titre, des tensions existent entre Wallisiens et Kanaks, les seconds reprochant aux premiers de n'avoir pas rallié la cause indépendantiste et d'être favorables au maintien du territoire dans le giron français. Le soutien électoral des Polynésiens serait en effet décisif pour les Mélanésiens. Les Wallisiens craignent d'être renvoyés du territoire, comme certains l'ont été des Nouvelles-Hébrides (le Vanuatu) en 1980, et ne croient pas à la viabilité des projets indépendantistes. Ils se rallient donc généralement aux partis loyalistes lors des élections.

Les Tahitiens, souvent employés dans le tourisme, l'industrie et les mines, ont également constitué un apport de main-d'œuvre apprécié. Ils conservent leurs traditions à l'occasion de fêtes, avec les danseurs de tamouré...

Les Asiatiques (Vietnamiens et Indonésiens), entrés initialement sur le territoire calédonien pour travailler dans les mines et l'agriculture, forment aussi l'une des pièces du puzzle ethnique de l'archipel. Dynamiques et entreprenants, ils sont le plus souvent à la tête de commerces, de restaurants et d'épiceries. Très attachés à leurs traditions, ils ont conservé leurs us et coutumes.

Les aires linguistiques

Côté langue, vous n'aurez aucun problème pour discuter avec les Calédoniens. Mais ne soyez pas surpris si l'on vous propose un coup de pêche ou un coup de fête, ces expressions typiques sont faciles à comprendre et à utiliser !

Le français est la langue officielle et côtoie sans problème les langues kanak, qui elles sont nombreuses.

Il existe 28 langues kanak. Certaines sont en péril et n'ont presque plus de locuteurs. Il existe une langue créole parlée dans la commune du Mont-Dore, le Tayo. La Nouvelle-Calédonie est divisée en huit aires coutumières où huit langues kanak sont communément parlées. L'Académie des langues kanak (www.alk.gouv.nc) a pour mission de fixer les règles d'usage et de promouvoir le développement de l'ensemble des langues et dialectes kanak. Les langues kanak ont fait leur entrée dans le système scolaire en tant qu'option.

SOCIÉTÉ

Vous avez beau être sur le territoire français, attendez-vous à être sacrément dépaysés au niveau de la culture ! Venez découvrir la culture kanak, ses traditions, son histoire ou encore son mode de vie avec les cases, les petits chefs, les grands chefs, les tribus... Vous découvrirez également la coutume et d'ailleurs, probablement que vous ferez coutume vous-même durant votre séjour ! La coutume prescrit toute une série de règles à respecter et à adopter en société. Ces conventions de bienséance sont essentielles et rythment la vie quotidienne des Kanaks. « Faire la coutume », c'est demander clairement à être accueilli et souhaiter voir un dialogue s'engager. Le mieux est de prévenir à l'avance. En retour de votre présent, quand votre interlocuteur pose sa main sur le présent, il vous signifie son accord. Dans tous les cas, pas d'inquiétude, on va tâcher de tout vous expliquer !

Le monde kanak

Le monde kanak a conservé une grande partie de son authenticité et reste très marqué par la « coutume », qui fonde ses règles sociales et son organisation politique et institutionnelle. Grand Chef, chefs de tribu et chefs de clan sont les garants de la cohésion sociale. Ceci est plus fortement vrai dans le monde rural que dans la grande périphérie de Nouméa. Imparfaitement traduisible en français, la notion de chef dans la société kanake diffère d'une conception strictement hiérarchique. Porte-parole et médiateur en cas de conflit, le chef, s'il jouit d'un respect certain, ne dispose cependant pas de pouvoirs très étendus. La décision appartient le plus souvent aux anciens, qui bénéficient d'un très fort rayonnement moral. Le culte des ancêtres illustre bien l'attachement essentiel des Kanaks aux origines et à la filiation. Ce lien fort entretenu avec le passé, censé garantir l'avenir, se traduit également par un attachement viscéral à la terre et à ses cultures, qui cimente l'identité kanake. Issues d'un ensemble de traditions séculaires, la coutume ou les coutumes (variables selon les régions) se transmettent de génération en génération. Les rites et les récits mythiques, non écrits, circulent par le biais de la tradition orale. Contrairement aux idées reçues, la coutume n'est pas immuable et s'adapte aux influences et aux éléments extérieurs : courants migratoires, évangélisation, modernisation... En revanche, la base fondamentale demeure identique. La tribu et la famille forment en effet la référence commune hors de laquelle la vie de l'individu n'a pas de sens. Lors des contacts que vous entretiendrez en Nouvelle-Calédonie, gardez donc à l'esprit que l'homme dans l'univers kanak n'est rien en dehors du groupe et qu'un groupe ne peut se développer qu'à partir d'une terre, d'une aire culturelle. Être exclu de l'un ou de l'autre est alors vécu comme un châtiment terrible...

- **Le Grand Chef.** La tribu et le district constituent deux des principaux niveaux de spatialisation et d'identification après la famille et le clan. Le Grand Chef est à la tête du district, qui compte une ou plusieurs tribus. Une tribu est, quant à elle, composée de plusieurs clans, eux-mêmes issus du même ancêtre. Les membres d'une même tribu parlent la même langue et appartiennent au même territoire. Le clan jouit d'une certaine autonomie au sein du district. Le Grand Chef descend généralement de l'ancêtre commun. Il symbolise le passé et le présent, le mythe et la réalité. Il représente l'autorité morale qu'on ne défie pas, sous peine d'encourir la réprobation générale. La fonction du Grand Chef est (normalement) héréditaire. Seuls les hommes de la lignée directe peuvent hériter de cette charge, mais cela peut être remis en question. La société kanake, où le dialogue tient une place prépondérante, offre en effet une marge de manœuvre importante. Cependant, le terme de « tribu » peut aussi se comprendre sous le terme de « chefferie ». Aujourd'hui, si le terme « tribu » est généralisé et employé par toutes les ethnies calédoniennes, on pourrait lui préférer le terme de « communauté » comme c'est déjà le cas en Australie.

- **Le Petit Chef,** pour sa part, dirige le clan ou la tribu. Il participe aux discussions aux côtés du Grand Chef et siège au conseil des anciens, reconnus pour leur sagesse et leur expérience. Ce conseil joue un rôle crucial. Il traite autant du débroussaillement des champs que de la construction d'une case, de la réfection d'une église que de l'autorisation accordée aux militaires pour un bivouac sur la terre tribale. Le conseil désigne le successeur du Grand Chef, dont l'influence dépend à la fois du nombre de ses sujets et de son rayon d'action (le territoire). Les clans dits « terriens » possèdent leur « tertre » d'origine et leur territoire coutumier.

Des clans « déplacés » ont été intégrés aussi à des tribus. Ce sont des clans « assis ». Chaque clan se caractérise par une fonction hiérarchique, ainsi il y aura le clan des chefs, le clan « porte parole », le clan « gardien », le clan « taro »... Autre personnage important : le sorcier, censé commander et interpréter les éléments naturels ou dispenser la maladie et la mort, qui était et reste un personnage redouté. La famille, quant à elle, constitue un clan à elle seule. La vie communautaire, très ritualisée, renforce encore la cohésion du groupe. Le mariage formalise une alliance entre deux clans. Ainsi, le couple est l'une des pièces du système clanique. Le mari et la femme ne se choisissent pas : c'est le choix coutumier. Ainsi la naissance d'un enfant est-elle plus considérée comme le fruit du clan que la conséquence de l'union entre une femme et un homme. Une mère qui donne naissance à un enfant accomplit son devoir envers le clan du mari : en lui assurant une pérennité, elle assure la survie du clan.

Le rôle du père. Dans la société traditionnelle, il se limite à celui de géniteur. Il n'intervient ni dans l'éducation de l'enfant ni dans sa vie quotidienne. La mère a des devoirs jusqu'au sevrage de l'enfant. Elle laisse ensuite son éducation aux mains des grands-mères et des tantes. Le personnage masculin essentiel de la famille clanique est le frère de la mère : l'oncle. C'est lui, en tant que « père », qui reconnaît ses neveux et ses nièces comme issus de son sang et garants d'un prolongement de sa lignée dans l'avenir. Les Kanaks considèrent les cousins comme des frères, et les membres d'un même clan et d'une même tranche d'âge comme cousins.

La terre est inséparablement liée au clan : c'est sa propriété, son prolongement. Elle appartient au premier qui s'y est installé. Elle comprend les champs, les cultures, les montagnes, les sources, le rivage, la mer et les poissons. C'est l'habitat au sens général. Cela englobe également les membres de la tribu, morts ou vivants. On comprend mieux dès lors les affrontements avec les colons et l'administration à partir de 1853. Des clans, autres que celui du propriétaire originel, peuvent également cultiver des parcelles de terre en usufruit sans remettre pour autant en cause la notion de propriété initiale. Au sein du clan, chaque membre cultive la parcelle qu'il a défrichée. Les travaux pénibles, en revanche, sont exécutés collectivement, comme la réfection et la construction des cases. La communauté travaille alors tantôt chez l'un, tantôt chez l'autre. Ce travail collectif bénéficie à chaque membre du clan sous forme d'usufruit. Les récoltes, la case et le champ sont associés à des biens communs au clan au même titre que la terre. La notion de propriété individuelle n'existe pas. La loi de la tribu respecte un élément essentiel : la mise en communauté de toutes les ressources. Si des membres d'une tribu travaillent chez des employeurs contre rémunération, ils « donneront la main » à l'occasion d'une fête (mariage, naissance...) et pour la préparation des agapes dans la tribu. Ils se cotiseront pour le clan. S'ils ne peuvent participer à ces travaux collectifs, ils ne se rendront pas à la fête, leur présence serait mal perçue. Arborer des signes extérieurs de richesse sans les partager au sein de la tribu est généralement mal perçu. Ceci représente de grandes difficultés d'adaptation au monde moderne occidental et à ses objets de consommation les plus représentatifs.

Bien comprendre la coutume

Aujourd'hui encore, la vie quotidienne des insulaires reste très marquée par l'organisation coutumière. Chaque individu appartient à un clan, qui possède ses propres symboles (un chef de clan et un totem) et se regroupe avec d'autres au sein de tribus. Dirigées par un petit chef, ces dernières sont elles-mêmes sous l'autorité d'un grand chef, qui s'étend à tout un district. Si cette tradition s'est délitée sur certaines régions de la Grande Terre, elle demeure beaucoup plus prégnante ici. Le grand chef règle les conflits d'intérêts, gère les rapports avec l'administration publique et organise la vie coutumière. Il décide, par exemple, de la période des mariages. Le sens de l'hospitalité des gens du coin n'est pas une légende et s'inscrit dans un mode de vie qui peut être résumé en un proverbe mélanésien : « Les Blancs ont l'heure, nous avons le temps. » Si vous êtes invité chez le chef d'un clan, d'une tribu ou tout simplement dans une famille, pensez à respecter la coutume. Offrez un paquet de riz, de lentilles, un paquet de tabac ou un petit quelque chose en provenance de chez vous. Ajoutez-y un billet de 500 ou de 1 000 CFP enveloppé dans un tissu, le manou ou paréo. Attention cependant : le geste coutumier exclut l'alcool ! Présentez votre paquet à l'intermédiaire du Petit Chef ou du Grand Chef et faites alors la coutume oralement. Ce petit discours de présentation, destiné à vos hôtes, est un signe de respect et de reconnaissance. Les Kanaks y sont très sensibles.

Case traditionnelle

Les constructions de case sont symboliques. La grande case ronde est représentative du clan et joue un rôle indéniable dans la vie politique, sociale et religieuse du groupe. Elle centralise le pouvoir. Il est nécessaire de se pencher pour y rentrer en signe d'humilité et de respect. La case est édifiée non loin de la « place de la danse » sur le tertre culminant de chaque village, au bout d'une allée soigneusement entretenue et bordée de pins colonnaires ou de cocotiers, sorte d'avenue végétale qui dessine la structure du village. Elle peut être entourée d'une palissade ou d'un mur. Il en est ainsi de la grande case du chef de clan de Saint-Joseph à Ouvéa. Sanctuaire des hommes, c'est également un lieu de discussion autour du chef. On y reçoit les invités à proximité du foyer situé le plus souvent au centre de la case. Parfois, les membres du clan y sont convoqués toutes affaires cessantes. L'appel résonne au son de la conque (ou toutoute), un gros coquillage utilisé dans tout le Pacifique. En Nouvelle-Calédonie, elle est épointée, ménageant ainsi une ouverture à l'embouchure de la trompe. A son retentissement, le rassemblement est impératif et la palabre commence. Les missionnaires l'utilisèrent également comme cloche pour prévenir les fidèles des cérémonies religieuses et les appeler à la prière. Ces grandes cases de bois et de chaume portent un faîtage sur leur sommet conique. Le motif qui y est sculpté représente le plus souvent la figure en double face d'un ancêtre. Au-dessus, vous verrez encore la flèche sculptée et ornée de coquillages. Observez également les chambranles en bas-reliefs de la porte d'entrée, qui symbolisent généralement le couple. Le grand poteau central, à l'intérieur, incarne le clan. La case est aussi un lieu de vie familial traditionnel.

Etapes de construction d'une case ronde. Ce type de case est adapté au climat et aux ressources du pays. Le flottage, le roulage et le remorquage d'un gros tronc, destiné à devenir le poteau central de la case, nécessitent toutes les forces de la tribu. Le poteau central exprime le lien entre le clan et les ancêtres. Le choix, l'abattage, le transport et l'érection de ce poteau (généralement en bois de houp) constituent l'opération la plus délicate de la construction et nécessitent l'intervention du sorcier. Le montage de la structure de la case peut alors débuter avec la mise en place des traverses destinées à stabiliser les bois, qui relient le poteau central aux piliers périphériques. Des gaulettes et des traverses sont attachées par des lianes pour renforcer la toiture. On couvre enfin la case. La première couverture est faite d'écorces d'arbres, généralement des peaux de niaoulis, qui en renforcent l'étanchéité. La couverture définitive suit la pose de la paille. Couvrir la case jusqu'au sommet nécessite un échafaudage extérieur et intérieur. L'installation de la flèche faîtière marque la fin de la construction. La conception d'un abri est en général moins complexe. Les villageois s'en servent comme hangars, pour accueillir des invités lors des fêtes ou cérémonies, ou encore pour leurs commodités personnelles. Moins solide que la case, l'armature du toit de l'abri est recouverte de peaux de niaoulis et de paille. Les murs sont réalisés en branches de cocotier tressées ou en torchis. Les enfants participent à la fabrication du torchis en foulant avec les pieds la terre argileuse et la paille hachée. Ils transportent ensuite les seaux un par un. Les hommes appliquent le torchis à la main sur le clayonnage tressé soigneusement pour le montage des murs. Le lissage à la main reste l'opération la plus délicate. Les enfants peignent l'ensemble à la chaux dès que le mur est sec. La collecte et l'acheminement de la paille sont effectués par les femmes, qui la rassemblent en petites bottes comme sur la piste entre Pouébo et Hienghène (côte Est). Une fois terminée, la case est régulièrement « fumée », de manière à éliminer les parasites et lier le toit. Le foyer intérieur prévu à cet effet permet d'y allumer un feu en toute sécurité.

Dès 1930, l'administration intervint pour remplacer les cases rondes jugées insalubres par des constructions à l'européenne. Vous verrez donc sur la Grande Terre des cases quadrangulaires aux murs en torchis ou en dur, et au toit à quatre pans débordant pour former une véranda. La case ronde traditionnelle côtoie désormais la maison en dur. Néanmoins, suite à une volonté de retour à l'habitat traditionnel, on assiste aujourd'hui à une reprise des constructions de cases rondes. Le Musée néo-calédonien de Nouméa s'attache à expliquer la portée symbolique et le fonctionnement de la case. Les sculptures identiques, au niveau des chambranles de l'entrée, évoquent les ancêtres paternels et maternels de la chefferie. Le visiteur se baisse forcément pour entrer et franchir le seuil toujours très bas d'une case. Incliner ainsi la tête est un signe de respect. Le poteau central est dressé en premier, d'abord pour des raisons pratiques, mais également parce qu'il est censé soutenir les structures sociales de la tribu représentée par la flèche que l'on installe au faîte du toit. Chaque poteau situé au pourtour de la case symbolise les ancêtres. De petites statues, censées protéger les membres de la tribu, sont déposées à l'intérieur de la grande case.

Evolution de la communauté kanake

Depuis l'émergence dans les années 1970 et 1980 de la question de l'indépendance, les Kanaks ont recouvré une forme d'autonomie longtemps refusée par les autorités françaises. Au premier rang de ces préoccupations : le niveau de formation de sa jeunesse. Les douloureuses inégalités de niveau scolaire et de formation entretiennent une frustration et un ressentiment pour les jeunes Mélanésiens, souvent précarisés dès lors qu'ils quittent la tribu pour s'installer dans le Grand Nouméa en quête d'un emploi. A la fois très soucieux de revendiquer leurs origines, ils prennent également dans les faits leur distance avec la coutume et les règles qui la fondent. La consommation d'alcool et de cannabis constitue à ce titre l'un des dérivatifs les plus courants pour les plus désœuvrés.

© MATHILDE - STOCK.ADOBE.COM

Case traditionelle kanake.

Dans ce contexte, les femmes tentent timidement de prendre la parole. Longtemps tenues à l'écart du débat en vertu des règles coutumières, certaines veulent aujourd'hui se faire entendre et ne plus être simplement cantonnées à l'éducation des enfants, aux travaux ménagers et agraires. Même si elles sont très présentes dans les mouvements associatifs et les initiatives économiques locales, l'accès des femmes kanakes aux postes de responsabilité n'en est cependant qu'à ses débuts. Leur réussite scolaire, nettement supérieure à celle des garçons, témoigne néanmoins d'une évolution significative et décisive qui en dit long sur leur désir d'autonomie. Leurs recours aux tribunaux, de plus en plus fréquents dans les cas de violences, prouvent encore que les femmes se détournent peu à peu du règlement coutumier et demandent l'application du droit pénal (en Nouvelle-Calédonie, une femme sur quatre est victime de violences conjugales). Il y a un siècle et demi, les Kanaks étaient colonisés ; aujourd'hui, ils doivent apprendre à combiner leur héritage culturel avec les réalités contemporaines, à l'image de l'ensemble des sociétés traditionnelles. Ce délicat travail d'inventaire entre fidélité au passé et nécessaire ouverture est également le signe d'une vitalité et d'une conscience toujours en marche. Des mesures ont été prises, comme celle des 400 cadres, visant à promouvoir la venue de jeunes cadres issus du monde mélanésien, mais aussi des autres ethnies.

Depuis la signature des accords de Matignon en 1988, l'Etat français encourage et favorise un nécessaire rééquilibrage des richesses au sein du territoire. Logiquement, une partie des terres confisquées par les colons et l'administration aux XIXe et XXe siècles a ainsi été rétrocédée aux tribus. 120 000 hectares ont donc changé de mains entre 1978 et 1995. La mise en place de l'Agence de développement rural et d'aménagement foncier (Adraf) a incontestablement stimulé cette politique avec plus des deux tiers des terres restitués après 1989. Ces attributions ont parfois conduit à un doublement ou un triplement de la surface dont disposaient les tribus. L'élevage, qui était pratiqué sur les propriétés reprises, s'est maintenu sur environ 40 % des surfaces attribuées. La majorité est exploitée sous forme de groupements, les GDPL (groupement de droit particulier local). Cependant, le passage d'une économie traditionnelle, dont la production est essentiellement destinée à la consommation familiale ou clanique, à une économie marchande peine à s'amorcer. Souvent, en raison de conflits internes, de jalousies ou de désaffections, les terres réaffectées sont peu entretenues et cultivées et le cheptel délaissé ne servant que de réserve pour les fêtes coutumières.

RELIGIONS

Attention, il y a un mot à ne pas prendre à la légère, lié aux croyances et à la culture mélanésiennes, que vous entendrez souvent : tabou. Les Kanaks l'emploient pour désigner les sites dont l'accès est interdit sans autorisation. Cela peut aller d'un lieu à la géologie surprenante (comme le rocher de Kanuméra sur l'île des Pins) à un cimetière, un autel, ou encore une forêt. La coutume et les terres coutumières, sans être religieux, sont eux aussi très importants dans la société calédonienne. Veillez à la respecter, notamment en prenant un guide si vous êtes en terre coutumière et en respectant l'usage de la coutume si besoin. Quant à la religion, elle mêle diverses croyances ancestrales à une pratique religieuse chrétienne. 98 % de la population de Nouvelle-Calédonie est de confession chrétienne de par le flux migratoire européen. A Nouméa et sur toute l'île, quasiment tout est fermé le dimanche.

Un christianisme syncrétique

On peut parler de syncrétisme néo-calédonien dans la mesure où les fidèles locaux mêlent diverses croyances ancestrales (culte des ancêtres, respect des totems ou observance de tabous) à la pratique religieuse chrétienne. L'appartenance religieuse des principales ethnies du territoire diffère. Si les Kanaks se partagent à égalité entre protestantisme et catholicisme (les missions protestantes concentrèrent leur évangélisation sur les îles Loyauté où elles convertirent 70 % de la population), les Européens pratiquants sont en très grande majorité catholiques, ainsi que les Wallisiens. Sur l'ensemble de la population, l'Eglise catholique représente 60 % des fidèles, l'Eglise protestante 30 %, et la communauté musulmane 3 % (en majorité composée d'Indonésiens), le reste étant réparti au sein des diverses églises évangéliques et sectes.

Les croyances kanak

Avant l'arrivée des Européens en 1842, le peuple kanak des îles Loyauté reposait sur un ensemble de rituels et d'interdits. Ils témoignaient de croyances religieuses originelles qui ont ensuite disparu sous l'influence de l'évangélisation. Le polythéisme et l'animisme coexistaient, la croyance que la nature est gouvernée par les âmes et les esprits. Les mystères de la vie et de la destinée humaine sont devenus des objets sacrés et cultes dont les détails sont encore inconnus. Le respect des croyances ancestrales, des totems et de certains tabous joue un rôle très important dans la vie quotidienne des locaux. C'est particulièrement vrai pour les Kanaks, pour qui le respect des coutumes est absolument essentiel. Toutes ces règles très importantes s'appliquent en particulier lors des cérémonies les plus importantes de la vie telles que la naissance, le mariage et la mort. A ces occasions, ces pratiques traditionnelles se mélangent bien avec des religions plus traditionnelles. Ainsi, avant de visiter un village ou d'entrer dans une propriété privée, il faut d'abord rencontrer le chef et lui remettre un petit cadeau : c'est la coutume. S'il accepte, il vous adressera un discours de bienvenue et vous serez libre de vous déplacer.

Notre-Dame-de-Lourdes à Lifou.

QUE RAPPORTER ?

A chaque voyage, c'est la question qu'on se pose ! Qu'est-ce qu'on va bien pouvoir rapporter ? Que ce soit pour la famille, les amis ou simplement à s'offrir à soi. Bonne nouvelle, la Nouvelle-Calédonie ne manque pas de choix ni d'idées, qui devrait convenir à tous les budgets.

En vrac, voilà quelques idées : des *manous* colorés (morceaux d'étoffe) qui vous serviront à décorer votre intérieur, à acheter dans le quartier chinois de Nouméa, une sculpture sur bois mélanésienne ou sur pierre à savon (qu'on achète surtout sur la côte Est, pensez à bien la protéger dans la valise), des perles de Tahiti à l'excellent rapport qualité/prix, une fleur de tiaré pour mettre dans les cheveux et pour avoir l'impression d'être en été toute l'année, de la fleur de sel ou du sel aromatisé de Poingam, de la vanille de Lifou, du miel, des claquettes et vêtements aux couleurs de la Nouvelle-Calédonie (chemises, polos, etc.)...

Les sculptures

De nombreux artistes racontent leur culture et leurs croyances à travers des sculptures en bois, en fougère ou en pierre à savon. Tous les bâtiments officiels, hôtels et centres culturels en sont ornés. Vous en trouverez également en miniature sur les étals de la côte Est. Elles sont le souvenir idéal à rapporter dans sa valise, mais aussi un plaisir pour les yeux. N'hésitez pas à vous arrêter à l'office de tourisme de La Foa pour voir les grands totems sculptés du parc annexe.

De la vanille

Notamment celle de Lifou ! La vanille a été introduite sur l'île par la femme d'un pasteur anglais, qui en a transmis les secrets aux habitants. La production a depuis pris une importance singulière, si bien que Lifou compte aujourd'hui environ 370 petits planteurs réunis au sein de l'association Ahmelewedre Bio. Cette dernière récolte deux tonnes par an, labellisées bio. A la Maison de la vanille à Lifou, on nous explique les différentes techniques de réalisation, de la culture à la gousse de vanille commercialisée.

De l'artisanat

La Nouvelle-Calédonie a de nombreux petits artistes et artisans qui proposent de très beaux souvenirs à rapporter.

Par exemple, l'atelier des femmes à Nouméa regroupe les travaux artisanaux (nattes, chapeaux, paniers, robes, bijoux...). De nombreux villages sont représentés, de la Grande Terre et des îles Loyautés. L'atelier des femmes fonctionne sur le principe du commerce équitable et tous les mois, les femmes artistes viennent y déposer leurs créations.

Des huiles essentielles

Les huiles essentielles comptent pour partie dans la production de la petite industrie locale. Le niaouli est ainsi exploité sur les contreforts de la chaîne montagneuse de Hienghène à Ponérihouen sur la côte Est, ainsi que dans la région de Boulouparis et Païta sur la côte Ouest. Les producteurs ramassent le niaouli, distillé ensuite dans l'un des douze petits établissements situés sur la côte Ouest et Est. La production d'essence de niaouli entretient environ deux cents familles. Cette huile essentielle (goménol) entre dans la composition de certains médicaments. Essence balsamique naturelle très pure, elle nécessite d'être conservée à l'abri de la lumière, au frais, le bouchon du flacon bien refermé. On l'utilise en friction sur la poitrine et le dos, en gargarisme (de 2 à 3 gouttes dans un verre d'eau), en inhalation (3 gouttes dans un bol d'eau chaude) ou encore en la respirant, et même en l'avalant (mettre 3 gouttes dans une cuillerée de miel). Le goménol soulage également des piqûres d'insectes et apaise les douleurs rhumatismales.

Si vous passez par Boulouparis, ne manquez pas d'aller faire un saut à la **distillerie** (p.190) ! La boutique vend sa production locale sous forme de liqueurs, mignonnettes, sirops, huiles essentielles ou encore de baume, savon et eau tonique.

SPORTS ET LOISIRS

En Nouvelle-Calédonie, on se passionne pour le cricket, principalement féminin, et pour le rugby, l'athlétisme, la gymnastique ou le football dans un archipel qui a vu naître les anciens internationaux de foot Antoine Kombouaré et Christian Karembeu ou l'actuel talonneur du XV de France Peato Mauvaka. Surtout, la Nouvelle-Calédonie ressemble à un immense terrain de jeu. Entre mer et montagne, tout est possible si vous êtes prêt à y mettre le prix : hélicoptère, avion, ULM, parapente... Ici, on privilégie plutôt la clientèle haut de gamme. Tout aussi excitant : la plongée ! Au cœur du lagon, sur la barrière de corail ou dans une passe, vous n'oublierez pas votre séjour dans les profondeurs du grand bleu. Si vous parcourez la brousse, l'intérieur de la Grande Terre, vous tomberez certainement sous le charme de la chaîne montagneuse, qui s'étire sur plus de 400 km. Place alors à une randonnée à pied, une virée en 4x4, une balade à cheval ou à VTT ou en kayak.

Le cricket, une institution calédonienne

Assister à un match de cricket, le week-end, dans la vallée du Tir, c'est se plonger dans l'une des institutions du territoire. Il s'agit aussi du sport le plus pratiqué par les femmes kanakes, toujours habillées en robes mission (appelées usuellement « popinées ») aux couleurs de l'équipe... Après son introduction au XIXe siècle dans le Pacifique par les missionnaires anglo-saxons, les populations locales (hommes et femmes donc) s'en sont largement approprié la pratique.

Si les règles varient selon les régions de l'île, la logique reste identique. Les différences essentielles ont trait au matériel et à la réglementation du lancer. Un match oppose deux équipes de treize joueurs ou joueuses qui s'organisent autour de deux cibles formées de piquets, distantes de 19 m pour les femmes et de 21 m pour les hommes.

Le jeu débute par un duel entre un joueur qui lance et un joueur qui bat. Le lanceur (*bola*) peut éliminer le marqueur en atteignant les piquets avec la balle. Le marqueur cherche à accumuler les points en frappant la balle avec sa batte et en courant d'un piquet à l'autre avant le retour de la balle. Il peut se faire suppléer dans cette tâche par un joueur de son équipe, ou *rhama*. Si le retour de la balle surprend le *rhama* entre deux cibles, le joueur qui bat est éliminé.

En cas d'envoi réussi, une course s'engage entre les défenseurs qui ramènent la balle et les *rhama* qui marquent. C'est au stade Magenta, à Nouméa, que se déroulent les finales territoriales. Ce n'est alors pas seulement une compétition sportive, mais aussi un véritable spectacle sur le terrain (surtout lors des matchs féminins avec les femmes en robes mission), comme dans les tribunes.

De nombreuses activités nautiques

Plaisance et sports nautiques. Entre ses lagons et ses baies d'exception pour des mouillages franchement uniques, mais aussi plusieurs marinas très bien équipées, l'archipel offre des conditions de rêve pour les croisières de plaisance. Sur place, on peut facilement louer un bateau, que ce soit un monocoque ou un catamaran, principalement à Nouméa. Les spots les plus courus, ou navigués en l'occurrence, sont la côte est, les îles Loyauté et l'île des Pins. Sinon, comme toute destination farniente qui se respecte, on peut pratiquer une foule de sports nautiques un peu partout dans l'archipel. Que ce soit sans moteur (kayak de mer, paddle, canoë...) ou avec (jet-ski, ski nautique, wakeboard, flyboard, parachute ascensionnel et autres bouées tractées), tout est possible entre deux sessions de bronzette.

Surf. La Nouvelle-Calédonie est également une destination très appréciée des surfeurs. Bateau et expérience sont néanmoins indispensables dès lors que l'on souhaite surfer sur les vagues de la barrière de corail, située à plusieurs kilomètres de la côte. Attention, certains endroits sont uniquement accessibles aux surfeurs expérimentés. En effet, le récif est parfois recouvert d'un faible niveau d'eau et la planche peut donc se bloquer et entraîner des chutes douloureuses sur le corail. Interdiction donc de se rater !

Deux sites sur la côte ouest attirent particulièrement les adeptes de la glisse : la passe de **Dumbéa** ★★ (p.183) et la Passe Ténia. Sinon, la **plage de la Roche Percée** (p.205) à Bourail est également un bon plan avec un départ depuis la plage. L'endroit est ouvert aux novices et aux confirmés. L'embouchure de la rivière a cependant été bloquée par un banc de sable depuis quelques années.

Les pros vous diront que les vagues existent mais qu'elles sont moins belles que naguère ! Le problème majeur rencontré pour la pratique du surf, c'est l'éloignement des passes. Bourail constitue l'un des rares endroits en Nouvelle-Calédonie où la barrière est relativement proche du rivage (1 km). Vous pouvez donc l'atteindre depuis la plage de Poé (p.207) en cinq petites minutes de rame. Les vagues de Water World et Twister vous attendent. Le premier site tient son nom de la carcasse du bateau échoué sur la droite de la passe, qui ressemblait à l'embarcation du film interprété par Kevin Costner. Le second vient des trois mini-tornades qui ont un jour traversé la passe jusqu'en son centre mais ont évité les surfeurs au dernier moment.

Planche à voile et kitesurf. La Nouvelle-Calédonie a vu naître une légende de la planche à voile : l'ancien champion du monde, Robert Teriitehau. Le vice-champion du monde de vitesse, Laurent Gaüzère, est également né dans l'archipel. Et, comme tous les Calédoniens, c'est à l'anse Vata (p.126) que les deux *riders* ont fait leurs armes. Exposé aux alizés dominants, ce *spot* très couru est fréquenté toute l'année par les véliplanchistes. On peut aussi se faire plaisir à Bourail, dans l'immense lagon de la plage de Poé, et autour de l'île des Pins. Il est enfin possible de rejoindre les îlots situés face à Nouméa en planche à voile pour une belle balade et une session farniente au soleil. Et naturellement, sur tous ces spots, les amateurs de kitesurf peuvent également s'offrir de belles sessions.

Canoë-kayak. Retour sur terre. Avec le nombre de cours d'eau existant sur la Grande Terre, les férus de canoë-kayak devraient être comblés. La descente de la rivière Bleue, dans le Parc provincial de la rivière Bleue, (p.166) en 3 heures et le passage de nuit dans la Forêt Noyée offrent une échappée sauvage dont vous vous souviendrez longtemps. La descente de la Dumbéa promet aussi une belle balade non loin de Nouméa : vous pagayerez sur 7 km au milieu d'une vallée, pendant un peu moins de 2 heures. De petits rapides permettront aux débutants de s'adonner sans danger aux plaisirs des eaux vives. Pour les balades moins classiques, la Hienghène (côte est) et la randonnée des roches de Lindéralique (p.238) sont fermement recommandées. La baie de Prony (p.174) dans le Sud mérite également le détour… Enfin, la côte Oubliée, une étendue de nature sauvage et préservée entre Yaté et Thio, figure parmi les plus belles excursions en kayak du pays.

Une destination plongée sous-marine

Classé au patrimoine mondial de l'Unesco, le lagon calédonien, protégé par une barrière de corail longue de 1 600 km, est l'un des plus grands au monde et c'est l'un des plus beaux sites de plongée de la planète. La Nouvelle-Calédonie est donc une destination exceptionnelle pour la randonnée palmée et la plongée sous-marine. La température de l'eau, qui varie de 21 à 28 °C, contribue à créer des conditions idéales pour le développement des coraux, des coquillages et des poissons. La position de l'archipel dans l'immense espace qui sépare les plaques indo-australienne et pacifique en fait un champ de recherche inépuisable. Près de 2 000 variétés de poissons sont ainsi recensées dans la région. Une fois la barrière de corail franchie, vous explorerez les tombants vertigineux, des grottes et des épaves et croiserez peut-être de gros pélagiques (requins, raies, barracudas).
Les connaisseurs n'oublieront pas d'apporter leur matériel. Aujourd'hui, les centres de plongée sont répartis sur l'ensemble de l'archipel, du nord au sud, et sur les îles. Et, avec une telle aire de jeu, peu de chance de croiser beaucoup d'autres plongeurs en immersion ! Alors laissez-vous tenter… Vous ne le regretterez pas !

Sur terre, de belles balades en pleine nature

Randonnée. Les randonneurs vont trouver de quoi se faire plaisir sur le Caillou ! Au choix, le sentier GR® Sud (Grande Randonnée homologuée par la FFRP) qui permet d'évoluer librement sur des chemins balisés en traversant notamment le Parc provincial de la Rivière Bleue (p.166). On pourra aussi s'élancer sur les sentiers des monts Koghis (p.183), sur le mont Mou, dans la réserve des Chutes de la Madeleine (p.175) ou dans le parc des Grandes Fougères. (p.200) Ces spots offrent de superbes promenades sans trop de difficultés. Au programme également, des trails sur le mont Panié dans le nord de l'île et le sentier GR® Nord qui offre de superbes paysages naturels au cœur des montagnes et des forêts primaires en pleine terre kanak (entre Napoepa et Ouanache). Et pensez bien à prévenir les tribus de votre arrivée ! En effet, la plupart des sentiers appartiennent à des clans et la terre coutumière est une terre privée. Alors il faut demander l'autorisation avant de vous engager et, généralement, elle vous sera accordée.
Dans les îles Loyauté, les randonnées sont également toujours (bien) encadrées par des guides locaux. Par ailleurs, avoir un téléphone portable (et de la batterie) pour les balades de plusieurs jours à travers la chaîne est particulièrement recommandé. Quant à l'équipement, n'oubliez pas d'emporter un pull chaud et un coupe-vent, une bonne paire de baskets et des chaussettes. Les gîtes ne fournissent en général que les nattes ou matelas, accessoirement des couvertures. Vous pouvez emporter un sac

Cœur de Voh vu d'ULM.

de couchage synthétique : inutile de vous encombrer avec de la plume d'oie ! Il faut qu'il soit léger et qu'il sèche vite, en raison de la condensation nocturne.

VTT. On peut se lancer à l'assaut du tour de la Calédonie à VTT. Ce n'est pas toujours passionnant, notamment dans l'ouest, mais c'est faisable. Il existe des circuits VTT dans le Sud : les Boucles de Netcha, du côté des **Chutes de la Madeleine** (p.175), ou encore le **parc provincial de la Rivière-Bleue** (p.166). À noter que les vélos peuvent être transportés dans les bus locaux. L'île des Pins fera aussi le bonheur des amateurs de vélo.

Équitation. La Nouvelle-Calédonie est un pays d'éleveurs et, à l'image du Texas et de l'Australie, ce petit bout de terre vénère le cheval. Pour s'en convaincre, il suffit de se rendre à un rodéo lors de l'une des foires organisées toute l'année en brousse (Foire de Bourail, organisée tous les ans autour du 15 août). Ambiance garantie ! La côte ouest, c'est un peu la seconde patrie du cow-boy (appelé *stockman* en Nouvelle-Calédonie), après le Far West ! Naturellement, les cavaliers de tous niveaux pourront monter à cheval lors de leur séjour. De la simple balade dans un ranch à une promenade sur la plage au galop, en passant par les randonnées d'un ou plusieurs jours dans les montagnes (traversée de la chaîne notamment), chacun trouvera l'étrier à son pied !

Golf. Les passionnés de la petite balle blanche trouveront plusieurs golfs pour travailler leur swing : le **Golf de Tina** (p.150) à Nouméa, le **Garden Golf de Dumbéa** (p.185), l'Exclusiv Golf Deva à Bourail et le **Golf de la Ouenghi** (p.190) à Boulouparis.

L'archipel calédonien vu du ciel

La terre vue du ciel a toujours une saveur unique. La Nouvelle-Calédonie n'échappe évidemment pas à la règle. C'est déjà magnifique en bas, alors imaginez là-haut… Au départ de l'aérodrome de Magenta à Nouméa, s'offrir un survol du lagon, des îlots, de la barrière de corail et des différentes baies est une expérience unique. La Grande Terre est également accessible, histoire de voir un peu à quoi ressemble la chaîne centrale. Les moyens de transport proposés sont légion : survol en hélicoptère, avion de tourisme, hydravion, ULM, parapente, et parachutisme. Autant de moments inoubliables en perspective ! Surtout si l'on a la chance d'aller survoler le fameux **Cœur de Voh** (p.220) comme le photographe Yann Arthus-Bertrand !

GASTRONOMIE

Peuplée depuis plusieurs millénaires par les Kanaks, la Nouvelle-Calédonie rentre en contact avec les Européens à la fin du XVIIIe siècle seulement. Colonie française de 1854 à 1946, l'île longtemps isolée connaît à partir des années 1960 un boom économique grâce à la découverte d'immenses gisements de nickel. S'en suivent d'importantes vagues d'immigration venant de Polynésie, de Chine, d'Indonésie, du Vietnam, de Wallis-et-Futuna mais aussi de la Réunion, des Antilles françaises ou même d'Europe du Sud. Autant de communautés qui ont œuvré à faire de la Nouvelle-Calédonie un melting-pot unique dans le Pacifique, avec des spécialités variées, à la fois asiatiques, polynésiennes et européennes, où se mêlent poisson, fruits de mer, féculents, volaille, viande et divers légumes et fruits tropicaux. En parallèle, de nouvelles tendances se sont dessinées grâce à des associations cherchant à valoriser savoir-faire et produits locaux de qualité.

Produits caractéristiques

Malgré une présence française relativement longue sur l'île, la cuisine métropolitaine a dû très largement s'adapter aux ressources locales, au climat, aux divers ingrédients et autres méthodes culinaires. Le pain blanc, sensible à l'humidité, n'a jamais été adopté jusqu'à récemment. Même chose pour le fromage et le beurre, qui ne firent réellement leur apparition à Nouméa qu'à partir des années 1970, avec l'amélioration des transports et du conditionnement. Inversement, le riz est consommé sans modération, assaisonné de l'indispensable sauce soyo (sauce soja). L'importante présence de Chinois, d'Indonésiens, de Vietnamiens, de Réunionnais et d'Antillais n'a fait qu'amplifier cette tendance. En plus des féculents, on consomme une grande diversité de légumes : carottes, tomates, courges, choux, oignons, haricots verts, patates douces, etc. La chouchoute – mieux connue en France métropolitaine sous le nom de chayotte ou christophine – est une cousine de la courge qui se présente sous la forme d'un fruit vert avec l'aspect d'une poire bosselée au goût assez neutre, très appréciée en friture ou en gratin à la manière de la pomme de terre. Le taro, ou madère, est le tubercule d'une plante aux énormes feuilles en forme de cœur, très riche en amidon, avec une légère saveur de noisette, qui n'est pas sans rappeler l'igname, également populaire sur l'île. Ici, la banane plantain porte le nom de « poingo ».

Chayottes.

L'omniprésence de l'océan a également une incidence bien naturelle sur la gastronomie locale. Poissons (daurade coryphène ou mahi-mahi, thazard, thon, vivaneau, poisson-perroquet, mérou, bonite, espadon, etc.), crustacés et coquillages sont toujours travaillés avec finesse. Ne quittez pas la Nouvelle-Calédonie sans avoir goûté au crabe de cocotier, un crustacé énorme aux pinces redoutables, que l'on mange généralement poché, servi froid avec de la mayonnaise. Sans oublier les langoustes, particulièrement appréciées, qui se dégustent à toutes les sauces : à la mayonnaise, en sashimi, grillée ou en salade. Les huîtres de palétuvier sont également très populaires et vivent en eau saumâtre. La viande de bœuf, de poulet, de porc et de cerf constitue l'essentiel des produits carnés. Le cerf donne en effet un excellent saucisson finement épicé. Les plus téméraires pourront également expérimenter le ver de Bancoule (énorme larve blanche de scarabée, servie croustillante) ou l'escargot de l'île des Pins (bulime). Ce gastéropode, généralement cuisiné avec du beurre à l'ail, est menacé dans la nature, mais il est abondamment élevé. Se renseigner auprès du restaurateur pour connaître son origine. Il en est de même pour la roussette ; cette espèce de chauve-souris joue un rôle important dans la culture et la gastronomie kanak. Elle est toutefois de plus en plus rare, et à moins qu'on vous invite à y goûter, généralement en ragoût, il est mieux de laisser la roussette aux locaux.

Créé par les chefs pour les chefs, le *Pacific Food Lab* est un nouvel espace digital. A la tête de ce projet, plusieurs chefs calédoniens, dont Gaby Leviennois, co-gérant du fameux P'tit Café à Nouméa, déjà bien connu pour ses actions en faveur d'une cuisine responsable et locale. L'objectif du *Pacific Food Lab* est très simple : favoriser le bien-être alimentaire calédonien pour une meilleure autosuffisance. Ce projet est donc destiné aux restaurateurs, traiteurs, cantines, etc., avec pour volonté première d'incorporer les produits locaux dans les repas et donc d'augmenter le chiffre d'affaires de la production agricole calédonienne en produisant et en consommant local.

Côté restauration et habitudes alimentaires, à Nouméa, vous n'aurez que l'embarras du choix entre les snacks asiatiques (soupes, nems, porc au sucre…) et les très nombreux restaurants aux spécialités françaises et internationales (d'Asie, d'Amérique du Sud et d'Europe). A savoir également, les Calédoniens sont très friands des barbecues en pleine nature, au camping, chez eux. Les restaurants des grands hôtels de Nouméa proposent des buffets à thème (mélanésien, polynésien, français) au rapport qualité-prix assez attractif. Les horaires de déjeuners sont généralement de 11h30 à 13h et les dîners sont servis entre 19h et 21h.

Les classiques de la cuisine calédonienne

De tous les plats locaux, le plus emblématique est probablement le bougna. Typiquement kanak, ce ragoût demande une longue préparation. Il est particulièrement recommandé de le déguster dans les tribus de la Grande Terre et des îles. Traditionnellement, les hommes coupent d'abord le bois, creusent le sable et y allument un feu. De leur côté, les femmes préparent les ingrédients – légumes, poissons ou viande et igname –, qu'elles font cuire dans du lait de coco. Le tout est enveloppé dans des papillotes en feuilles de bananier puis déposé sur les braises que l'on recouvre de terre, ce qui explique la lenteur de la cuisson. Sur le Caillou comme sur les îles Loyauté, les gîtes de tribus préparent souvent le bougna sur commande. Ce type de cuisson dans une fosse remplie de braises et/ou de pierres chaudes est commune dans de nombreuses régions du Pacifique Sud, comme le *ahi ma'a* à Tahiti, le *hāngī* en Nouvelle-Zélande, le *pachamanca* au Pérou ou le *curanto* au Chili.

Taros sur un marché.

Les influences polynésiennes sont nombreuses en Nouvelle-Calédonie et on y retrouve notamment la salade tahitienne, entrée sucrée-salée, également connue sous le nom de « poisson cru à la tahitienne ». A l'instar du *ceviche*, elle se compose de poisson, généralement à chair ferme (le plus souvent du thon), qui « cuit » dans le citron pendant quelques heures. On lui ajoute ensuite des crudités émincées et on arrose le tout de lait de coco. Cette salade est normalement présentée dans une coque de noix de coco, clin d'œil à l'un de ses ingrédients principaux. La présence japonaise a popularisé les sashimi, à base de lamelles de poisson cru servi avec de la sauce soja et du wasabi. Les salade de trocas et de sauteurs sont deux entrées à base de coquillages.

Si la viande de cerf est utilisée pour confectionner de la saucisse, elle également appréciée sous forme de salade, dite « salade du broussard » : c'est une entrée à base de dés de viande de cerf crue marinés avec du jus de citron, puis garnis de carotte, poivron, piment, herbes fraîches, etc. Le cerf s'apprécie également en brochettes et en cari. En effet, la présence réunionnaise et antillaise a permis l'introduction de nombreuses recettes de plats en sauce comme le cari, qui se décline avec poulet, crevettes, poissons, porc, bœuf, etc. Le boudin créole, sorte de petit boudin noir richement épicé, est l'un des héritages venus de Martinique et de Guadeloupe, alors que les achards, légumes et fruits dans une saumure très pimentée au vinaigre, sont originaires de la Réunion et de l'Océan Indien plus largement. Les chouchoutes farcies (avec un mélange de jambon, fromage, œuf et épices) sont également connues dans les Antilles.

Bougna traditionnel.

De nombreuses spécialités d'origines asiatiques sont devenues des recettes calédoniennes à part entière. C'est le cas des nems, au porc ou au bœuf, qui sont présents partout, notamment sur les marchés et dans les échoppes. Le porc au sucre est l'un des plats les plus appréciés de Nouvelle-Calédonie. Proche du porc au caramel, il se compose d'un assaisonnement à base de caramel, sauce soja et *nuoc mam* (sauce de poisson fermenté originaire du Vietnam). A vrai dire, chacun a sa recette de porc au sucre et la quantité d'ingrédients varie d'un foyer ou d'un restaurant à l'autre. Le poulet au soyo est une spécialité de cette cuisine métissée calédonienne aux accents chinois et vietnamiens, composée de poulet sauté dans une sauce aux oignons et à la sauce soja.

Mais on retrouve aussi le poulet et le porc à l'ananas, souvent garnis de poivron avec une riche sauce aigre-douce, ainsi que diverses recettes de nouilles. On notera également un plat importé sur l'île par les travailleurs indonésiens, appelé *bami*. Ce terme désigne, en Indonésie, diverses spécialités préparées avec des nouilles jaunes de blé, originaires de Chine. En Nouvelle-Calédonie, on le cuisine plutôt avec des vermicelles de soja que l'on garnit de poulet, de crevettes, de carotte, de chou blanc, le tout assaisonné de sauce soja évidemment.

Bien que la Nouvelle-Calédonie soit un territoire français, la distance avec la métropole et un climat très différent fait que bon nombre de produits disponibles sur notre territoire sont rarement produits sur l'île et donc largement importés, notamment de ses voisins comme l'Australie et la Nouvelle-Zélande : fruits et légumes des zones tempérées, vin, fromages. Le pain et les viennoiseries d'inspiration française peuvent être produits sur place mais à base de céréales importées, le blé ne poussant pas ou peu sous ce climat.

La cuisine australienne ou néo-zélandaise n'est pas forcément représentée dans les recettes communément utilisées, mais plutôt par des produits d'importation consommés au quotidien, comme des biscuits ou sucreries qui sont plus facilement disponibles que ceux des marques françaises. On retrouvera par exemple le chocolat en poudre Milo, ou encore les biscuits du groupe Arnott's, tels que les Tim Tam (à base de chocolat) ou les Sao (une marque de crackers).

On consomme assez peu de desserts en Nouvelle-Calédonie. Le plus connu semble toutefois être le po'e, originaire de Tahiti. Il se compose d'un féculent (banane, taro, courge, etc.) que l'on fait longtemps compoter avec du sucre et souvent de la vanille. Le tout est nappé de lait de coco avant de servir. Rien ne vaut, sinon, la saveur des fruits exotiques gorgés de soleil. Sur l'île, on retrouvera banane, ananas, mangue, goyave ou encore de la noix de coco fraîche à croquer, sans oublier les litchis, très populaires et que l'on savoure en hiver. Les agrumes ne sont pas en reste, avec la mandarine, qui a même le droit à une fête dans la commune de Canala au mois de juillet. La pomme-cannelle possède une pulpe blanche, particulièrement sucrée, à la saveur surprenante.

On produit bien sûr de nombreux jus avec tous ces fruits succulents. La bière est l'alcool le plus consommé et la Number One est produite localement. Le vin, à l'inverse, est généralement importé d'Australie ou de Nouvelle-Zélande. Pour une expérience bien locale, découvrez le kava, une boisson traditionnelle mélanésienne obtenue à partir des racines du poivrier sauvage, ou kawa-kawa. Son côté légèrement anesthésiant et euphorisant le classe parmi les stupéfiants en France, où il est interdit, en dehors bien sûr de la Nouvelle-Calédonie.

AGENDA

La vie en Nouvelle-Calédonie est rythmée par les fêtes de village ou dans les îles, comme à Bourail, Boulouparis, Farino, Koumac, Maré, Ouvéa… qui sont autant d'occasions idéales pour découvrir les saveurs et les traditions locales. N'hésitez pas à organiser votre séjour en fonction de ces événements clés qui agissent comme des passerelles entre les communautés kanak, broussardes et urbaines du territoire. Le week-end de la fête de l'avocat à Maré peut être un excellent moment pour se rendre sur l'île. Et pour ceux qui aiment la course à pied, de nombreux raids sont organisés en Nouvelle-Calédonie. Ils peuvent être un moyen original pour les sportifs de découvrir les paysages du territoire et de partager des instants de vie en tribu, notamment pour les raids du Nord. La Gigawatt Enercal traverse traditionnellement le barrage de Yaté, le raid de l'île des Pins a lieu en octobre…

FÊTE DE L'OMELETTE GÉANTE

DUMBÉA

www.ville-dumbea.nc

Mi-avril.

Des concerts et des spectacles ont lieu pendant qu'une omelette est confectionnée dans une poêle géante au parc Fayard. La fête de l'omelette géante de Dumbéa, au même titre que Païta et sa fête du bœuf, est une excellente raison de se rendre dans la ville et dans le parc. Cette fête est très prisée des Calédoniens et est un rendez-vous immanquable pour quiconque se trouve dans la région. Se déroule également pendant la cuisine l'élection de Miss Dumbéa.

FÊTE DE L'AVOCAT

Nece

TADINE

Fin avril, début mai.

A ne pas manquer si vous êtes sur le Caillou à cette période. L'avocat fait en effet la réputation de Maré dans toute la Nouvelle-Calédonie. A manger soit avec du sucre ou avec une vinaigrette ou encore coupé en lamelles avec des œufs et du bacon le matin au petit déjeuner. Un rendez-vous tout autant destiné aux touristes qu'aux locaux. Une véritable institution pour la communauté de la Nouvelle-Calédonie qui dure depuis déjà 29 ans et qui n'est pas près de s'arrêter ! L'occasion parfaite pour s'immerger dans la vie des habitants de l'île.

FÊTE DU DIAHOT

OUÉGOA

www.tourismeprovincenord.nc

Mois de mai, week-end de l'Ascension.

A Ouégoa, ancienne ville minière, dans le nord, traversé par le seul fleuve de l'île, sur le stade municipal. Au programme : marché avec des produits vivriers et maraîchers et des plantes ; courses de chevaux ; concours d'attache de crabes, de tressage de feuilles de cocotier, d'épluchage de cocos, ou encore de lancer d'épervier... Des activités permettront de découvrir la région : randonnées pédestres, visites touristiques... Faire en voiture la très belle boucle de Pam. On conseille aussi de visiter les vestiges de l'unique mine d'or de Nouvelle-Calédonie !

FESTIVAL DE CINÉMA DE LA FOA

LA FOA

✆ 06 87 79 51 31

www.festivalcinemalafoa.nc

Fin juin / début juillet.

Le festival met en valeur des films du monde entier et est devenu un rendez-vous incontournable pour cette petite commune. Chaque année, le festival est présidé par une personnalité du 7e art : Jean-Pierre Jeunet, Gérard Jugnot, Charles Berling, Zabou Breitman, Cécile de France, Julie Gayet, Miou-Miou et Jalil Lespert ont déjà fait le déplacement. En 2023, c'est la 25e édition du Festival qui va se dérouler, avec un focus particulier sur une sélection internationale.

FESTIVAL DE L'IMAGE SOUS MARINE

www.festivalimagesousmarine.nc

Dernière semaine de mai. (ou août selon les années).

Le dixième festival de Sublimage a eu lieu en 2019 et continue son ascension pour devenir un incontournable de tout amateur de photographie. Une semaine de conférences, de films, de débats et d'images de grande qualité sur le thème de la vie sous-marine. L'objectif est la sensibilisation du public autour de ce thème, sur Nouméa et partout ailleurs sur le territoire. La Nouvelle-Calédonie est un lieu emblématique pour un festival de cette nature !

LA TRANSCALÉDONIENNE

✆ +687 80 52 19

www.latranscal.com

Premier week-end de juillet.

C'est un raid de course à pied de deux jours reliant deux villages de Nouvelle-Calédonie. Les distances sont de 5, 12, 25 et 50 km selon le choix des 1 000 participants. Cet événement offre aux participants l'opportunité de découvrir non seulement le mode de vie dans les tribus kanakes et des broussards les plus isolées, mais aussi la flore unique et la faune du Caillou. C'est aussi l'occasion d'un week-end festif avec animations et vente de produits artisanaux. Chaque année, près de 1 000 participants font le déplacement pour cette épreuve sportive et naturelle.

FESTIVAL DES TRÈS COURTS

Début juin. À partir de 1 000 CFP la séance.

Le Festival international des très courts est un festival de cinéma qui a lieu dans plusieurs villes du monde depuis 20 ans. La Nouvelle-Calédonie répond présente en accueillant le festival au Centre Culturel du Mont Dore durant un week-end. La compétition rassemble plusieurs types courts-métrages, du documentaire au clip en passant par la fiction (le seul critère étant la durée du film, limitée à 4 minutes).

FÊTE DE LA MER

POUM

www.tourismeprovincenord.nc

En juillet.

La Fête de la mer permet aux pêcheurs de Poum de montrer leur habileté, mais aussi de cuisiner poissons et crustacés. C'est aussi l'occasion d'élire la miss Fête de la mer ! La fête peut être avancée en juin. Se renseigner en amont pour ne pas rater ce rendez-vous incontournable des gourmands fans de poissons et fruits de mer. Les amateurs de poulpes, de crabes et de dawas, soit près de 3 000 personnes, se pressent pour acheter ces produits de choix. Pour les curieux : il est aussi possible de manger de la tortue, car sa consommation est courante dans le coin.

Marre de passer des heures sur internet pour trouver des bons plans ?
mypetitfute
M'A FAIT GAGNER UN TEMPS FOU AVEC SES RECOMMANDATIONS D'ITINÉRAIRES ET SES BONS PLANS TESTÉS PAR DES RÉDACTEURS LOCAUX.
VOTRE GUIDE NUMÉRIQUE SUR MESURE EN MOINS DE 5 MINUTES POUR 2,99 €
mypetitfute.fr

FÊTE DU SANTAL ET DU MIEL « WETR EST LÀ »

WÉ

www.iles-loyaute.com

Tribu d'Easo, fin août ou début septembre.

Pendant 3 jours, la fête du Santal et du Miel met à l'honneur les savoir-faire traditionnels des tribus de Lifou, parmi lesquels vous trouverez des sculptures en bois de santal, petit artisanat de paille et de coquillages, tressage des feuilles de cocotier... Egalement, vous pourrez découvrir la culture de la vanille, les peuplements de bois de santal, des randonnées, des sorties bateau et l'élection de la miss Wetr. Une escapade gourmande immanquable !

MARATHON INTERNATIONAL DE NOUVELLE-CALÉDONIE

NOUMEA

✆ +687 82 45 03

www.marathon-nouvellecaledonie.com/fr/

Fin août.

Le 27 août 2023, Nouméa accueille déjà sa 41e édition du marathon. Ce marathon a lieu le long des magnifiques baies de Nouméa. Au programme trois courses : le marathon international (42 km), le semi-marathon (21 km) et les 10 km de Nouméa. Pour les coureurs, de nombreux ravitaillements et brumisateurs sont accessibles tout au long du parcours. De nombreux participants d'Australie, du Japon haussent le niveau. Des animations sont organisées pour les spectateurs.

FOIRE DE BOURAIL

BOURAIL

✆ +687 46 46 12

www.mairie-bourail.nc

Durant le week-end de la semaine du 15 août.

Un événement 100 % broussard, qui a commencé en 1977 ! Cette foire agricole et artisanale est tout à fait originale. 1 000 têtes de bétail sont présentes encadrées par les *stockmen*. Les animations se succèdent au rythme du Far West : rodéos, dressage des chevaux, artisanat en tout genre et élection de miss Bourail ! Tous les produits du terroir sont à goûter : le saucisson de cerf, le saucisson chasseur, et même le Broussard, sorte de camembert extra-crémeux. Election de Miss Foire de Bourail à la clé.

FRANCOFOLIES

NOUMEA

✆ +687 46 69 46

www.francofolies.nc

Début septembre.

Le festival originaire de La Rochelle débarque à Nouméa. Un week-end de musique locale et nationale riche en couleurs. Au Centre Culturel Tjibaou, les éditions précédentes du festival ont notamment accueilli Camelia Jordana, Eddy de Pretto, Amadou et Mariam... Consulter le programme chaque année pour ne manquer aucun de vos artistes préférés ou encore découvrir des artistes locaux fabuleux. Un petit festival à taille humaine où il fait bon se promener avec une bande-son toujours impeccable dans un lieu emblématique de la région de Nouméa.

GRAND CARNAVAL DE NOUMÉA

NOUMEA

✆ +687 27 31 15

Fin août/début septembre.

Chaque année, les curieux se rassemblent pour découvrir les chars et participer à la fête. Chaque année un nouveau thème est donné pour les festivaliers désireux de se déguiser. En 2022 par exemple, c'était « le masque ». Le départ est donné de la place Bir Hakeim et un feu d'artifice est tiré du quai Jules-Ferry le soir. Manifestation très populaire et bon enfant. 2023 est la 35e édition de ce carnaval très apprécié par les habitants de Nouméa et des alentours ! A ne pas manquer si vous y êtes à la bonne période, surtout si vous êtes en famille.

FÊTE DU VER DE BANCOULE

Place de Farino

FARINO

Mi-septembre.

Au cœur du petit village de Farino situé juste au-dessus de La Foa. Cette fête met à l'honneur le ver de bancoule, un gros ver blanc ce qui peut paraître peu appétissant, et qui se nourrit du bois tendre et humide du bancoulier. Au programme : concours de « fouillage » dans les troncs de bancouliers, suivi du concours du plus grand mangeur de vers. Cette larve de coléoptère peut mesurer jusqu'à 10 cm. Il nourrit une fois par an les plus courageux qui les dévorent crus, sautés au pastis ou au beurre « maître d'hôtel ». A partir de 8 heures.

FÊTE COMMUNALE DE HIENGHÈNE

HIENGHÈNE

✆ +687 42 43 57

www.hienghene-tourisme.nc

Mois d'octobre.

Les tribus de Hienghène (ou Hyehen) se réunissent au village pendant deux jours pour offrir aux visiteurs un aperçu de leur culture et mode de vie. Chaque année, de nouvelles activités sont ajoutées au programme. Ce même programme contient actuellement : balades en kayaks et bateaux, des stands de produits agricoles et artisanaux, des jeux-concours (lancer d'épervier, tissage, épluchage, pétanque), un défilé de robes artisanales, des tours guidés de la commune, village d'artisans.

FÊTE DU MWATA

POUÉBO

✆ +687 42 70 42

www.tourismeprovincenord.nc

En novembre.

Le *mwata* est un produit à base de banane et de manioc. Pouébo fait découvrir son patrimoine naturel et culturel aux visiteurs pendant deux jours. Des randonnées et visites guidées sont organisées en bord de mer et en montagne, ainsi que des ateliers et marchés locaux. Se déroulant au cours du mois de septembre, la fête du *mwata*, qui s'étale sur deux jours, est l'occasion pour la commune de se mettre en fête et de célébrer cette spécialité qui fait intégralement partie de son histoire. L'occasion parfaite pour découvrir la culture du coin.

FÊTE DE LA VANILLE

WÉ

www.iles-loyaute.com

Mi / fin octobre.

Départ pour la tribu de Mu, 150 ans après l'arrivée à Ahmelewedr d'un missionnaire anglais et la naissance des tout premiers plants de vanille. Concerts de kanéka, danses traditionnelles, confection d'une pirogue, savoir-faire des anciens en matière de médecine traditionnelle, sculptures en santal, chapeaux et paniers en pandanus et démonstration de capture de tortues... C'est aussi l'occasion de visiter des vanilleraies et de découvrir comment la vanille est produite : de sa pollinisation aux séchages des gousses. Et surtout, n'hésitez pas à en rapporter !

FESTIVAL FEMMES FUNK

Centre culturel Jean-Marie Tjibaou

LE MONT-DORE

En novembre.

Créé en 1988, ce festival de musique (funk, groove, *world music*, blues) unique en son genre met les femmes à l'honneur, 21 ans d'existence et d'engagement pour plus de visibilité pour ces musiciennes de talent. Depuis 2012, il a lieu au centre culturel Tjibaou et s'étale sur plusieurs jours. Au-delà de son engagement féministe, le festival se veut être une occasion de rencontres musicales, un lieu où les gens se rencontrent et échangent tout en étant bercé, ou entraîné, par le rythme des artistes qui s'y produisent, sur scène ou ailleurs !

TOUR CYCLISTE DE NOUVELLE-CALÉDONIE

Mi-octobre.

Créée il y a plus de cinquante ans en 1967, cette épreuve cycliste se dispute sur tout le territoire. Elle a vu la victoire de célébrités comme Gilbert Duclos-Lassalle en 1975 ou en 2018 Goeffrey Bouchard, champion de France amateur en 2018 également. Compétition difficile, avec des côtes à fort pourcentage, elle reste une des manifestations phares de Nouvelle-Calédonie. La récupération des dossards et le rappel des consignes de sécurité se font auprès du comité régional.

FÊTE DU LETCHÏ

HOUAÏLOU

✆ +687 42 52 20

www.tourismeprovincenord.nc

Mois de décembre.

Cette fête rassemble les gourmands lors des concours du plus gros fruit ou du plus gros noyau, la commune de Houïlou étant particulièrement réputée pour sa culture de letchis. Celle-ci est très sensible aux effets climatiques, mais en général les fruits sont très savoureux. Au-delà de la célébration du fruit, la fête est également l'occasion pour les habitants de se réunir entre artistes, agricultures, éleveurs et bien sûr touristes curieux de découvrir leur culture. Un rendez-vous gourmand dans un lieu aux airs de paradis, que demander de plus ?

Besoin de nature ? Par ici la sortie !
petit futé.com
Avis et conseils rédigés par des auteurs du cru depuis 45 ans
© PILAT666 - ISTOCKPHOTO.COM
SELJALANDSFOSS - ISLANDE
63° 36' 56.243'' N 19° 59' 18.848'' W

RÉGION DE NOUMÉA

Nouméa est la plus importante des villes françaises du Pacifique. À la fois capitale, ville commerçante et administrative, c'est aussi une ville balnéaire et industrielle. Lovée au cœur de sept collines et bordée par sept baies, Nouméa bénéficie d'un site exceptionnel. L'omniprésence du vert des montagnes, à l'horizon, et du bleu des lagons s'impose d'emblée. La nature a doté les lieux d'incroyables atouts : plages, végétation luxuriante, reliefs et luminosité uniques... Si les grandes rues perpendiculaires du centre illustrent bien l'origine récente qui a influencé l'édification de la ville, sa population lui confère une atmosphère très attractive. La douceur de vivre est ici réelle et le quotidien sous les tropiques conserve un charme bien particulier, symbolisé par les sourires, les plages, la nature, la générosité du climat, les couchers de soleil, le lagon et les îlots alentour.

Bancs Dangereux
Nouville
ÎLOT SIGNAL ★★
ÎLOT LARÉGNÈRE ★★
ÎLOT MAÎTRE ★★
Île de Crouy
ÎLOT GOÉLAND
5 KM

VE 2
Mont-Dore
La Coulée
Baie de Murari
NOUMÉA ★★★
ÎLOT SAINTE-MARIE ★★
ÎLE AUX CANARDS ★★★
ÎLOT AMÉDÉE ★★★
Région de Nouméa

PAGES

Nouméa compte bon nombre d'îlots, où un séjour d'une journée suffit à vous dépayser. Ne serait-ce que pour le trajet en bateau, le détour en vaut la peine. Idéal pour une jolie randonnée palmée à la découverte des poissons exotiques ou pour une journée de farniente avec pique-nique. Certains, très touristiques, attirent la foule, d'autres sont plus préservés. Attention aux alizés.

NOUMEA

© ONFOKUS - ISTOCKPHOTO.COM

Le brassage ethnique y reflète bien la mosaïque culturelle de l'archipel, où cohabitent Kanaks, Européens, Wallisiens, Indonésiens, Vietnamiens et Antillais, parmi d'autres. Les activités sportives y sont légion en journée et les soirées sont animées par la scène nocturne sympathique des baies. Mais pour fuir l'activité urbaine, le dépaysement n'est jamais loin, grâce au Grand Sud, aux sommets alentour et aux ferries ou vols pour les îles Loyauté et l'île des Pins. On prend le temps ici de se remettre doucement de son voyage, on commence à observer les fonds marins grâce aux îlots, on se plonge dans la culture au centre Tjibaou... On peut même depuis Nouméa, s'organiser une journée dans le sud, pour faire une randonnée par exemple et commencer à fouler la terre rouge calédonienne. Et on n'oublie pas de découvrir la cuisine locale, très tournée vers le poisson : un bonheur !

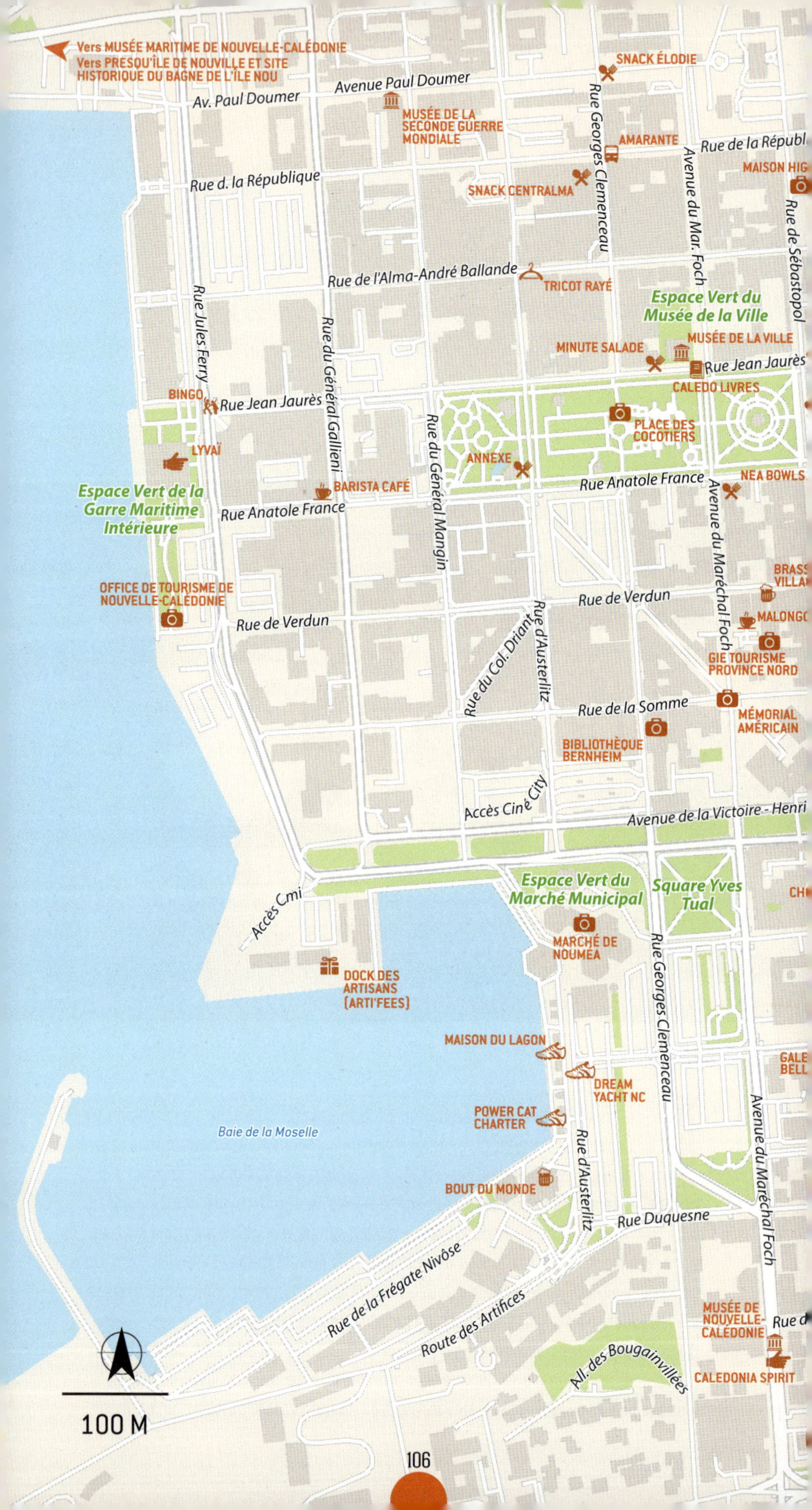

Vers MUSÉE MARITIME DE NOUVELLE-CALÉDONIE
Vers PRESQU'ÎLE DE NOUVILLE ET SITE HISTORIQUE DU BAGNE DE L'ÎLE NOU
Av. Paul Doumer
Avenue Paul Doumer
MUSÉE DE LA SECONDE GUERRE MONDIALE
SNACK ÉLODIE
AMARANTE
Rue de la Républ
MAISON HIG
SNACK CENTRALMA
Rue d. la République
Rue Georges Clemenceau
Avenue du Mar. Foch
Rue de Sébastopol
Rue de l'Alma-André Ballande
TRICOT RAYÉ
Espace Vert du Musée de la Ville
MUSÉE DE LA VILLE
MINUTE SALADE
Rue Jean Jaurès
CALEDO LIVRES
Rue Jules Ferry
Rue du Général Gallieni
Rue du Général Mangin
BINGO
Rue Jean Jaurès
PLACE DES COCOTIERS
LYVAÏ
ANNEXE
Rue Anatole France
NEA BOWLS
Espace Vert de la Garre Maritime Intérieure
BARISTA CAFÉ
Rue Anatole France
Avenue du Maréchal Foch
BRASS VILLA
OFFICE DE TOURISME DE NOUVELLE-CALÉDONIE
Rue de Verdun
Rue de Verdun
MALONG
Rue du Col. Driant
Rue d'Austerlitz
GIE TOURISME PROVINCE NORD
Rue de la Somme
MÉMORIAL AMÉRICAIN
BIBLIOTHÈQUE BERNHEIM
Accès Ciné City
Avenue de la Victoire - Henri
Espace Vert du Marché Municipal
Square Yves Tual
CH
Accès Cmi
MARCHÉ DE NOUMÉA
DOCK DES ARTISANS (ARTI'FEES)
Rue Georges Clemenceau
MAISON DU LAGON
GALE BELL
DREAM YACHT NC
POWER CAT CHARTER
Avenue du Maréchal Foch
Rue d'Austerlitz
Baie de la Moselle
BOUT DU MONDE
Rue Duquesne
Rue de la Frégate Nivôse
Route des Artifices
MUSÉE DE NOUVELLE-CALÉDONIE
Rue d
All. des Bougainvillées
CALEDONIA SPIRIT
100 M

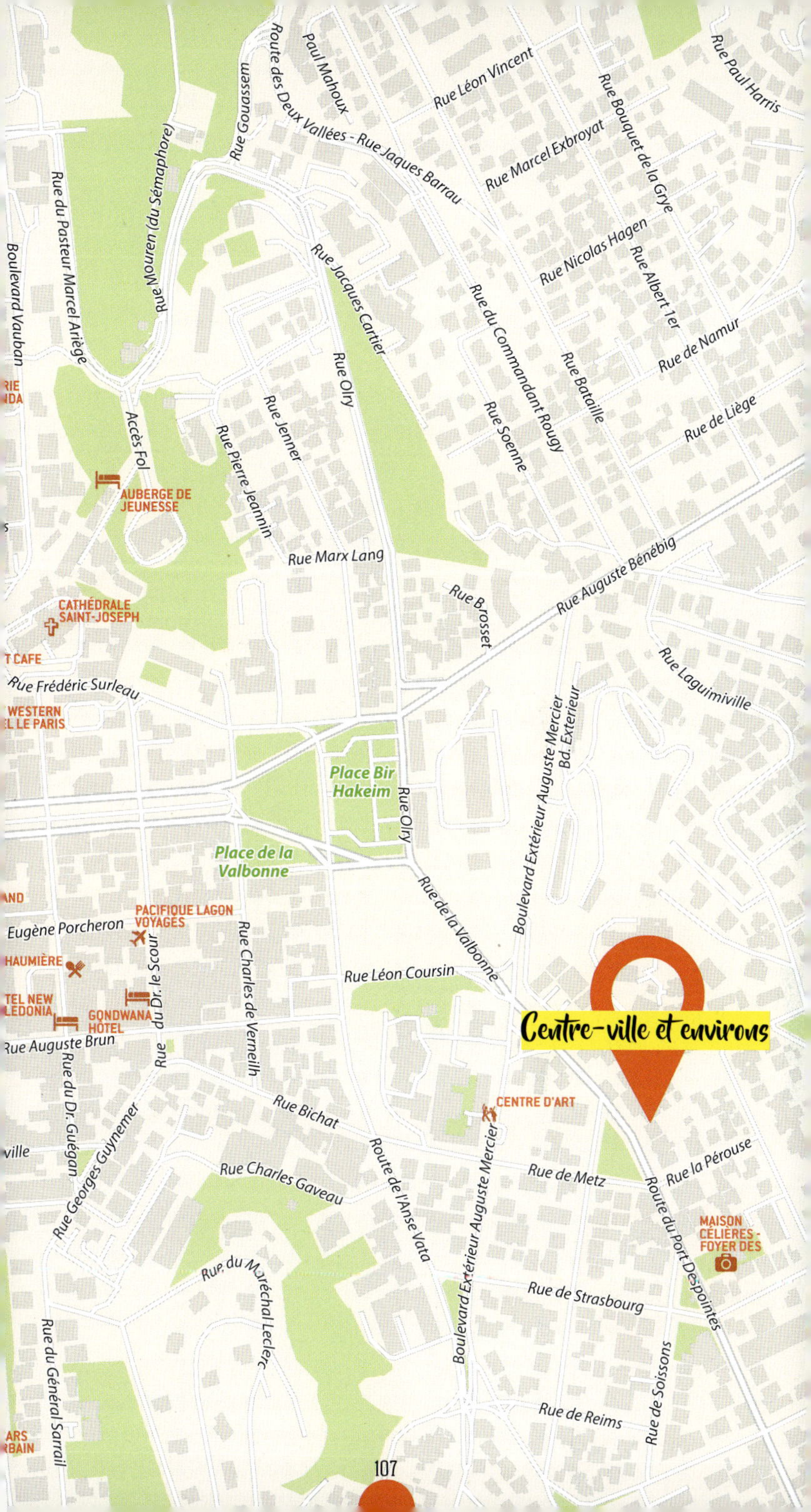
Centre-ville et environs
Route des Deux Vallées - Rue Jaques Barrau
Paul Mahoux
Rue Léon Vincent
Rue Paul Harris
Rue Gounassem
Rue Mouren (du Sémaphore)
Rue du Pasteur Marcel Ariège
Boulevard Vauban
Rue Marcel Exbroyat
Rue Bouquet de la Grye
Rue Nicolas Hagen
Rue Albert 1er
Rue Jacques Cartier
Rue du Commandant Rougy
Rue Bataille
Rue de Namur
Rue de Liège
Rue Olry
Rue Jenner
Rue Pierre Jeannin
Accès Fol
Rue Soenne
AUBERGE DE JEUNESSE
Rue Marx Lang
Rue Brosset
Rue Auguste Bénébig
CATHÉDRALE SAINT-JOSEPH
Rue Frédéric Surleau
Rue Laguimiville
Boulevard Extérieur Auguste Mercier
Bd. Extérieur
Place Bir Hakeim
Place de la Valbonne
Rue de la Valbonne
Eugène Porcheron
PACIFIQUE LAGON VOYAGES
Rue du Dr. le Scour
Rue Charles de Verneilh
Rue Léon Coursin
GONDWANA HÔTEL
Rue Auguste Brun
Rue du Dr. Guégan
Rue Bichat
CENTRE D'ART
Rue Georges Guynemer
Route de l'Anse Vata
Rue Charles Gaveau
Rue de Metz
Rue la Pérouse
Route du Port Despointes
MAISON CÉLIÈRES - FOYER DES
Rue du Maréchal Leclerc
Rue de Strasbourg
Rue du Général Sarrail
Rue de Reims
Rue de Soissons

Baie des Citrons et le sud

Rue Roland Garros
Espace Vert Rue du Docteur Trubert
Rue Edouard Glasser
Rue I. le Goupils
Rue Jean Michon
Rue Michel Kauma
Rue Edouard Pentecost
Rue Pierre Reverce
Rue François Anewy
Rue Georges Brunelet
Promenade Pierre Vernier
Rue James Colnett
FRONTON ETCHEKHAN
Rue Jean Mariotti
Rue Thomas Hickson
Rue Henri Brock
Rue André Beyney
Chemin Piéton
Rue Paul Cane
Rue René Henin
Rue de Bordeaux
Rue Henri Bonneaud
Rue Gabriel Laroque
Promenade Pierre Vernier
Rue Albert Tonnelier
Lac de l'Hippodrome
Rue du Dr. Fruitet
Rue de Paris
MIRETTI GASCON
Rue Gustave Lods
Rue Gustave Lods
Rue Georges Cassier
Rue Louis Blériot
AVIS
BUDGET - PACIFIC CAR
Rue Edouard Spahr
Rue Félix Franchette
Rue Ngoc Chu Van
EDZEN RESTAURANT
Rue Jules Courtot
Route du Ouen-Toro
BODEGA DEL MAR
OUEN TORO
Espace Vert des Tennis du Ouen Toro
CARRÉ D'AS
HATEAU ROYAL SPA
GRAND CASINO
Sentier du Ouen Toro
HIPPOCAMPE
Parc Ex-Aquarêve
MÉRIDIEN
300 M

QUARTIERS DE NOUMÉA

Nouméa a dû s'accommoder de collines et de presqu'îles remblayées pour s'agrandir et devenir la ville très étendue que l'on connaît aujourd'hui. Le centre, le quartier chinois et le quartier latin, très typique, se distinguent nettement grâce à leurs plans quadrillés. À l'est et au sud s'étendent des zones résidentielles, valorisées par le bord de mer et les plages (Anse Vata, Val Plaisance). Elles accueillent le plus clair de la communauté européenne et les infrastructures hôtelières. À l'ouest, l'ancienne île Nou, devenue la presqu'île de Nouville, accueille le pénitencier, le CHS, le centre universitaire, l'ancien bagne, la clinique et la plage du Kuendu Beach. Le nord de Nouméa est essentiellement tourné vers l'industrie, avec la société Le Nickel (SLN), implantée sur le site de Doniambo. C'est également au nord que sont édifiés les quartiers les plus populaires (Quatrième kilomètre, Montravel, Rivière Salée).

Centre-ville

Point de repère idéal pour les voyageurs, la place des Cocotiers constitue le centre de la vieille ville. Longue de 400 m, elle se découpe d'ouest en est, en quatre parties : le square Orly, la place de la Marne, la place Courbet et la place Feillet. Tout autour, de grandes artères tracées à l'équerre accueillent boutiques, banques et agences de tourisme.

En se dirigeant vers le sud, entre l'avenue de la Victoire et la rue de Verdun, on traverse le quartier asiatique. Petites échoppes de tissus fleuris, *curios* (bazars à souvenirs) et snacks bon marché s'y côtoient.

Un peu plus loin, le Quartier latin est l'un des plus anciens de Nouméa. Au sud de l'avenue de la Victoire - Henri Lafleur, ses bâtiments coloniaux et ses restaurants lui confèrent un certain charme et le marché couvert n'est pas très loin. Tous les matins, produits frais et marchandises en tout genre s'accumulent sur les étals.

Port-Moselle se trouve juste à côté du marché couvert, et sa marina abrite les bateaux des Nouméens, ainsi que les chalets en bois des agences de loisirs nautiques.

Baie des Citrons et Anse Vata

Depuis le centre-ville, comptez 45 minutes à pied ou 10 à 20 minutes en voiture en fonction du trafic. Empruntez l'avenue Georges-Clemenceau, puis remontez l'avenue Charles-de-Gaulle. N'hésitez pas à effectuer un arrêt dans la jolie baie de l'Orphelinat. Ce quartier a fait le bonheur des promoteurs immobiliers et n'a plus rien à envier aux paysages de la Côte d'Azur. Les plages des baies prêtent à la détente et les familles sont nombreuses à la « BD » (surnom local de la Baie des Citrons), tandis que les véliplanchistes rident le long de l'anse Vata. Les nombreux établissements qui bordent la promenade Roger-Laroque, depuis la pointe Chaleix jusqu'à la pointe Magnin, s'animent à l'heure où le centre-ville se vide, lorsque le soleil décline. Restaurants, bars et discothèques attirent les noctambules et les touristes. L'anse Vata accueille deux casinos et les plus grands complexes hôteliers de Nouméa.

Autres quartiers

En dehors du centre-ville et des baies, les quartiers de Nouméa sont surtout résidentiels et peu animés, mais vous y trouverez des bonnes adresses, moins connues, mais tout aussi agréables.

Nouville. La péninsule de Nouville est principalement animée en semaine par les étudiants. Le week-end, la tranquillité des lieux attire quelques Nouméens fatigués de la ville. Vous y trouverez de beaux points de vue sur la grande terre et les îlots, ainsi que des lieux clés de l'histoire de la Nouvelle-Calédonie.

Ouémo. Ce quartier résidentiel est très paisible, avec ses maisons alignées et jardins parfaitement tondus. Vous pourrez y trouver des galeries d'art ou admirer la vue sur le Mont-Dore depuis les canons. Une balade dans la mangrove vous permettra de découvrir cet écosystème particulier.

Ducos. Si cette zone industrielle et quartier d'affaires du nord de la ville ne présente aucun charme, vous y trouverez toutes les grandes surfaces dont vous aurez besoin.

Faubourg Blanchot. Entre le centre-ville et les baies, le faubourg Blanchot est une zone pavillonnaire très agréable, et prisée des Nouméens. On y trouve de très belles maisons coloniales, pour lesquelles un parcours découverte a été mis en place par l'office de tourisme.

SE REPÉRER SE DÉPLACER

L'avion atterrit à l'aéroport international de la Tontouta sur la piste entre la barrière de corail et la chaîne de montagnes. Dans l'appareil, c'est l'excitation. Certains ne sont jamais venus en Nouvelle-Calédonie, d'autres reviennent voir leur famille. Sourires et petits mots de soulagement échangés après plus de vingt heures d'avion et plus de vingt-quatre heures de voyage : vous voilà fatigué, mais joyeux. Une fois débarqué, inspecté par une douane tatillonne et sorti de l'aéroport, vous serez frappé par l'abondance de la végétation qui rappelle la distance parcourue depuis l'Europe. La route qui mène à la capitale, soit quarante-deux kilomètres, est le premier contact avec la terre calédonienne. Cocotiers, palmiers et niaoulis se partagent collines et bas-côtés. Le paysage défile, immense et grandiose... Les yeux s'émerveillent malgré la fatigue. Bienvenue au bout du monde !

AÉRODROME DE MAGENTA

100 rue Roger-Gervolino
✆ +687 25 03 00

Point Information ouvert de 4h45 à 20h. Cafétéria ouverte de 5h à 18h. Magasin de souvenirs. Locations de voiture.

Tous les avions à destination des îles Loyauté (Lifou, Maré, Ouvéa et Tiga), de l'île des Pins, des îles Belep, de la côte Ouest (Koné et Koumac) et de la côte Est (Touho) partent de Magenta et y atterrissent. Un point I se trouve sur place, une cafétéria et un distributeur de billets. Profitez-en car sur les îles, ils se font plus rares. Il est possible de laisser votre voiture sur le parking de l'aérogare, mais il est souvent bondé. Il existe un second parking dit P2 avec navette. N'hésitez pas à faire appel au point I de l'aérogare pour commander un taxi.

AÉROPORT INTERNATIONAL DE LA TONTOUTA

La Tontouta
✆ +687 35 11 18

L'aéroport de la Tontouta, desservi par les vols internationaux, est situé à 42 km de Nouméa (45 minutes de route).

- **Bus ou navette ?** Pour rejoindre la ville en bus, il faut emprunter le bus C de Carsud en direction du centre-ville (à droite en sortant de l'aéroport). Les navettes peuvent être une bonne alternative plus pratique, notamment si vous atterrissez de nuit. C'est plus cher, mais on vous dépose à votre hôtel. Réservation impérative.
- **Voitures de location.** Avis, Budget, Point Rouge, Europcar et Hertz disposent de comptoirs à l'aéroport. Les taxis font aussi le trajet sur demande.

AIR CALÉDONIE

6 rue Unger ✆ +687 25 21 77
www.air-caledonie.nc

Ouverture du lundi au vendredi de 7h30 à 16h. Fermé le week-end. Super promo web le 1er jeudi du mois.

- **À destination de l'île des Pins**. Plusieurs vols sont programmés chaque jour (20 min de vol). Réserver en avance.
- **À destination des îles Loyauté.** Départ tous les jours vers les trois îles (40 min de vol).
- **À destination de la Grande Terre.** Air Calédonie dessert Koné, Koumac, Touho et les îles Bélep, en relation avec Air Loyauté.
- **Attention, les bagages à main** ne doivent pas dépasser 5 kg (45 x 35 x 20 cm) et le contrôle est strict (12 kg en soute). Se présenter 1h avant le départ. L'enregistrement prend fin 30 min avant le décollage.

AIR FRANCE - KLM

Immeuble Aloha Center (1er étage)
✆ +687 258 888
www.airfrance.nc

Ouvert du lundi au jeudi de 8h à 16h45 et le vendredi à partir de 8h30.

Acteur majeur du trafic aérien international, le groupe dispose d'un réseau mondial comprenant plus de 300 destinations, desservies grâce à Air France, KLM Royal Dutch Airlines et Transavia. Fort de 3 grands pôles d'expertises (le transport aérien de passagers, le fret et la maintenance aéronautique), Air France-KLM constitue aujourd'hui un acteur mondial de premier plan. Pour un vol Paris-Nouméa, comptez 26h de vol, avec une escale à Singapour (ou Tokyo, la capitale japonaise). La partie Singapour-Nouméa est assurée par Aircalin.

AIR LOYAUTÉ

65 rue Roger Gervolino
✆ +687 25 37 57
www.air-loyaute.nc

A partir de l'aérodrome de Magenta, dessert les Iles Loyautés en transversal et en délégation d'Air Calédonie les Bélep, Koumac et Touho. Possibilité de réserver sur le site internet. Leurs avions (appelés Twin Otter) permettent de transporter jusqu'à dix-neuf passagers et leurs capacités de fret sont considérables compte tenu de leur gabarit si compact, parfait pour faire le lien entre les différentes régions de Nouvelle-Calédonie. Un avion de choix pour les lignes régulières, les vols inter-îles, le transport de corps ainsi que tous les types de vol spécifique.

NAVETTE SERVICE LES MOUETTES

Aéroport La Tontouta
✆ +687 78 79 33
www.navette-lesmouettes.nc

Réservation 48h à l'avance recommandée.

Transfert domicile-hôtel-aéroport. Un des plus anciens professionnels de la Tontouta. Il est largement conseillé de réserver 48h à l'avance. Comptez 3 000 CFP par adulte, 2 500 CFP à partir de deux personnes, et 1 000 CFP pour les -12 ans. Les Mouettes vous accueille à toute heure, à l'aéroport international de la Tontouta. N'hésitez pas à vous offrir les services de leur équipe de chauffeurs professionnels à bord de minibus climatisés. Un service sur mesure de voitures privées.

AIR VANUATU

22 rue Paul Duquesne
✆ +687 286 677
www.airvanuatu.com

Ouverture du lundi au vendredi de 8h à 17h et le samedi de 8h à 11h.

Fondée en 1981 après que le Vanuatu a acquis son indépendance du Royaume-Uni et de la France, Air Vanuatu a bénéficié d'un accord entre le pays et la compagnie australienne Ansett Australia afin d'obtenir des appareils et du personnel. Air Vanuatu dessert une trentaine de destinations, notamment en Australie (Brisbane, Melbourne, Sidney, Auckland), dans le Pacifique Sud (Nadi, Suva, Nouméa, Port Moresby, Honiara) ainsi que, évidemment, de nombreuses destinations dans la république de Vanuatu, dont Lamap, Norsup, Lamen Bay, Gaua, Mota Lava, etc.

CARSUD

Parc d'Activité de Yahoué
✆ +687 43 73 73
www.carsud.nc

Réseau de cars pour le Grand Nouméa. Gares routières à Koutio et rue Desmazures.

La compagnie Carsud dessert le réseau suburbain de Nouméa à destination des communes de Païta, Dumbéa et du Mont-Dore. C'est la seule qui dessert l'aéroport de la Tontouta et elle permet d'effectuer d'assez grandes distances à petit prix. Ventes de billets, Bureau du SMTU : 26, avenue Paul-Emile Victor, Koutio

Du lundi au vendredi de de 7h30 à 16 h en continu et sur la rue Desmazures, dans le centre-ville, en face de la gare maritime. Le SMTU gère aussi le Néo Bus qui va desservir sur la ligne 1 de 13 km de Dumbéa Médipôle au centre-ville de Nouméa, place Moselle.

AIRCALIN

47 rue de Sébastopol ✆ +687 265 500
www.aircalin.com

Ouvert du lundi au vendredi de 7h45 à 17h et le samedi de 8h à 11h.

Air Calédonie International (Aircalin), la compagnie française du Pacifique, dessert de nombreuses destinations au départ de la Nouvelle-Calédonie : Japon (Tokyo et Osaka), Australie (Sydney, Melbourne et Brisbane), Nouvelle-Zélande (Auckland), Vanuatu, Fidji, Polynésie française (Papeete), Wallis & Futuna… Si vous transitez par Tokyo, c'est probablement la compagnie qui vous emmènera du Japon à Nouméa. Les escales peuvent être également à Singapour. Site internet pour réserver avec des promotions surtout entre la Nouvelle-Calédonie et l'Australie.

KARUÏA BUS

Place Rolland
✆ +687 26 54 54
www.karuiabus.nc

Réseau de bus pour Nouméa. Ticket à 190 CFP en guichet ou 210 CFP à bord.

Née dans les années 50 d'une initiative privée, l'entreprise Karuïa Bus est le réseau de bus desservant la commune de Nouméa dans son ensemble, avec un maillage assez complet mais à la fréquence un peu faible dans les endroits les plus éloignés. La gare routière principale se trouve au sud-ouest de la place des Cocotiers et acheter un ticket là-bas coûtera un peu moins cher qu'à bord. Attention, les lignes s'arrêtent assez tôt en début de soirée. Plan téléchargeable en ligne. Ticket à 190 CFP au guichet, et 210 CFP à bord du bus.

RESEAU D'AUTOCARS INTERURBAIN

85 avenue Général-de-Gaulle
✆ +687 27 77 66
www.rai.nc
Réseau de cars pour toute la Grande Terre.

Ces 40 bus neufs relient tous les jours les différentes communes du territoire. Le confort y est optimal, avec la climatisation. Les prix sont très raisonnables et la fréquence assez bonne, notamment pour les communes desservies par de nombreuses lignes. Le site Internet est très utile, mais vous pouvez vous procurer les horaires aux offices de tourisme. C'est une très bonne alternative pour les petits budgets, qui permet de faire tout le tour de la Grande Terre.

LE BETICO 2

1 avenue James-Cook
✆ +687 26 01 00
www.betico.nc
Tarifs variables.

Au départ de la gare maritime, voici une solution plus économique que l'avion à destination de l'île des Pins, de Maré et de Lifou. Renseignez-vous en ligne sur les tarifs, horaires de départ et les dessertes qui changent selon la saison et les événements. Vous pouvez réserver sur le site Web pour éviter les files d'attente. 16 kg de bagages autorisés par adulte, et 10 kg par enfant (un avantage quand on veut voyager avec vélo + glacière + tente). Les trajets prévus sont : Nouméa/Ile des Pins (3h) et Nouméa/Iles Loyauté (4h pour Maré et 5h pour Lifou).

A5 LOCATION

Tontouta Airport
✆ +687 252 504
www.acinq.nc
A partir de 4 000 CFP par jour pour une C1. Tarif dégressif selon la longueur du séjour.

Voilà une agence avec une gérance familiale dynamique disposant d'un parc d'une centaine de voitures très bien entretenues. Bureau à l'aéroport (attention, à noter que la location souffre d'une taxe supplémentaire pour les voitures prises à l'aéroport) et sur Nouméa. Possibilité de récupérer la voiture au sein de l'hôtel où vous séjournez. N'hésitez pas à consulter leurs conditions d'utilisation et leurs tarifs sur leur site internet. Une entreprise efficace et réactive pour une location sans accroc. Tarif dégressif selon durée du séjour.

AMARANTE

34 rue de la République
✆ +687 27 82 17
www.amarantenc.com
Ouvert tous les jours.

Amarante est une agence de location de voiture située en plein centre de Nouméa. C'est un loueur sérieux qui répondra à vos attentes. Les véhicules sont en très bon état, bien entretenus et les tarifs sont intéressants. Différentes formules adaptées aux besoins de chacun (touristes comme locaux) : forfait au kilomètre parcouru, forfait avec 150 km par jour ou forfait avec kilométrage illimité (sur demande). Tarifs dégressifs selon la durée de location. Les conditions de location : plus de deux ans de permis et plus de 21 ans.

AVIS

26 rue Gabriel Laroque
✆ +687 27 54 84
www.avis.nc
Ouvert du lundi au vendredi de 7h30 à 11h30 et de 13h30 à 17h. Le samedi de 8h à 11h.

Deux agences Avis se trouvent en Nouvelle-Calédonie, dont celle-ci à Nouméa (l'autre à Ducos) et une se trouve à l'aéroport (attention cependant, pour celle-ci, elle n'est ouverte que sur réservation à l'arrivée de votre vol). L'agence de location Avis n'a plus rien à prouver depuis toutes ses années d'existence, et vous propose de nombreux services sur mesure pour satisfaire toutes vos envies. Collecte et dépôt à Magenta, livraison à votre hôtel, etc. Pensez à réserver suffisamment en avance pour profiter des meilleurs prix.

EUROPCAR

128 route de l'Anse-Vata
✆ +687 28 48 00
https://www.europcar.nc/
Ouvert du lundi au vendredi de 7h à 11h et de 13h à 17h. le samedi matin de 7h à 11h.

Leader mondial de la location de voitures et d'utilitaires, Europcar est fier de fournir un service d'une excellente qualité à leurs clients dans le monde entier. Avec une adresse à chaque aéroport et une à l'Anse Vata, Europcar est bien implanté à Nouméa. Le rapport qualité-prix est très bon et le personnel est professionnel et sympathique. Que vous soyez particulier ou une entreprise, n'hésitez pas à recourir à leurs services flexibles, professionnels et aux prix raisonnables. Large gamme de modèles de voiture et d'utilitaires parmi lesquels choisir.

BUDGET - PACIFIC CAR

26 rue Gabriel-Laroque
✆ +687 27 60 60
www.budget.nc
Ouvert du lundi au vendredi de 8h à 12h puis de 13h30 à 17h et le samedi de 8h à 11h.

Fondée en 1958, Budget est une entreprise américaine fondée par le couple Mirkin et a commencé avec une flotte de 10 véhicules. Cinquante ans plus tard, elle est intégrée à Avis pour étendre leur offre à l'international. Cette agence de Nouméa est l'une des plus proches des grands hôtels. Loueur compétitif offrant une grille tarifaire intéressante et dégressive à partir de 7 jours de location. Les conducteurs doivent avoir plus de 23 ans et plus de trois ans de permis. Livraison et restitution gratuites du véhicule à votre hôtel. Agence à la Tontouta et à Koné.

POINT ROUGE LOCATION

96 Avenue Charles-de-Gaulle
✆ +687 28 59 20
www.pointrouge.com
Ouvert du lundi au vendredi de 7h à 12h et de 13h à 17h. Le samedi de 8h à 11h30.

Point Rouge possède des agences dans les deux aéroports et une agence à Koné. Une des plus anciennes enseignes de Nouvelle-Calédonie. Flotte de véhicules en très bon état. Possibilité de rachat de franchise. Kilométrage illimité à partir de 2 jours de location. De nombreux forfaits sont accessibles pour toutes les bourses et tous les besoins. Prix imbattable sur certains segments de voitures, notamment grâce à des promotions régulières disponibles sur leur site internet. Une agence sérieuse, efficace et au personnel agréable.

HERTZ

113 route de l'Anse Vata
✆ +687 26 18 22
www.hertz-nc.com
Ouvert du lundi au vendredi de 7h30 à 12h et de 13h à 17h, le samedi de 8h à 11h30.

Hertz, une compagnie très connue qui n'a plus rien à prouver assure des prestations de qualité à cette enseigne Route de l'Anse Vata. Il y a peu, Hertz a renouvelé sa flotte, et est présent à la Tontouta à chaque arrivée d'avion. Dans le catalogue, vous pourrez trouver des modèles économiques, des 4x4, monospaces, etc. L'entretien de chaque voiture de la flotte permet à Hertz d'assurer à ses clients des véhicules performants, confortables et à la sécurité 100 % garantie, vous permettant ainsi de conduire en toute confiance sur les routes de l'île.

NOUMEA RIDER

10 rue Victor Roffey
✆ +687 25 21 01
noumea-rider.lagoon.nc
Tarifs variables.

Nouméa Rider loue des scooters et des motos et propose aussi une excursion à la découverte de la Grande Terre avec un circuit de quatre jours longeant la côte Ouest puis la côte Est jusqu'à Sarraméa (sur un tour de 4 jours). Nouméa Rider se charge de réserver les nuits tout comme la prise en charge des repas. On le recommande particulièrement pour sa location de deux-roues. L'agence professionnelle vous conseillera en cas de besoin. Excellent rapport qualité-prix avec du matériel neuf et bien entretenu. Boutiques pour l'équipement du motard.

MOBILBOARD

✆ +687 291 295
Compter 2 800 CFP les 30 minutes en centre-ville, 3 900 CFP le tour des baies d'une heure, 6 900 CFP la visite du parc.

Un bon moyen de découvrir Nouméa autrement : le Segway ! Une drôle de machine qui fait fureur depuis quelques années et qui a envahi nos rues. Pour celles et ceux qui ne seraient pas familiers avec la pratique, le Segway est une planche sur laquelle l'on se tient debout sur deux grandes roues en tenant un guidon. Les sorties sont accompagnées et la location libre n'est accessible qu'aux personnes qui ont suivi une formation complète de 2h30. Plusieurs circuits sont disponibles : des promenades détente, des circuits d'adresse, des rallyes et jeux, etc.

PICKME.NC

Réservation de voiture avec chauffeur ou taxi via les applications iOS et Android, ainsi que sur leur site web.

PickMe, c'est simplement le Uber local. L'application lancée par des Calédoniens a vu le jour en 2018 en Nouvelle-Calédonie. C'est tout simple, il suffit de télécharger l'application, de s'inscrire et de renseigner l'adresse de départ et d'arrivée. Vous pouvez réserver un taxi pour les 45 minutes à venir. Les chauffeurs sont des professionnels qui ont opté pour cette option supplémentaire et le service de qualité. Le tarif est affiché au moment de la réservation de votre course. Cela évite les mauvaises surprises. A vos smartphones !

À VOIR / À FAIRE

Dans le centre, le cœur de la vieille ville, ordonné autour de la grande place des Cocotiers (400 mètres de longueur), est relativement récent puisqu'il n'a qu'un siècle. Autour, de la place, c'est le Quartier latin et le (petit) Quartier chinois qui méritent qu'on se perde dans les rues.

Hauts lieux touristiques, la Baie des Citrons et l'Anse Vata concentrent l'essentiel des bars et des hôtels de Nouméa. Et qui dit hôtels, dit plages ! L'aquarium du lagon est donc un peu l'exception qui confirme la règle, puisqu'il s'agit du seul site à visiter dans le quartier. Il n'est pas interdit en revanche de se promener le long de la mer et de la Promenade Roger Laroque en passant à côté du mythique Rocher à la voile et grimper jusqu'au Ouen Toro, une colline qui offre une vue magnifique. Situé à l'extérieur du centre-ville, sur la presqu'île de Nouville, ne manquez pas d'aller découvrir les vestiges du bagne de Nouville.

ÎLES LOYAUTÉ EXPLORER

41 rue de Sébastopol
✆ 00687 27 70 50
www.ilesloyauteexplorer.nc

L'adresse est celle de la direction, reportez-vous aux offices de tourisme pour toute information.

La Province des îles Loyauté tient à votre disposition un site Internet entièrement dédié aux trois îles. Vous y retrouverez des informations générales et pratiques sur le climat, la coutume et le tourisme, mais aussi des renseignements sur les restaurants et les hébergements existants. La Province propose également des bons plans de juillet à août avec les forfaits IBozu (forfait sur les îles Loyauté incluant vol et hébergement à prix cassés). Un très bon plan ! Et s'il vous reste des questions, n'hésitez pas à les contacter, l'équipe est adorable !

SUD TOURISME NOUVELLE-CALÉDONIE

12-14 rue Jules Ferry ✆ 30 90 01
www.sudtourisme.nc

Points d'information également à l'Aquarium des lagons et au niveau de la zone bagage de l'aéroport de la Tontouta.

Chaque province possède une organisation propre en matière de tourisme. Le site de la Destination Province Sud renseigne sur les différentes activités et attractions de la région. Venez découvrir toutes les richesses de la Nouvelle-Calédonie à travers les différentes régions et îles du pays. Nouméa, La Foa, Bourail, Thio, Grand Sud, l'Île des Pins... Autant de moments inoubliables à vivre à l'autre bout du monde ! L'application LoisirSud NC est également téléchargeable sur smartphone.

OFFICE DE TOURISME DE NOUVELLE-CALÉDONIE

22 Quai Ferry
✆ +687 28 75 80
www.nouvellecaledonie.travel

Ouvert du lundi au vendredi de 8h à 17h, le samedi de 9h à 15h30, et le dimanche de 9h à 13h.

Idéalement situé sur le quai Ferry, l'office de tourisme est très bien documenté. Vous y trouverez toutes les informations nécessaires pour organiser votre séjour en Nouvelle-Calédonie. En relation avec tous les acteurs du tourisme. Accueil aimable. Cet office du tourisme est tout récent, il a ouvert ses portes en août 2022, et bénéficie de tout le confort et de toutes les informations possibles. Il est LA première étape indispensable à tout visiteur de l'île.

CALEDONIA SPIRIT

35 avenue du Maréchal Foch
✆ +687 27 27 01
www.caledoniaspirit.fr

Ouvert du lundi au vendredi de 8h à 11h30 et de 13h à 17h, le samedi de 8h à 11h.

Cette agence du centre-ville s'est construite une belle réputation grâce à son équipe dynamique qui propose régulièrement de nouveaux forfaits week-end et des packs combinés très avantageux, notamment pour les séjours sur les îles. Réservation de l'hébergement et des activités nautiques et terrestres, location de véhicule, vente de billets du Bético et d'Air Calédonie pour les îles : *Caledonia Spirit* s'occupe de tout. L'atout de cette agence : vous pouvez réserver depuis la métropole ou ailleurs via le site Internet, avec paiement en ligne sécurisé.

TOUTAZIMUT

1548 Dumbéa
✆ +687 91 51 65
http://toutazimut.nc

Plusieurs tours disponibles. Départ minimum 2 pers. Durée : 6h. 15 000 CFP par adulte et 7 500 CFP pour les -12 ans.

Axelle et son équipe vous proposent des excursions au parc de la rivière bleue (ce sont les seuls prestataires à le faire !) avec de nombreux arrêts sur la route, des baignades, du sport... en fonction de vos envies pour découvrir cette vallée incroyable ! Ou pourquoi ne pas faire le Grand Sud en 4X4 avec entre autres une baignade idyllique à la Rivière des lacs, une zone humide préservée et d'importance internationale. Le pique-nique (options végétaliennes, végétariennes et sans gluten) et le transfert à votre hôtel sont inclus.

AUTHENTIK CALEDONIA

Hall de l'hôtel Beaurivage
✆ +687 45 19 00
www.authentikcaledonia.com
Du lundi au vendredi de 9h à 12h et 13h à 17h30.

© J.FRUTEAU

Voilà une agence jeune et dynamique qui mérite le détour, gérée par Gaëlle et Coline !

Ici, on organise à distance votre séjour en Nouvelle-Calédonie du début à la fin. Avec une parfaite connaissance du territoire, cette agence propose des *packages* tout inclus pour les îles ainsi que sur la Grande Terre avec des offres exclusives gérées en direct avec les prestataires (vols/bateau, hôtels ou gîtes, voiture de location, activités). Les sportifs seront comblés avec des *packages* thématiques autour de la plongée ou de la randonnée.

SWEETY TOURS AND TRANSPORT

✆ +687 72 40 90
sweetytourstransport.e-monsite.com
2 500 CFP pour un aller Tontouta - Nouméa ou Robinson, 5 000 CFP pour deux personnes.

Partez à la découverte des richesses de la Nouvelle-Calédonie grâce aux services de Sweety Tours & Transport. En plus des nombreux tours qu'ils proposent en Province Sud, Franck et Ludmilla (les guides francophones) font les transferts de l'aéroport La Tontouta au centre-ville à des prix imbattables. Que vous ayez envie d'explorer la région à pieds, en bateau ou à VTT, Sweety Tours a ce qu'il vous faut ! On ne saurait que trop recommander cette adresse.

LYVAÏ

www.lyvai.com est la toute nouvelle plateforme de réservation de vos activités en Nouvelle-Calédonie. Pratique avec une réservation instantanée, vous pourrez aussi bien réserver votre navette aéroport, qu'une location de voiture ou une excursion. Egalement une belle vitrine des activités à faire en Nouvelle-Calédonie selon les saisons, comme la visite de l'Îlot Canard ou de l'Îlot Maître, les visites d'Aquarium, des tours bus et même des trains pour les fêtes (Halloween et Noël), des tours privés en voiture, des tours en hélicoptère...

PACIFIQUE LAGON VOYAGES

28 rue Eugène-Porcheron
✆ +687 255 300
www.pacifique-lagon.nc
Ouvert du lundi au vendredi de 8h à 17h et de 8h30 à 11h30.

Depuis 1994, Pacifique Lagon organise les voyages des Calédoniens dans le monde entier. Parmi les agences de voyages de Nouvelle-Calédonie, Pacifique Lagon s'est forgé une solide réputation, on parle même de la toute première agence de voyages en Nouvelle-Calédonie ! Equipée d'un système de réservation intégré, l'agence peut vous compiler en direct votre tour de Nouvelle-Calédonie, du Vanuatu ou encore le voyage de vos rêves dans le Pacifique. Equipe de professionnels au rendez-vous. Le plus, elle est située en plein centre-ville !

PACIFIC TRIP

Galerie du Palm Beach, à côté du Bilboquet
✆ +687 70 62 18
Sorties Grand Sud, Lagoon, Bourail (avec repas au Sheraton), stage survie, sortie pêche, tour de la NC sur 3 jours, etc.

Pacific Trip propose des excursions sur la Grande Terre et les îlots de Nouvelle-Calédonie. Grand connaisseur du territoire, Dimitri vous emmène à la découverte du meilleur de la Calédonie. Lors des sorties Lagoon, votre guide cuisine pour vous à base de produits frais du marché. Lors des tours sur la Grande Terre, vous déjeunerez dans les meilleurs restaurants du territoire. Les transferts, petits déjeuners et déjeuners inclus. Qualité et sérieux sont les mots d'ordre de ces tours personnalisés (maximum de 6 personnes) que l'on peut qualifier de tours 5 étoiles.

BIBLIOTHÈQUE BERNHEIM

41 avenue du Maréchal-Foch
✆ +687 24 20 90
www.bernheim.nc
La bibliothèque va rester fermée jusqu'en 2025 pour travaux. Son aile la plus récente doit être détruite.

Lucien Bernheim, propriétaire minier, a fait don à l'administration coloniale en 1901 d'argent destinée à la construction d'une bibliothèque. Bâti sur le modèle colonial de l'époque, à l'image des pavillons de l'Exposition universelle de Paris en 1900, l'édifice constitue l'un des témoignages architecturaux les plus éloquents de Nouméa. Entre ses murs, sont regroupés 700 000 volumes, dont une grande partie traite de la Nouvelle-Calédonie et du Pacifique. Les chercheurs ont également à disposition la collection de l'ensemble des journaux publics du territoire.

LES BOUCLES DE TINA

Connue sous le nom des « boucles de Tina », cette piste cyclable est ouverte au public tous les jours de la semaine de 6h à 18h. Pour rejoindre le point de départ, suivez la direction du golf de Tina jusqu'à la pointe Lasalle. La piste traverse de splendides paysages reconnus pour leur valeur écologique et constituant un site naturel classé et protégé. Comptez de 30 à 45 minutes pour parcourir cette boucle goudronnée de 7,5 km. Vous longez le bord de mer et profitez de superbes vues sur le lagon. Le circuit traverse aussi la mangrove et la forêt sèche.

GALERIE ARTE BELLO

30 rue Auguste-Brun
✆ +687 25 31 00
galerieartebello.com
Ouvert du lundi au vendredi de 9h à 18h et le samedi de 9h à 12h.

Dans le Quartier latin, cette galerie est un incontournable à Nouméa pour découvrir les œuvres de Juliette Pita, Caroline Degroiselle, André Gable, Michel Moulimois, Johannes Wahono, Bruno Curetou, Anne-Gaëlle Cabanas ou encore de Paul Jacoulet, l'artiste français du Japon. Vernissages et rencontres tous les mois. Venez visiter cette institution de l'Art de Nouméa, établie il y a plus de 20 ans. Admirez les œuvres réparties en plusieurs espaces dans ses locaux de 320 m² de mouvements artistiques variés. Un atelier d'encadrement est également accessible.

MARCHÉ DE NOUMÉA ★★

50 rue Georges-Clemenceau
✆ +687 27 35 51
Ouvert tous les jours de 5h à 11h30. Fermé le lundi.

Dans des halles aux toits bleus qui dominent la marina de Port Moselle, plus grand port de plaisance de l'archipel, s'étalent fleurs, fruits et légumes frais, poissons, viandes (saucisson de cerf !), pâtisseries et souvenirs. Si tous les jours, les touristes et les locaux se mélangent, le marché connaît un vif succès le week-end ! On peut prendre un petit déjeuner au kiosque à l'intérieur des halles. On y va dès 6h le matin pour prendre son café ou se trouver un encas à emporter pour le midi. Attention, les Calédoniens sont matinaux et dès 11h les étals se vident.

MAISON CÉLIÈRES - FOYER DES CALEDONIENS

21 rue du Port-Despointes
✆ +687 77 83 73
Entrée libre et gratuite.

© LA MAISON CELIERES

La maison de la famille Célières a été construite en 1898 et c'est un bon exemple de l'architecture coloniale de l'époque. Après des années de travaux de restauration, elle a ouvert au public en 2009. On peut ainsi y visiter les nombreuses pièces où le mobilier d'époque a été conservé, ainsi que le jardin et la terrasse qui donnent sur le mont Coffyn. Des animations y sont régulièrement organisées, liées le plus souvent à la littérature, car c'est aussi le siège de la Maison du Livre.

BALADES DANS LE CENTRE DE NOUMÉA

Rien de mieux que de se perdre dans les rues du centre de Nouméa pour le découvrir ! Le centre-ville est parsemé de bâtiments historiques. Vous pouvez commencer la balade sur la place des Cocotiers devant le musée de la Ville de Nouméa. Ce beau bâtiment d'architecture coloniale est installé dans les locaux de l'ancienne mairie (situé rue Jean-Jaurès). Deux cents mètres plus haut, au n° 1 de l'avenue Foch vous tombez sur le Haut-Commissariat, représentant l'Etat sur le territoire. Le Congrès de la Nouvelle-Calédonie, situé à l'angle du boulevard Vauban et de la rue de la République, n'est alors pas très loin. Vous pouvez en admirer le portail, encadré par deux piliers sculptés par Rémy Weiss.

Les boutiques les plus chics du centre-ville sont concentrées dans un rectangle formé par les rues d'Austerlitz, de l'Alma, Jaurès et Clemenceau. De l'autre côté de la place, en direction de la gare routière et du Port Moselle, c'est le (petit) quartier asiatique inséré entre les rues de la Somme et de Verdun. Snacks et boutiques en tout genre pour l'achat de paréos, robes mission, fanfreluches, tee-shirts et autres souvenirs calédoniens fabriqués à Hong Kong ! Profitez-en pour remonter la rue de la Somme et rejoindre la belle bibliothèque Bernheim, ancienne demeure coloniale, qui fait l'angle avec l'avenue Foch.

Traversez ensuite l'avenue Lafleur et reprenez la rue Clemenceau.

Le Port Moselle, juste au sud du centre-ville, apparaît avec sa marina et son marché ouvert le matin. La baie, autrefois appelée l'anse de l'Aventure, doit son nom à la corvette qui s'y échoua en 1862. A deux pas, le musée de Nouvelle-Calédonie fait l'angle de la rue Porcheron et de l'avenue Foch, non loin de La Poste (OPT). Le port autonome de Nouméa, construit en 1968, est également situé dans la baie de la Moselle. Les porte-conteneurs qui ravitaillent le Caillou y déchargent leurs marchandises.

La baie de Nouville, au nord-ouest du centre-ville, abrite quant à elle les minéraliers qui transportent « l'or vert » de la Nouvelle-Calédonie : le nickel.

A vélo, les buttes, côtes et collines diverses rebuteront les moins sportifs, mais raviront les autres qui partiront à l'assaut notamment de la piste cyclable des « boucles de Tina », au nord-est du centre-ville.

CATHÉDRALE SAINT-JOSEPH ★

3 rue Frédéric-Surleau
✆ +687 27 91 73
Offices le samedi à 15h et le dimanche à 6h, 9h et 18h30.

C'est un bagnard qui dessina les plans de cette cathédrale, construite en 1888 sur les hauteurs. En levant la tête vers la façade, on aperçoit une statue de deux mètres représentant Notre-Dame-des-Flots, offerte par les marins de la Marine marchande calédonienne. Les deux tours de 25 mètres sont dotées d'horloges de deux mètres de diamètre et n'étaient pas encore achevées lors de sa consécration, en juin 1894. Une fois à l'intérieur, il faut examiner les grands bénitiers insérés dans le narthex. Ne manquez pas le lustre en feuilles de nickel au plafond.

MÉMORIAL AMÉRICAIN

Avenue du Maréchal-Foch

Ce monument, érigé en 1992, commémore le cinquantième anniversaire de l'arrivée des 20 000 premiers soldats américains à Nouméa, le 12 mars 1942. Près d'un million de leurs compatriotes les suivirent et transitèrent sur le Caillou, si bien que la Nouvelle-Calédonie constitua l'une des bases stratégiques de l'armée américaine lors de la guerre du Pacifique contre le Japon particulièrement durant la bataille de la mer de Corail. On le trouve près du marché et de Port-Moselle. Une pause solennelle durant votre visite, mais malheureusement peu mise en valeur.

CENTRE CULTUREL TJIBAOU ★★★

Rue des Accords-de-Matignon ✆ +687 41 45 45
www.adck.nc
Ouvert du mardi au dimanche de 9h à 17h.

C'est LA visite à ne pas manquer lors de votre séjour en Nouvelle-Calédonie. Chef-d'œuvre de l'architecte Renzo Piano, le Centre Culturel Tjibaou est le fruit de l'Agence pour le Développement de la Culture Kanak (ACDK) fondée suite aux accords de Matignon. Inauguré en 1998, ce centre vise à promouvoir la culture mélanésienne.

Construit à l'endroit même où s'était tenu le festival Mélanésia 2000, organisé en 1975 par Jean-Marie Tjibaou (leader indépendantiste assassiné en 1989, en l'honneur duquel la statue érigée sur les hauteurs d'une colline surplombe le site), il célèbre la reconnaissance par la France des traditions et de l'histoire du peuple kanak.

Travail de longue haleine donc, pour Renzo Piano, architecte de renom international (aéroport d'Osaka-Kansaï, centre Georges Pompidou), qui s'est attelé à cet ambitieux projet. C'est l'interprétation contemporaine du patrimoine architectural de l'île où l'alliance de l'acier et du bois jette un pont entre les styles modernes et traditionnels.

Le bâtiment, organisé autour d'une allée centrale flanquée de pins colonnaires, fait le lien entre les dix grandes cases stylisées qui témoignent des dix aires coutumières de la Nouvelle-Calédonie.

Ces dernières abritent de nombreuses salles d'exposition évoquant la culture, l'histoire ainsi que les coutumes de la civilisation kanak, et l'une d'entre elles est consacrée à la vie de Jean-Marie Tjibaou.

Le centre accueille également des évènements artistiques variés, expositions temporaires, festivals, conférences et projections. La salle Bérétara met à l'honneur l'art contemporain kanak et océanien. Les deux médiathèques (Ngan Vhalik pour le multimédia et Mwà Véé pour les livres) possèdent de nombreux ouvrages intéressants sur les cultures mélanésienne et océanienne ainsi que de nombreux livres sur le thème de l'identité kanak.

A l'extérieur, le Chemin kanak, promenade végétale initiatique qui retrace en cinq étapes (l'origine des êtres, la terre nourricière, la terre des ancêtres, le pays des esprits et la renaissance) la légende de la création du premier homme, le héros fondateur Téâ Kanaké, permet de saisir la force du lien avec la nature dans la société kanak et la très grande importance qu'elle accorde aux plantes.

On découvre dans ce parc paysager une végétation symbolique de la Mélanésie mais aussi les trois cases traditionnelles de l'aire coutumière Mwakaa, une pour chacune des provinces calédoniennes (Nord, Sud et les Îles Loyauté).

Un spectacle de danse représentant le mythe de la création se tient tous les mardis à 14h30 dans les jardins.

MAISON HIGGINSON

7 rue de Sébastopol
✆ 24 84 17
Du mercredi au samedi de 12h à 17h30 en période d'exposition. Entrée libre et gratuite.

© LA MAISON HIGGINSON

Témoin architectural du début du XXe siècle, la maison Higginson a été construite par Gabriel Laroque sur un terrain racheté à John Higginson, fondateur de la société Le Nickel. Tout au long de l'année, cet espace culturel municipal propose des expositions historiques et patrimoniales ainsi que des expositions d'art et de création contemporaine. Des médiations, conférences, rencontres avec les artistes, causerie-thé, soirées théâtre, ateliers, spectacles, projections y sont régulièrement présentés. Ne manquez pas d'y faire un tour !

MUSÉE DE NOUVELLE-CALÉDONIE ★

45 avenue du Maréchal-Foch
✆ +687 27 23 42
www.museenouvellecaledonie.nc
En travaux. Fermé temporairement.

Ouvert en 1971, le Musée de Nouvelle-Calédonie se consacre entièrement aux traditions océaniennes et mélanésiennes. Le rez-de-chaussée est dédié aux Kanaks et l'on y découvre des sculptures de la Grande Case. Des casse-tête en bois de gaïac, des totems et des masques sont aussi de la partie. La mezzanine est généralement tournée vers le Pacifique Sud et couvre, par exemple, le Vanuatu, les îles Salomon, Fidji, la Papouasie, la Nouvelle-Guinée, etc.

HISTOIRE DE NOUMÉA

D'HIER À AUJOURD'HUI

La qualité et le calme de la rade de la presqu'île de Nouméa ont naturellement retenu l'attention des explorateurs européens. James Paddon, navigateur britannique, y installe des comptoirs en 1851. Après le rattachement de la Nouvelle-Calédonie à la France, en 1853, le capitaine de vaisseau Tardy de Montravel décide de son côté d'y établir la capitale de la colonie fraîchement intégrée à l'Empire. La construction du fort Constantine marque la première étape de cette implantation sur la côte Ouest. La cité s'appelle à l'époque Port-de-France. Les chefs Kuindo et Kandio se voient alors imposer la souveraineté française sur leur territoire. Ce n'est qu'en 1866 que la ville prend le nom de Nouméa pour éviter la confusion avec Fort-de-France en Martinique. A l'inverse de Sydney, elle se développe lentement et peu d'immigrants font le voyage à l'autre bout du monde. Les autorités contournent le problème et y déportent massivement, dès 1863, des centaines puis des milliers de bagnards. Main-d'œuvre corvéable à merci, les détenus participent à grande échelle à l'exploitation de la colonie. Les grands travaux débutent lors de l'édification du bagne de Nou, racheté par le gouvernement français à Paddon en 1863. Les marais, qui couvraient la place des Cocotiers et le Quartier latin, sont remblayés et l'on commence à construire des bâtiments en dur. Nouméa ne regroupe alors que 18 % de la population de l'archipel et bon nombre sont des bagnards. L'administration coloniale de l'époque ne s'embarrasse pas de considérations esthétiques. Le premier plan urbain, dessiné par le chef de bataillon Coffyn, comme tous les plans des villes coloniales de l'époque, explique l'aspect très orthogonal du centre actuel. Au début du XXe siècle, on y compte près de 7 000 habitants. L'inauguration de l'usine de fonderie du nickel de Doniambo en 1909 marque le début de l'ère industrielle et accélère le décollage économique du territoire.

En 1932, la première liaison aérienne avec la France métropolitaine est réalisée. Le courant électrique fait également son apparition. La Seconde Guerre mondiale marque un nouveau tournant avec le débarquement, en mars 1942, de troupes américaines chargées de freiner l'avancée de l'armée japonaise dans le Pacifique. Nouméa se transforme alors en base arrière et près de 130 000 soldats (américains, australiens et néo-zélandais) sont présents sur le territoire en 1942. L'arrivée des G.I. aura une influence sociale décisive sur les Nouméens, qui découvrent la société de consommation, les biens d'équipement et une culture différente. Une fois la guerre terminée, la ville étire ses frontières vers la baie des Citrons et l'Anse Vata. Son essor redouble au début des années 1950 avec la construction du barrage de Dumbéa, destiné à alimenter l'agglomération en eau potable. Entre 1965 et 1972, le boom du marché du nickel est à l'origine d'un enrichissement sans précédent.

Aujourd'hui, Nouméa est une capitale moderne qui poursuit ses efforts d'aménagement et d'urbanisation. L'extension de l'agglomération se fait sur les périphéries et principalement sur l'axe de la route de l'aéroport avec le Médipôle et nombre de logements sociaux.

Si les grandes rues perpendiculaires du centre illustrent bien l'origine récente qui a influencé l'édification de la ville, sa population lui confère une atmosphère très attractive. Le brassage ethnique y reflète bien la mosaïque culturelle de l'archipel, où cohabitent Kanaks, Européens, Wallisiens, Indonésiens, Vietnamiens et Antillais, parmi d'autres. La douceur de vivre est ici réelle et le quotidien sous les tropiques conserve un charme bien particulier, symbolisé par les sourires, les plages, la baignade, la générosité du climat, les couchers de soleil, le lagon et les îlots alentour. Les activités sportives y sont légion en journée et les soirées sont animées par la scène nocturne sympathique des baies. Mais pour fuir l'activité urbaine, le dépaysement n'est jamais loin, grâce au Grand Sud, aux sommets alentour et aux ferries ou vols pour les îles Loyauté et l'île des Pins. Au fil des ans, Nouméa a su se rendre incontournable et concentre près de 65 % de l'activité économique du territoire, regroupant ses principales institutions et près des deux tiers de la population, si l'on englobe la grande banlieue.

MUSÉE DE LA SECONDE GUERRE MONDIALE ★★

14 avenue Paul-Doumer
✆ +687 27 48 70
www.noumea.nc
Du lundi au vendredi 9h-12h et 13h-17h, samedi de mi-mars à mi-décembre. Adulte 300 CPF, gratuit pour les - de 18 ans.

Cette attraction a été inauguré le 19 septembre 2013, à l'occasion des 73 ans du ralliement de la Nouvelle-Calédonie aux Forces françaises libres. La Province Sud et la mairie se sont associées pour créer un musée dédié à la Seconde Guerre mondiale, construit dans une ancienne demi-lune (bâtiment en tôle de forme semi-cylindrique) américaine. C'est l'occasion de découvrir une période de l'histoire calédonienne qui a considérablement changé le visage du pays et marqué les mentalités.

MUSÉE MARITIME DE NOUVELLE-CALÉDONIE ★

11 avenue James-Cook
✆ +687 26 34 43
museemaritime.nc
Ouvert du mardi au dimanche de 10h à 17h. Entrée : 700 CFP, tarif réduit : 350 CFP.

Ce musée invite les visiteurs à découvrir l'histoire maritime de la Nouvelle-Calédonie. La découverte s'articule autour de quatre thèmes : les voiles du commerce, les migrations maritimes, les liaisons maritimes et le balisage à l'échelle du pays et le voyage de La Pérouse au siècle des Lumières. Des espaces d'expositions temporaires permettent d'approfondir ou d'aborder tout au long de l'année des thématiques diversifiées liées au milieu de la mer.

PARC ZOOLOGIQUE ET FORESTIER ★

Rue Teyssandier de Laubarède
✆ +687 27 89 51
Parc ouvert du mardi au dimanche. 600 CFP adulte ; 300 CFP enfant. Gratuit -6 ans.

Une fois arrivé, nous sommes sur une colline surplombant Nouméa, on découvre le superbe panorama sur le lagon, le Centre culturel Tjibaou et le Mont-Dore. En contrebas de la colline, Notre-Dame-du-Pacifique veille sur Nouméa. On y trouve l'une des dernières forêts sèches encore préservées des environs de Nouméa sur 36 hectares. Dans la Vallée des endémiques, beaucoup d'animaux uniques au monde sont une véritable vitrine de la faune calédonienne !

MUSÉE DE LA VILLE ★

39 rue Jean-Jaurès
✆ +687 26 28 05
Ouvert du lundi au vendredi de 9h à 17h et le samedi de 9h à 13h et de 14h à 17h. Tarif standard 300 CFP.

C'est un passage conseillé à votre arrivée sur le Caillou ! Dans cette belle demeure coloniale, on découvre l'histoire de la Nouvelle-Calédonie, de ses populations métissées, des grandes décisions politiques de 1853 à 1939, ainsi que la participation des tirailleurs kanaks et des Poilus calédoniens dans le premier conflit mondial et les tournants historiques qu'a connus le territoire, comme le *boom* du nickel entre 1966 et 1971. Une fois la visite terminée, on peut faire une pause dans les jardins du musée, situés derrière la véranda.

PLACE DES COCOTIERS ★

Place des Cocotiers

Les militaires avaient établi ici leur jardin potager dont ils délimitèrent les contours par des cocotiers, remplacés aujourd'hui par des flamboyants. La statue (la belle Céleste) de la fontaine de 8 m conçue en 1893 par le sculpteur Mahoux s'inspire d'une femme de Nouméa. Le kiosque à musique, situé à proximité et construit par les bagnards en 1878, accueille parfois des concerts. Il est agréable de s'asseoir sur les marches du petit amphithéâtre. Dans la journée, la place rassemble toujours beaucoup de monde sur les terrasses, les bancs et les pelouses.

PRESQU'ÎLE DE NOUVILLE

presqu'île de Nouville

Pour comprendre l'histoire de cette presqu'île, revenons un peu dans l'histoire de la Nouvelle-Calédonie. James Paddon, négociant de santal britannique en provenance de l'archipel voisin des Nouvelles-Hébrides (aujourd'hui le Vanuatu), s'installe sur l'île Nou en 1851. Il y implante une cale de halage destinée aux schooners, une forge et des magasins. Très entreprenant, il est également à l'origine de l'introduction du bétail sur le territoire. La France lui rachètera finalement le terrain destiné à construire un bagne. C'est ici, en 1864, que les premiers forçats débarquent sur l'archipel à bord de l'Iphigénie. De nombreux bâtiments témoignent encore de ce passé pénitentiaire, rassemblés sous l'appellation Site historique de l'Île Nou, qui se visite.

L'anse Kuendu est une petite plage située sur ce qui est devenu la presqu'île de Nouville, car l'île a été rattachée à Nouméa par une digue en 1972. Les couchers de soleil dans le coin sont grandioses. Vous pouvez également vous balader à pied ou en VTT sur la piste qui ceinture la presqu'île. Depuis la plage de Kuendu Beach, il est possible d'accéder en voiture à la colline qui se trouve sur la droite, afin de profiter du panorama. Vous pouvez vous repérer à l'aide de la table d'orientation qui y a été installée. Au sommet de la colline subsistent quelques ruines du fort Tereka, construit à la fin du XXe siècle et restauré en 1984. La batterie de canons et le souterrain peuvent être visités (mieux vaut ne pas y aller à pied, beaucoup de chiens errants).

SITE HISTORIQUE DU BAGNE DE L'ÎLE NOU ★★★

Nouville

✆ +687 77 83 73

https://ile-nou.com

Visite guidée sur réservation avec l'association Témoignage d'un Passé (http://atupnc.blogspot.fr).

James Paddon s'installa en 1851 sur l'île Nou et y établit les premières infrastructures commerciales de Nouvelle-Calédonie. La France, désireuse de reprendre le contrôle du site pour y édifier un bagne, lui propose alors d'échanger sa propriété contre de vastes terres situées dans la commune de Païta. Paddon accepte et meurt finalement en 1861. C'est en 1863 que débutent les travaux de construction des bâtiments pénitentiaires. Les premiers détenus débarqueront à bord de l'Iphigénie en 1864 à Port-de-France, qui prendra dès 1866 le nom de Nouméa. De nombreux bâtiments disséminés sur toute la presqu'île témoignent encore de ce passé pénitentiaire.

Visite. Après avoir traversé la mer, laissez la ville derrière vous et reliez l'île par la digue (construite en 1972), suivez la route de gauche qui mène à l'ancien pénitencier. Ironie du sort ou simple recyclage historique, le bagne n'a disparu que pour laisser place à la prison du Camp Est, principal centre de détention du pays. Au cours de votre visite, les témoignages architecturaux d'époque se succèdent. En suivant l'avenue James-Cook vers l'ouest, et une fois passée l'université de Nouvelle-Calédonie, l'ancienne maison du directeur du bagne apparaît côté mer. Non loin, vous découvrez l'atelier du bagne joliment restauré. Vous passez ensuite devant la chapelle, construite en 1882. Un peu plus loin se trouvent les dortoirs des forçats et leur allée, surnommée le Boulevard du crime. C'est au bout de celle-ci que l'on dressait l'échafaud pour les exécutions capitales. Unique guillotine du territoire, elle était déplacée sur le Caillou, en fonction des besoins et servait pour tous les criminels. Plus haut, les logements des surveillants militaires semblent encore veiller sur le site. Poursuivez jusqu'à la cathédrale, construite en 1875, mais jamais consacrée. Utilisée autrefois comme entrepôt de l'administration pénitentiaire, elle accueille depuis 1972 le superbe Théâtre de l'île, qui a su tirer tout le parti de ce passé avec une mise en valeur remarquable. La route obliquant sur la gauche conduit aux ruines de la maison du surveillant des jardins, située à deux pas d'un flamboyant. Plus loin se dresse l'ancien hôpital du Marais, construit en 1870 et dont le portail ne fut achevé qu'en 1885. C'est aujourd'hui un centre hospitalier spécialisé. Avant d'y arriver, engagez-vous sur la petite route pour rejoindre les cellules des bagnards. La visite est véritablement passionnante !

Bagne de Nouville.

ANSE VATA

Anse Vata

Au sud du Rocher à la Voile, vous abordez l'Anse Vata (pierre en langue locale), fermée au sud par la pointe Magnin. Autrefois marécageuse, on l'appelait alors la baie des Canards, l'anse constitue aujourd'hui l'un des hauts lieux du tourisme calédonien. Rassurez-vous, l'affluence en haute saison équivaut à la fréquentation de la Côte d'Azur en hiver… Exposée aux vents dominants, c'est également un site de planche à voile très réputé. Les structures nautiques abondent d'ailleurs dans le coin, à l'image des hôtels et restaurants.

BAIE DES CITRONS

Baie des Citrons

La baie des Citrons, la « BD » de son surnom local, est abritée des vents et bordée de nombreux snacks, restaurants, cafés et hôtels. D'aucuns affirment qu'un bateau rempli de citrons s'y échoua un jour, libérant sa cargaison, d'où son nom. D'autres disent que la baie était auparavant bordée de citronniers. Avec sa mer d'huile, ses arbres et son sable fin, elle constitue la plage familiale par excellence. Le cap du Rocher à la Voile au sud était, lors du départ des voiliers vers la France, l'endroit où les Nouméens se pressaient pour un dernier adieu.

BAIE DE L'ORPHELINAT

Port Moselle

Voilà une belle idée de balade accessible à tous. Juste au sud du centre-ville, de sa marina de Port Moselle et son marché, vous pouvez grimper ensuite la colline de l'Artillerie avant de redescendre vers la baie de l'Orphelinat, qui doit son nom à un centre d'accueil créé par le frère Antoni. Elle est surmontée d'une croix de Lorraine, sur le mont Coffyn, en souvenir du ralliement de la Nouvelle-Calédonie à la France Libre dès juin 1940. Au niveau de Port Plaisance, suivez le bord de mer vers la baie des Pêcheurs et le cercle nautique.

ÎLE AUX CANARDS

80 Promenade Roger Laroque

✆ +687 26 17 80

Taxi-boat tous les jours de 8h30 à 17h sans réservation (1 500 CFP aller/retour au faré de l'Anse Vata).

Une excursion originale et dépaysante à 5 minutes de Nouméa dans le cadre d'une réserve marine et d'une île au trésor. Sous un joli faré au centre de l'îlot ou directement à votre transat vous pouvez bénéficier de la restauration sous forme de snack (de belles salades aux crevettes, menu enfant…). Une bonne idée pour déjeuner les pieds dans l'eau. Sentier sous-marin pour le palmes-masque-tuba. Soirée tapas chaque premier jeudi du mois. Exposition permanente à ciel ouvert : coraux et sculptures (plus de 100 pièces). De charmants sentiers vous y conduisent.

NOUMEA

Vue sur l'Anse Vata et le Rocher à la Voile.

© AQUARIUM DES LAGONS

© AQUARIUM DES LAGONS

© AQUARIUM DES LAGONS

AQUARIUM DES LAGONS ★★

61 promenade Roger Laroque
✆ +687 26 27 31
www.aquarium.nc

Ouvert du lundi au vendredi : 13h-18h. Samedi, dimanche et jours fériés : 9h-18h. adulte : 1 600 CFP, enfant : 800 CFP.

Ce sublime aquarium fait découvrir le fragile écosystème sous-marin de la Calédonie. A chaque salle son thème. Après avoir quitté le monde terrestre, on découvre le spectacle des lacs et rivières des eaux intérieures. La présentation se poursuit vers la mangrove et enfin, les aquariums nous font admirer les espèces marines des récifs du lagon et les coraux fluorescents. La reproduction de l'a-pic du récif lagonaire nous met en compagnie des requins et des raies. Des animations sont organisées les après-midi : nourrissage des poissons, etc.

© AQUARIUM DES LAGONS

© AQUARIUM DES LAGONS

Oeun Toro.

OUEN TORO

Dans l'axe de la pointe Magnin, tout au sud de la ville, l'Ouen Toro est une colline de 128 m d'altitude. Les flancs sont classés réserve botanique avec près de 50 hectares de chlorophylle.

Si vous êtes motorisé, engagez-vous à la première intersection à gauche après Le Méridien. A pied, empruntez sur 350 m la route de l'Ouen Toro après le carrefour de la promenade Vernier (la route qui longe l'anse Vata). Prenez ensuite sur votre droite le sentier pédestre.

Bon à savoir : il n'y a qu'un point d'eau sur place. Prévoyez donc d'emporter une boisson. La balade dure une heure environ. Vous parcourez 3 km de piste sous la forêt sèche.

Partez le matin tôt ou le soir, sachant qu'en fin d'après-midi le coucher de soleil est superbe. Sur les deux cents premiers mètres, la végétation est essentiellement formée de gaïacs, quelques santals et faux-poivriers. De là, vous pouvez prendre de jolies photos de l'île aux Canards et des pins colonnaires. Au carrefour, la piste de gauche conduit à une ancienne carrière de silice. Préférez la piste de droite qui traverse des tronçons de forêt. Continuez sur 300 m. Au carrefour suivant, le sentier à gauche rejoint la carrière ; celui de droite descend au milieu des gaïacs. Effectuez 200 m environ sur la piste de droite. Vous aboutissez alors à un nouvel embranchement. A droite, vous redescendez sur la promenade Pierre-Vernier. Choisissez plutôt la piste de gauche qui s'engouffre résolument dans la forêt. Après 200 m, vous sortez de celle-ci et vous suivez le sentier qui lézarde à flanc de coteau. Vous bénéficiez d'une belle vue sur le lagon, les îlots de Sainte-Marie et la baie du même nom. Continuez ainsi sur 400 m. Deux options s'offrent alors : sortir sur la promenade Vernier ou emprunter la pente très raide qui accède à un dôme recouvert d'herbes. Prenez votre appareil photo, le panorama est superbe. Vous êtes sur l'aire de lancement des amateurs de deltaplane et de parapente. Le sentier se prolonge au nord-ouest. A une centaine de mètres, une piste part sur la gauche. Elle permet d'accéder à la carrière et de revenir au point de départ. Persévérez ! Sur votre droite, le sentier mène au bout de 200 m à une autre ancienne carrière ; 150 m plus loin, vous arrivez à la route goudronnée d'un lotissement, puis à celle d'Ouen Toro. Continuez à marcher 500 m en descente et vous retrouvez votre voiture. C'est une balade superbe, vous croiserez des amoureux de la nature qui, organisés en association, replantent les essences originelles.

PLAGE DE MAGENTA

Si vous laissez la presqu'île d'Ouémo sur votre droite et la baie de Magenta un peu plus au nord. A l'embranchement, non loin de l'ancienne université du Pacifique et de l'aérodrome, vous pourrez admirer la petite bande de sable fin bordée de pins colonnaires superbes. Des tables et des bancs sont aménagés pour les pique-niques. Une aire de jeux est également ouverte aux enfants. C'est l'endroit idéal pour s'élancer de la plage en planche à voile lorsqu'on débute. Attention malgré tout aux baigneurs et aux randonneurs palmés !

PRESQU'ÎLE DE OUÉMO

Située à l'est de la ville, au-delà du quartier de Magenta, et à l'extérieur du centre-ville, la presqu'île de Ouémo abrite de belles maisons aux jardins fleuris, qui surplombent la mer. Les lieux sont entourés par la mangrove visible de part et d'autre de la presqu'île. L'hôtel Le Stanley est installé à hauteur de la pointe aux Longs Cous. De là, vous bénéficiez d'une vue magnifique sur l'îlot Sainte-Marie, la baie de Magenta, le Centre culturel Tjibaou et les montagnes environnantes qui font face à la ville...

PROMENADE PIERRE-VERNIER

Elle s'étire au sud-est de la ville, entre la pointe Magnin et le port Despointes. Passez Le Méridien et le Centre international de voile situé en contrebas, où débute le parcours de santé aménagé en bord de mer. Lieu de rassemblement des sportifs et des promeneurs, c'est certainement le plus bel endroit de la ville pour une balade en matinée ou en fin de journée, quand il fait moins chaud. Au rond-point suivant, la voie de gauche conduit au faubourg Blanchot, l'un des quartiers les mieux préservés de la ville avec ses vieilles demeures coloniales.

SE LOGER

Fief des grands complexes hôteliers, Nouméa offre peu d'hébergements bon marché, sauf en centre-ville. Si vous restez une petite semaine sur la capitale, nous vous conseillons d'alterner entre un établissement dans le centre et un au niveau de la baie des Citrons. L'alternance entre ces deux coins de la ville vous permettra d'arpenter plus facilement les différents quartiers à pied mais aussi de découvrir deux ambiances en termes de soirées. Dans le Quartier latin, vous trouverez quelques hôtels de bon standing très sympathique. Sur le bord de mer, vous n'aurez que l'embarras du choix concernant les hôtels de catégorie supérieure. La plupart d'entre eux sont établis entre l'anse Vata et la baie des Citrons, à deux pas de la plage et pour certains, avec une sublime vue sur l'océan, que ce soit du restaurant, de votre chambre ou même depuis la piscine ! Que demander de plus ?

GONDWANA HÔTEL €

19 rue Auguste Brun
✆ +687 269799
https://gondwanahotel.nc/
A partir de 8 990 FCFP la nuit pour 2 personne, 9 990 FCFP le week-end.

© HOTEL GONDWANA

Bel hôtel de centre-ville, séparé en deux catégories 2 ou 3 étoiles. Il s'agit du premier hôtel calédonien certifié Haute Qualité Environnementale. Il est même présélectionné pour les Césars du voyage responsable ! Les chambres sont bien isolées et entièrement équipées (lit en 160, écran plat, armoire avec coffre-fort, climatisation...). Le matin, on savoure son petit déjeuner (en supplément) dans le joli patio se composant de jardins aux plantes endémiques médicinales, aromatiques et comestibles. On adore ! Sur demande, navette aéroport et location de voiture.

AUBERGE DE JEUNESSE €

51 bis rue Pasteur Marcel Ariège
✆ +687 27 58 79
www.aubergesdejeunesse.nc
2 200 CFP par personne pour un lit en dortoir, 5 000 CFP pour une chambre double/twin, 4 800 CFP pour chambre solo.

Située sur les hauteurs de la ville, avec de belles vues sur Nouméa et la rade, derrière la cathédrale, l'auberge de jeunesse de Nouméa est un lieu de passage pour petits budgets et expatriés. Les règles y sont un peu strictes et l'éloignement des lieux de vie nocturne peut rebuter. Douches et toilettes communes à l'étage. Cuisine partagée, accès wifi payant. Casiers individuels avec cadenas. Dortoirs homme/femme séparés. Literie fournie. Toutes les chambres ont vue sur Port Moselle. Petit jardin sympathique. La réception est ouverte le matin et en fin de journée.

BEST WESTERN HOTEL LE PARIS €€

45 rue de Sébastopol ✆ +687 281 700
www.bestwesternleparis.com
Comptez 10 620 CFP pour une chambre double et 11 813 CFP pour une triple. Petit déjeuner à 1 500 CFP, servi en chambre

Situé à deux pas de la place des Cocotiers. 48 chambres. Hôtel à taille humaine qui se démarque des grands complexes installés sur le front de mer. Ses chambres, agréables et claires sont bien entretenues. Côté équipement, il ne manque rien : télévision (Canal + et Canal vidéo), téléphone, accès wi-fi, air conditionné, nécessaire pour thé et café, réfrigérateur, sèche-cheveux, coffre-fort et table à repasser. Le petit déjeuner est servi au Best café, qui est accolé à l'hôtel.

CASA DEL SOLE €€

10 route de l'Aquarium
✆ +687 25 87 00
www.casadelsole.nc
13 200 CFP pour un F2 (63 m²) et 17 600 CFP en F3 (92 m²) en semaine. Les prix doublent le week-end.

Casa del Sole offre des séjours tout confort en autonomie totale (le ménage n'est pas inclus). Absolument tout y est : une cuisine entièrement équipée ouverte sur la salle à manger et le grand salon, une buanderie avec machine à laver et table à repasser, une ou deux chambres au lit très confortable avec salle de bains attenante et, le plus qui fait toute la différence, un vaste balcon avec table et transats. L'accueil est ouvert 24h/24 et il y a aussi une petite supérette. Piscine. Wifi en supplément. Très bien placé, bon rapport qualité-prix.

HOTEL NEW CALEDONIA €€

10 rue Auguste-Brun
✆ +687 261 826
www.hotel-new-caledonia.com
Chambre simple : 9 250 CFP, chambre double : 9 650 CFP, chambre triple : 12 050 CFP, PDJ express inclus. Wi-fi au salon.

Les 28 chambres de cet établissement 2 étoiles sont spacieuses et correctes. Toutes disposent d'une kitchenette, d'une climatisation et d'une télévision avec canal satellite. Situé au cœur du Quartier latin près de la baie de la Moselle et son fameux marché quotidien haut en couleur. Le personnel est très agréable et accueillant, mais on ne pourrait pas en dire autant de leurs supérieurs qui sont désobligeants envers eux. L'établissement pourrait bénéficier d'une rénovation et d'un remplacement de leurs équipements, mais on s'y sent bien malgré cela.

MARINA BEACH HOTEL €€

4 rue Auguste-Page
✆ +687 28 76 33
www.marinabeach.nc
Tarif à la nuit : 8 500 CFP. Tarif pour une semaine en studio à partir de 6 950 CFP.

Proche de la plage de la Baie des Citrons (la BD), mais dans une rue calme, le Marina Beach a été réaménagé dans un agréable style mélanésien et oriental. Les 21 studios sont à la fois pratiques et confortables, avec salle de bains, cuisine équipée, télévision et climatisation. L'offre se révèle très intéressante pour les séjours de longue durée et les familles, grâce à la possibilité de louer une dizaine de F2 / F3, mais également pour les courts séjours. Conciergerie ouverte le matin. Distribution des clés grâce à des coffres extérieurs à code.

HÔTEL LE LAGON €€

149 route de l'Anse-Vata
✆ +687 26 12 55
www.lelagon.nc
Studio et suite entre 12 000 et 14 000 CFP. Petit déjeuner 2 950 CFP. Wifi gratuit et illimité. Location de vélos.

Cet établissement 3 étoiles, rénové avec goût est situé à une centaine de mètres de la plage. Il s'inscrit dans une coloration turquoise et affiche de nombreux tableaux de Gauguin (très belles copies). Il offre 39 studios modernes aux boiseries claires et 23 suites, grandes et lumineuses de 44 m² avec balcon et offrant tout l'équipement attendu : climatisation, coin cuisine avec évier, réfrigérateur, coffre et four micro-ondes, et, surtout, un lit douillet aux dimensions démesurées. Room service. Particularité, 4 studios sont hypoallergéniques.

© HOTEL LE LAGON

© HOTEL LE LAGON

NOUMEA

HÔTEL BEAURIVAGE €

7 promenade Roger-Laroque
✆ +687 26 20 55
www.beaurivage.nc
Chambre double à partir de 9 000 CFP (réservation) pour 2 en semaine vue jardin, tarif à partir de 10 000 CFP vue mer.

Le Beaurivage (2 étoiles), moderne et fort agréable, tout près du lagon. Les chambres climatisées (réfrigérateur, coffre) donnent, au choix, sur le jardin ou sur la mer. Trois grandes chambres avec terrasse donnent sur la mer. Il y a un restaurant au rez-de-chaussée. Wifi illimité. Club de plongée dans l'hôtel et également agence de voyages pour décliner des envies touristiques en NC. Depuis l'hôtel, toutes les commodités y compris un supermarché, les restaurants et bars sont accessibles à pied. Parking. Très bon rapport qualité-prix.

© HOTEL BEAURIVAGE

© HOTEL BEAURIVAGE

LE STANLEY €€

33 rue de la Riviera
✆ +687 23 23 23
www.lestanley.com
Dès 17 400 CFP la nuit pour deux personnes en studio, 9 900 CFP à partir de la 3e nuit, et 59 500 CFP la semaine.

Loin de l'agitation des baies, le Stanley face à la mer, est un havre de paix installé sur la péninsule du quartier de Ouémo. Studios bien équipés avec coin kitchenette, complétés par un balcon ou une terrasse. Prix dégressifs intéressants sur la durée et l'on peut y séjourner en totale autonomie. Les F2, F3 et F4, possèdent une cuisine ouverte sur le vaste salon-salle à manger, belle chambre, dressing et salle de bains. Du studio standard au F4, tout le monde y trouvera son compte et la piscine est à disposition de tous. Le service est souriant et disponible.

HILTON LA PROMENADE €€€

109 promenade Roger-Laroque
✆ +687 24 46 00
www.glphotels.nc
20 000 CFP pour un studio standard 41 m² et 24 000 CFP pour un appart 65 m². Tarifs dégressifs sur la durée.

4 étoiles. L'hôtel Hilton de Nouméa se prête particulièrement aux séjours longue durée avec ses appartements spacieux avec vue sur la plage de l'Anse Vata. Cuisine américaine, clim, Internet, lave-linge, lave-vaisselle, coffre-fort, parking et services sur place contribuent à en faire une excellente adresse. Commerces, boutiques, bars, restaurants au complexe de La Promenade, face au lagon. Les appartements comprennent une, deux ou trois chambres. Salle de fitness, piscine. Restaurant La Terrasse très agréable. Navette aéroport et location de voiture possibles.

LE MÉRIDIEN €€€

Pointe Magnin
✆ +687 26 50 00
www.lemeridiennoumea.com
207 chambres, dont 78 chambres classiques de 42 m² avec balcon vue jardin à partir de 23 500 CFP.

Lové à la pointe Magnin au bord du lagon, le Méridien est l'une des plus belles signatures du parc hôtelier calédonien. Vue jardin ou vue lagon, balcon, accès piscine. Cet hôtel est une référence aussi bien pour les touristes que pour les Nouméens, qui sont nombreux à venir y bruncher le dimanche. Il comprend un bar agréable qui reçoit des animations et quatre restaurants : le Sextant, le Faré en bord de mer, l'Hippocampe gastronomique (pour le dîner) et le Shogun. Location de kayaks, vélos (électriques), palmes masques et tubas. Wifi.

NOUVATA €€€

123 promenade Roger-Laroque ✆ +687 26 22 00
www.nouvata.nc
A partir de 8 500 CFP la chambre standard, 11 000 CFP pour la supérieure vue mer et 12 000 CFP la Premium

Hébergements très variés. Chambres standard (25 m^2) avec petite kitchenette, supérieures (32 m^2) et de luxe (48 m^2 et terrasse de 12 m^2). Immense et très belle piscine au cœur du site, ainsi que des commerces, un salon de coiffure, une esthéticienne, un *business center*, des salles de banquet et de conférence. Le wifi est en libre accès sauf pour le haut débit (payant). Il est très agréable de boire un verre au Code Bar (snacking également) avec vue mer, soirées musicales à thème. On peut manger au restaurant l'Équilibre. Offres promotionnelles fréquentes.

BAMBOU LODGE €€

44 rue Edouard Spahr
✆ +687 26 12 90
bamboulodge.com
8 500 CFP studio 2p, 6 950 CFP à partir d'une semaine, 5 950 CFP 2 semaines, et 4 500 CFP un mois (tarif à la nuitée).

© BAMBOU LODGE

Paola vous accueille dans cette petite structure familiale à l'ambiance zen. Autour d'une cour végétalisée s'ordonnent seize studios pour deux personnes avec terrasses ou balconnets. Le Bambou Lodge affiche un bon rapport qualité-prix, au calme du quartier Val Plaisance. Téléphone, wifi, télévision, brasseur d'air et petit coin cuisine avec réfrigérateur et réchaud à gaz composent les différentes commodités et les tarifs sont dégressifs dans le temps, très intéressant sur la durée. La plage de l'anse Vata est à moins d'un kilomètre.

CHÂTEAU ROYAL BEACH RESORT & SPA €€€

140 promenade Roger-Laroque
✆ +687 29 64 00
www.complexechateauroyal.nc
A partir de 22 500 CFP pour une suite standard.

© CHÂTEAU ROYAL

Situé à la pointe Sud de Nouméa, dans un parc tropical, cet hôtel donne directement sur la plage de Château Royal. Chaque chambre a son propre balcon, sa cuisine américaine équipée qui s'ouvre sur le salon et une ou deux chambres avec salle de bains privative. Le plus : les machines à laver en libre-service. Une salle de fitness, un sauna, un hammam et un luxueux spa avec un parcours Aquatonic®, enrichissent les offres de services, dans un cadre serein agrémenté d'un jardin oriental.

RAMADA BY WYNDHAM €€€

7 rue Louis Blériot
✆ +687 23 90 00
www.ramadanoumea.com
Classique 16 000 CFP ; studio 21 000 CFP ; suite 30 000 CFP ; suite 2ch 37 000 CFP. Tarifs spéciaux résidents NC.

Ce bel établissement vertical accueille une large clientèle d'affaires et de touristes internationaux et locaux dans un très beau hall océanien et ses 130 hébergements, chambres, studios et suites. Air conditionné, TV avec chaînes satellites, et connexion Internet dans toutes les chambres, Spa. Certaines chambres se prêtent à des séjours longue durée puisqu'elles sont équipées d'un coin cuisine. Les chambres et les studios ont chacun une terrasse de 10 m^2. Ces dernières ont vue sur l'hippodrome ou le lagon. Restaurant panoramique et tournant Le 360°.

SE RÉGALER

Nouméa offre un large choix pour les gastronomes de tous bords, mais gare aux prix ! En effet, l'addition peut être très vite salée et plus qu'en métropole. Pour les petits budgets, les snacks du centre-ville peuvent faire l'affaire, dans le quartier chinois et autour de la Place des Cocotiers. Les restaurants des grands hôtels sont à tester pour leurs buffets à volonté et leurs soirées spectacles. Attention, tout comme les boîtes de nuit, les restaurants de Nouméa changent souvent de nom, de cuisinier et de propriétaire (notamment sur l'anse Vata et la baie des Citrons). Ces changements à répétition ne permettent pas de garantir la qualité des prestations sur le long terme. Les Nouméens sont habitués à ce recyclage permanent alimentant les conversations et les réputations des établissements. De fait, les quelques tables qui perdurent dans le temps sont souvent des valeurs sûres.

Place des cocotiers lors des festivités du 14 juillet.

1881 €€

98 avenue James Cook

✆ +687 24 00 42

Ouvert midi & soir du mardi au samedi. Formule déjeuner à 2 900 CFP (entrée/plat, plat/dessert), 3 400 les trois plats.

Sur la presqu'île de Nouville, ce restaurant installé dans un bâtiment historique de l'ancienne colonie pénitentiaire (le bâtiment faisait office de logement pour un officier d'infanterie de marine) fait face à l'Université de Nouvelle-Calédonie. En front de mer, le cadre est idéal pour un tête-à-tête : la cuisine et le service y sont tout simplement impeccables. Le bar *lounge* avec ses alcôves et ses jolies lumières est également un agréable endroit pour prendre un verre. Au déjeuner, menus allégés ou complets, et le soir, tout est à la carte.

L'ANNEXE €

9 rue Anatole-France

✆ +687 25 33 15

Ouvert du lundi au vendredi de 6h à 18h et le samedi à partir de 7h. Formule petit déjeuner à partir de 1 000 CFP.

Situé sur le haut de la Place des cocotiers, ce kiosque est l'endroit idéal pour faire une pause dans la journée ou préparer son itinéraire du jour. Les prix varient selon la formule, snack ou restaurant. D'un côté, vous pourrez opter pour une salade composée ou pour des sandwichs à emporter. De l'autre, la carte qui change tous les jours propose également des salades et des plats chauds, à déguster sur la terrasse en face des nénuphars. Que vous souhaitiez vous installer à table ou continuer votre route avec un repas, l'Annexe est une bonne adresse.

L'ARLEQUIN €€

45 ter route du Port Despointes

✆ +687 25 20 05

Ouvert tous les jours sauf les dimanches et lundis, de 11h à 13h puis de 19h à 21h30.

L'Arlequin est sans hésiter l'une de nos adresses coup de cœur. Institution pour certains, belle découverte pour d'autres, cette jolie maison colorée située Faubourg Blanchot offre une cuisine savoureuse et variée. La carte, toujours bien pensée sait mêler les produits locaux aux saveurs du monde. Le risotto au chèvre et le filet de mahi-mahi ne vous laisseront pas indifférent (et on ne parle pas des desserts !). Vous pourrez d'ailleurs remercier le Chef à la fin du repas car il vient toujours saluer les clients. Une belle adresse.

LE BINTZ €€

5 ter rue Barrau

✆ +687 24 02 00

www.lebintz.nc

Ouvert mardi-samedi 11h30 à 13h30 et 19h à 21h30, jusqu'à 22h le samedi. Plats à partir de 2 850 CFP, tapas 1 200 CFP.

A la Marina du Sud. C'est sur un *deck* construit au-dessus de l'eau et ouvrant sur la marina que vous goûtez ici la cuisine de Matthieu Lelou. Le restaurant se fond dans le décor, en revêtant des allures de cale de bateau. Des formules spéciales accueillent les touristes et travailleurs le midi, mais le restaurant propose également des formules petits déjeuners à petit prix (1 900 CFP). La nourriture est bonne pour cette gamme de prix, mais on s'installe surtout au Bintz pour son cadre enchanteur et son paysage, avec la vue sur la Marina.

LE BOUT DU MONDE €€

4 rue de la Frégate Nivôse

✆ +687 27 77 28

www.leboutdumondenoumea.com

A côté du marché, on y vient toute la journée pour boire un verre, écouter ou tout simplement manger. Bon à savoir, dans ce côté de la ville, c'est le seul établissement qu'on trouve ouvert le dimanche soir ! Quand il fait beau, on apprécie sa terrasse. Côté assiette, on profite de tapas à partager, d'une très bonne formule déjeuner avec salade-bar le midi, de nombreuses options végétariennes, des poissons... Belle carte de cocktails pour accompagner son repas. Également des formules petit-déjeuner. Bon rapport qualité-prix.

CAFÉ ALMATARIUM €€

Galerie Almatarium

✆ +687 25 10 15

Environ 2 000 CFP le plat.

Dans la galerie du même nom, en plein centre-ville de Nouméa et à proximité immédiate de la place des Cocotiers. Ce café est une bonne surprise que vous pouvez découvrir tous les jours sauf le dimanche. Le menu change régulièrement, avec par exemple un rougail de tomate, une salade croustillante au poulet, suprême d'avocat, aïoli maison... Un sauté d'agneau accompagné de riz ou encore une escalope de veau accompagnée de tagliatelles à l'ail et à la crème de roquefort ! Et encore, on ne vous parle même pas de desserts ! Délicieux !

LA CHAUMIÈRE €€

11 rue du Docteur-Guégan
✆ +687 27 24 62
Ouvert de 10h à 22h du lundi au samedi et jusqu'à 14h le dimanche. Plats dès 1 830 CFP.

Si le cadre manque un tout petit peu de chaleur et de charme, il n'y a en revanche aucune remarque à faire sur la cuisine qui est de très bonne qualité. La carte navigue entre saveurs françaises et plats du Pacifique et l'on se laisse agréablement tenter par un crabe farci en entrée, suivi d'un filet de perroquet sauce tomate et papaye verte. Possibilité de déjeuner en terrasse d'un sandwich ou d'un plat. Une adresse toute simple et au personnel sympathique pour manger sur le pouce au cours d'une journée de visite ou de détente.

LA GUINGUETTE €€

2 rue Georges Guynemer
✆ +687 28 40 79
Ouvert du lundi au vendredi de 6h30 à 14h. Le vendredi soir de 19h à 21h.

Un concept entre brunch, bistrot et café ! Impossible de rater La Guinguette, avec sa jolie devanture bleue. On vient ici de bon matin pour déguster un excellent café ou bien, pour les lève-tard, pour s'offrir un brunch gourmand (l'œuf mimosa à la truffe est à ne pas rater). L'adresse propose quelques plats à l'ardoise très bien travaillés et ils changent régulièrement : burger, tartare, pastas maison, sans oublier une belle sélection de desserts gourmands.

LA CRÊPERIE BRETONNE €

5 rue Ange-Berlioz
✆ +687 273 714
Ouvert 11h15-13h15 et 18h30-21h30. Fermé dimanche midi et lundi midi. Galettes 550 CFP-1 600 CFP. Crêpes sucrées.

Les nostalgiques de la galette bretonne trouveront ici un lieu familial où manger une « spéciale » : œuf, jambon, fromage (900 CFP). Pour des saveurs plus locales, essayez la Morgann : fricassée de crevettes, moules, calamars, oignons et fromage (1 550 CFP). Une très bonne adresse idéale pour retrouver la gastronomie de chez nous à l'autre bout du monde (ou pour ceux désirant goûter quelque chose de « Fusion »). Un grand choix de crêpes qui ravira tous les gourmands, y compris les végétariens, grâce à leurs déclinaisons adaptées de recettes classiques.

MALONGO CAFÉ STORE €

35 avenue Maréchal-Foch
✆ +687 26 00 90
Café, thé, brunch, déjeuner, épicerie fine. Menu environ 2 100 CFP. Accessible aux fauteuils roulants.

Une de nos adresses préférées au centre-ville. Ce concept-store est unique en son genre. Malongo Café Store possède deux adresses à Nouméa, celle-ci et celle de l'Anse Vata. Au centre-ville, au cœur du « village », le Malongo Café Store offre une jolie carte pour déjeuner (le chef vient de Marseille) et la carte est élaborée avec soin. Elle varie toutes les semaines. Si la carte des brunchs est similaire à celle de l'Anse Vata, l'adresse du centre-ville propose de belles assiettes pour le déjeuner : comptoir végétarien, gnocchis... tout est fait maison.

L'ESSENTIEL €€

3 rue Prony
✆ +687 25 23 55
www.lessentiel.nc
Ouvert du lundi au vendredi midi & soir. Plateaux de fruits de mer à emporter 7j/7 sur réservation téléphonique.

La formule est simple et efficace : 3 entrées, 3 plats, 3 desserts, une cuisine du marché à l'ardoise préparée chaque jour par Fabrice qui a fait ses armes chez les plus grands tout autour du monde. Une carte parfaitement maîtrisée donc. On traverse la ville pour venir déjeuner et dîner dans cet établissement à l'allure assez simple et épurée, mais également pour ses plateaux de fruits de mer à emporter. En bref, une cuisine raffinée préparée avec des produits frais et servie par un personnel avenant. Ambiance feutrée idéale pour les amoureux.

MARMITE ET TIRE-BOUCHON €€

5 rue Jules Garnier
✆ +687 25 17 05
marmiteettirebouchon.com
Ouvert tous les jours de 11h30 à 13h30 et de 19h à 22h. Menu complet : 5 000 CFP, menu deux plats : 3 800 CFP.

Situé sur la baie de l'Orphelinat, cet établissement gastronomique et élégant se situe en bord de mer. L'accueil est sympathique et professionnel. Les plats sont bien présentés et de qualité. À la carte, la cuisine française reste alléchante : salade gourmande, croustillant de jarret de porc, ainsi que les produits de la mer calédoniens comme le picot rayé sauce vierge, le gratin de crabe de palétuviers, le pavé de mahi-mahi (dorade coryphène) poché, la brochette de crevettes... Une des meilleures tables de Nouméa pour un repas chic.

MINUTE SALADE €

37 bis rue Jean Jaurès ✆ +687 24 99 89
www.minutesalade.fr

Ouvert de 7h30 à 15h en semaine. Salades composées à partir de 850 CFP. Sandwichs à partir de 700 CFP.

C'est une adresse idéale pour un déjeuner sur le pouce ! Cédric y propose à ses clients de composer leurs propres salades, avec des produits frais et variés qui permettent de manger équilibré. Une idée de recette : salade verte, patate douce, papaye râpée, tomate et concombre. Paninis, sandwichs, burgers, hot-dogs, cookies, muffins, cupcakes et d'autres complètent la carte. Le tout est à emporter, à un excellent rapport qualité/prix, mais on recommande de s'installer sur leur terrasse pour une pause gourmande. On recommande les falafels végétariens.

NEA BOWLS €

Avenue Maréchal-Foch
✆ +687 23 32 43

Ouvert tous les jours sauf le dimanche, de 6h30 à 16h. A partir de 1 200 CFP. Sur place ou à emporter.

Petits déjeuners, brunchs, déjeuners, boissons. Les amateurs de cuisine végétarienne et végane vont être ravis ! Néa Bowls est une jolie petite adresse qui propose un large choix de *bowls* à base de produits frais et locaux, toujours bien servis avec une touche tropicale (petite fleur). On y trouve aussi de bons jus de fruits et de légumes type détox. Une adresse absolument *healthy*, avec des plats équilibrés et complets. L'endroit est particulièrement agréable, les baies vitrées donnent sur la place des Cocotiers. On aime beaucoup !

ORIT'S FALAFELS €

47 rue Jean-Jaurès
✆ +687 83 99 06

Ouvert lundi-vendredi + premier samedi du mois, 10h30-14h. A la carte à partir de 500/700 CFP. Shawarma Wrap à 1 250 CFP

Les saveurs d'Israël enfin en Nouvelle-Calédonie ! A deux pas de la Place des Cocotiers, Orit's Falafel est l'une des dernières adresses à s'être installées en plein cœur du centre-ville et connaît déjà un vrai succès ! Le shawarma est un délice, comme la pita Druze. Une adresse idéale qui sait allier l'idée du *fast food* et de la qualité, le tout présenté de façon simple et pourtant si élégamment faite. Bon rapport qualité-prix également. On recommande ! Vraiment une des meilleures adresses pour déguster un falafel à Nouméa.

AU P'TIT CAFÉ €€

8 avenue des Frères-Carcopino
✆ +687 28 21 89
www.auptitcafe.nc

Réservation vivement recommandée. Ouvert du mardi au vendredi de 11h30 à 13h30 et de 19h à 21h30. Plats 2 500 CFP.

Cette adresse, en face de l'école de musique, fait l'unanimité dans toute la Calédonie et beaucoup y voient le meilleur restaurant du Caillou. Gaby et David y proposent une cuisine traditionnelle, maîtrisée et séduisante. Ici, on aime les choses simples, authentiques et bien faites. Du coup, le *P'tit Café* ne propose que quatre plats de qualité et copieux, qui changent toutes les semaines. N'oubliez surtout pas de réserver car le P'tit Café n'a plus sa réputation à faire et est victime de son succès ! Belle terrasse pour le midi et pour le soir.

LE PANDANUS €

25 rue de Sébastopol
✆ +687 29 75 75

Ouvert de 6h à 18h du lundi au vendredi, le samedi de 6h30 à 14h. Plat du jour + boisson à partir de 1 500 CFP.

Tout en haut de la place des Cocotiers, le *Pandanus* est une bonne adresse à toute heure. Que ce soit pour le petit-déjeuner, le déjeuner ou le goûter, pour manger sur place ou à emporter, la qualité ne fait jamais défaut et le choix est varié. Les plats sont servis avec soin et les portions sont très bien dosées. Des produits frais et des prix raisonnables doublés d'un service efficace et souriant font son succès, si bien qu'il est important de réserver pour le déjeuner, car l'endroit est toujours bondé. Pâtisseries pour l'après-midi.

PÂTISSERIE L'HACIENDA €

23 rue de Sébastopol
✆ +687 28 67 20

Ouvert en semaine de 6h à 18h30. Pains et viennoiseries à partir de 160 CFP, sandwiches à partir de 395 CFP.

En haut de la Place des cocotiers, à l'angle de la rue Jean Jaurès. On est ici accueillis avec le sourire et la bonne humeur. Au choix : d'excellents gâteaux, sandwichs, pain bagnat, fougasses garnies, wraps, hamburgers et autres *linzertorte* (spécialité alsacienne). A noter, un très grand nombre de formules bio et végétariennes. Un large choix, donc, de sandwichs, mais également, entre autres, de paninis et de *bouddha bowls*. Service rapide parfait pour partir avec son délicieux butin ou s'installer et faire une pause bien méritée.

LE RELAIS DE LA VALLÉE €€

39 ter rue Charleroi

✆ +687 25 28 39

Ouvert du lundi au vendredi midi et soir. Compter 3 000 CFP pour un plat.

Dans le quartier de la Vallée des Colons, la réservation est conseillée pour ce petit établissement dont le succès ne se dément pas. La cuisine traditionnelle française n'est ici jamais décevante et toujours copieuse. C'est une adresse qui a fait ses preuves et figure parmi les meilleures de la ville. Pour cette raison, le Relais de la Vallée est assiégé et il n'est pas rare de devoir réserver des jours, voire des semaines à l'avance, pour avoir une place. On adore particulièrement leur foie gras et leurs pâtes aux crevettes. Un véritable délice.

SUN PIZZA €€

34 bis rue du Port-Despointes

✆ +687 80 82 14

Ouvert le soir du lundi au dimanche de 18h à 21h30 et le midi du mardi au samedi de 11h à 13h.

A emporter, ces délicieuses pizzas sont parmi les meilleures de Nouméa. Cette petite adresse de quartier, située au sein du Faubourg Blanchot dans un renfoncement de la rue du Port-Despointes, les confectionne à merveille, avec des recettes variées et de très bons ingrédients. Des planches apéro à partager sont aussi proposées, mais on vient surtout pour leur savoir-faire dans la préparation des pizzas, copieuses et savoureuses. Un régal pour les gourmands. D'autant plus que le personnel est très sympathique, ce qui ne gâche rien.

SNACK CENTRALMA €

18 rue Georges Clemenceau

✆ +687 28 81 82

Ouvert du lundi au samedi de 6h à 17h. Plats à partir de 1 300 CFP.

Petits déjeuners, brunchs, déjeuners. Avec ses bonnes spécialités vietnamiennes et françaises, ce snack est toujours bondé pour le déjeuner donc prévoir de l'attente. A l'intérieur du centre commercial, son cadre est assez neutre, mais ses plats sont généreux et très réussis. Le service est rapide et efficace. C'est un des rendez-vous préférés du personnel du centre-ville, et l'on comprend pourquoi. Les plats sont d'une qualité et d'une fraîcheur incontournable dans ce quartier de Nouméa. Le samedi, le Snack propose des spécialités vietnamiennes.

LA TABLE DE MICHELLE €€

7 rue Taragnat

✆ +687 21 17 17

Table d'hôtes sur réservations. Menu à 2 500 CFP.

La table de Michelle est une petite adresse discrète et intimiste, en parallèle de la rue Bénébig à la Vallée des Colons, bien connue des locaux et autres habitués qui se la transmettent par le bouche-à-oreille. C'est d'ailleurs un des points forts de l'adresse, ici, on vous reconnaît. Il faudra réserver impérativement pour venir ici se régaler comme à la maison, au bord de la piscine. L'accueil est souriant et les plats sont délicieux, avec un choix restreint et changeant (viandes et poissons), toujours accompagné d'un bon vin. Un endroit très authentique.

SNACK ÉLODIE €

35 rue George Clemenceau

✆ +687 272 240

Ouvert de 6h à 18h en semaine. Menu à partir de 1 300 CFP et sandwichs à partir de 500 CFP.

Petite échoppe coincée entre les magasins de *curios* et de tissus, visible grâce à sa devanture rouge. Vivement recommandé pour les plus petits budgets, le lieu est apprécié des clients locaux. Attention, l'enseigne est victime de son succès ! Si vous ne venez pas assez tôt, les plats du jour seront déjà partis comme les délicieux petits pains qu'ils sont (littéralement pour certains). Outre les sandwichs, vous y trouverez une variété de plats asiatiques, calédoniens et français, à l'image de la clientèle de touristes comme de locaux. Ouvert seulement le midi.

LA TABLE DES GOURMETS €€

91 rue Maurice-Herzog

✆ +687 24 95 25

www.latabledesgourmets.forumactif.com

Ouvert du mardi au samedi. Plats à partir de 2 150 CFP.

Dans une villa ancienne, on déguste ici une cuisine du terroir français et des spécialités alsaciennes. Le tableau des suggestions est plutôt gourmand et change toutes les semaines : foie de canard poêlé et sa compote de pomme aux épices, salade de cerf à la broussarde et rougail de papayes. Les plats à la carte ne sont pas en reste. Une bonne adresse qui offre un excellent rapport qualité-prix. On vous recommande sans aucune hésitation de visiter cette adresse qui vaut le détour. Un magnifique point de chute gastronomique qui plaira à tout le monde.

LE PONTON €€

Récif de Tamanou
✆ +687 90 38 84
https://leponton.nc
Ouvert mardi-dimanche. Uniquement sur réservation. Navette aller-retour à 1 500 CFP adulte. Plats à partir de 3 300 CFP.

Situé sur le récif de Tamanou, à quelques mètres de l'îlot Sainte-Marie, *le Ponton* est un bar restaurant flottant spécialisé dans les produits du lagon. C'est aussi une base de loisirs nautiques. Les novices pourront observer la faune marine depuis le tunnel avec hublots tandis que les plus expérimentés choisiront les kayaks, paddles ou la randonnée guidée avec palmes, masque et tuba. Un véritable air de vacances, à deux pas de Nouméa. Sur place, vous pourrez également louer kayaks, paddles, ou profiter des nouvelles structures flottantes !

FAIRE UNE PAUSE

Côté baie des citrons et anse Vata, centre touristique par excellence, elles offrent de nombreux restaurants qui sont pris d'assaut en soirée. Alors forcément, ils sont un peu plus chers que ceux du centre-ville et la qualité des plats servis ne justifie pas toujours les tarifs. La baie des Citrons et l'anse Vata s'animent à l'heure où le centre-ville se vide, pour le plus grand plaisir des noctambules. Nouméa n'est pas riche en salons de thé et bonnes pâtisseries, toutefois, vous trouverez quelques endroits sympathiques sur la baie pour un goûter ou encore un délicieux brunch. Le centre-ville propose aussi quelques lieux sympas, un peu excentrés parfois. Il ne faut pas hésiter à demander des conseils aux hôteliers et aux locaux, de nouveaux lieux peuvent apparaître régulièrement ou encore changer de propriétaire. Et sinon, prenez à emporter et posez-vous tranquillement sur la plage !

1881

98 avenue James Cook
✆ +687 24 00 42
Ouvert du mardi au samedi de 11h30 à 22h.

Sur la presqu'île de Nouville, ce restaurant installé dans un bâtiment historique de l'ancienne colonie pénitentiaire (le bâtiment faisait office de logement pour un officier d'infanterie de marine) fait face à l'Université de Nouvelle-Calédonie. En front de mer, le cadre est idéal pour un tête-à-tête : la cuisine et le service y sont tout simplement impeccables. Le bar lounge avec ses alcôves et ses jolies lumières est également un agréable endroit pour prendre un verre. Au déjeuner, menus allégés ou complets, et le soir, tout est à la carte.

LES 3 BRASSEURS

33 promenade Roger-Laroque
✆ +687 24 15 16
www.les3brasseurs.com
Ouvert tous les jours à 11h. Fermetures : minuit lundi-mercredi, 1h mardi-jeudi, 2h vendredi-samedi, 23h dimanche.

Les 3B, évidemment ! C'est l'un des rendez-vous incontournables de Nouméa. L'ambiance y est locale et décontractée, avec une grande terrasse et surtout une microbrasserie qui produit ses propres bières, que l'on retrouve au comptoir. Un bon rendez-vous donc pour les amateurs de boissons houblonnées et brassées avec passion. Le résultat est excellent et l'on y vient avec plaisir, surtout pendant l'*happy hour* qui se poursuit jusqu'à 22h. Des concerts y sont parfois organisés. L'endroit idéal pour débuter sa soirée. Restaurant à l'étage.

AMORINO GELATO ITALIANO

27 promenade Roger-Laroque
✆ +687 26 56 56
www.amorino.com
Ouvert tous les jours de 11h30 à 18h30, 22h les vendredis et samedis, et 20h le dimanche.

Il ne faut pas se laisser dissuader par la file d'attente permanente : le service reste rapide et souriant. Les glaces sont servies en forme de pétales de fleurs avec une vingtaine de parfums savoureux au choix. Et depuis peu, on y trouve même des macarons (à la glace !). Ici, pas de surprise, si vous connaissez l'enseigne Amorino, vous serez en terrain connu, voire conquis. Une petite terrasse donnant sur la baie est un bel endroit pour s'installer et savourer sa friandise, mais encore faut-il que vous trouviez une place pour vous asseoir.

LA BARCA

33 Promenade Roger-Laroque
✆ +687 28 15 40
Ouvert tous les jours de 9h à 1h.

Institution de la baie des Citrons, la Barca a une petite atmosphère *lounge* très sympathique avec ses gros canapés et son vaste espace extérieur. Des soirées DJ y sont organisées certains soirs et des groupes locaux s'y produisent régulièrement, au risque parfois de rendre l'endroit bruyant et peu adapté aux discussions. Les tapas permettent de profiter de l'ambiance. La cuisine propose également des pizzas et des burgers, mais on conseille de s'en tenir à la grignote pour manger sur le pouce plutôt que pour s'installer et dîner « formellement ».

BARISTA CAFÉ

3 rue Anatole-France
✆ +687 46 12 01
Ouvert tous les jours de 6h30 à 14h, sauf le samedi jusqu'à 13h. Fermé le dimanche.

Le Barista Café est un de ces nouveaux *coffee shops* branchés de Nouméa style australien. Prisé surtout le matin, c'est le repaire des métropolitains qui viennent boire un bon café (certains diraient même le meilleur de Nouméa) avant de démarrer le travail. Choix considérable de cafés et thés et surtout une jolie carte de pâtisseries, viennoiseries, salades et snacks. Endroit idéal pour un petit déjeuner, mais pas seulement. Le Barista Café est une bonne adresse également pour le déjeuner, notamment grâce à leur option « Build Your Own Sandwich ».

LE BOUT DU MONDE

4 rue de la Frégate Nivôse
✆ +687 27 77 28
www.leboutdumondenoumea.com
Ouvert tous les jours de 7h à 22h.

A côté du marché. Les locaux s'y rendent tout au long de la journée pour prendre un verre au bord de l'eau, en compagnie des plaisanciers ou des voileux de la marina. C'est l'unique adresse du centre-ville que l'on trouve ouverte le week-end, dimanche soir inclus, et la grande terrasse face aux bateaux est un agréable endroit où venir grignoter quelques tapas tout en profitant de musique *live*. Restaurant sans prétention mais très bien tenu. Simplicité et efficacité sans faille, le Bout du Monde vaut largement le déplacement.

CHOCOLATS MORAND

9 rue Eugène-Porcheron
✆ +687 27 31 77
www.chocolatsmorand.nc
Ouvert du lundi au samedi. Fermé le dimanche.

Cette boutique, à côté de la poste est le rendez-vous incontournable de tous les amateurs de chocolat à Nouméa. Depuis plus de dix ans, Patrick Morand et Ludovic Pannier y partagent leur passion et confectionnent pâtisseries, confiseries, macarons, sorbets et crèmes glacées, mais proposent aussi plus de 25 thés et tisanes au détail. Une chaude recommandation pour le « récif noir » ou encore le « Calaitdonia » (pour les amateurs de chocolat au lait), pour se faire plaisir à toute heure. Nos seuls regrets sont les tarifs, un peu élevés par rapports aux portions.

BRASSERIE DU VILLAGE

35 Avenue du Maréchal Foch
✆ +687 30 66 56
www.brasserie-village.com
De 16h à 22h lundi et mardi, de 16h à minuit du mercredi au vendredi.

Avis aux amateurs de houblon, on trouve ici un *brewpub*. Mais un *brewpub*, c'est quoi exactement ? C'est un établissement où – à la fois – l'on produit des bières et on les sert ensuite directement à la pression depuis les cuves. L'établissement propose une véritable « expérience » où l'on expérimente des recettes uniques et éphémères. De nombreux événements viennent animer encore plus l'endroit, comme des concerts, des soirées thématiques... Vous trouverez tout l'agenda et bien plus encore sur leur page Facebook. Terrasse très agréable, équipe super accueillante.

© BRASSERIE DU VILLAGE

© BRASSERIE DU VILLAGE

L'ENDROIT

22 Rue Jules Garnier
✆ +687 26 28 11
Ouvert tous les jours, sauf le lundi, de 16h30 à 1h, 4h le jeudi, vendredi et samedi.

En arrivant à la BD, garez-vous sur le petit parking à droite. Vous suivez ensuite le petit chemin qui mène à la plage et à l'Endroit. Face à la mer, quasiment sur la plage, l'univers qui se présente à vous est à cheval entre le bar de soirée et la boîte de nuit. L'Endroit a rouvert ses portes en 2015, se faisant rapidement un nom à la « BD » (baie des Citrons). Le public régulier a entre 20 et 30 ans, mais diverses soirées à thème sont organisées chaque mois.

Attention pour les familles, l'établissement refuse certains enfants et pas d'autres... Allez comprendre.

LEMON BAY

27 promenade Roger-Laroque
✆ +687 23 14 49
Ouvert tous les jours jusqu'à 17h. Brunch à partir de 1 300 CFP.

Toujours sur la promenade, voilà une toute nouvelle adresse. Ouvert en mai 2018, Lemon Bay (en anglais s'il vous plaît) est un lieu idéal pour un brunch sur la BD (baie des Citrons). On y propose de délicieux cafés et une jolie carte pour déguster un bon petit-déjeuner type australien (œufs pochés, avocat, jus de fruits frais). Décor branché avec des matériaux en bois et végétation. Notez les luminaires qui rappellent les citrons ! Personnel anglophone. On reprochera juste le fait de devoir se lever à chaque fois que nous voulons commander.

LE FRONTON ETCHEKHAN

Rue Colnett
✆ +687 26 11 26
Ouvert du lundi au samedi de 15h à minuit. Carte de membre à 500 CFP par an.

Entre le quartier Receiving et celui de Tuband, c'est un endroit basque très populaire à Nouméa. Ici, on y vient jouer à la pelote bien sûr, mais aussi aux fléchettes, au billard ou au Babyfoot. Côté boissons, pas moins de trente-cinq bières sont proposées, ce qui fait du fronton le plus grand bar à bières de Nouvelle-Calédonie. La carte des tapas est plutôt alléchante, mais ce sont les pizzas au feu de bois qui font la renommée du lieu, sans compter les nombreuses soirées organisées au cours de l'année (basques, bretonnes, etc.). A ne surtout pas manquer !

MALONGO CAFÉ STORE

35 avenue Maréchal-Foch
✆ +687 26 00 90
Cafés, thés, brunch et épicerie fine.

Une belle adresse au centre-ville. Ce *concept store* implanté au cœur du village possède une très large gamme de cafés provenant des quatre coins du monde. Un torréfacteur sur place permet de torréfier le café de votre choix en quantité souhaitée. Large choix de cafés et de mélanges pour tous les goûts et toutes les fatigues. Celles et ceux forcés (ou qui veulent) travailler en vacances apprécieront également le Malongo pour son espace *coworking*. On recommande pour toutes les envies de café, pour le petit déjeuner et le déjeuner.

JACKPOT CAFE

Grand Casino, 55 promenade Roger Laroque
✆ +687 24 20 20
www.casinodenoumea.nc
Ouvert tous les jours de 11h à 4h.

Le Jackpot Café a fait peau neuve en 2021 et a rouvert ses portes au cœur du Grand Casino de Nouméa. Le café-concert prend place dans la salle des machines à sous. Un nouveau lieu nocturne avec une belle programmation de musique *live* en perspective. On peut aussi suivre de nombreux événements sportifs et faire la fête. Se renseigner sur la page Facebook pour les événements. Pour vous installer, vous avez le choix entre la salle à l'ambiance feutrée ou la terrasse remplie de verdure. Ouvert aux joueurs comme aux personnes (majeures) désirant un bon repas.

THE BEST CAFE

45 rue Sébastopol
✆ +687 25 10 10
www.cuenet.nc
Ouvert du lundi au jeudi de 6h30 à 22h et jusqu'à 23h le vendredi et le samedi.

Le cadre entre orangé, jaune et rose saumon est plutôt réussi. Fauteuils en cuir à discrétion au fond de la salle, néons, desserte de bar en bois, billards. Le *Best* a fait le pari d'un bar tendance en centre-ville, histoire d'animer un quartier trop assoupi une fois la nuit tombée. C'est également l'un des rares endroits à offrir un accès Wi-Fi gratuit à sa clientèle dans cette partie de la ville. On peut dire que le service du Best Café est à la hauteur de son nom. On apprécie leur carte très variée proposant repas élaborés et simples snacks.

2 CASINOS - 2 RESTAURANTS TRADITIONNELS
LE CARRÉ D'AS RESTAURANT GASTRONOMIQUE
ANSE VATA
CASINOS
DE NOUMÉA
INFOS ET RÉSERVATIONS : casinodenoumea.nc

Il fait toujours plus beau
au Phare Amédée...
MARY D Seven
Réservez sur :
info@mary-d.nc
+(687) 26 31 31
www.amedeeisland.com
PHARE AMEDEE
MARY D

(SE) FAIRE PLAISIR

Les magasins d'artisanat n'ont rien à voir avec les produits vendus dans les *curios* de la place des Cocotiers et de l'anse Vata. Les femmes kanak tressent les feuilles de coco et de pandanus pour donner naissance à de beaux objets : chapeaux, paniers, bouquets de fleurs... Les essences de niaouli constituent des produits de qualité à placer dans un diffuseur, bien éloignées des parfums synthétiques. Sur le plan des bijoux et des sculptures, vous aurez également un choix intéressant. La Nouvelle-Calédonie dispose en effet de richesses minérales et végétales considérables. Par ailleurs, le prix des perles à Nouméa est plus bas que partout ailleurs, y compris qu'à Tahiti, ce qui est suffisamment rare pour être notifié ! En effet, les perles entrent sans droit de douane et les matières intermédiaires comme l'or, le diamant sont détaxées pour les fabricants calédoniens. Alors, profitez-en !

LA MAISON DES ARTISANS

12 avenue James-Cook
✆ +687 27 56 85
www.boutiques-artisanales.com
Ouvert du lundi au samedi matin de 8h30 à 11h30 et de 14h30 à 17h.

La Maison des Artisans accueille chaque année différentes expositions : salon de la gastronomie et arts de la table en août, salon de la mer et du bateau en septembre, salon de l'artisanat d'art de Noël en décembre... Inaugurée en 1989, cette enceinte regroupe aussi des artisans qui fabriquent et vendent leur production sur place. Une belle vitrine de l'artisanat local avec 12 artisans à l'œuvre avec des peintures sur verre et sur porcelaine, des céramistes ou encore de la bijouterie. On y trouvera facilement une idée cadeau !

BILLABONG - BOARDRIDERS

153 route de l'Anse Vata
✆ +687 254 111

Cette enseigne australienne spécialisée dans les vêtements de surf est aussi implantée à Nouméa. L'endroit rêvé pour renouveler votre stock de maillots de bain ou encore vous trouvez une tenue parfaite pour surfer ! Billabong c'est une marque de qualité, vous pouvez y aller les yeux fermés. A Nouméa, la boutique offre un grand choix pour femmes, hommes et enfants de maillots de bain, vêtements de plage, tenue pour le surf... Leurs produits sont de bonne qualité et en plus, ils sont beaux ! Allez-y faire un tour, et selon les saisons, il y a peut-être des promos.

LE DOCK DES ARTISANS [ARTI'FEES]

4 Quai des scientifiques
Du lundi au vendredi, de 7h30 à 16h (15h le vendredi).

© LE DOCK DES ARTISANS

Situé au numéro 4 du quai des scientifiques à Nouméa, le Dock des Artisans, ou ARTi'FEES, est un grand rendez-vous pour tous les artistes autant que pour les amateurs d'Art de Nouvelle-Calédonie et d'ailleurs. De nombreuses expositions éparpillées dans toute la villa de Nouméa (notamment au sublime Parc Provincial Zoologique et Forestier). Si vous passez par la boutique, c'est une excellente adresse pour des souvenirs et cadeaux. On recommande !

DECATHLON

Centre commercial Kenu In

✆ +687 41 04 60

Ouvert tous les jours de 8h à 19h, fermé le dimanche.

Le groupe français de grande distribution spécialisé dans les articles de sport a ouvert des portes dans la périphérie de Nouméa. On y trouve les articles principaux à des prix plus élevés. Mais pour la Nouvelle-Calédonie l'offre et le choix sont d'importance. On y va pour s'acheter le nécessaire de snorkeling si on veut en faire de manière indépendante en prenant un masque, tuba et des palmes. On y trouve aussi tout le nécessaire si on veut faire des randonnées, des chaussures... Bref, idéal si on a oublié quelque chose avant de découvrir le pays.

TRICOT RAYÉ

27 rue de l'Alma

✆ +687 25 40 21

www.tricot-raye.nc

Ouvert du lundi au samedi de 9h à 12h et de 12h30 à 17h30 (17h le samedi).

Vous n'avez jamais remarqué une petite tête jaune rigolote brodée sur des chemises, des shorts ou des tee-shirts, façon croco de Lacoste ? C'est que vous ne faites pas assez attention ! La marque a envahi Nouméa en reprenant le fameux petit serpent ultra-venimeux de Nouvelle-Calédonie, avec une ligne de vêtements assez sportive qui se décline en images comiques reprenant les clichés du pays. On y trouve aussi des accessoires et objets faciles à transporter dans l'avion, comme peluches, mugs, paréos, pochettes de voyage... Parfait pour un souvenir typique !

MARINE CORAIL

26 rue du Général-Mangin

✆ +687 27 58 48

www.marine-corail.nc

Ouvert du lundi au samedi de 8h à 17h (16h le samedi).

Une référence à Nouméa. Le magasin est à la fois un *shipchandler*, un repaire de chasseurs sous-marins, de *voileux* et de plongeurs. Vous y trouverez des livres spécialisés, du *gelcoat*, ainsi que des petites annonces pour les embarquements de dernière minute (dans l'embrasure de la porte). On vient se procurer le nécessaire pour la chasse sous-marine (du fusil aux lampes torches). Attention à la législation toutefois. Mais aussi des vêtements anti UV parfaits pour le snorkeling ou le surf par exemple. On recense trois boutiques en Nouvelle-Calédonie.

ARTS PREMIERS

1 rue Boulari

✆ +687 24 11 28

Ouvert du lundi au samedi de 9h à 19h et le dimanche de 15h à 19h.

Probablement la plus grande collection d'art tribal de Nouvelle-Calédonie. Une vraie caverne d'Ali Baba où l'on retrouve des créations venues de toute l'Océanie comme les îles Salomon, le Vanuatu, la Papouasie ou encore les îles Marquises avec en prime les conseils d'une propriétaire passionnée... A noter, la galerie gère l'expédition de toutes vos pièces jusqu'à chez vous. Demandez les certificats prophylactiques. Une adresse qui vaut le détour, que ce soit par curiosité ou pour trouver un souvenir à rapporter en métropole pour soi ou la famille.

PLANET REEF SURF SHOP NOUMEA

1 rue Bataille

✆ +687 43 65 15

https://planet-reef.nc

Ouvert tous les jours, de 10h à 17h.

Si vous avez un problème avec votre planche de surf, votre planche à voile, votre paddle, c'est l'endroit où il faut venir ! Ce *shop* de passionnés géré par Jean Lou Colmas propose les plus grandes marques mondiales pour tous les *riders* ! Planche à voile, foil, stand-up-paddle, surf, wing... Vous y trouverez tout pour la glisse ainsi qu'un atelier de professionnels pour la réparation de vos jouets ! C'est l'adresse à connaître pour tous les passionnés !

CALEDO LIVRES

21 rue Jean-Jaurès

✆ +687 27 38 11

Ouvert du mardi au vendredi de 8h30 à 17h et le samedi de 8h30 à 13h.

Située au cœur de la ville, le long de la place des Cocotiers, la librairie Calédo Livres propose des ouvrages neufs ou d'occasion spécialisés sur l'Océanie, et dispose d'un service de commandes si vous avez une recherche précise à effectuer. L'établissement propose également un site en ligne. Et au-delà de son nom, Calédo Livres propose aussi une sélection musicale avec notamment de la musique locale et calédonienne. Et côté souvenirs, on peut y trouver de très belles affiches décoratives, des cartes postales, des calendriers, des marque-pages...

© LA MAISON DE LA PERLE

© LA MAISON DE LA PERLE

LA MAISON DE LA PERLE

29 rue de Sébastopol
✆ +687 27 82 27
www.maisondelaperle.com
Ouvert du lundi au samedi de 9h à 18h et le dimanche de 15h à 18h (boutique Anse vata).

Si la Nouvelle-Calédonie ne possède pas de fermes perlières, le must est cependant l'achat de bijoux en perles de Tahiti... Les magasins sont de vrais professionnels. La qualité est souvent au rendez-vous (n'oubliez pas cependant d'exiger un certificat de garantie d'origine).

Ce fabricant créateur propose des perles de très grand choix et de belles couleurs. La perle se décline ici sous toutes formes de bijoux, avec ce petit plus d'être travaillée par des artisans créateurs. Des modèles originaux aux motifs délicats. Une référence !

© LA MAISON DE LA PERLE

© LA MAISON DE LA PERLE

BOUGER & BULLER

Nouméa offre de multiples activités sportives. Pour la marche, ne manquez pas la balade jusqu'au point de vue Ouen Toro. Pour la course, la promenade le long de la mer est parfaite ! Profitez ensuite du golf, de faire un baptême de parapente, de louer un vélo... Mais surtout, la richesse de Nouméa, ce sont ses activités nautiques ! Direction la plage pour nager, faire du paddle, du surf, du snorkeling... Peu importe vos envies, votre budget ou encore votre âge, nul doute que Nouméa a quelque chose à vous offrir !

La Maison du Lagon, bureau à Port Moselle, regroupe 25 sociétés d'activités nautiques et touristiques (plongée, randonnée palmée, location de bateau, croisière avec skipper ou non, sortie observation des baleines...). Elle peut ainsi vous orienter et vous conseiller selon vos envies : nombre de personnes, destinations, avec équipage...

Et pour se détendre, certains hôtels de la ville disposent de très bons spas !

ABYSS PLONGÉE

Marina Port-du-Sud ✆ +687 79 15 09

www.abyssnc.com

Plusieurs offres disponibles. Baptêmes de plongée, plongées encadrées, etc.

Basée à Nouméa, l'équipe de Lionel dispense des formations ANMP-CEDIP et PADI. Elle organise des baptêmes et des plongées d'exploration dans une vingtaine de sites situés dans la passe de Dumbéa ou au phare Amédée où vous pourrez observer tortues, raies mantas, requins et une incroyable biodiversité. Egalement des sorties en brousse : la fameuse aiguille de Prony, les canyons de La Foa ou encore les tombants du Grand Sud.

Une sortie incontournable à faire absolument pour découvrir la faune et la flore sous-marines en compagnie de guides la plupart francophones.

ALOHA WINDSURFING

Promenade Roger Laroque

✆ +687 92 83 85

A partir de 2 500 CFP l'heure de location, 3 500 CFP l'heure de cours. Stages à la semaine possibles.

La plage de l'anse Vata est parfaitement adaptée à la pratique de la planche à voile. L'équipe d'Aloha Windsurfing y a donc installé ses camions et vous accueille tous les jours dans la bonne humeur et propose cours, stage ou du matériel à la location. Des planches de paddle sont également disponibles. Le Aloha, c'est des prix abordables, un service chaleureux servi par une équipe majoritairement jeune et, surtout, passionnée par les paysages qu'ils font découvrir à leurs clients. On recommande absolument, allez-y sans hésitation.

AÏTO CHARTER

6 allée de Bellevue

✆ +687 84 34 07

www.aito-charter.nc

Location du bateau Aïto avec équipage : 120 000 CPF la journée, 6 000 CFP la demi-journée.

Cette compagnie dynamiquement gérée par Ulysse et son équipe propose deux catamarans à la location pour des sorties à la demi-journée, journée, et pour la soirée (sortie sunset cruise). Possibilité de croisières plus longues. En croisière, l'*Aïto* peut accueillir jusqu'à 8 personnes avec ses quatre cabines doubles, le *Wave Dancer* quant à lui, accueille jusqu'à 6 personnes avec trois cabines doubles.Les skippers ne manquent pas d'anecdotes sur les baleines et savent lire leurs mouvements, ce qui est très impressionnant ! Un moment de rêve à faire absolument.

AQUANATURE

Marina de Port-Moselle

✆ +687 26 40 08

www.aquanature.nc

7 500 CFP par personne pour une demi-journée, journée complète sur demande. Déjeuner possible. Observation de baleines.

Aquanature propose une promenade palmée à ne pas rater ! C'est à leurs côtés que vous partez à la découverte des réserves marines, à seulement 30 minutes en bateau de Nouméa. La sortie se veut conviviale et le groupe fait vite connaissance à bord. Une fois à l'eau, il n'y a plus qu'à palmer et observer la faune et la flore sous-marines. Suivez le guide ! Le récif offre un spectacle sublime. L'encadrement est professionnel et le matériel fourni de qualité. Il est aussi possible d'aller observer les baleines lorsque la saison s'y prête.

ASSOCIATION SÉCURITÉ PLONGÉE

✆ +687 264 526

En cas d'accident, vous devez impérativement passer par les urgences du CHT afin d'être pris en charge. C'est avec une ambulance du CHT que vous serez orienté vers le caisson hyperbare après avoir subi les examens médicaux d'usage d'un accidenté de plongée, la décision étant prise par le médecin hyperbare d'astreinte. En 2022, le gouvernement a pris la décision de remplacer le caisson thérapeutique hyperbare COMEX 1800, par une unité plus volumineuse et plus moderne.

AVENTURE PULSION

3 impasse Uitoë

✆ +687 26 27 48

www.aventure-pulsion.nc

Sorties au clair de lune à la Forêt Noyée, excursions découverte de Prony et des sources chaudes, etc.

Cette agence spécialisée dans les aventures en canoë-kayak est présente dans les endroits les plus stratégiques du Caillou pour sa pratique. En plus d'expéditions encadrées le long de la Côte oubliée, de balades au clair de lune dans la Forêt noyée et de descentes de rivières, elle propose la location de kayaks à l'heure, et un service de *taxi aventure*, ainsi que des sorties autonomes *road-book* qui vous permettent une parfaite autonomie. L'équipe est pro et sympa et ses plus grandes forces sont sa flexibilité et son adaptabilité vis-à-vis des clients.

CERCLE DES NAGEURS CALÉDONIENS

8 rue Jules-Garnier

✆ +687 26 21 61

www.cnc.nc

Accueil, snacks et boutique ouverts du lundi au samedi. Horaires variables.

Fondé en 1963 par Jean-Claude Robin, le Cercle des Nageurs Calédoniens (CNC) est une institution dans la communauté des nageurs. C'est l'un des meilleurs clubs français et Lara Grangeon, sélectionnée aux J.O. de Londres en 2012 et championne de France à de multiples reprises, y est licenciée. Dans le bâtiment du Cercle, on trouve la piscine officielle (25 m) ainsi qu'un bassin olympique (50 m). Une boutique et un lieu pour se restaurer et prendre une pause : le snack La Marinière.

BLUE CALEDONIA FREE DIVING

Maison du Lagon

✆ +687 98 13 86

www.bluecaledoniafreediving.com

Forfait 2 plongées avec déjeuner à 14 000 CFP. Forfait journée et randonnées palmées : 8 500 CFP. Baptême : 13 000 CFP.

© BLUE CALEDONIA DIVING

Pierre Crubillé, moniteur diplômé d'Etat et apnéiste passionné, propose des initiations et des entraînements à l'apnée en tant que moniteur indépendant. Vous pouvez surtout profiter des plongées en bouteille ou des randonnées palmées au phare Amédée. En fonction des conditions météo, vous aurez le choix entre une dizaine de sites de plongée, dont la fameuse passe de Boulari. Un bon plan pour combiner plongée et visite de cet îlot incontournable de la baie de Nouméa.

COCONUT TAXI BOAT

Baie de l'Orphelinat

✆ +687 75 50 17

www.coconuttaxiboat.com

Taxi-boat aller-retour vers les îlots. Tarif variable en fonction de l'îlot choisi.

Coconut propose des *taxis-boats* aller-retour vers les principaux îlots au large de Nouméa : îlot Canard, îlot Maître, îlot Goéland, îlot Signal, îlot Larégnère, îlot Amédée. Des sorties thématiques sont aussi organisées : randonnée palmée, session surf, rencontre des baleines à la saison, visite du cap N'dua, etc. Les tarifs sont dégressifs selon le nombre de personnes. Leurs équipes sont fiables, accueillantes, et leurs bateaux rapides et sûrs. N'hésitez pas une seconde à faire appel à eux. La compagnie idéale pour visiter les îlots.

DAL'OCEAN CHARTER

Rue Tardy-de-Montravel
✆ +687 96 11 31
www.daloceancharter.nc
Location du catamaran sur 2 jours ou plus à partir de 11 500 CFP/p. Sortie baleine à partir de 7 000 CFP/p

Dal'Ocean Charter est un des plus anciens prestataires organisant des sorties en catamaran en Nouvelle-Calédonie. Frédéric et son frère organisent différentes excursions dans les eaux calédoniennes, ainsi que des locations de bateaux (catamaran ou semi-rigide). Des *taxis-boats* sont aussi possibles vers les îlots Amédée, Signal, Larégnère, Goéland, Ronde, Mbo, l'Ang, Redika ou encore Atiré. Découvrez la plongée sous-marine enchanteresse à la découverte de la faune et de la flore, et admirez les nombreuses espèces de poissons et les tortues.

DREAM YACHT NC

Marina de Port-Moselle
✆ +687 23 36 80
www.dreamyachtcharter.com
Prix en fonction du nombre de jours de location et du type de bateau, devis possible sur le site de la compagnie.

Présente sur tous les océans du globe, la compagnie Dream Yacht Charter s'est spécialisée dans la location de bateaux pour des croisières d'un minimum de 3 jours avec ou sans skipper. Bateaux à voiles ou à moteur de 2 à 24 places. Six bateaux de croisière et six catamarans sont disponibles à la location et l'équipe s'adapte à vos demandes et envies de voyage. Que ce soit pour une sortie à la journée dans les environs ou une location longue durée afin de passer un moment intime sur les flots paradisiaques de Nouméa, cet endroit est pour vous.

ÉCOLE DE VOILE VMG+

5 ter rue Barrau
✆ +687 82 07 54
www.ecoledevoile.nc
Stages d'initiation et de perfectionnement. Tarifs dégressifs si plusieurs sessions réservées.

Jacques Lorella, moniteur breveté d'État Voile, vous guidera avec l'objectif de faire de vous un « voileux » autonome et responsable ! Le stage d'initiation se veut intense et ludique. Pendant quatre matinées, avec vos équipiers vous serez sur le pont à observer, mais pas de manière statique car avec Jacques on apprend sur le tas. Vous devrez sentir le vent, réfléchir, tenir la barre, manier les voiles… le tout sur un bateau de sport. Vous découvrirez également les règles de sécurité à bord. Le stage de perfectionnement sera plus lent, avec un vrai travail de fond

GOLF DE TINA

Route de Tina-Golf
✆ +687 43 82 83
www.tinagolf.nc
Tarifs variables selon parcours et jours de réservation.

Il s'étend sur un parc de 80 hectares, alors nous vous conseillons d'utiliser un kart. Les neuf premiers trous sont répartis sur un parcours vallonné avec des départs en hauteur et une vue spectaculaire. Les neuf derniers trous se cachent entre les mangroves et les plages. Par courtoisie envers les autres joueurs, vous devrez avoir relevé tous vos *pitches* et replacé vos *divots*. Des règles locales ont été édictées conjointement aux règles générales du golf. Si vous vous mettez en infraction, vous serez puni : pénalité de deux points !

HELISUD

130 rue Roger-Gervolino
✆ +687 26 96 62
www.helisud.nc
Tours en hélicoptère du lagon, du Grand Sud, de l'île des Pins

Quatre vols touristiques différents sont aussi possibles, de 30 minutes à 2 heures. Qui n'a jamais rêvé de s'offrir un vol au-dessus du plus grand (et plus beau) lagon au monde ? Un spectacle grandiose avec également un survol de la barrière de corail. Un *must* qui reste raisonnable si on rapporte le prix par personne. L'équipe est pro et l'expérience inoubliable. Vous repartiez avec des étoiles plein les yeux, et même, avec un peu de chance et selon la saison, des photos des baleines ! Le cadeau idéal à se faire à soi-même ou à ses proches.

IATOK DIVING PARADISE

Port-Moselle, ponton F
✆ +687 76 77 71
www.iatok-diving-paradise.com
Baptême 6 000 CFP, plongée de 8 000 à 9 000 CFP, formation 3 demi-journées 32 000 CFP.

Etabli sur le territoire depuis 2001, Iatok propose des plongées d'exploration dans les environs de Nouméa, à l'aiguille de Prony et dans la passe de Mato située au sud du phare Amédée. De 20 à 45 minutes sont nécessaires pour atteindre la plupart des *spots* de plongée aux alentours de Nouméa. De la réservation à la fin de la plongée, le moniteur assigné à vous (et votre équipe potentielle) est aux petits soins et s'assurera que vous passiez la meilleure journée possible en toute sécurité. Une plongée enchanteresse dans la joie et la bonne humeur.

© AVENTURE MARINE

© AVENTURE MARINE

AVENTURE MARINE

Port Moselle

✆ +687 79 98 87

www.aventure-marine.nc

Croisière lagon sud 3 jours/3 nuits : 142 500 CFP ; croisière Île des pins 5 jours/5 nuits : 222 500 CFP (base 2 pers).

Depuis 2005, Cyrille propose des croisières en catamaran à ses clients afin de leur faire découvrir les merveilles de la Nouvelle-Calédonie, le bout du monde pour beaucoup de gens, une vision de Paradis pour encore plus de gens. Croisières privées avec ou sans skipper, croisières en cabine avec d'autres touristes, vous trouverez ici beaucoup de choix pour passer le séjour de vos rêves. Quelle que soit votre décision, le tout sera fait dans le plus grand confort et une sécurité rigoureuse, afin de savourer sans aucun problème le plus grand lagon du monde.

© AVENTURE MARINE

© AVENTURE MARINE

LHOOQ

BP 1097 ✆ +687 77 27 16
www.lhooq.nc
Taxi-boat îlots, sortie écodécouverte + rencontre des baleines (8 000 CFP). Sortie phare Amédée à partir de 5 000 CFP/p.

Lhooq vous transporte en *taxi-boat* sur les îlots Signal, Larégnère, Ronhua, Ténia, Goéland et Amédée. Pendant la saison des baleines à bosse (juillet à septembre), Dimitri vous emmène également dans le Grand Sud à bord d'un Zodiac, en s'arrêtant dans les tribus de la réserve du cap N'dua où un observatoire a été construit pour mieux étudier les cétacés. Possibilité également de raid découverte sur la Côte oubliée ou sur la baie Saint-Vincent à Boulouparis et de sorties surf ou kitesurf. Lhooq propose également des sorties atypiques comme des pique-niques électro.

LOCAJET

3 rue du Capitaine-Bois
✆ +687 26 26 13
www.locajet.info
Ouvert tous les jours de 8h à 17h. Formules à la carte.

Outre les locations de jet skis, Locajet offre également des sorties accompagnées : demi-journée découverte, journée au phare Amédée, journée en jet-ski et en hélicoptère, excursion à la passe de Dumbéa... L'équipe est passionnée, dynamique et accueillante. L'excursion idéale pour (se) faire plaisir et foncer sur les vagues afin de découvrir les paysages paradisiaques de cette région de Nouvelle-Calédonie. Les balades sont encadrées par un moniteur qui vous en mettra plein les yeux. La visite du Phare Amédée est un must à ne pas manquer.

MARY D

Galerie Palm Beach - **ÎLOT AMÉDÉE**
✆ +687 26 31 31
www.amedeeisland.com
Dès 12 950 CPF/adulte (transfert, déjeuner, bateau à fond de verre, spectacle). 5 950 CFP (transfert + journée transat).

Le départ se fait le matin de Port-Moselle pour passer la journée au phare Amédée. Le forfait comprend l'excursion, le repas buffet avec boissons, les animations de danse de tamouré, et les démonstrations pour nouer le paréo et grimper sur le cocotier. L'après-midi, vous pourrez admirer les poissons grâce au bateau à fond de verre et une croisière est prévue le long de la barrière de corail. Les plus courageux pourront aussi faire une randonnée palmée ou monter en haut du phare. Retour prévu à 16h30 en hiver, 17h en été. Superbe !

LA MAISON DU LAGON

Rue d'Austerlitz
✆ +687 27 27 27
www.maisondulagon.nc
Point d'information spécialisé dans les activités nautiques.

Une étape primordiale dans votre visite de Nouméa. Vous ne savez pas quoi faire durant vos vacances ? N'hésitez pas à aller les voir. La Maison du Lagon est une sorte d'office du tourisme spécialisée dans les activités nautiques. Que vous les contactiez en avance de votre séjour ou que vous alliez les voir une fois sur place, l'équipe de la Maison n'aura aucun problème à vous aiguiller sur vos activités. Le site Internet regorge d'informations utiles pour les sorties en mer diverses et variées. Sur place, l'accueil est extrêmement sympathique.

NEW CALEDONIA FISHING SAFARIS

✆ +687 78 62 00
www.safaris-peche.com
Safaris pêche ou chasse sur réservation.

Richard Bertin organise des sorties de pêche à la mouche et des sessions de chasse au cerf dans l'extrême Nord. Le dépaysement est total et parfait pour les curieux, les amateurs et pour les professionnels sans aucun problème. De nombreux forfaits et excursions sont disponibles au Fishing Safaris, dont la pêche à la mouche, la pêche sur récif, la pêche au gros à bord d'un bateau... A noter que, pour les amateurs, une succursale de cet établissement propose des safaris de chasse.

NOUMEA KITE-SCHOOL

Marina de Port-du-Sud
✆ +687 79 07 66
www.noumeakiteschool.net
Séance découverte à 16 500 CFP, cours de perfectionnement à 14 000 CFP, stages de plusieurs jours possibles.

Base nautique spécialiste de kitesurf et wakeboard, Nouméa Kite-School propose des cours d'initiation et de perfectionnement et vend du matériel nautique. Des moniteurs diplômés, pédagogues et patients (en plus d'être adorables !) vous donnent les outils et vous enseignent les techniques pour naviguer et décoller sur le lagon. Un certificat médical et une assurance RC kite sont exigés pour l'assurance. A noter que pour ceux voulant tester le kitesurf, il y a la possibilité d'un service de navigation accompagnée ou surveillée.

© NIRVANA CHARTER

© NIRVANA CHARTER

NIRVANA CHARTER

Port Moselle

✆ +687 79 44 92

Location bateau à partir de 2 jours : 110 000 CFP/jour (pour 8 à 10 personnes) + 12 500 CFP/jour pour le skipper.

Nirvana est un catamaran qui est à louer en exclusivité. On peut y accueillir 8 à 10 passagers pour la journée ou plusieurs nuits. Le bateau offre 4 cabines confortables avec ses sanitaires. On embarque généralement avec son capitaine, Philippe, un « vieux loup de mer » fan inconditionnel de rock. Ne vous fiez pas aux apparences, derrière sa *cool attitude* se cache un sérieux marin qui connaît le lagon comme sa poche et fait son maximum pour vous faire profiter au mieux de votre séjour à bord ! Un merveilleux moyen de découvrir le lagon.

© NIRVANA CHARTER

© AUTHENTIK CALEDONIA

NOUMÉA SKYDIVE

BP 18545
✆ +687 77 32 21
www.parachutisme.nc
Saut en tandem à 3 000 m pour 42 000 CFP et à 4 000 m pour 47 000 CFP. Vidéos et photos de 10 000 CFP à 20 000 CFP.

Envie de sensations fortes ? Le Noumea Skydive est fait pour vous ! De l'accueil jusqu'au saut, l'équipe de choc de cet établissement vous accompagnera et vous rassurera jusqu'à ce que vous vous envoliez dans les airs. Les départs se font de l'aérodrome de Magenta pour un saut en tandem : 25 minutes de vol au-dessus du lagon, 50 secondes de chute libre à 200 km/heure, puis de 4 à 7 minutes de descente. De fortes sensations. Envie de garder le souvenir ? Possibilité de repartir avec les vidéos et les photos de votre saut pour un supplément.

PARAPENTE PLEIN VENT

BP 8684
✆ +687 79 40 82
www.parapentepleinvent.fr
Baptême-Tandem. Parapente 20 000 CFP. Stage 20h. Initiation-découverte 70 000 CFP. Stage première autonomie 120 000 CFP.

Que diriez-vous de découvrir Nouméa d'une manière originale ? De vous envoler et d'admirer Nouméa depuis les airs ? Ca vous tente ? Alors, n'hésitez pas un seul instant à (vous) faire plaisir et contactez la sympathique équipe de Parapente Pleint Vent. Deux formules à choisir pour votre excursion : le baptême de parapente à 20 000 CFP par personne ou la demi-journée découverte à 25 000 CFP par personne. Les départs se font au parking du Ouen Toro. Tenue conseillée pour être le plus à l'aise possible : pantalon, sweat-shirt et baskets.

PISCINE MUNICIPALE DU OUEN TORO

144 promenade Roger-Laroque
✆ +687 26 18 43
Entrée : 210 CFP.

La piscine Jacques Mouren du Ouen-Toro vous accueille tous les jours à des horaires variables selon les jours de la semaine. Dans un très beau cadre, une piscine olympique (50 m x 21 m ; profondeur de 1,90 m à 2,60 m) en plein air, très agréable pour faire ses longueurs. Des cours de natation pour adultes et pour enfants dès 4 ans y sont dispensés, et des séances d'aquagym ont régulièrement lieu. Bassin d'apprentissage de 97 m² avec une profondeur de 59 cm, parfaite pour les enfants.

CHATEAU ROYAL SPA

140 Promenade Roger-Laroque
✆ +687 29 64 44
www.aquaroyalspa.nc
Ouvert du lundi au vendredi de 8h à 20h, le samedi de 8h à 18h et le dimanche de 9h à 18h.

Au pied de l'hôtel, le Aqua Royal Spa vous accueille dans un cadre agréable et chic. Au programme : parcours Aquatonic® dans un bassin de 300 m², cours d'aquagym ou encore l'institut avec ses sept cabines de soins, son bain bouillonnant. A la carte : modelages du corps, gommages et masques corporels, soins du visage, soins minceur. Un moment de pure détente à découvrir en solo ou en couple. Le personnel est très accueillant et saura vous guider si vous ne savez quoi choisir parmi leur vaste gamme de soins. Tarifs complets sur le site Internet.

CENTRE D'ART

6 Boulevard extérieur
✆ +687 25 07 50
www.noumea.nc/centre-dart
Accueil ouvert du mardi au vendredi de 8h à 17h.

Situé dans les anciennes prisons civiles depuis 1996, le centre d'art a de multiples facettes : il accueille des cours d'arts plastiques, des cours de théâtre, des spectacles dans son Théâtre de Poche avec des compagnies en résidence ou non, des expositions d'art contemporain, des festivals de cinéma... Ce lieu est aussi connu pour ses « Art'péritifs », un rendez-vous gratuit destiné à mettre en lumière un spectacle ou une pratique artistique suivi d'un apéritif convivial le mardi soir de 18h30 à 20h. Abrite également le théâtre de poche.

SORTIR

Il faut bien l'avouer, la vie nocturne du centre-ville est pratiquement inexistante : à partir de 18h, les rues se vident. Pas loin, le Quartier latin bénéficie d'une petite ambiance de quartier avec ses restaurants et ses bars, mais ce sont vraiment les clubs établis sur la baie des Citrons et l'anse Vata qui offrent aux noctambules le loisir de goûter aux plaisirs de la nuit. C'est le coin tendance pour les soirées branchées électro, les bars et boîtes sont implantés les uns à côté des autres, impossible de les manquer ! Tentez également l'expérience du *nakamal* – aussi appelé *kava* – pour vous détendre et goûter aux douceurs du Pacifique Sud.

Procurez-vous le magazine gratuit *Le Sortir* dans les commerces et stations-service, indispensable à vos activités nocturnes (www.sortir.nc). Ou encore le site www.noumeabynight.com, qui recense toutes les sorties et bons plans pour faire la fête.

LA BODEGA DEL MAR

134 Promenade Roger-Laroque
✆ +687 26 11 53
www.bodega.nc
Ouvert du mardi au samedi de 17h à 1h.

En début de soirée, la Bodega est un bar agréable au-dessus du lagon. Puis, vers 19h30, c'est LA boîte de Nouméa, où tous les jeunes se retrouvent en fin de semaine. Est-ce parce qu'elle est construite sur l'eau, est-ce parce qu'on y consomme de très bons rhums arrangés et que la musique y est variée (du rock à la samba) ? Quoi qu'il en soit, ce succès intergénérationnel ne se dément pas. C'est l'un des plus beaux endroits de Nouméa pour prendre un apéritif au coucher du soleil, voir un concert et danser jusqu'à la fin de la soirée.

LE GRAND CASINO

9 Promenade Pierre-Vernier
✆ +687 24 20 20
www.casinodenoumea.nc
Machines à sous et tables de jeux. Interdit aux moins de 18 ans.

22 tables de jeu (4 tables de Black Jack, 6 tables de Roulette Anglaise, 8 tables de Poker et 4 tables de Punto) dans sa remarquable salle des jeux de tables avec vue panoramique sur le lagon. Des parties de Cash Game Poker et des tournois de Poker hebdomadaires sont proposés. 231 machines et 6 jackpots majeurs. On trouve également sur place un restaurant gastronomique, deux bars et snack.

MV LOUNGE

22 Rue Jules Garnier
✆ +687 27 46 46

Si vous cherchez LE bar incontournable de Nouméa, vous ne pouvez pas passer à côté du MV Lounge, installé en pleine baie des Citrons. Le bar est littéralement sur la plage. On y vient dès le coucher de soleil pour admirer la vue les pieds dans le sable avec un cocktail en main... Un pur bonheur de fin de journée ! Certaines tables sont même sur la plage. Vers 22h l'ambiance s'anime avec DJ. Un lieu immanquable pour *chiller* et danser (en seconde partie de soirée). Sur place, on y trouve plutôt une clientèle jeune, de 20 à 30 ans.

L'ENDROIT ROOFTOP

22 Rue Jules Garnier
✆ +687 71 20 00
Ouvert tous les jours de 17h à 22h. Fermé le dimanche et lundi.

Situé juste au-dessus du MV Lounge, l'endroit Rooftop est également un très bon point de chute pour finir sa journée. De là, on profite de la vue imprenable sur la Baie des Citrons et la plage grâce à la belle terrasse de l'établissement. On y vient entre amis ou en couple déguster une très belle carte de cocktails avec des inspirations venues d'ici et d'ailleurs, tranquillement installé sur les canapés. Le concept offre également de beaux plats à partager, préparés devant vous. Bel accueil d'Arielle et son équipe. A découvrir !

ÎLE AUX CANARDS ★★★

Cette île, classée réserve protégée, fait face à l'Anse Vata. Véritable petit paradis, la vue sur la baie est superbe et de belles œuvres kanakes en bois sculpté y sont exposées. Histoire d'en profiter le plus possible, partez pour la journée et pensez aux palmes, masque et tuba. Un sentier sous-marin a été balisé de manière à vous initier à la vie du grand bleu. A quelques mètres seulement de la ville, la faune et la flore y sont exceptionnelles. Les plus prévoyants auront pensé au pique-nique, les autres se restaureront sous le faré où des salades, des crêpes et des hamburgers sont proposés. Une belle sortie.

SENTIER SOUS-MARIN PÉDAGOGIQUE ★

Sur l'île aux Canard.

Suivre les bouées.

Avec vos palmes, masque et tuba, vous découvrirez une variété importante de poissons que l'on ne soupçonne pas aussi près de Nouméa. Plusieurs bouées balisent le circuit avec une mine d'informations sur la faune sous-marine. Sur ces bouées, vous trouverez les différents poissons et coraux qu'on peut observer sur le trajet. Des tortues et un dugong fréquentent même le coin. Une balade pour tous ; notre coup de cœur ! On vous conseille d'y venir en semaine et tôt, pour éviter le monde.

COLLEEN EXCURSIONS

Promenade Roger-Laroque

✆ +687 79 59 29

Aller-retour sur l'île aux Canards à 1 000 CFP, 2 500 CFP pour l'îlot Maître.

Voilà une sortie insolite et qui devrait plaire à ceux qui ont peur des profondeurs, ne savent pas nager ou encore aux plus jeunes d'entre vous ! Des bateaux à fond de verre font les trajets anse Vata - îlot Canard toutes les 15 minutes. Pendant la traversée, on profite et on admire les poissons du lagon. Navettes également pour l'îlot Maître. Située au début de l'anse Vata, Colleen Excursions est identifiable à ses bateaux gris. Vers l'îlot Canard le trajet dure 10 minutes. Comptez 20 minutes pour l'îlot Maître. Glacières et pique-nique autorisés.

NAVETTES DE PLAGES LOISIRS

80 promenade Roger Laroque

✆ +687 26 17 80

www.ileauxcanards.nc

1 500 CFP pour l'île aux Canards.

Plages Loisirs dispose de trois vedettes jaunes qui font la navette (capacité 12 personnes) au départ du faré de l'anse Vata. Tous les jours de l'année, les bateaux vous déposent au choix à l'île aux Canards ou à l'îlot Maître. Les départs ont lieu toutes les 10 min pour les deux destinations. Les heures de retour sont à votre convenance, il faudra simplement le préciser au départ. Et une fois sur l'îlot, demandez au personnel de programmer un prochain départ.

L'île aux Canards.

ÎLOT MAÎTRE ★★

Situé à 3 miles de Nouméa (de 10 à 20 minutes de bateau), l'îlot est au cœur d'un immense récif, où la randonnée palmée s'impose. La patate de Tepava offre des sensations de premier plan. À quelques brasses du ponton, l'herbier alimente de nombreuses tortues, soyez observateur. Un complexe hôtelier s'y trouve, possibilité de prendre la navette au départ de Port Moselle.

Transports

L'îlot Maître est desservi par les mêmes navettes que l'île aux Canard : Colleen Excursion et Navettes de Plages.

Sur la plage de l'îlot Maître.

ÎLOT AMÉDÉE ★★★

Construit à Paris en 1862 à l'occasion de l'Exposition universelle de Londres, le phare Amédée fut transféré pièce par pièce sur l'archipel. Il domine l'horizon du haut de ses 56 mètres et se situe à une vingtaine de kilomètres de Nouméa (compter 45 minutes en bateau avec la compagnie Mary D). Depuis sa mise en activité en 1865, il indique la proximité de la passe de Boulari, l'une des trois passes entre le lagon et l'océan. Le panorama à son sommet est somptueux par beau temps, mais il faudra d'abord en gravir les 247 marches. Au sein du récif, la profondeur du lagon descend à 25 m en moyenne. Une fois la barrière passée, le tombant donne le vertige. Le week-end, la foule se presse sur l'île, classée réserve naturelle (pêche et collecte de fleurs interdites). On dénombre 63 espèces végétales différentes, dont une trentaine a été introduite. De beaux banians se dressent à côté des cocotiers, bouraos et filaos. Regardez où vous mettez les pieds, les tricots-rayés sont nombreux.

Transports

Plusieurs sociétés de taxi-boats peuvent vous emmener jusqu'au phare Amédée en 45 minutes et la compagnie Dal'Océan Charter propose une sortie catamaran tous les samedis et dimanches, une très belle façon de découvrir l'îlot. Le phare est seulement ouvert au public lorsque le bateau Mary D y fait excursion. Il faudra vous renseigner sur ces dates si vous voulez y accéder.

HILTON ÎLOT MAÎTRE €€€

✆ +687 28 53 20
www.glphotels.nc
Dès 22 000 CFP.

Au cœur d'une réserve marine de 200 ha, l'hôtel, entièrement rénové en 2022, est lové le long d'une plage de sable blanc ouverte sur le lagon. Nouméa n'est qu'à 20 min de bateau et le luxe s'est ici marié au calme avec brio. Fleuron de l'hôtellerie calédonienne, le niveau de prestations et le confort y sont de première classe. 70 bungalows sont à disposition, dont certains sur pilotis. L'établissement est doté d'un restaurant et peut constituer un excellent prétexte pour venir passer une journée ici. Un grand nombre d'activités nautiques est proposé sur place.

MARY D

Galerie Palm Beach
✆ +687 26 31 31
www.amedeeisland.com
Dès 12 950 CPF/adulte (transfert, déjeuner, bateau à fond de verre, spectacle). 5 950 CFP (transfert + journée transat).

Le départ se fait le matin de Port-Moselle pour passer la journée au phare Amédée. Le forfait comprend l'excursion, le repas buffet avec boissons, les animations de danse de tamouré, et les démonstrations pour nouer le paréo et grimper sur le cocotier. L'après-midi, vous pourrez admirer les poissons grâce au bateau à fond de verre et une croisière est prévue le long de la barrière de corail. Les plus courageux pourront aussi faire une randonnée palmée ou monter en haut du phare. Retour prévu à 16h30 en hiver, 17h en été. Superbe !

Phare de l'îlot Amédée

ÎLOT SIGNAL ★★

Situé dans le lagon, face à la passe de Dumbéa, l'îlot Signal fait partie intégrante de la réserve du lagon Sud et abrite une faune marine particulièrement riche et variée. Il fut d'abord dénommé îlot Sénez par Tardy de Montravel en 1854, en souvenir de l'officier Vincent Sénez, qui explora la baie de Port-Laguerre à Païta. On lui doit son nom actuel pour la colonne en corail qui se dresse sur l'îlot et qui servait d'indication aux navires se rendant à Port-de-France. L'îlot Signal est réputé pour l'observation des oiseaux marins et pour son sentier pédestre qui permet de faire le tour de l'îlot en moins d'une heure.

Balade

Un sentier d'environ 1,6 km permet d'effectuer sans difficulté le tour de l'îlot en 45 minutes. On progresse tantôt au cœur de petits bois, tantôt sur le bord de la plage. La balade permet de découvrir les vestiges du temps où le calcaire corallien était utilisé pour fabriquer de la chaux, à travers les ruines d'un four, de la maison du gardien et du lieu de stockage des blocs de corail. De nombreux oiseaux marins viennent nicher ici lors de la période de la reproduction et il faut veiller à ne pas les déranger.

Tourisme

Le camping sauvage est autorisé mais attention, il n'y a pas de point d'eau ni de sanitaires. Prévoyez de rapporter vos déchets. Les feux sont limités au strict nécessaire. Eviter d'y emmener des chiens afin de protéger les oiseaux.

ÎLOT LARÉGNÈRE ★★

L'exploration du vaste récif, en apnée ou en randonnée palmée, mérite à elle seule le voyage (comptez environ 35 - 40 minutes depuis Port-Moselle en bateau). Historiquement, l'aspirant Larégnère fit escale en 1854 à Nouméa, d'où le nom de l'îlot. Il est boisé et bordé d'une plage de sable blanc qui le ceinture, et les Nouméens s'y rendent le week-end en moins grand nombre que sur l'îlot Amédée. C'est une réserve naturelle, avec de nombreux oiseaux qui viennent y nicher. On peut y venir camper, se baigner, plonger... toute l'année. Renseignez-vous auprès des taxis-boats pour les détails. Cet îlot est petit mais – comme les autres – absolument magnifique.

ÎLOT SAINTE-MARIE ★★

Nouméa compte bon nombre d'îlots, où un séjour d'une journée suffit à vous dépayser. Ne serait-ce que pour le trajet en bateau, le détour en vaut la peine. Idéal pour une jolie randonnée palmée à la découverte des poissons exotiques ou pour une journée de farniente avec pique-nique. Certains, très touristiques, attirent la foule, d'autres sont mieux préservés.

L'îlot Sainte-Marie est un bon spot pour la pratique du ski nautique et de la planche à voile. Le plan d'eau est également abrité de la houle, autorisant ainsi la baignade. Le port de départ est à la Côte Blanche. L'endroit est souvent exposé au vent, parfait pour le sport.

NOUMEA

Vue sur Nouméa depuis l'îlot Laregnère.

ÎLOT GOÉLAND ★★

Ce petit récif de sable blanc est une réserve de faune riche en sternes de Dougall. C'est pourquoi, pour leur permettre de se reproduire, il est régulièrement interdit d'accoster ou de s'approcher à plus de 200 m du bord, tout comme pratiquer du kitesurf et de la planche à voile dans cette zone.

Balade

Autres îlots accessibles depuis Nouméa

Attention, dans le cadre de protection de la faune et de la flore, certains îlots sont soumis aux normes de l'environnement et ne sont donc pas accessibles toute l'année. Les taxi-boats sauront vous en informer.

▶ **L'îlot Ronde,** ouvert au public toute l'année. L'îlot se situe à 1 heure de navigation de la Capitale et la plupart des taxi-boats le desservent. Peu fréquenté, c'est un des lieux de villégiature des habitants de Païta qui s'y rendent le week-end. Camping sauvage autorisé. Taxi-boats au départ de Nouméa ou de Païta.

▶ **L'îlot Ange,** voisin de l'îlot Ronde (10 min de navigation les séparent). L'îlot est grand, doté d'une végétation luxuriante et se prête parfaitement au camping sauvage. On y fait le tour en 10 minutes. Taxi-boats au départ de Païta ou de Nouméa.

▶ **L'îlot Mbo,** îlot paradisiaque situé au nord de Nouméa, en face de la baie tranquille et vers Uitoé commune de Païta. Plus sauvage que les autres, on s'y rend pour sa tranquillité. Au programme : randonnées palmées et détente. Accessible depuis Nouméa ou de Païta.

Sports / Loisirs

Spots de plongée autour de Nouméa

▶ **Île aux Canards.** De belles randonnées palmées sont à effectuer sur le sentier sous-marin. Les débutants et les moins débutants apprécieront.

▶ **Sèche-croissant.** Plongée peu profonde (10 m) accessible à tous. Langue de corail peuplée de lutjans. Un site propice aux plongées de nuit.

▶ **Patate de tépava – Îlot maître.** Accessible à tous. La faune y est abondante : loches, raies, petits requins de lagon et tortues font le bonheur des plongeurs.

▶ **Patate du Sournois.** La formation corallienne s'élève d'un fond de 10 m et attire de nombreux bancs de poissons.

▶ **La passe extérieure de Boulari.** Plateau corallien à 15 m, pied du tombant à 50 m et plongée dérivante. Les plongeurs débutent l'exploration le long du tombant pour finir dans la passe par 12 m de fond. Si la chance vous sourit, vous pourrez observer des poissons pélagiques.

▶ **La pointe sud du récif tabou.** Il s'agit d'un tombant très accidenté se terminant sur un fond de sable de 25 m. On peut y croiser tazars, carangues, langoustes porcelaines, mékouas...

▶ **La patate du phare Amédée.** Cette réserve sous-marine constitue le repaire de poissons- perroquets, de barbillons jaunes, de poissons-papillons. Le site est propice à l'initiation.

▶ **L'épave de La Dieppoise.** Le dernier patrouilleur en bois de la Royale fut coulé le 19 janvier 1988 pour en faire un site de plongée. Pour la petite histoire, ce bateau fut construit à Port Arthur, au Canada, en 1952, avant d'être basé à Brest en 1961, puis à Diego Suarez (Madagascar) en 1972 et enfin à Nouméa en 1976. Il fut, dit-on, donné à la France par les Américains dans le cadre du plan Marshall. La Dieppoise gît à moins de 26 m sur un fond sableux. Heureux plongeurs, vous visiterez la timonerie par les deux portes latérales.

▶ **Le mur aux loches.** Vous plongez directement dans la passe de Dumbéa où, dès la mi-octobre, commence la reproduction des loches. Il est possible d'y croiser des requins gris.

▶ **La corne de Uitoé.** De grands canyons et un magnifique récif corallien. Vous croiserez peut-être des pélagiques.

▶ **L'épave du Humboldt.** Bien moins visitée que celle de La Dieppoise, cette épave n'en est que plus intéressante. Ce palangrier fut coulé par 22 m de fond en 1993. La rambarde bâbord se situe à 13 m de fond et l'accès du bateau s'effectue par les cales du pont avant.

GRAND SUD

Territoire d'exploration sans fin et de contrastes permanents, le Sud a bien ce goût d'aventure si propre à la Nouvelle-Calédonie. Ce bout de Caillou hors du temps se trouve aux portes de la capitale, mais demeure pourtant indompté, si ce n'est par les industriels du nickel. Il faut venir ici saisir la palette des couleurs du pays qui décline ses teintes bleues, vertes et ocre, au milieu des pistes sinueuses à flanc de relief et des gués sur les torrents qui serpentent au pied des montagnes. Le parc de la Rivière Bleue, le lac de Yaté, les chutes de la Madeleine et la baie de Prony sont autant d'invitations pour les amateurs de nature, qui tomberont sous le charme de cette terre qui colle à la peau, littéralement.

De juin à septembre, embarquer à bord d'un voilier pour observer les majestueuses baleines à bosse venues se reproduire et mettre bas dans les eaux chaudes du Pacifique.

PARC PROVINCIAL DE LA RIVIÈRE BLEUE ★★★★

RP3 ✆ +687 43 61 24

Ouvert du mardi au dimanche de 7h à 17h (dernière admission à 14h).

C'est l'un des incontournables de la Nouvelle-Calédonie. Parmi les deux activités phares, on vous conseille notamment d'explorer le parc de la Rivière bleue, sa faune et sa flore, de tendre l'oreille et rester à l'affût du cri du cagou, l'oiseau emblématique de la Nouvelle-Calédonie. On peut s'y balader à pied ou encore louer un vélo pour parcourir une plus grande distance !

A faire aussi une randonnée kayak à la pleine lune sur la rivière bleue au cœur de la forêt noyée, une expérience vraiment unique !

Véritable vitrine du Grand Sud, ce parc est absolument immanquable pour tous les amateurs de grand air. Une carte très bien faite est fournie à l'entrée et répertorie les lieux intéressants à visiter. Le secteur de la rivière Blanche est accessible aux voitures tandis que l'accès à la zone de la rivière Bleue a été limité aux randonneurs, à pied ou à vélo. Des endroits spécialement aménagés permettent de bivouaquer dans le bassin de la rivière Bleue, mais il faudra bien sûr demander l'autorisation à l'agent du guichet d'accueil. Trois couleurs dominent cet environnement unique : le vert de la végétation, le bleu de la rivière et du ciel et le rouge de la terre. Parmi les espèces présentes dans le Grand Sud, pas moins de 75 % sont endémiques. Au rang des arbres notables, on retrouve le kaori, qui peut atteindre 40 mètres de haut ; l'un d'entre eux aurait 1 000 ans, et son diamètre est de 2,70 m. Heureusement, ses dimensions exceptionnelles l'ont rendu inexploitable. Grâce à un programme de protection, le secteur est encore l'un des rares endroits du Caillou à abriter une population de cagous. Cette espèce menacée est ici un trésor caché et tout le monde cherche à l'apercevoir. Pour le rencontrer, il faut beaucoup de chance et un peu de tactique. On a théoriquement plus de chance tôt le matin et en restant discret. L'un des points d'orgue de l'exploration est sans doute la mystérieuse Forêt noyée, avec ses troncs nus et blancs qui surgissent du lac.

▸ **Randonnées :** le Parc provincial de la Rivière Bleue abrite de nombreux sentiers dont les itinéraires varient de 30 minutes à 7 heures de marche. Des panneaux signalétiques vous permettent de découvrir les caractéristiques de chacun et vous renseignent sur les espèces animales et végétales que vous pouvez apercevoir. Des plaquettes de présentation des différents parcours existent. Voici le descriptif de certains d'entre eux :

▸ **Le sentier du Palmetum (1 heure – 1 km – très facile).** Court sentier botanique et pédagogique créé sur le site d'un ancien campement minier. Découverte du maquis minier et d'une forêt dense humide.

▸ **Le sentier du Houp géant (30 minutes – 1 km – très facile).** Cette courte balade emprunte une ancienne piste qui servait à extraire les arbres coupés dans la forêt. Un magnifique houp (arbre) aux mensurations extraordinaires veille sur les lieux.

▸ **Le sentier de la Source (1 heure – 3,8 km – facile).** Voilà une boucle paisible dans le maquis et aux abords de magnifiques kaoris et araucarias.

▸ **Le sentier des Trois Forêts (1 heure – 1,3 km – facile).** Il débute près de l'aménagement du gué de la Pourina. Il faut suivre une courte montée à travers des forêts humides et denses, avant de déboucher sur le maquis minier.

▸ **Le sentier de la Grande Cascade (5 heures – 15,7 km – difficile).** Situé au bout de la piste principale de la vallée, il s'agit d'une longue promenade vers la haute rivière Bleue.

▸ **Le sentier des Kaoris (3 heures – 8,5 km – moyen).** Egalement situé au bout de la piste de la vallée, c'est un parcours un peu physique parmi les géants de la forêt.

▸ **Le sentier du Koureu Deni (2 heures – 4,6 km – moyen).** Ce joli sentier à vocation botanique débute près de l'aménagement Bon Secours. Légèrement sportif, il vous mène au houp géant à travers différents types de milieux.

▸ **Le sentier de la mine Renaissance (3 heures – 8,3 km – moyen).** C'est une boucle variée qui vous mène sur les pas d'un ancien sentier muletier menant sur le site de prospection de la mine Renaissance. Les paysages dominent la vallée de la rivière Blanche et offrent un beau spectacle.

▸ **Le sentier du GR1.** Il permet aux marcheurs d'évoluer sur des sentiers menant de Prony au barrage de Dumbéa et de traverser à pied le Parc de la Rivière Bleue. En suivant ce parcours fabuleux, on explore le Grand Sud dans toute sa richesse, le long d'anciens chemins tracés par les Kanaks. Attention, il demande une préparation poussée et une bonne connaissance du terrain. Il faut une excellente forme physique et un matériel adéquat, ainsi que suffisamment de vivres car aucun ravitaillement n'est possible.

▸ **Plusieurs prestataires permettent également des activités variées** sur le parc et vous pouvez les contacter en amont pour trouver votre bonheur : Sud Loisirs (kayak, VTT et randonnée – ✆ +687 77 81 43 – www.sudloisirs.nc), H2O Odyssée (kayak – ✆ +687 91 10 03 – www.h2o-odyssee.com), Aventure Pulsion (kayak – +687 26 27 48 – aventure-pulsion.nc), Escal'aventure (escalade – ✆ +687 74 78 37 – www.escalaventure.com) et Loisirs Concept (escalade – ✆ +687 43 90 13 – loisirsconcept.nc).

Le Grand Sud regorge de secrets et de spots superbes où se faire guider peut être très agréable, d'autant plus si vous n'avez pas votre propre véhicule et que les 4x4 de location sont rares (à réserver à l'avance). Toutazimut propose des excursions variées au départ de Nouméa.

Parc provincial de la rivière Bleue.

LOISIR CONCEPT

✆ +687 839 013

Tarifs variables.

Loisir Concept a créé le premier mur d'escalade mobile de Nouvelle-Calédonie. Il est équipé de 3 voies différentes sur 8 mètres de hauteur, et est muni de prises imitant la roche naturelle. Cette jeune société vous propose aussi des parcours d'accrobranches, une activité nomade qu'elle peut transporter au parc de la Rivière Bleue, mais aussi aux Bois du Sud, ou sur l'ilot Casy. Enfin, Loisir Concept vous propose deux types de couchage pour effectuer des nuits perchées : le Plum'arbre, les Tiny House ou encore le hamac banane !

SUD LOISIRS

✆ +687 77 81 43

www.sudloisirs.nc

Pas de bureau à Nouméa. Contact et réservations uniquement par téléphone ou e-mail, paiement sur place ou en ligne.

Sud Loisirs est un prestataire sérieux implanté depuis quelques années au cœur du parc. Ici, 3 activités majeures sont proposées pour découvrir le parc à des prix abordables : location de VTT, location de kayak, ou encore le combo VTT + kayak, un *must* sur cette belle rivière. L'agence s'occupe d'acheminer votre kayak. Après avoir parcouru un itinéraire en VTT, il vous suffit de descendre la rivière en 1h30 environ. Le parc met également à disposition quelques aires de bivouac non accessibles en voiture et Sud Loisir peut acheminer vos affaires... qui dit mieux ?

Le trou bleu de Yaté.

YATÉ ★★

1 747 habitants. Célèbre pour son lac et son barrage, Yaté est la commune la plus étendue de Nouvelle-Calédonie. Avec 1 338 km², elle est la 15e plus grande commune de France mais compte à peine plus d'un habitant au km²... La nature y a été préservée d'une manière remarquable, que ce soit au parc de la Rivière Bleue ou dans les réserves du barrage de Yaté, du pic du Pin, des Bois du Sud, de la Forêt cachée, des chutes de la Madeleine, de la Fausse Yaté ou de plusieurs autres. Toutes dépendent de son territoire et contribuent à en faire un lieu d'exception. Et pourtant, les infrastructures du village, qui s'étend le long de la baie de Waho, sont assez peu développées et l'on y trouve peu d'hébergements. Mais, après tout, c'est aussi cela qui fait son charme.

Pratique

Attention, la commune ne possède pas de banque, mais il y a un distributeur de billets dans les locaux de l'OPT (ouverts du lundi au vendredi). Il y a une mairie, une gendarmerie, une caserne de pompiers, un dispensaire et une station-service à l'alimentation Da Yuru, tribu de Touaourou.

Le dernier snack a fermé mais il reste toutefois deux épiceries à Yaté, sur la route de Goro. Il y a également le marché communal le lundi et le vendredi de 8h à 11h30.

Transports

Yaté est à 1h15 de Nouméa en voiture et à 1h40 en bus sur la ligne Nouméa-Yaté du RAI, qui a une rotation quotidienne, sauf le dimanche.

RANDONNÉE SUR LA ROUTE À HORAIRES

Comptez 3h pour 9 km de randonnée d'un niveau moyen.

Cette belle randonnée effectue une boucle un peu physique mais époustouflante. Vous traversez de véritables oasis de forêt primaires et jouissez de beaux panoramas sur le lagon et la vallée. Le sentier emprunte une partie de « la route à horaires » fermée à la circulation. Le retour se fait quant à lui par l'ancienne « route à horaires », un bel itinéraire en corniche qui permet d'admirer de magnifiques trous d'eaux turquoise et de nombreuses cascades sur l'autre versant de la vallée.

LAC DE YATÉ ★

RP3

© WIRESTOCK CREATORS - SHUTTERSTOCK.COM

D'une surface de 40 km², c'est le plus grand du pays ! A l'extrémité est, le barrage de Yaté impressionne par ses dimensions. Haut de 45 mètres et long de 641 mètres, il est situé à 160 mètres d'altitude et l'épaisseur de son mur varie entre 2,3 mètres et 9 mètres. Construit en 1959, il fournit 20 % de l'électricité du pays. Un sentier conduit du site à la centrale de la commune et il faut compter 1h30 pour la descente, qui est ravissante. On y rencontre notamment une faune rare et quelques plantes carnivores... Une course à pied le traverse chaque année.

OFFICE DE TOURISME GRAND SUD YATÉ

Waho

✆ +687 46 20 65

www.destination-grand-sud.nc

Ouvert du mardi au samedi midi, de 8h à 12h30 et de 13h30 à 17h.

Idéalement placé et impossible à rater en arrivant dans la région, l'office de tourisme du Grand Sud est une étape incontournable pour tout savoir sur la région dans laquelle vous venez de pénétrer. On saura vous y renseigner pour votre séjour dans le Grand Sud et vous indiquer les meilleurs endroits à visiter, où séjourner, etc. L'office est également doublé d'une petite boutique où des produits d'artisanat y sont vendus. On ne saurait que trop conseiller d'y faire un saut.

CAMPING KWATEA €

Tribu d'Unia

✆ +687 96 61 82

500 CFP par adulte et 250 CFP par enfant (moins de 12 ans). Repas possible (commander 48h avant). Pdj possible.

La tribu d'Unia se trouve à gauche en arrivant au pont de Yaté. Bonaventure et Marie-Danielle Djawari réservent un accueil de qualité et cuisinent un bon bougna aux cailles pour leurs invités. Quatre farés permettent de s'abriter dans une jolie cocoteraie et des visites de l'élevage ou de la tribu sont possibles. Leur table d'hôte est ouverte toute la semaine. En plus de l'aire de camping bien entretenu, l'établissement propose des activités : randonnée et pêche sur le platier, balade en plate traditionnelle, démonstration d'artisanat, etc.

GÎTE IYA €

Tribu de Touaourou

✆ +687 46 90 80

Différentes options de location. Bungalow, camping, hamac. Petit déjeuner et repas en supplément.

Le gîte se situe sur les terres de la tribu de Touaourou entre Yaté et Saint-Gabriel, au milieu d'une cocoteraie et au bord d'une charmante petite crique. Trois bungalows classiques peuvent accueillir 3 à 5 personnes. Selon la météo, les amateurs de sortie en palmes, masque et tuba pourront explorer les environs. L'accueil est très sympathie et les prix raisonnables pour le service fourni. On recommande d'y déjeuner ou dîner, car la cuisine locale est copieuse et de bonne qualité. Les week-ends peuvent être bruyants car très fréquentés.

GÎTE SAINT-GABRIEL €€

Tribu de Touaourou

✆ +687 46 42 77

Camping et bungalow.

Abrité sous de hauts cocotiers en bordure d'une belle plage, le gîte Saint-Gabriel offre un excellent rapport qualité prix pour les campeurs qui sont libres de planter leur tente où bon leur semble sur le grand terrain. Il n'en est malheureusement pas de même pour les bungalows. En effet, à l'exception des bungalows n° 1 & 2 qui sont les plus récents et bien aménagés, le reste des « installations » est vétuste, mal entretenu, et peu recommandable. L'endroit est néanmoins très populaire auprès des Nouméens pour les longs week-ends et les vacances.

LE MONT-DORE ★★

À la fois partie intégrante de l'agglomération de Nouméa et du Grand Sud, le Mont-Dore, 27 155 habitants, est une commune plurielle et naturellement très diverse. Sa population la place au troisième rang du Caillou, juste derrière Dumbéa. Avec un périmètre gigantesque, elle englobe les quartiers de Pont-des-Français, La Conception, Saint-Michel, Robinson, Boulari, La Coulée, le Vallon-Dore et Plum et la tribu de Saint Louis (à éviter la nuit pour des raisons de sécurité). Les sites touristiques et miniers de Prony, Goro et Port-Boisé en font même administrativement partie, tant et si bien que l'ensemble de la région se divise en réalité entre son territoire et celui de Yaté. L'usine de Goro (ne se visite pas) posée en pleine nature, prend des allures figuratives de planche de bande dessinée de Tintin ou de Blake et Mortimer. A peine sorti des zones habitées, il est impossible de ne pas tomber sous le charme fou de cette terre rouge, du vert végétal et au fond, du bleu du Pacifique. Une ascension du Mont-Dore s'impose pour saisir toute la diversité du Sud, à la frontière entre lagon, montagnes, vie sauvage et vie urbaine.

Se restaurer

Vous trouverez peu de restaurants au Mont-Dore, mais il y a plusieurs snacks et supermarchés. Vous entendrez certainement parler des « meilleurs milk-shakes du monde ». À côté de l'épicerie de Saint-Michel, un petit magasin surmonté d'un panneau « Vente de tous les produits de la ferme », propose des milk-shakes au lait de vache frais et aux fruits locaux.

ÉGLISE DE LA CONCEPTION

Mont-Dore

Dominée par son clocher carré, l'église de la Conception a été construite en 1874 à l'endroit où s'était établie une mission mariste. Les religieux travaillaient alors sur une plantation de café. Chaque année au mois d'août, un pèlerinage est organisé à pied depuis Nouméa. La statue de 2,80 m de hauteur, représentant la Vierge, est une copie de Notre-Dame-de-Fourvière à Lyon. Les vitraux du chœur relatent les événements qui se sont déroulés à Balade. En 1843, le navire Bucéphale y débarqua des missionnaires qui survécurent tant bien que mal.

LA BUTINEUSE 🏛

213 rue des Jamelonniers

✆ +687 43 38 10

Ouvert de 14h à 18h le mercredi, les autres jours sur rendez-vous. Fermé le week-end.

Jean-Louis Martin vous fera découvrir sa miellerie, le point de vente et le mini-musée des abeilles qui ont été installés dans une grande maison de couleur jaune décorée d'alvéoles. Miel de niaouli, miel de letchi, miel de jamelon, miel de café, gelée royale... De quoi ravir les gourmands. La miellerie est doublée d'un point de vente directe si vous voulez repartir avec un (ou plusieurs !) pot(s) de leur délicieux miel. Une excursion de « Ferme découverte » est également possible pour tout apprendre sur l'élevage des abeilles à travers les âges.

OFFICE DE TOURISME GRAND SUD MONT-DORE 📷

Rond-point des Sports

✆ +687 46 06 25

http://destinationgrandsud.nc

Ouvert du mardi au vendredi de 8h à 17h, et le samedi et le dimanche de 9h à 13h.

La porte d'entrée des touristes locaux et étrangers dans la région du Mont-Dore. Si vous cherchez des conseils et indications sur votre aventure, n'hésitez pas à leur rendre visite. Sur le site Internet, vous retrouverez le calendrier des festivités et toutes les activités à faire dans le Grand Sud, ainsi que les fiches de sentiers de randonnée à télécharger. L'office de tourisme peut également vous proposer des packages très intéressants, avec notamment l'accueil en tribu.

LE MONT-DORE ★★

www.destinationgrandsud.nc

C'est très certainement la randonnée proche de Nouméa la plus impressionnante, et pourtant la plus accessible. Ce colosse arrondi de 772 mètres est bien connu des habitants de la capitale, tant il occupe l'horizon de la région. Le parcours fait 9,3 kilomètres et débute au fond de la rue des Inséparables, au Mont-Dore. Vous pouvez vous connecter au site : *www.visorando.com* pour avoir une carte. Le sentier est raide, parfois glissant, malgré des planchettes antidérapantes, exposé au soleil et à ne pas prendre à la légère. Il faudra penser à apporter beaucoup d'eau, de la crème solaire, de la nourriture et de bonnes chaussures. Mais le jeu en vaut largement la chandelle, et le tout demeure tout à fait réalisable pour n'importe qui ayant une bonne forme physique, en s'autorisant entre 3h et 5h de marche. Le balisage est excellent et il est quasiment impossible de se perdre. Le site de Destination Grand Sud détaille l'itinéraire et il y a également une carte à l'entrée du sentier. En prenant un peu d'altitude, le panorama est superbe : les couleurs du lagon contrastent magnifiquement avec le rouge de la terre, tandis que les îles Ndé, Bailly et Charron sont posées au milieu de la mer, avec la barrière de corail et le phare Amédée en arrière-plan. Au nord, la vue sur Nouméa ainsi que les baies de Magenta et de Boulari est exceptionnelle. Le Grand Sud dévoile aussi ses étendues sauvages si particulières. Une fois arrivé sur le plateau du mont, les vestiges de la mine de nickel rappellent les stigmates que l'industrie a laissés ici.

ETIC.NC - ELITE TRAVEL IN CALEDONIA

572 rue du Val-Boisé

✆ +687 919 711

Ouvert tous les jours 24h/24. Compter 2 500 CFP/personne pour un transfert à l'aéroport La Tontouta.

Service de transport. Svetlana a posé ses valises avec son mari il y a quelques années. Avec son mini bus 8 places, elle peut gérer tous vos transferts vers l'aéroport ou l'hôtel où vous séjournez. Plutôt un bon deal et pas plus cher que le bus si vous êtes en famille ou petit groupe. Elle gère aussi des excursions dans le grand sud ou en tribu. Une équipe sérieuse, jeune et souriante. On conseille fortement cette entreprise pour vos déplacements.

LES CASES DE PLUM €€

5133 route du Sud

✆ +687 43 83 07

www.lescasesdeplum.com

16 900 CFP pour une nuit pour deux personnes en bungalow avec cuisine, 14 900 CFP sans cuisine.

Tout a été pensé pour que la détente et le confort soient à leur maximum. Deux bungalows avec cuisine et deux grandes chambres, toutes possédant leur coin repas sur une terrasse abritée, sont équipées d'une excellente literie, d'une grande salle de bains, de la télévision, et des essentiels ventilateur, climatisation et wifi. La conception du lieu a été faite avec le souci du détail et de beaux matériaux, pour un résultat parfait. Quant à la grande gentillesse de Sandy, la propriétaire des lieux, elle suffit à elle seule à recommander un séjour aux Cases de Plum.

Nouméa et Le Mont Dore.

LES GÎTES DE ROBINSON €€

220 rue André-Burck
✆ +687 43 41 97
www.gitecaledonie.fr
Tarifs variables selon type de logement et saison.

Carole et Gilles accueillent les visiteurs dans leurs quatre appartements de standing, aux portes de Nouméa. Facile à trouver, la maisonnée vert pomme au toit rouge apparaît derrière le magasin Champion. Le lieu est idéal pour des longs séjours, pour découvrir le sud du pays à son rythme. Les quatre logements ont un accès indépendant et offrent tout le confort nécessaire : climatisation, connexion Internet, télévision, lecteur DVD, cuisine américaine, machine à laver, repassage, et bien sûr la piscine... Chacun offre une ambiance et une décoration différente.

GÎTE QUIÉTUDE €€

260 rue du Hameau-Saint-Michel
✆ +687 35 45 62
quietudeencaledonie.lagoon.nc
Une semaine de location minimum. Compter 23 800 CFP par semaine. Climatisation en supplément.

Martine et Jean-Claude Dorge louent cette coquette propriété arborée aux visiteurs. Mais attention, il n'y en aura pas pour tout le monde ! La location de ce F2 (32 m²) bien équipé est prévue pour deux personnes. Coin salon avec TV et DVD, cuisine aménagée avec cuisson au gaz, Internet et terrasse ombragée font partie de l'offre. Néanmoins, la climatisation est en supplément. Un charmant point de chute complètement indépendant dans la région du Mont-Dore, idéal pour organiser ou se reposer après une journée d'excursion. Une semaine de location minimum.

L'ESCALE TROPICALE €€

554 rue de l'Alezan
✆ +687 46 17 21
www.escaletropicale.com
Plusieurs villas disponibles. Tarifs dégressifs pour un mois.

C'est au cœur d'une cocoteraie, dans le lotissement résidentiel de Cornaille, à Robinson, que Christine et Marc ont installé cet établissement de standing. Les deux logements meublés offrent un niveau de prestations remarquable : cuisine américaine, salon, buanderie, dressing... jusqu'aux hamacs sur la terrasse ! La villa *Crépuscule* (F3) et la villa *Azur* (F2) sont complètement indépendantes et sont assez prisées par une clientèle étrangère. Un petit coin de paradis dans lequel on est enchanté d'arriver et qu'on a du mal à quitter.

LA FRINGALE €

1100 route du Vallon-Dore
✆ +687 44 55 52
Plat à emporter et traiteur. Ouvert du mardi au vendredi de 10h à 13h30 et de 17h à 20h et le samedi de 10h à 13h.

Cette petite adresse de traiteur et de plats à emporter propose des barquettes à prix raisonnables : porc à l'ananas, poulet au citron, crevettes à l'ail ou seiche au curry. Les portions sont généreuses et riches en goût. Les clients de la Fringale prennent principalement à emporter afin de continuer leur excursion tout en mangeant, mais il est possible de s'installer pour savourer leur très bonne cuisine variée. Poulet basquaise, hachis parmentier, etc. L'accueil est souriant et accueillant. On adore cet endroit idéal pour satisfaire, justement, une fringale.

AU RÉGAL €

✆ +687 758 429
Ouvert tous les jours midi et soir, sauf le mardi midi et le dimanche soir. Crêpes et hamburgers à partir de 500 CFP.

Au Régal, c'est tout d'abord un hôtel, mais l'établissement a d'autres cordes à son arc : lieu de célébration (mariage, anniversaire, etc.), boutique et, ce qui nous intéresse surtout ici, restaurant. Au menu : crêpe salée et sucrée, hamburger, panini, poulet-frites... Bref, une carte très variée qui saura faire plaisir à tous les goûts. Au moment d'arriver, vous pouvez choisir de vous installer dans leur salle pour savourer, mais on conseille surtout de prendre à emporter afin de continuer son excursion et même de manger au bord de mer juste à côté.

RANDONNÉE THÉMATIQUE AVEC ALAIN FORT

Mont-Dore
✆ +687 26 48 13

L'association propose des circuits pédestres et des visites thématiques intéressantes. Alain Fort établit chaque année un calendrier de sorties diverses et variées : découverte du bagne de la baie Nord, balade de Prony à la cascade du Carénage, pic du Pin... Cet ancien scientifique est une encyclopédie vivante ! Pensez à emporter sac à dos, pique-nique, bouteille d'eau, chaussures de marche et vêtements adaptés à la météo. Il faudra veiller à réserver et à demander les différentes dates.

PRONY ★★★★

Ce petit village caché dans la végétation est chargé d'histoire et témoigne pleinement du passé colonial, pénitentiaire et minier de la Calédonie. Le commandant Jean-Joseph de Brune, capitaine de la frégate Le Prony, donna le nom de son navire à la baie en 1854. En 1873, l'administration pénitentiaire prend possession des lieux et y fait travailler les bagnards jusqu'en 1907, quand son départ entraîne la ruine de la commune. En 1953, une compagnie minière la rachète la et prévoit de fournir 3 millions de tonnes de minerai de fer à une société australienne. Mais l'activité cesse en 1968 et les habitants désertent à nouveau les parages. Grâce à l'insistance d'un amoureux des vieilles pierres, les maisons sont louées en 1975 aux employés de la société propriétaire des terres et, en 1990, une association pour la protection du site se constitue. On lui doit un admirable travail de recherche et la restauration de la poudrière du bagne. Prony doit également son attrait à l'immense beauté de sa région.

Balade

Au cœur du Grand Sud, sa baie est d'une splendeur remarquable et le GR1 part d'ailleurs d'ici pour rejoindre Dumbéa. Si ce trek est réservé aux marcheurs confirmés, il est toutefois magnifique.

Transports

Direction le sud est de Nouméa, à environ 60 kilomètres et 1h20 de route en voiture.

AIGUILLE DE PRONY

Accessible en bateau depuis la baie de Prony.

La grande curiosité de la baie de Prony, c'est naturellement l'aiguille, qui n'a rien à voir avec une formation corallienne, mais qui découle d'une résurgence d'eau douce. Cette gigantesque cheminée prend racine à 38 mètres de fond et s'élève à 2 mètres sous la surface de l'eau. Imaginez une cathédrale minérale issue des profondeurs. La calcification résulte de l'action entre l'eau douce, venue des lacs et des rivières, et l'eau salée du lagon. L'eau douce s'infiltre, se réchauffe et remonte... Des aiguillettes s'élèvent d'un bras de la cathédrale, formant au sommet plusieurs clochers au-dessous desquels un trou, d'où jaillit l'eau douce, s'est creusé. Celle-ci, en se mélangeant à l'eau salée, donne cette impression de mélange trouble avec deux composés de densité différente. L'Aiguille a été officiellement découverte en 1873 lorsque le cargo La Somme, de passage à Prony pour charger du bois au bagne s'y échoue. Le bateau fut planté là pendant une cinquantaine d'heures, et c'est un aviso qui la soulagea de sa lourde cargaison, mettant ainsi fin à son échouage.

C'est aujourd'hui un spot de plongée : la chaleur dégagée par la cavité n'est pas pour déplaire aux poissons qui viennent nombreux ici. L'aiguille n'a de cesse de se développer en fabriquant sa gangue calcaire. Coraux et poissons sont au rendez-vous. Véritable royaume pour les bivalves, le site est également un lieu de frai pour les loches au mois de novembre. Autant vous dire que c'est un émerveillement pour tous ceux qui peuvent venir plonger ici...

BAGNE DE PRONY ★

Compter 1h30 de marche pour 2,5 km.
Niveau facile.

Construit au XIXe siècle pour ravitailler Nouméa en bois, il est aujourd'hui envahi par la végétation luxuriante. D'immenses banians recouvrent les bâtiments de leurs racines envoûtantes. Dans le dernier quart du XIXe siècle, un village se greffe sur le site où l'exploitation du bois perdurera jusqu'en 1911. Une association de mordus de la restauration a réhabilité la poudrière bâtie en 1884 et un sentier a été aménagé pour profiter pleinement des vestiges. Forêt humide et maquis minier se succèdent tandis que l'on pénètre au cœur de l'histoire pénitentiaire.

RÉSERVE NATURELLE DE CAP N'DUA

À l'extrême sud de la Grande Terre (2 heures de voiture depuis Nouméa).

Entrée gratuite mais soumise à horaires, du mardi au dimanche de 7h à 16h (dernière admission à 15h).

Nous sommes au bout de la Nouvelle-Calédonie et en hauteur, dans une réserve de 830 hectares. Sa biodiversité est exceptionnelle : maquis arbustif, forêt humide, mangrove, faune diversifiée, espèce végétale endémique, chiroptères, mammifères marins, 27 espèces d'oiseaux... Un circuit de 10 km permet de découvrir les richesses de cette faune et de cette flore. Cerise sur le gâteau : un observatoire équipé de longues-vues permet d'observer les baleines à bosse depuis la terre.

BAIE DE PRONY ★★★

Pour le cap N'Dua : entrée gratuite mais soumise à horaires, du mardi au dimanche 7h à 16h (dernière admission à 15h).

On n'a pas fini d'être impressionné par la beauté de cette baie immense et protégée de tous les vents. Appelée le « trou à cyclone », son paysage typique du sud est sec, aride et absolument spectaculaire. Riche en minerai de fer et en chrome, la terre est ici saturée de rouge au milieu du vert de la végétation et du bleu du Pacifique. A l'embouchure de la rivière Bleue, des sources d'eau chaude ont été aménagées pour le bain et peuvent faire l'objet d'une halte intéressante. Le meilleur endroit pour se rendre compte de la beauté de la région est sans doute la réserve naturelle du cap N'Dua. Créée en 1972, elle a rouvert ses portes en 2002 et se trouve en limite du Grand Lagon Sud, inscrit au Patrimoine mondial de l'Unesco. De mi-juillet à mi-septembre, on peut y observer les baleines qui passent dans le coin, particulièrement du haut de l'observatoire, où l'on découvre le maquis minier et le phare de 1892.

Pour les plongeurs, la baie est également un site de renom, grâce à sa fameuse aiguille, une concrétion corallienne de 38 mètres. Il faut imaginer une cathédrale minérale issue des profondeurs, dont la calcification résulte de l'action entre l'eau douce, venue des lacs et des rivières, et l'eau salée de l'océan. Mais le joyau de Prony, c'est aussi l'îlot Casy. Prolongement de la Grande Terre dont il aurait été séparé il y a un million d'années, il couvre 40 hectares et est principalement composé de péridotite, un matériau géologique à l'origine de la richesse en nickel des sols calédoniens. Baptisé en 1854 en honneur de l'amiral Casy, il est au cœur d'une splendide réserve maritime. En 1870, deux jardiniers du pénitencier s'y installèrent pour approvisionner le camp de Prony en légumes frais. Aujourd'hui, il n'a plus rien d'un purgatoire et s'apparente plus à un petit paradis. Sept variétés d'orchidées et près de 65 espèces de bois, dont certaines endémiques, y ont été répertoriées. Des sentiers balisés permettent d'en savoir un peu plus sur sa flore et les *taxis-boats Casy Express* opèrent les transferts pour ceux qui souhaitent s'y rendre. Il faut y visiter le vieux cimetière. Côté randonnée, il faut aussi savoir que le merveilleux sentier du GR1 débute au niveau de la baie de la Somme, avant de parcourir tout le Grand Sud jusqu'à Dumbéa. En bref, le seul souci dans les environs, c'est l'immense usine de nickel Valé Goro, qu'il ne faudra pas trop regarder... On peut aussi reprocher aux collectivités locales de ne pas assez bien entretenir la baie, mais cela ne gâche absolument pas le plaisir de la visite.

ÎLOT CASY ★

Situé dans la baie de Prony, l'îlot Casy est un prolongement de la Grande Terre dont il aurait été séparé il y a un million d'années. Cet îlot de 40 hectares est principalement composé de péridotites, matériau géologique à l'origine de la richesse en nickel des sols calédoniens. Baptisé en 1854 en honneur de l'amiral Casy, cet îlot est au cœur d'une splendide réserve naturelle, maritime et terrestre. En 1870, deux jardiniers du pénitencier s'installèrent sur l'îlot pour approvisionner le camp de Prony en légumes frais. Aujourd'hui, l'îlot n'a plus rien du purgatoire et s'apparente plus à un petit paradis.

Sept variétés d'orchidées et près de 65 espèces de bois, dont certaines endémiques, ont été répertoriées. Des sentiers balisés permettent d'en savoir un peu plus sur la flore et l'histoire de l'île : comptez 30 minutes, 45 minutes ou 1 heure 30 de randonnées faciles, selon le sentier emprunté. Ces trois sentiers pédestres se présentent sous la forme de boucles familiales plus ou moins longues et ne comportent aucune difficulté. Le premier vous fera découvrir le cimetière et la pointe sud de l'île. Le second vous fera côtoyer des cycas, plantes mystérieuses et primitives, véritables fossiles vivants dispersés le long de la côte Est parmi les pins colonnaires. Enfin, vous découvrirez au travers de la grande boucle la végétation du maquis minier arbustif ainsi que la forêt humide qui se développe au nord de l'île, le tout en sillonnant de magnifiques plages.

TAXI BOAT CASY EXPRESS

✆ +687 79 32 60

Compter 3 500 CFP l'A/R de Prony pour un adulte et 2 000 CFP pour un enfant. Excursion sources thermales 35 000 CFP.

Spécialistes de l'îlot Casy, Marc et Nicole proposent un service de *taxi-boat* au départ de la baie de Somme. Ils connaissent merveilleusement ces lieux isolés. Possibilité également de faire des activités à la journée : observation des baleines, pêche à la traîne ou encore baignade dans les sources thermales. L'entreprise Casy Express n'a plus à faire ses preuves aujourd'hui avec ses plus de vingt ans d'expérience. Laissez-vous embarquer en toute sécurité à la découverte des magnifiques paysages (le magnifique lagon, pour ne citer que lui).

ÎLE OUEN

A mi-chemin entre Nouméa et l'île des Pins, elle fut découverte au XIXe siècle par un santalier anglais. Elle est formée de hautes terres, issues d'un fragment détaché du reste du Caillou et entaillé par les profondes anses de Kumbé et de Port-Kuté. Ses paysages surprenants sont marqués par une grande aridité ; seul le littoral semble épargné, jalonné de cocotiers et de pins colonnaires. Réputée pour ses tortues et son ancienne mine de jade, sa petite population de 80 habitants se concentre au village de Ouara, niché au cœur d'une cocoteraie. Contactez Destination Grand Sud si vous souhaitez en savoir plus sur les possibilités de séjour.

RÉSERVE DES CHUTES DE LA MADELEINE ★★

Cette réserve de 400 hectares est riche de 168 espèces végétales qui représentent 53 familles botaniques. Cette diversité exceptionnelle est doublée d'un incroyable taux d'endémisme : 95 % de ces végétaux n'existent qu'en Nouvelle-Calédonie, et une vingtaine des espèces ne sont répertoriées qu'au sud de la Grande Terre ! On y dénombre 168 espèces végétales qui représentent 53 familles botaniques ! Il faut dire que nous sommes au cœur du maquis minier propre au sud de la Nouvelle-Calédonie et que la pluviométrie est élevée. Attention, l'endroit a un droit d'entrée ainsi que des horaires d'ouverture de 7h30 à 17h30, tous les jours de l'année.

AIRE DE CAMPING DE NETCHA €

Netcha

✆ +687 459978

Accueil des campeurs jusqu'à 20h.

C'est dans un cadre agréable au bord de l'eau que cette aire a été aménagée. Les farés abritent un coin feu et vous seront d'un grand secours en cas de pluie. Seulement 10 emplacements ont été aménagés et un bloc sanitaire est implanté. Pour piquer une tête, le ponton et son échelle s'avèrent très pratiques. Sur la route de Yaté, aller jusqu'au carrefour juste avant le pont de la Rivière des Lacs (40 km). Prendre à droite la route du Carénage (8 km). L'entrée du site est à gauche.

CHUTES DE LA MADELEINE ★

Chutes de la Madeleine

✆ +687 47 94 80

La réserve est ouverte tous les jours de 8h à 17h. Tarifs : 400 CFP par adulte et 200 CFP par enfant.

© SEILIN - FOTOLIA

La réserve de la Madeleine constitue un site exceptionnel pour la diversité et la richesse de sa flore. Les botanistes trouveront ici des espèces uniques : araucarias nains, plantes carnivores, orchidées sauvages... 168 essences de plantes (la plupart endémiques) ont été répertoriées dans les environs. Cette terre rouge contient très peu d'éléments nutritifs et seule la végétation du maquis minier peut résister à ces conditions extrêmes, ce qui explique le taux d'endémisme hors du commun. Le sentier mène sur 2 km jusqu'aux chutes. Accès facile.

PORT-BOISÉ ★

Direction le plein sud de Nouméa, à environ 2h de route et 90 kilomètres de la capitale. Aux confins méridionaux de la Grande Terre, Port-Boisé et sa petite baie forment un havre de paix unique et tranquille à ne pas manquer lors d'un passage dans la région. C'est une bonne base pour explorer le Grand Sud et l'on y trouve le seul véritable hôtel du coin. L'endroit un peu isolé avec une magnifique plage est un bon point de chute romantique pour les amoureux. N'hésitez pas non plus à découvrir les environs, en balade pédestre ou en louant un vélo par exemple. On vous propose notamment le sentier des bagnards, en description juste en dessous !

KANUA TERA €€€

Port-Boisé
✆ +687 46 90 00
www.tera-hotels-resorts.com
Dès 22 000 CFP pour un bungalow pour deux (avec enfant) et petits déjeuners.

© KANUA TERA ECOLODGE

Kanua Tera est le seul véritable hôtel de Grand Sud, au bord du lagon et sur un site superbe. Les 18 bungalows allient architecture traditionnelle et confort d'un établissement 3-étoiles, avec TV écran plat, brasseur d'air, réfrigérateur, nécessaire pour le thé et le café, répulsif anti-moustique, coffre individuel... On profite pleinement du calme ambiant au bar, au restaurant et sur la terrasse au bord de l'eau. C'est un plaisir d'aller explorer les fonds marins en PMT, ou de faire une randonnée dans la réserve naturelle du cap N'Doua.

CAMPING DE PORT BOISÉ €

✆ +687 84 63 14
1 000 CFP personne/nuit. 300 CFP pique-nique avec accès à la plage en voiture. Location de canoë à la journée.

Ouvert en 2011 par une guide touristique de carrière, le Camping de Port Boisé vous accueille dans son cadre idyllique. 10 emplacements disponibles pour poser sa tente. Répartis le long de la plage de sable noir, les emplacements du camping de Port Boisé comprennent tous un faré et un coin barbecue. Les sanitaires sont communs et il est possible de louer une tente sur place. C'est un excellent point de chute pour découvrir le Sentier des Bagnards qui démarre à quelques mètres seulement et la magnifique baie de Port-Boisé en général.

SENTIER DES BAGNARDS

Port-Boisé
Parcours facile de 2 heures (4,5 km) au départ de l'hôtel Kanua Tera.

Ce parcours longe le bord de mer jusqu'à l'embouchure de la petite rivière. Il mène les marcheurs sur un ancien sentier ouvert et aménagé par les bagnards au début du siècle. Des vestiges témoignent de leur travail et rappellent la vie de ces hommes qui exploitèrent le bois. On serpente sous l'ombrage des grands arbres de la forêt, traversant le maquis minier et ses plantes buissonnantes avant de longer des mangroves. Vous pourrez peut-être observer le plus grand pigeon arboricole du monde : une espèce unique, endémique à la Nouvelle-Calédonie, appelée *notou*.

GORO

Connue pour le site minier de Valé Goro qui s'étend de la baie de Prony jusqu'aux abords de cette minuscule bourgade, Goro n'en reste pas moins un bel endroit ; on y vient pour se baigner et/ou pour visiter la cascade de Wadiana et l'ancienne mine des Japonais. La cascade Wadiana est aussi appelée chute de Goro, cette cascade est visible depuis la route mais assez discrète. Il faudra donc ouvrir l'œil pour ne pas la manquer. Elle se trouve à la tribu de Goro et un trou d'eau naturel s'y révèle sympathique pour une petite baignade en été. On y accède aussi bien depuis Prony par les terres que depuis Yaté via le littoral. Se munir d'une carte routière.

ANCIENNE MINE DES JAPONAIS

Goro

Cette mine fut exploitée jusqu'à la Seconde Guerre mondiale par les Japonais et fermée après Pearl Harbor. Les Japonais furent expulsés et certains internés. Les vestiges en sont impressionnants. Il ne reste ici que des colonnes de béton qui portaient des boyaux d'évacuation jusqu'à la plage, ainsi que des tapis roulants entièrement rouillés achevant leur course sur la grève. Là-haut, sur la montagne, plus de 1 500 personnes travaillaient jadis pour extraire le fer.

CÔTE OUEST ET NORD

Depuis Nouméa, la côte Ouest, sur plus de 300 km vers le Nord, échelonne ses nombreux villages de brousse. C'est la Calédonie des stations (ranchs) avec les troupeaux de bovins broutant sous les bois noirs ou les cocotiers, gardés par des *stockmen* (cow-boys) à cheval ou en quad, une forme de Far West revisité. C'est aussi un pays de mines et de vestiges de l'époque pénitentiaire. Cette région singulière, avec d'un côté les hauteurs de la Chaîne et de l'autre côté la côte basse avec de nombreuses plages, offre de multiples opportunités touristiques pour un séjour de qualité. Puis, l'ambiance change lorsqu'on longe la côte de Koné à Poum. La semaine, les routes et les hôtels se remplissent d'ouvriers qui redescendent sur Nouméa ou sur la côte Est le week-end, laissant place aux touristes. La région est encore sauvage et authentique, avec ses immenses étendues et ses hauts sommets.

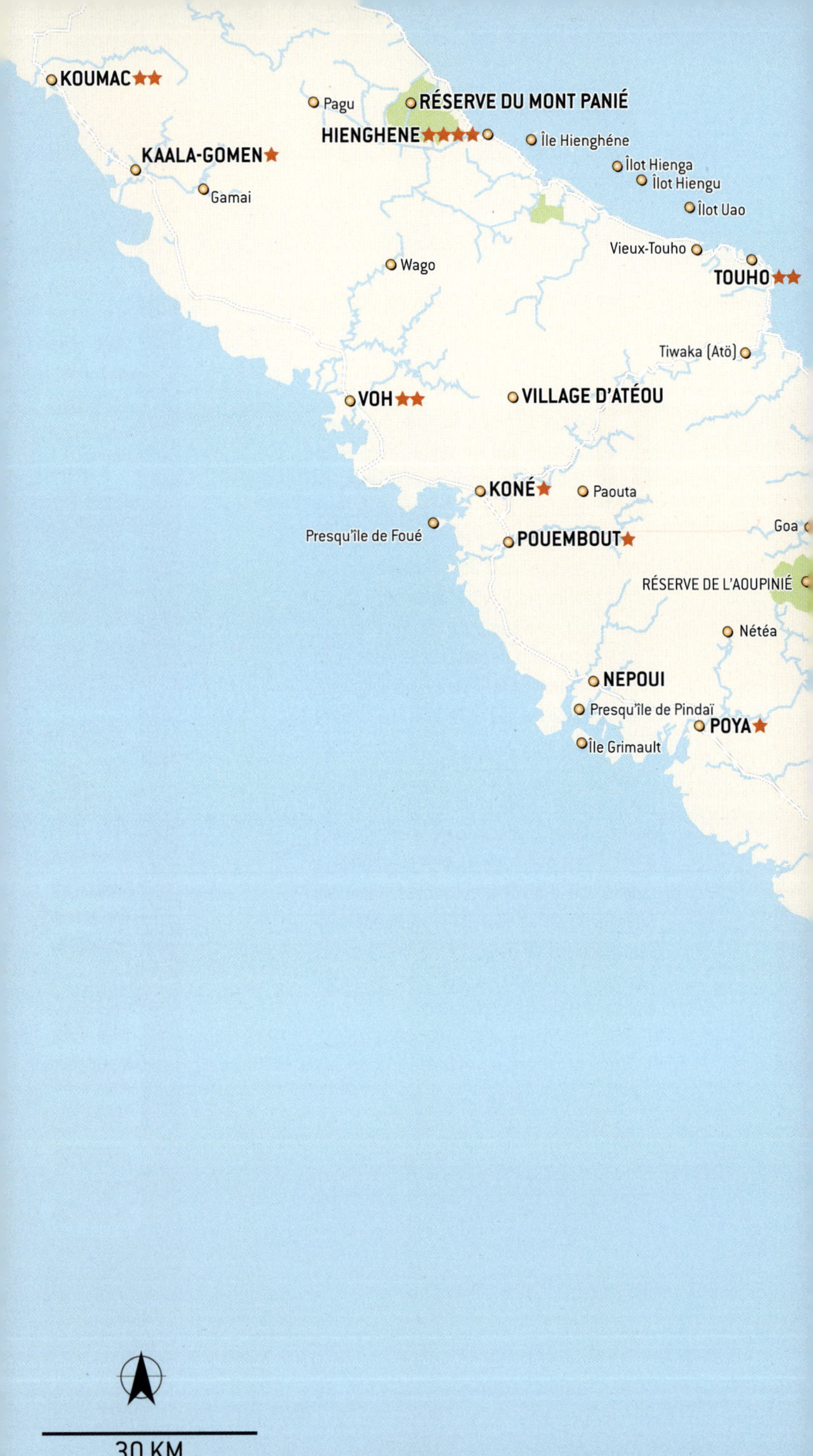
KOUMAC
Pagu
RÉSERVE DU MONT PANIÉ
HIENGHENE
Île Hienghéne
KAALA-GOMEN
Îlot Hienga
Îlot Hiengu
Gamai
Îlot Uao
Vieux-Touho
Wago
TOUHO
Tiwaka (Atö)
VOH
VILLAGE D'ATÉOU
KONÉ
Paouta
Presqu'île de Foué
Goa
POUEMBOUT
RÉSERVE DE L'AOUPINIÉ
Nétéa
NEPOUI
Presqu'île de Pindaï
POYA
Île Grimault
30 KM

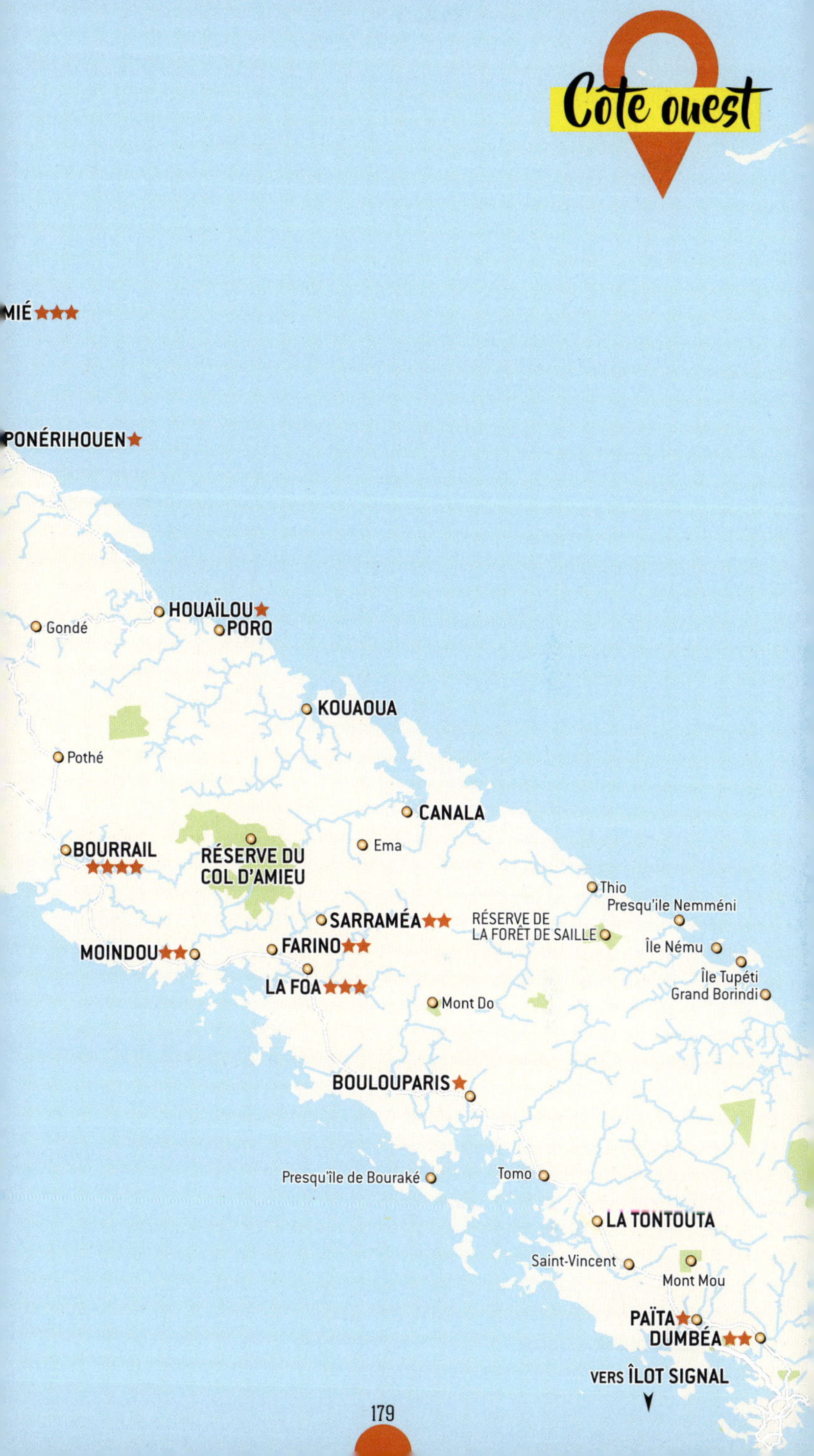

Côte ouest
MIÉ ★★★
PONÉRIHOUEN★
HOUAÏLOU★
Gondé
PORO
KOUAOUA
Pothé
CANALA
BOURRAIL ★★★★
RÉSERVE DU COL D'AMIEU
Ema
Thio
Presqu'île Nemméni
SARRAMÉA★★
RÉSERVE DE LA FORÊT DE SAILLE
MOINDOU★★
FARINO★★
Île Nému
Île Tupéti
LA FOA★★★
Grand Borindi
Mont Do
BOULOUPARIS★
Presqu'île de Bouraké
Tomo
LA TONTOUTA
Saint-Vincent
Mont Mou
PAÏTA★
DUMBÉA★★
VERS ÎLOT SIGNAL

Waala
ÎLES BÉLEP
Phwâ Jép
Île Baaba
Île Yenghébane
POUM
Tiabe
Île Néba
Île Yaba
Île Mouac
Île Tanlé
30 KM

Le Nord

POUEBO ★★★
OUÉGOA ★★
Pouébo
KOUMAC ★★
Ouéholle
RÉSERVE DU MONT PANIÉ
Hienghene
Île Hienghéne
Îlot Hienga
KAALA-GOMEN ★
Gamai
Vieux-Touho
Wahayat
VERS TOUHO ★★
Wago
VOH ★★
VILLAGE D'ATÉOU
KONÉ ★
Presqu'île de Foué
POUEMBOUT ★

PAGES

183

● ● CÔTE OUEST

Depuis Nouméa, la côte Ouest, sur plus de 300 km vers le Nord, échelonne ses nombreux villages de brousse. C'est la Calédonie des stations (ranchs) avec les troupeaux de bovins broutant sous les bois noirs ou les cocotiers, gardés par des stockmen (cow-boys) à cheval ou en quad, une forme de Far West revisité. Les stations-service qui font supérette sont aussi des lieux de vie, avec les pick-up alignés et leurs passagers faisant la causette. C'est aussi un pays de mine et de vestiges de l'époque pénitentiaire. Cette région singulière, avec d'un côté les hauteurs de la Chaîne et de l'autre côté la côte basse avec de nombreuses plages, offre de multiples opportunités touristiques pour un séjour de qualité.

217

● ● NORD ET ÎLES BÉLEP

L'ambiance change lorsqu'on longe la côte de Koné à Poum. Cette partie de la province Nord connaît une profonde mutation avec le développement des secteurs VKP (Voh, Koné, Pouembout). La semaine, les routes et les hôtels se remplissent d'ouvriers, qui redescendent sur Nouméa ou sur la côte est le week-end, laissant place aux touristes. La région est encore sauvage et authentique, avec ses immenses étendues et ses hauts sommets.

DUMBÉA ★★

C'est la deuxième commune de Nouvelle-Calédonie en termes de population avec plus de 31 000 habitants. En langue kanak la ville et le fleuve qui la traverse, portent le nom de la langue qui y est parlée (le *nââ drubéa*). Le point culminant de la commune est le mont Dzumac. Les quartiers principaux de Dumbéa, Auteuil et Koutio (mairie), jouxtent les quartiers périphériques de Nouméa. Ensuite les quartiers s'atomisent soit en proximité de la mer (Dumbéa-sur-Mer), soit le long de la route territoriale N° 1 vers la rivière, le golf et le Parc Fayard. Entre les deux, la voie express qui vient de Nouméa et qui se dirige vers le Nord et vers l'aéroport de La Tontouta, vous conduit au Médipôle (hôpital général ouvert en 2016) et à Kenu-In, vaste centre commercial. Dumbéa est un terrain de jeu idéal pour les amateurs de plein air. On y trouve aussi un parc provincial et de belles randonnées dans les monts Koghis.

Balade

Plus encore que sur le reste de la Grande Terre, la brousse domine la côte ouest, marquée par la culture caldoche et son influence. Les *stockmen* sont ici nombreux et les exploitations couvrent des étendues immenses où paissent les bovins. Symbole de cet héritage et ses traditions : les grandes foires de Koumac et de Bourail, et la chasse au cerf.

Transports

Dumbéa est à 20 minutes de Nouméa en voiture soit par la RT 1 ou par la Voie Express.

PARC PROVINCIAL DE LA DUMBÉA ★

Créé en 2013, le parc vise à protéger le patrimoine naturel développé autour de la rivière. Depuis la RT1 en provenance de Nouméa, il faut prendre la route de Koé sur la droite, juste avant le cours d'eau, et poursuivre jusqu'au parking. L'ancien barrage et les marmites du Diable font partie des endroits réputés dans les environs. Le sentier de l'ancien barrage (construit en 1892) et la présence de panneaux explicatifs permettent ainsi de se familiariser avec le parc.

GAÏA PACIFIC €

529 route de Koé

✆ +687 95 68 92

A 25 minutes de Nouméa. Camping de 1 000 CFP personne/nuit, wifi gratuit, douche, cuisinette, parking, électricité.

Gaïa Pacific se trouve à l'entrée du parc de Dumbéa et à 15 m de la rivière sur un terrain ombragé de 50 ares. Les hôtes mettent à disposition le grand chalet de 60 m^2, le faré extérieur de 50 m^2 équipé de tables et de bancs, le parc arboré avec accès privé à la rivière, les sanitaires, le parking et le wifi. Le bloc sanitaire comporte douche avec eau chaude et toilettes. Un véritable cocon dans lequel s'installer confortablement afin de profiter de toutes les installations. Un barbecue est disponible. Parfait pour un week-end en famille ou entre amis.

MONTS KOGHIS ★

Route des Monts-Koghis

Plusieurs sentiers partent sur le chemin qui jouxte l'Auberge du Mont Koghi et sont signalés. Celui du pic Malaoui est sans doute le plus intéressant et le plus gratifiant. Cette ascension de 6,5 kilomètres et 300 mètres de dénivelé vous prendra environ trois heures aller-retour. Le chemin s'enfonce dans la forêt primaire avant de rejoindre les lignes de crête, sur une partie plus raide et glissante. Une fois au pic, la vue sur le Grand Nouméa et le lagon est à couper le souffle. Une autre randonnée de 2 km conduit à la cascade des monts Koghis et vaut le détour.

AYURVEDA RASAYANA €€

19 rue des Barbouilleurs

✆ +687 98 78 79

www.ayurveda-caledonie.jimdo.com

Ouvert du mercredi au dimanche inclus.

Cat Davies offre une chambre d'hôte dans son centre ayurvédique. C'est un lieu intimiste niché dans les collines, au pied de la Chaîne Centrale. Le jardin exubérant autour du lieu de vie s'ouvre sur un parc pentu et fleuri de 1,5 ha. C'est un lieu idéal pour se ressourcer dans la simplicité, le bien-être et l'authenticité. Des forfaits soins et massages sont accessibles au public ainsi que des bons-cadeaux et des stages de cuisine pour découvrir la philosophie ayurvédique, mais aussi des cours/ateliers de yoga. Un environnement propice à la méditation...

BALI THAÏ RIVER €€

365 route de Koé
✆ +687 446 357
www.balithairiver.nc
Tarifs en ligne. Différentes formules de soins et massages disponibles.

Vous serez dépaysé par cet endroit cosy et convivial. Situé à côté de la piscine, du Spa et du sauna, il est idéal pour s'immerger avec volupté dans une ambiance 100% asiatique. Le bungalow River peut lui accueillir 2 à 4 personnes. Proche de la rivière Dumbéa, dans un écrin de verdure, il comprend deux chambres avec wifi et TV, deux salles de bain, un coin cuisine entièrement autonome, une grande terrasse privative agréable. Lyam propose également des massages thaïs, de la cuisine thaïe et un espace salon de thé avec des boissons et des gâteaux faits maison.

DOMAINE DE LA FERME D'ERAMBÉRÉ €€

67 route de la Nondoue
✆ +687 75 63 31
www.fermederambere.nc
En semaine, nuit avec pdj 9 500 CFP, 2 nuits 12 000 CFP. 12 000 CFP le week-end. Pas de règlement par carte bancaire.

© DOMAINE DE LA FERME D'ERAMBERE

Bienvenue à la ferme. Jocelyne et Jean-Luc vous accueillent sur leur propriété de 20 hectares au sein de la « brousse » calédonienne, en pleine région de basse montagne, avec une vue dominante sur la vallée ! Un hébergement en toute simplicité « comme à la maison », bien équipé. La nature environnante invite au repos ainsi qu'aux balades et randonnées. Excellente table d'hôtes avec produits du terroir disponibles à l'achat en vente directe (miel, pain d'épices, confitures...).

GITE LE PANORAMIQUE €€

75 route Daver - La Couvelée
✆ +687 78 76 96
www.gitelepanoramique.com
12 000 CFP la nuit en chalet. 20 000 les 2 nuits. 52 800 CFP la semaine. Tarifs hors taxes.

Entièrement indépendants, ces trois chalets sont situés sur les hauteurs reposantes de Dumbéa, au cœur des montagnes. Le Gîte Le Panoramique se prête parfaitement aux séjours d'une nuit comme aux séjours de longue durée. Les activités ne manquent pas dans les alentours : balades, canoë, cheval, parapente ou tout simplement farniente ! Wifi disponible. La propriétaire est adorable et accueillante. Un endroit très sympathique dans lequel séjourner en famille, les enfants seront notamment ravis de faire des stages d'équitation.

TOUR DU MONDE €€

Col de Katiramona
✆ +687 84 96 54
www.tour-du-monde.nc
Tarifs en ligne.

Dan et Jean-Claude ont mis un point d'honneur à ouvrir un gîte dédié aux globe-trotters et ce lieu est un camp de base idéal pour visiter le Caillou. Dans un cadre paisible, en hauteur, ils ont construit plusieurs chalets à thème. Les invités se partagent certaines commodités mais disposent tous d'une cuisine privée, du wifi et de la piscine. Vos hôtes prendront le temps de vous expliquer le pays et vous communiqueront leurs bonnes adresses, même dans les endroits les plus reculés. Le plus : la superbe vue panoramique sur les montagnes, la vallée et le lagon !

LOGIS DE KOUTIO €€

115 avenue Numa-Joubert
✆ +687 41 19 27
6 500 CFP la nuit, 36 000 CFP semaine/2 personnes. Tarifs dégressifs en fonction de la durée. Repas possibles.

Aux portes de Nouméa et de la Brousse dans un cadre de verdure en rez-de-jardin, *Les Logis de Koutio* vous proposent un appartement au sein d'une belle villa calédonienne. Vos hôtes, Jocelyne et Jean-Luc, apiculteurs, pourront vous donner de bons conseils pour préparer votre découverte du territoire. Wifi gratuit, piscine. Studio meublé de 30 m². Lit double, kitchenette, réfrigérateur, four à micro-ondes, cafetière, bouilloire, grille-pain. Salle d'eau complète avec douche et toilettes. Proche de la ville et du centre commercial Kenu In.

CÔTE OUEST ET NORD

GARDEN GOLF DE DUMBÉA

148 route de la Couvelée
✆ +687 418 000
www.golfelix.com

Rénové en 2014, l'ancien golf municipal de 75 hectares s'est transformé en un Garden Golf de Dumbéa, une enseigne dynamique et ouverte aux plus jeunes. Des cours y sont proposés tout le long de l'année (se renseigner sur les dates des journées portes ouvertes et stages d'initiation). Si vous n'avez pas d'équipement personnel, le golf peut vous louer des clubs et même une voiturette pour parcourir le golf (ce qui est conseillé). Le restaurant est ouvert à tous, même ceux ne jouant pas, et est très bon. Attention aux moustiques près de la rivière...

KOGHI PARC AVENTURE

Route du Mont-Koghi
✆ +687 82 14 85
www.koghiparcaventure.com

Ouvert week-ends, vacances et jours fériés 10h (dernière admission à 15h30). En semaine sur réservation (min 6 pers).

Ce parc d'accrobranches comprend quatre parcours (on en choisit 3) et 40 ateliers, situés jusqu'à 20 m au-dessus du sol et est doté d'une tyrolienne de 80 m de long. Les plus jeunes seront toujours encadrés par des professionnels lors de leur évolution dans les arbres, donc pas d'inquiétude. Pensez bien à prendre des chaussures fermées. Un excellent endroit pour passer un bon moment en famille. Les équipements sécurisés raviront les enfants qui pourront se dépenser tout en s'amusant, et prendre la tyrolienne surplombant les différents parcours.

YALA RANCH

80 route du Ranch
✆ +687 77 46 23
www.yalaranch.com

Balade équestre au bord de la rivière : 6 000 CFP/pers (deux minimum). Balade à poney dans la plaine pour les enfants.

Cette jeune équipe de cavaliers propose des randonnées équestres originales. Le niveau a peu d'importance, débutants (enfants à partir de 10 ans) ou confirmés sont les bienvenus pour s'adonner à une chevauchée au fil de l'eau. Les plus petits peuvent monter à dos de poney dans la plaine. Très beau centre équestre qui ravira petits et grands. Les randonnées passent au cœur de paysages enchanteurs et pour celles et ceux qui voudraient galoper, il est possible de le faire au sein d'une clairière sur demande (et accord du guide).

PAÏTA ★

Entre mer, urbanisme, plaines et montagnes, cette agglomération forme un pôle de vie majeur, regroupant une multitude de quartiers et de lotissements et de tribus (N'dé...) mais aussi de belles plages et une nature magnifique, à l'ombre des monts Humboldt, Touta et Mou. Païta possède plusieurs bâtiments et monuments dignes d'intérêt : l'école communale de 1876, la chapelle de la Sainte-Famille, le foyer Saint-Léon installé par Monseigneur Bresson dans une ancienne rhumerie et les vestiges de l'ancienne gare. Au nord de la ville, sur le mont Vi-Vette, se dresse une petite réplique du Christ Rédempteur de Rio. Belles randos également.

BAIE DE TORO

Route de la Pointe Ma

Au sud de Païta et après la baie de Gadji, cette belle plage au sable noir est un joli spot bien aménagé pour les pique-niques. Attention au moment d'y accéder si vous êtes en voiture, la piste n'est pas des plus pratiques pour les véhicules donc à éviter si vous n'êtes pas en 4x4 ou en voiture haute. L'épave du *Melanesia* est l'attraction principale de cette plage, de par son histoire rocambolesque. Le caboteur *Melanesia* a porté de multiples noms durant son histoire et n'a cessé de s'échouer avant d'être simplement abandonné par la marine honteuse.

MONT MOU ★

Mont Mou

Culminant à 1 219 mètres, le mont Mou, entouré d'une réserve botanique, donne l'occasion d'effectuer une belle randonnée jusqu'à son sommet. Depuis Païta, prenez la direction de La Tontouta en suivant la RT1 pour rejoindre le col de la Pirogue. À cet endroit, au sommet du col, engagez-vous sur une route asphaltée à droite en direction du sanatorium de Païta. Il faut compter 5 heures pour les 7 kilomètres aller-retour et 950 mètres de dénivelé. Vous traverserez une forêt d'arbres moussus. Une fois tout en haut, la vue est incroyable sur l'ensemble de la région.

PÉTROGLYPHES DE KATIRAMONA

RT1

Situées au bord de la RT1, avant l'entrée du village sur votre droite, le long de la rivière et derrière un cabanon de bois, ces pierres gravées de symboles étranges enflamment l'imagination... Ce sont des vestiges préhistoriques de la Nouvelle-Calédonie, que les scientifiques ne sont pas encore parvenus à dater précisément. 350 sites et plus de 6 000 gravures vous attendent. Des marches en béton y conduisent et quelques places de stationnement très limitées sont présentes.

LES FRAISIERS DE PAÏTA

Plaine de la Gendarmerie

✆ +687 35 38 97

Ouvert tous les jours de 7h à 15h30.

Sortez de la RT1 à la sortie nord. Voici un chouette endroit pour manger une glace sur la grande terrasse en teck (les sorbets sont délicieux avec un grand choix !) mais aussi pour renouveler votre stock de confitures ou de pâtes de fruits. Les fraises et framboises cueillies le jour même s'achètent en barquettes. Malheureusement, on déplore la présence imposante du facteur « chance » dans la cueillette. On peut vite se retrouver avec des fraises peu juteuses voire avec des vers à l'intérieur, mais c'est le prix à payer pour une culture biologique.

PLAGE D'ONGHOUÉ

Païta

Plage payante auto 200 CFP et moto 100 CFP.

Cette belle plage très courue des locaux s'étend à la sortie nord de Païta, sur la gauche après le pont. Suivre la route, passer la très belle tribu de N'dé (roulez doucement), la route goudronnée devient une piste très praticable. Un panneau indique la plage qui est payante à partir de l'entrée du lotissement de Naia. C'est l'une des rares plages accessibles pour se baigner dans les environs. Compter 200 CFP pour l'entrée. Profitez des 1 400 mètres de plage de sable blanc et des paysages magnifiques de Onghoué. Plage très calme, peu fréquentée.

LA BELLE VERTE CANOPY TOURS

route Vigneron

✆ +687 77 20 28

www.labelleverte-nc.com

Ouvert du mercredi au dimanche sur réservation. 6 000 CFP par adulte, 4 500 CFP pour les moins de 14 ans.

La Belle Verte Canopy Tours s'étend sur un grand terrain couvert d'une magnifique forêt, traversée par un passage pédestre. Idéal pour un après-midi ensoleillé en famille, La Belle Verte propose 600 mètres de sentiers pédestres et 1,2 km de tyroliennes. Comptez 2 heures pour faire la traversée et profiter de la vue imprenable qu'offrent les virées en tyrolienne. Une activité à sensation mais accessible à tous niveaux pour voir le Mont Mou autrement.

LÉZARD HOME €€

75 lotissement Joseph-Henin

✆ +687 75 86 02

16 000 CFP pour un bungalow pour deux personnes et deux nuits, petit déjeuner inclus. Tarifs dégressifs après 3 nuits.

La propriété de Sonia et Christophe s'étend sur un hectare, au milieu d'un immense jardin arboré et bordé de creek et de forêts. On la trouve au nord de Païta, au pied des montagnes. Au choix : deux chambres en bungalow indépendant (pour deux personnes) avec terrasse, climatisation, Internet et réfrigérateur, ou un appartement de type F2 entièrement équipé (pour un couple) pour se relaxer au rythme de la nature. La cuisine est faite avec en grande partie les légumes du jardin. Le matin petit déjeuner copieux avec des yaourts maison.

ARÈNE DU SUD

✆ +687 46 70 70

Salle omnisports avec des équipements modernes aux normes internationales, construite pour les Jeux du Pacifique de 2011 (car l'île ne comportait aucune infrastructure omnisports en règle avec les normes internationales). Elle sert aussi de salle de spectacle (capacité entre 2 500 et 3 000 spectateurs pour 1 900 places assises dans sa configuration) et a accueilli par exemple en 2015 Zucchero, Kassav ou encore Matthieu Chedid. Ne manquez pas de consulter leur programme pour profiter des nombreux événements qu'ils organisent.

LA TONTOUTA

Le mont Mou (altitude 1 150 m) est propice à la balade. Prenez la direction de Tontouta en suivant la RT1 pour rejoindre le col de la Pirogue. A cet endroit, engagez-vous sur une route asphaltée en direction du sanatorium de Païta. Plus loin, à 2 km, vous atteignez un pont. La route est jolie, ponctuée d'arbres fruitiers, cocotiers, manguiers, bananiers, arbres à pain, orangers et citronniers. Garez-vous à hauteur du pont en bois et revenez sur vos pas, jusqu'au panneau indiquant le départ de la balade. Un fléchage balise l'ensemble du parcours. Attention : pensez à l'eau. Sentier pentu et très exposé au soleil. Vous traversez une belle forêt tropicale.

HARAS DE TONTOUTA

A l'entrée de Tontouta, tournez à la BAN et tout de suite à gauche.

✆ +687 353 762

A 20 minutes de Nouméa, près de l'aéroport, le Haras de Tontouta compte cinquante hectares de verdure. Vingt-quatre boxes, douze stabulations, plusieurs paddocks, marcheur de huit places, piste en scorie sur schiste de huit cents mètres pour l'entraînement des chevaux de course. Deux carrières de chevaux, une carrière de poneys et un rond de présentation. Stages d'initiation à l'équitation, à l'attelage, à la voltige, passage de galops. Stages de perfectionnement et préparation à la compétition. Initiation et pratique aux figures de spectacles équestres.

MONT HUMBOLDT ★★

Se renseigner pour l'accès au départ.

Deuxième plus haute montagne de Nouvelle-Calédonie après le mont Panié, c'est le point le plus élevé du Caillou auquel on peut accéder seul, le toit du pays étant interdit aux marcheurs sans guide. L'itinéraire est balisé et plusieurs petits refuges sont installés jusqu'au sommet. En tout, il faudra compter au minimum deux jours à travers des paysages grandioses qui méritent réellement l'effort. Une fois au sommet, à 1 618 mètres, vous serez assuré d'être arrivé au bout d'une belle expérience ! Cette randonnée ne s'adresse qu'aux plus expérimentés.

BOULOUPARIS ★

Premier véritable village de brousse en montant vers le nord depuis le Grand Nouméa, Boulouparis (*Berepwari* en langue kanak) est une petite commune de 3 005 habitants, le bourg rassemble le tiers de la population. Région tranquille et agricole, où l'on cultive le squash et le sorgho au côté d'élevages bovins et de nouvelles pratiques comme l'ostréiculture et l'aquaculture. Port-Ouenghi et Bouraké en sont les deux charmantes facettes littorales, qui commandent de belles vues sur la baie de Saint-Vincent et ses îles. Sans avoir l'offre touristique des régions de La Foa et Bourail, on trouve tout de même ici une douceur de vivre très calédonienne et plusieurs activités sympathiques.

MONT TOUTA

La montée est très raide et n'est pas à prendre à la légère, mieux vaut être un marcheur habitué et aguerri. Il faudra compter environ six heures pour effectuer les 10 kilomètres aller-retour et les 1 050 mètres de dénivelé. Après trois kilomètres, vous verrez trois chemins différents : prenez celui de droite. Une fois au sommet, la vue sur les environs est spectaculaire. Prenez bien vos précautions et vérifiez notamment la météo au préalable (assurez-vous qu'il n'a pas plu). Emportez également beaucoup d'eau et de nourriture.

VESTIGES DU CAMP BRUN

RT1

En 1887, l'administration pénitentiaire décide de l'ouverture du camp Brun, un site d'internement disciplinaire pour les forçats les plus durs. On le trouve le long de la RT1, à 17 km à l'ouest de Boulouparis, indiqué par un panneau. Tournez à droite, faites 400 m et arrêtez-vous à l'entrée de la piste. Les vestiges sont envahis par la végétation, mais vous pouvez distinguer un escalier, des restes de murs et des anneaux rouillés auxquels les bagnards étaient parfois attachés. Aucun toit n'avait été bâti, de manière à mieux surveiller les prisonniers. Émouvant.

Boulouparis.

CAMPING DE LA PLAGE DE BOURAKÉ €

Bouraké

Camping municipal gratuit.

Ce camping municipal est aménagé sur une plage de Bouraké, avec toilettes sèches, point d'eau, poubelles et tables. Complètement gratuit et mieux aménagé que beaucoup de campings payants, ce camping est une possibilité non négligeable pour poser ses sacs et planter sa tente. Un barbecue couvert est disponible aux campeurs, et de nombreuses tables sont éparpillées, toutes couvertes. Attention toutefois, il n'est pas surveillé et il faudra prévoir l'anti-moustique...

GITE BOURAKÉ BAY €€

Bouraké

✆ +687 44 17 78

www.bourake-bay.sitew.com

Bungalow 2 pers 12 000 CFP nuit en semaine. Tarifs variables en fonction des jours réservés. Pdj 1 200 CFP.

A Bouraké, cette propriété paisible et reposante propose des F1 ouverts sur le jardin ou des F2 avec vue sur la mer. Les trois bungalows disposent du même niveau de confort : cuisine équipée, terrasse, barbecue, TV et wifi gratuit. C'est une bonne option pour visiter la région en étant indépendant, dans un cadre superbe et avec un accueil chaleureux de la part des propriétaires. Une vraie bonne adresse à retenir pour passer un séjour particulièrement ressourçant. Tarifs variables selon les jours de réservation. Forfait week-end à 26 000 CFP.

LA MALOUINIÈRE €€

Lot 89

✆ +687 35 36 80

Chambre d'hôtes à partir de 80 € pour deux personnes avec petit déjeuner inclus.

Situées dans la baie tranquille de Port-Ouenghi, les deux chambres de la Malouinière offrent un bien-être et un confort de qualité avec salle de bains privée, TV, ventilateur et accès Internet. Le matin, Josiane, la maîtresse de maison, sert un petit déjeuner copieux, à base de produits locaux et de fruits du jardin, idéal pour démarrer la journée. Piscine, barbecue ainsi que des kayaks sont mis à votre disposition. La plage est toute proche et la mer et les montagnes encadrent l'horizon, la vue est superbe ! Un très bon rapport qualité-prix.

UN TEMPS POUR SOI €€

Lotissement Port-Ouenghi

✆ +687 79 30 85

www.untempspoursoi-nc.com

15 500 CFP pour 2 pers avec pdj. 22 200 CFP 2 pers avec massage 1 pers, 27 500 CFP avec massage 2 pers.

Avec salle de sport, terrasse, piscine, spa, offres de massages (payants) et wifi, Un Temps pour soi mise sur le confort à Port-Ouenghi. Les chambres ont une petite atmosphère zen agréable avec une décoration asiatique dominante. Le tout est très convivial et le souci du détail est partout. On y vient pour se détendre et on y reste pour la qualité du service, en particulier de la part de l'hôtesse. En repartant, on a qu'une seule envie : y retourner très vite. Plusieurs formules au choix, selon vos envies de massage ou de réflexologie.

LES DÉLICES DE LA BROUSSE €€

RT1

✆ +687 20 69 10

Ouvert 6j/7 de 6h à 14h et de 17h30 à 22h. Plats pour moins de 2 000 CFP.

Au centre commercial Mercier RT1, n'hésitez pas à pénétrer dans cette bonne petite table de brousse concocte des plats à consommer sur place ou à emporter dans une atmosphère de fast-food (type américain/vietnamien). Au programme : burgers, porc, poulet, bœuf, crevettes, salades, buffet et bons desserts. L'accueil est sympathique et le résultat convaincant. Une adresse qui ne paye pas de mine de prime abord mais qui mérite d'être explorée pour savourer un repas bon et simple.

PETIT RESTÔ, GROS LA CALE €€

RT1

✆ +687 46 24 25

Ouvert du mardi au samedi de 9h à 13h30 et de 18h à 20h30. Fermeture à 19h le mercredi.

Ce restaurant français au cœur du village met à l'honneur des recettes de l'Hexagone, avec des plats du jour changeants, tels que les pieds de porc aux escargots, la blanquette de marlineau et trocas, le trio poulpe-thon-palourdes, le gigot d'agneau à l'ail et au cumin, le sauté de porc aux coquillages, l'entrecôte aux échalotes et tant d'autres. Une très bonne adresse pour savourer une cuisine française de grande qualité et servie avec sympathie.

DISTILLERIE DE BOULOUPARIS

RT1
✆ +687 46 44 60
www.distilleriedeboulouparis.com
Ouvert tous les jours de 9h à 17h30

En sortant de Boulouparis vers le nord, sur la gauche. Cette distillerie de niaouli, tenue par Jean-Luc et Anne-Marie Delubriat, est une véritable institution. Le niaouli est un arbre emblématique de l'île, dont l'essence possède des propriétés cicatrisantes, antiseptiques... La boutique vend sa production locale sous forme de liqueurs, mignonnettes, sirops, huiles essentielles ou encore de baume, savon et eau tonique. Egalement des bijoux artisanaux. Bref, de bonnes idées cadeaux.

LA TABLE D'EN HAUT €€

Marina de Port Ouenghi
✆ +687 87 28 48
ouayalodge.com
Ouvert sur réservation du vendredi au dimanche pour le déjeuner. Location bungalow avec bain bouillonnant possible.

Situé sur les hauteurs de Port-Ouenghi, ce véritable havre de paix offre une vue magnifique sur la baie de Saint-Vincent doublée d'une halte très gourmande. Jean-Marc et Pascale offrent une table d'hôtes discrète et charmante avec au programme : cassoulet, ou le fameux crabe farci, le tout avec des accompagnements travaillés. L'adresse offre aussi la possibilité de séjourner en bungalow avec son bain bouillonnant privatif face à la baie (attention, le gîte n'est pas adapté aux enfants). Nul doute que la vue depuis les transats du jardin saura vous faire rester !

ASSOCIATION CALÉDONIENNE DE VOL À VOILE

Boulouparis
✆ +687 79 74 50
Vol d'initiation à partir de 10 000 CFP. Formation au brevet de pilote pour moins de 140 000 CFP.

L'Association calédonienne de vol a voile possède 6 planeurs (2 biplaces : 2 Alliance 34 et 2 monoplaces : 1 Pégase et 1 Astir club). Le décollage s'effectue exclusivement au treuil et vous survolerez les montagnes calédoniennes (de 1 000 à 1 600 m) et leurs paysages miniers avec vue sur le lagon. L'accrochage est quasi systématique car les alizés ventilent régulièrement, à partir de 9 heures, la première pente toute proche et améliorent l'efficacité de la treuillée.

BOUTS D'BROUSSE ILOT TENIA TAXIBOAT

Bouraké
✆ +687 76 42 38
www.ilottenia.com
Tarif bateau-taxi pour l'îlot Ténia : 6 000 CFP par adulte (minimum 6 personnes).

Ce service de *taxi-boat* organise des sorties en mer vers la réserve marine de l'îlot Ténia, sur réservation. Le rendez-vous est fixé sur le wharf de Bouraké et il faut compter une vingtaine de minutes de traversée environ. Pensez à apporter vos masques, palmes et tubas. Si les excursions sont le plus souvent sur la journée, il est possible de faire du camping sauvage sur l'îlot. Kayaks et paddles à disposition des clients de Bouts d'brousse uniquement.

GOLF DE LA OUENGHI

RT1
✆ +687 35 17 35
www.golfelix.com/golfghi
En semaine, à partir de 2 500 CFP (3 000 CFP le week-end).

Ce golf est situé à 15 minutes de l'aéroport de la Tontouta et à une heure de Nouméa. Ce golf 18 trous jouit d'une grande réputation en Nouvelle-Calédonie, il appartient au complexe des Paillottes de la Ouenghi (passer un week-end y est donc facilement envisageable). Le parcours est très bien agencé et encore mieux entretenu, et après avoir terminé, vous pouvez vous rendre au restaurant sur place pour une agréable pause culinaire bien méritée. On recommande le Golf de la Ouenghi pour tous les amateurs de green voulant passer une journée relaxante.

LES PAILLOTTES DE LA OUENGHI €€

BP 56
✆ +687 35 17 35
Compter 9 650 CFP pour une nuit en bungalow. Menus à partir de 2 600 CFP en semaine.

Une adresse dans un cadre paisible et verdoyant, située à côté du golf, mais au confort un peu sommaire. Les 15 bungalows ouvrent sur le jardin et sont équipés de climatisation et de TV avec chaînes satellites. Piscine, tennis. Et non loin, une agréable rivière pour se promener en famille. Réservations fortement recommandées pour le week-end ! L'accueil est variable. Mais c'est plutôt une halte sympa pour un déjeuner lors de vos virées sur la Grande Terre.

LA TABLE DU BANIAN €€

Route De Pocquereux
✆ +687 795596
www.latabledubanian.com
10 000 CFP la nuit pour deux personnes. Table d'hôtes sur réservation 48h avant (4 500 CFP/personne).

© LA TABLE DU BANIAN

La Table du Banian est un gîte et une table d'hôtes qui a ouvert en 2017. Annick est connue pour offrir le meilleur cerf de la Grande Terre. Ici on est aux petits soins avec ses hôtes, on déjeune dans un cadre agréable avec une vue panoramique sur les alentours. L'adresse propose aussi deux bungalows très confortables (un pour 2 adultes et un bébé et un pour 2 adultes et 2 enfants) qui disposent chacun de leur salle d'eau et d'une terrasse qui surplombe le terrain de 27 ha. Bon nombre d'activités à faire dans les alentours de Pocquereux. Une adresse coup de cœur.

RANCH ÎLOT PUEN

îlot Puen
✆ +687 46 96 74
www.ilotpuen.nc
10 000 CFP randonnée équestre et 3 000 CFP pour transport de Wharf de Bouraké ou de Port-Ouenghi. Camping possible.

L'îlot Puen ne compte que très peu d'habitants à l'année, mis à part un troupeau de bétail de race limousine. Le ranch propose des balades à cheval à la journée et met à disposition des kayaks et un terrain de camping pour ceux qui veulent prolonger leur séjour. Depuis les crêtes, vous aurez une vue à 360 degrés sur le lagon et les îlots Ténia et Leprédour. Pensez à emporter vos repas, des chaussures fermées, un pantalon long et un répulsif anti-moustiques ! A ne pas manquer pour une journée, entouré de paysages magnifiques entre terre et mer.

RANDO PIC OUITCHAMBO

Pas d'accès libre mais il est parfois possible de trouver un guide pour faire cette randonnée.

Compter 4 heures de marche aller-retour pour effectuer 8,2 km. Départ du sentier à la maison commune de la tribu de Ouitchambo, à proximité des ruines du château Devambez. Suivez ensuite une piste qui mène hors de la tribu jusqu'aux bassins d'élevage d'écrevisses. Contournez ces bassins et pénétrez dans la forêt humide. Le sentier gagne progressivement de l'altitude. De temps à autre, vous apercevez le pic du Ouitchambo à travers la canopée. Le sentier se poursuit en pente douce jusqu'au col, d'où apparaît le panorama sur les plaines et le pic du Ouitchambo.

TERRAVENTURE

✆ +687 77 88 19
https://terraventure.nc
Randonnées pédestres et équestres.

Créée en 2006 avec l'ambition d'offrir les meilleurs services, programmes et activités aux aventuriers avides de sensation et de découverte hors des sentiers battus, *Terraventure* propose des excursions d'une journée ou plus. Au programme : canyoning à Kwéwa ou à Dogny, journée *farniente* en kayak à l'îlot Konduyo (Ouano), randonnée équestre le long de la rivière Dumbéa, sorties en 4x4 dans le Grand Sud, randonnées pédestres entre Ouichambo et Ouipoin… Un mélange d'activités pour tous les goûts, à choisir dans une grande liberté. On recommande.

LA FOA ★★★

Petite commune dynamique de 3 542 habitants, La Foa (*Foha* en kanak) fait beaucoup pour le tourisme dans la région et mérite à cet égard plus une halte qu'un passage. Née de la construction du fort Teremba en 1871, elle est plurielle de par ses racines mélanésiennes, auxquelles se sont mêlés les anciens bagnards, les colons, les Malbars de La Réunion et les populations asiatiques. La culture broussarde y est aujourd'hui bien prégnante, entre lagon et montagnes, et les activités y sont aussi nombreuses que les bons hébergements. À l'entrée du village, la passerelle Marguerite a succédé à un vieux pont en bois de 1893. Assemblée en France par des disciples de Gustave Eiffel, elle fut transportée jusqu'ici et inaugurée en 1909.

Oure Lodge
île Des Pins - Nouvelle-Caledonie
(+687) 43 13 15
resa@ourelodge.nc
www.ourelodge.nc
Ouré
LODGE
ÎLE DES PINS

Balade

Le secteur de La Foa connait un taux d'endémisme de sa faune et sa flore exceptionnel. La Foa Tourisme a lancé une opération de sensibilisation autour de la menace de disparition du Pigeon Vert.
Les randonnées pédestres ici ne manquent pas, avec notamment 13 parcours balisés au départ de chez Pocquereuux Randonnées ou bien du Parc des Grandes Fougères.

Tourisme

Depuis 2019, les communes de La Foa, Farino et Moindou ont obtenu le label Station Verte - qui reconnait leur travail en matière d'accueil, de tourisme proche de l'humain et la nature.

APIKWUANTHAÏ €€

Carrefour des Frères-Latoupie
✆ +687 76 62 02
7 000 CFP pour une chambre double, 15 000 CFP en demi-pension, 1 000 CFP le petit déjeuner.

Voici une adresse originale qui réunit les deux passions de Kwuan et Gérard : l'apiculture et la Thaïlande. Pays d'origine de Kwuan, tous deux souhaitaient créer leur petit coin de Thaïlande en Nouvelle-Calédonie. Deux charmantes chambres avec lits doubles et salles de bains attenantes sont proposées aux visiteurs, dans ce lieu intimiste qui offre un savoureux mélange de cultures. Petits plats faits maison, sourires et décorations vous transporteront jusqu'à l'Asie et des stages d'initiation à l'apiculture sont même possibles.

PLACE GEORGES-GUILLERMET

Place Georges-Guillermet

Impossible de louper la place et ses œuvres d'arts. Plusieurs sculptures monumentales ont été réalisées par des artistes de tout le territoire sur cette place du centre de La Foa. Diverses manifestations sont également organisées sous le kiosque à musique et deux réalisations complètent l'ensemble : le monument Gally-Passebosc, du nom du colonel qui trouva la mort lors de l'insurrection kanake de 1878, et le monument des Pionniers, dédié aux colons libres et concessionnaires pénaux, qui ont participé à la construction du pays.

CHEZ ÉLISE €

Tribu de Oui Poin
✆ +687 35 45 22
Hébergement sous faré avec pdj et dîner 7 000 CFP, camping plein air pdj + dîner 5 000 CFP. Navette. Randonnée équestre.

Les installations sont situées au bord de la rivière, chez Elise Médiara. En tout, 12 personnes peuvent loger sous un faré, en plein air, mais sur un matelas, ou sur un emplacement de camping pour tentes. Possibilités de prendre les petits déjeuners et les dîners sur place. Les sanitaires et douches (eau froide) sont communs. Un endroit aussi magnifique que l'accueil est chaleureux. On adore. Des randonnées équestres sont possibles à la demi-journée, à la journée ou même sur deux jours. Pensez à téléphoner à l'avance et rappelez deux jours avant.

LES YOURTES AUX FRUITS €€

Route De Pocquereux
✆ +687 750 133
11 500 CFP la nuit pour 2 pers. Petit déjeuner 1 500 CFP. Table d'hôtes sur réservation.

La Mongolie en Nouvelle-Calédonie et l'un des hébergements les plus insolites de la Grande Terre. La route pour s'y rendre n'est pas très facile, mais vous oubliez tout une fois là-haut ! Gilbert vous ouvre les portes d'un vrai petit paradis sur les hauteurs de la Foa. Les yourtes sont chaleureuses, authentiques et confortables. On peut profiter du « dome » (construit par Gilbert !) pour utiliser la cuisine et les installations annexes. Le matin, Gilbert vous dépose le petit déjeuner devant la yourte. Vous profitez ici d'un environnement de nature et de sérénité !

SNACK ROLL'S CHEZ MANU €

RT1 rond point de la clinique vétérinaire.
Sortie Nord du village.
Plat du jour à 1 950 CFP. Petit déjeuner : 1 350 CFP. Ouvert du lundi au vendredi 6h30-14h (ouvert un week-end sur 2).

© SNACK ROLL'S CHEZ MANU

Situé au cœur de la ville, ce petit restaurant en bordure de la route est réputé pour son sandwich du terroir (saucisson de cerf, oignon, tomate), mais aussi pour ses plats du jour réalisés par Manu avec des ingrédients frais choisis le matin même au marché ! Les portions sont très généreuses. On adore ! Et l'atmosphère décontractée de l'établissement est la cerise sur le gâteau, sans oublier les bons desserts réalisés par la maman de Manu ! L'accueil est chaleureux et souriant. On déjeune sur la terrasse extérieure ombragée.

FERME AUBERGE DE PIERRAT €€

Vallée de Pierrat
✆ +687 73 40 40
www.sudtourisme.nc
Bienvenue à la ferme.A partir de 8 000 CFP.

Jean-Jacques et sa famille vous accueillent sur leur propriété de la Foa (exploitation de 500 ha), située au bord de la rivière. C'est une endroit paisible, idéal pour découvrir et vivre à l'heure caldoche. Les possibilités sont variées dans cette ferme de la vallée de Pierrat, avec, au choix, deux chambres, deux dortoirs avec sanitaires, un bungalow et des emplacements de camping (commodités et faré en commun). Grillades et cuisine du terroir sont aussi servies et des soirées de la brousse sont parfois organisées. Ambiance broussarde garantie.

AU FIL DE L'EAU €€

RT1
✆ +687 43 66 05
Dès 10 500 CFP.

En plein cœur du village, Au Fil de l'eau se situe à l'entrée sud. Un bungalow y est disponible avec toilettes et douche privatives, ainsi qu'une terrasse couverte. Jusqu'à trois personnes avec un enfant peuvent y séjourner et l'on peut aussi profiter de la piscine de la maison. Côté activités, Jean, passionné par son territoire, peut emmener ses hôtes en promenade sur la rivière, juste à côté, pour découvrir le chenal Becker, la mangrove, le plateau à crabes et le port du fort Teremba. Munissez-vous de crème solaire, d'une casquette et de chaussures fermées.

COULEUR MANGUE €€

12 rue Laure-Fiori
✆ +687 79 50 59
Chambre double de 6 500 à 7 500 CFP.

Couleur Mangue reçoit ses invités en plein centre du village grâce à ses deux chambres d'hôtes pouvant accueillir deux personnes chacune. Douche à l'italienne et W.-C. sont présents dans chaque hébergement et la décoration est soignée. Liliane est particulièrement chaleureuse et aime échanger sur les voyages. Pour les amateurs de plongée, Thierry peut également organiser des sorties, en package avec l'hébergement ou indépendamment (voir *La Foa Plongée* dans la rubrique *Activités*). Une adresse comme on les aime au bon rapport qualité-prix.

GÎTE DE LA FORÊT NOIRE €€

Lieu-dit Forêt-Noire
✆ +687 44 22 07
Lit double : 8 000 CFP. Suite dès 11 000 CFP. Repas sur réservation : 3 000 CFP. Petit déjeuner : 1 000 CFP.

Chaque chambre est décorée avec grand soin selon des thèmes différents. On trouve aussi une grande cuisine partagée, trois salles de bains communes et deux privatives. L'ambiance est zen et décontractée dans cette bâtisse de 950 m² sur trois niveaux, avec une terrasse de 200 m². La table d'hôtes est en outre très bonne et, atout incontournable : la propriété permet une randonnée sur la ligne de crête qui offre un point de vue époustouflant sur la vallée et le lagon. Les matinaux pourront y admirer le lever du soleil et les cerfs sauvages.

LA PETITE FERME €€

Pocquereux
✆ +687 93 17 54
www.lapetitefermenc.com
Bienvenue à la ferme.

Annick et Jean-Louis ont fait de La Petite ferme un univers typiquement calédonien où le maître mot est l'authenticité. À la table d'hôtes, les produits d'élevage de la ferme sont à l'honneur, cuisinés par les mains expertes d'Annick. Côté hébergement, deux bungalows accueillent respectivement cinq et six personnes et disposent de sanitaires privatifs (à l'intérieur pour l'un et à l'extérieur pour l'autre). Il est possible de visiter la ferme en arrivant avant la nuit, et si la météo le permet, de faire un tour en 4x4 pour aller à la rencontre des cerfs sauvages.

POCQUEREUX RANDONNÉES €€

Pocquereux ✆ +687 77 32 54
www.pocquereux-randonnees.com
Camping, dortoir, chalet. Petit déjeuner en supplément. Randonnée équestre demi-journée/journée.

Les nuits se passent ici en dortoir et en camping avec trois W.-C., quatre douches avec eau chaude et deux farés avec barbecues, ou bien dans deux chalets avec salles de bains, W.-C. et terrasses (pour 5 ou 7 personnes ; amenez vos draps, serviettes et matériel de camping pour les campeurs). C'est un lieu convivial au milieu des plaines, sur 1 300 hectares de propriété où les Guépy élèvent 600 bêtes, bovins et moutons. Le dépaysement est garanti et il est possible de faire des sorties à cheval. Un très chouette endroit avec beaucoup d'offres pour tous.

LA TAVOLA €

RT1
✆ +687 44 30 09
Ouvert du lundi au vendredi. 10h30-13h30 & 17h30-20h30. Soirs uniquement samedi et dimanche.

En plein centre de La Foa, ce snack-restaurant avec sa petite salle intérieure et sa terrasse propose pas moins de 25 pizzas à la carte. Sandwichs, paninis, hamburgers et salades sont aussi au menu, de même que de véritables plats, servis sur place ou à emporter. A la Tavola, le service est aussi agréable et chaleureux que la cuisine est bonne. On recommande particulièrement leurs pizzas bien dosées et cuites avec adresse. Une très bonne adresse pour manger un repas simple au sein de l'établissement ou à emporter tout en continuant son excursion.

LE JASMIN €€

Rue Révérend-Père-Jean
✆ +687 44 55 70
Ouvert de 11h à 13h30 et de 19h à 21h du mardi au dimanche midi. Plats à partir de 1 550 CFP, crêpes dès 1 300 CFP.

Réparties sur une grande terrasse, les tables du *Jasmin* se recouvrent de plats épousant les gastronomies asiatiques et bretonnes, avec Karine et Jean-Charles aux manettes. Après être passé par plusieurs tables de la capitale, ce dernier a ouvert son restaurant en brousse, où l'on sert aussi bien des plats orientaux que des crêpes salées et sucrées. Une adresse originale qui ne déçoit jamais. On s'y arrête volontiers pour profiter de la terrasse tout en verdure. Proche de la route, le Jasmin est un arrêt idéal pour les affamés.

CHEZ MARIE-GEORGETTE €€

Tribu de Oua Tom
✆ +687 44 38 17
Mieux vaut réserver. Camping.

Marie-Georgette partage sa passion pour la cuisine mélanésienne dans la tribu de Oua Tom avec, au menu, bougna, crevettes et cochon, à déguster sous son faré. Pensez à réserver à l'avance, au moins 48 heures pour le bougna traditionnel. Il est possible de camper sur place si vous le souhaitez (deux douches à eau froide et deux WC).

▶ **Louis et Emma** (✆ +687 98 68 01 et ✆ +687 41 12 86) pourront également vous guider à travers la tribu pour une promenade digestive. N'hésitez pas à les contacter quelques jours au préalable pour s'assurer de leur dispo.

LA TABLE DU BANIAN €€

Route De Pocquereux
✆ +687 795596
www.latabledubanian.com
Table d'hôtes midi et soir, sur réservation uniquement 48h avant. 4 500 CFP le repas (entrée, plat et dessert).

En excellente cuisinière, Annick Sadimoen issue d'une famille calédonienne est installée dans la région depuis des années. Si c'est avant tout une affaire de famille : c'est une manière de rendre hommage à sa maman qui lui a légué de belles recettes, c'est une affaire qui roule pour cette ancienne directrice d'école qui continue à apprendre lors de voyages auprès de nombreux chefs dans les 4 coins du monde. Au menu : paëlla, couscous, choucroute... à la calédonienne. Le tout, niché au cœur d'une propriété de 27 hectares sur les hauteurs de Pocquereux !

L'OSMOZ €€€

49 RT1 ✆ +687 442995

Ouvert midi et soir du mardi au samedi. Comptez entre 2 600 CFP et 3 700 CFP les plats.

Voici une très belle surprise à distinguer parmi l'offre gastronomique de la Foa. On vient déjeuner ou dîner ici dans un cadre particulièrement soigné, à la décoration noir et or. Au menu, on se régalera d'un cuisine d'inspiration française très habilement et joliment présentée. Escale gourmande assurée. On pourra déjeuner également à l'extérieur, au sein d'un espace donnant sur le sympathique jardin. Super-accueil à souligner.

BLUE CALÉDONIE FISHING TRIPS

Wharf de Ouano

✆ +687 79 73 51

www.bluecaledoniefishing.com

Comptez 36 000 CFP la demi-journée de pêche.

Blue Calédonie Fishing Trips propose des sorties de pêche sportive itinérante. Vous partez à 3 pêcheurs au maximum, accompagnés par Etienne, un Français passionné de pêche et très sympathique, qui vous prête le matériel nécessaire. Ici on choisit les meilleurs coins de pêche en fonction de la saison et de la météo, pour du *catch and release* ou de la pêche au lancer. Vous n'avez plus qu'à profiter ! A noter que l'établissement est titulaire d'un label écotourisme.

AÉROCLUB DE LA FOA

Aérodrome de Oua Tom

✆ +687 75 24 35

http://voleralafoa.wix.com/aclf

A partir de 7 500 CFP la demi-heure de vol et 15 000 CFP pour une heure.

Vous avez aimé admirer les magnifiques paysages de La Foa sur la terre ferme ? Alors, pourquoi pas s'envoler pour les admirer depuis les airs ? Pour voir d'en haut la région de La Foa, c'est par ici que ça se passe. L'aéro-club propose des vols en ULM de plusieurs durées, au-dessus du lagon, de la rivière, du fort Teremba et des collines. L'établissement propose des vols découverte ainsi que des initiations au pilotage pour celles et ceux qui veulent aller plus loin. Un passager par voyage. Enfants (à partir de 11 ans) autorisés avec accord des parents.

CENTRE ÉCOLE DE PARACHUTISME DE NOUVELLE-CALÉDONIE

Aérodrome de Oua Tom

✆ +687 77 66 66

www.cepnc.skydiveworld.com

40 000 CFP le saut en tandem. 10 000 CFP l'option vidéo.

Installé dans l'aérodrome de La Foa - Ouatom, le Centre est ouvert tous les week-ends aux débutants et aux confirmés de la chute libre. Adrénaline et paysages inoubliables au rendez-vous ! La vue sur le lagon et les montagnes est inoubliable. Il faut être âgé d'au moins 15 ans, faire moins de 90 kg, ne pas avoir plongé dans les 24h et présenter un certificat médical. Plusieurs forfaits à choisir entre le saut d'initiation, le saut en tandem, et le saut pour confirmés.

BASE NAUTIQUE DE OUANO

Wharf de Ouano

✆ +687 99 99 77

Location d'une heure : 1 000 CFP par kayak simple, 700 CFP par heure supplémentaire.

Rouverte en 2017 par Thierry Godbillot, le propriétaire de La Foa Plongée et du gîte Couleur Mangue, la base nautique de Ouano met désormais à la location des kayaks, pour profiter du lagon et découvrir la mangrove, et propose des plongées autonomes ou encadrées sur réservation. Téléphonez en amont pour vérifier les disponibilités. Location de kayak entre 1 200 et 2 100 CFP par heure, de planche à voile à 1 900 CFP par heure et de catamaran à 3 900 CFP par heure. Des cours particuliers y sont également dispensés. On aime beaucoup.

LA FOA PLONGÉE

12 rue Laure-Fiori ✆ +687 99 99 77

www.lafoaplongee.com

Départ en plongée le matin à 7h30 depuis Ouano (à 15 minutes de La Foa). 8 000 CFP le baptême de plongée. Forfaits.

La Foa et Ouano offrent des *spots* de plongée préservés. Peu (voire pas) de centres opèrent sur cette partie du récif, ce qui lui confère une faune et une flore marines d'une extrême richesse. De plus, le professionnalisme et la gentillesse de Thierry et de son épouse sont un plus réel. Le centre de plongée est situé au sein du Caledonian Wake Park, parfait pour se restaurer et se loger, notamment au Couleur Mangue, qui est la chambre d'hôtes appartenant au couple tenant La Foa Plongée. Les départs se font à 7h30 depuis Ouano. Plusieurs forfaits possibles.

LA FOA RANDONNÉES

Voie urbaine 34
✆ +687 78 84 13
www.ranchlafoarandonnee.e-monsite.com
6 000 CFP la demi-journée, 12 000 CFP la journée, 25 000 CFP les deux jours. Autres formules possibles.

Le ranch compte une trentaine de chevaux et poneys de toutes origines, dressés par David Zwanepoel qui vous conduit d'une demi-journée à plusieurs jours en randonnée équestre, sur un îlot ou dans la Chaîne. Partez à la découverte de la diversité de la brousse, de la montagne ou de l'îlot. Les activités sont ouvertes à tous les niveaux équestres, vous serez bien entourés par les moniteurs diplômés et très sympathiques. Petite précaution à avoir : Prévoir chapeau, crème solaire, chaussures fermées et pantalons. Réservation 24h à l'avance minimum.

SENTIERS DÉCOUVERTE DE OUANO

La Province Sud a inauguré en 2012 trois nouveaux sentiers découverte sur la péninsule de Ouano. Libres d'accès et faciles, ils permettent d'explorer la péninsule en explorant son écosystème. Il existe trois sentiers : l'un parcourt la mangrove, le deuxième longe la plage, et le troisième grimpe au sommet du pic Ouano pour apprécier la jolie vue sur le lagon. Les départs sont repérables sur les panneaux explicatifs et poteaux sculptés qui marquent le début des sentiers.

VAQUEROS RANDO

www.vaquerosrando.nc/fr/accueil/

Envie d'une balade équestre ? Que vous soyez néophytes ou expérimentés, c'est L'ENDROIT PARFAIT pour venir faire une excursion à cheval. Sur les chevaux depuis qu'il est petit, Norbert est un passionné qui saura vous mettre à l'aise très rapidement. Le *Petit Futé* a adoré sa gentillesse et sa bienveillance ! Pour les débutants, deux heures, c'est suffisant ! Mais quelle expérience incroyable de faire une balade à cheval, sur la plage, les sabots dans l'eau puis ensuite, à moitié dans la pampa de la colline... On adore et on recommande sans aucune hésitation !

WAVE SEEKERS

Wharf de Ouano
✆ +687 77 55 02
Service de taxi-boat de 3 500 à 5 250 CFP/personne, demi-tarif enfants. Navette spot de surf : 8 500 CFP/personne.

Franck Pochard conduit ses clients selon leurs envies sur les îlots Condoyo, Lebris ou Isié. Il organise aussi des sorties en palmes, masque et tuba, peut déposer sur les spots de surf ou organiser des demi-journées pêche à la traîne. Un tarif de groupe est possible à partir de dix personnes. Si vous venez en bateau et désirez le faire garder par Franck, c'est possible à Wave Seekers, mais il faudra consulter directement Franck à ce sujet pour savoir s'il a de la place. Pensez à téléphoner au préalable pour vérifier les disponibilités de toute activité.

FARINO ★★

612 habitants (*Udi Pwee* en kanak). Plus petite commune du Caillou, Farino n'en est pas pour autant la moins intéressante, loin s'en faut. Même si elle fait office d'exception (avec Sarraméa) car elle n'offre aucun accès à la mer, la nature arbore ici son plus joli visage. Son nom serait originaire de Farinole en Corse, une autre île d'où provinrent nombres de colons de la région, venus cultiver le café et élever du bétail. L'auteur et conteur calédonien Jean Mariotti en est d'ailleurs un descendant et naquit ici en 1901. Ne manquez pas ce petit écrin de beauté où les reliefs, les vallées et le parc des Grandes Fougères rivalisent de mille charmes.

CASCADES DE FARINO

Le Refuge de Farino
Départ du sentier au Refuge de Farino. Compter 1h30 l'aller-retour.

Le sentier longe la rive gauche du creek pour s'enfoncer dans une nature de plus en plus dense et atteindre la rivière, ses petites cascades et ses trous d'eau. La forêt humide, ses nombreux oiseaux et le sentier de faible dénivelé en font une balade appréciée des familles. A l'arrivée, vous pourrez faire trempette dans des bassins peu profonds. Comptez environ quarante minutes pour arpenter le sentier (même si on conseille de prendre son temps pour admirer le paysage) avant d'arriver à la cascade depuis le parking. Un coin de calme très relaxant.

Vue depuis Farino.

POINT INFORMATION DE FARINO

Mairie de Farino
✆ +687 94 06 94
www.lafoatourisme.nc
Ouvert du lundi au samedi de 8h30 à 16h30, le dimanche fermeture à 12h. Accès wifi à la bibliothèque à côté.

Ce point Info bien fourni est situé à côté de la mairie au sommet de Farino, de là-haut, la vue sur la région est sublime et à ne surtout pas manquer. Une étape intéressante à faire pour ne rien rater du riche patrimoine culturel et naturel de la ville de Farino. On recommande de s'y arrêter pour découvrir les activités diverses et variées à faire dans la région durant votre séjour. De plus, l'endroit aux alentours du point d'information se prête bien au pique-nique.

LES BANCOULIERS DE FARINO €€

La Plaine aux Truies ✆ +687 41 20 41
En demi-pension uniquement, sur réservation. 9 500 CFP par adulte/nuit en bungalow. 5 800 CFP en tente. Label 100% Bio.

Ludo et Marine vous accueillent dans une petite ferme familiale avec des hébergements en chambre ou bungalow indépendant, qui se trouve presque sur le lit de la rivière où l'on peut se baigner ! Les campeurs sont également les bienvenus. Ils vous proposent chaque jour de bons petits plats avec un maximum de produits venant du jardin (où la permaculture est reine). Les sanitaires sont communs et l'accès wifi est gratuit. Retraite conviviale où l'on prend le temps de vivre.

OASIS DE TENDÉA €€

Lot 325 route de Tendéa
✆ +687 82 22 22
Bungalow pour 2 à 15 850 CFP en semaine et à 19 000 CFP les vendredis, samedis et veilles de jours fériés.

Installés dans la verdure, sur le flanc d'une colline, quatre bungalows en matériaux naturels accueillent jusqu'à quatre personnes et disposent de kitchenettes et de belles terrasses qui invitent à la paresse. Tous les bungalows portent le nom d'un arbre. Une promenade construite en bois les dessert et mène à la rivière qui coule tout en bas, où il est possible de se relaxer sur l'un des *decks* prévu à cet effet. Vu de là, le souhait des propriétaires de préserver la nature semble exaucé, et cet « Oasis » est en endroit qu'on voudrait ne jamais quitter.

LODGE TERRE DE SOLEIL €€

163 route de Tendéa
✆ +687 41 78 87
terredesoleil.nc
Nuit à partir de 31 800 CFP (2 pers) en demi-pension. Dîners, déjeuners également possibles. Réservation obligatoire.

Chic et élégant, cet établissement reprit par Séverine et Nico mise sur une atmosphère calme. En lisière de forêt, au cœur d'un écrin de verdure où se mêlent kaoris et manguiers, les cinq bungalows sont spacieux et incluent salle de bains, bains à remous en terrasse, cheminée, salon, lit en mezzanine et canapé-lit. Les thématiques sont propres à chacun et regroupent des décors zen qui évoquent l'Afrique, l'Inde et l'Océanie. De son côté, Nicolas régale ses hôtes avec une cuisine maison habilement préparée à base de produits locaux (ouvert à tous sur réservation).

© CAMILLE V. - SHUTTERSTOCK.COM

PARC DES GRANDES FOUGÈRES ★★★★

Farino

Ouvert tous les jours de 7h30 à 17h30 sauf le mardi. Dernière entrée à 15h30. 400 CFP adulte, 200 CFP enfant.

Situé sur les communes de Sarraméa, Farino et Moindou, le parc des Grandes Fougères a été inauguré en 2008 pour protéger un milieu naturel exceptionnel. Réseau de sentiers de randonnées aménagé pour permettre aux visiteurs d'arpenter 4 500 ha de forêt tropicale humide. La flore et les espèces présentes sont pour la plupart endémiques (cagou, notou, perruche huppée…). Les vététistes sont les bienvenus, mais pas de loueur de vélos sur site. Véhicules motorisés et chiens non admis.

LE REFUGE DE FARINO €€

La Plaine aux Truies
✆ +687 44 37 61
Bungalows, camping (location de tente sur place possible), petit déjeuner, sauna.

Au cœur de la forêt, cinq bungalows en bois d'une capacité de 4 à 6 personnes sont nichés en hauteur et à flanc de colline. Très bien équipés (kitchenette, vaisselle, linge), ils possèdent leurs propres terrasses où prendre ses repas. Des espaces de camping sont aussi à disposition, avec la possibilité de louer une tente pour deux ou quatre personnes, ainsi que des couvertures et tapis de sol. Un espace détente a également été conçu avec sauna (payant) et il y a un salon commun avec jeux de société et wifi gratuit… Réservation uniquement via le site www.resa.nc.

LES BULLES DE FARINO €€€

Sentier de la petite cascade
✆ +687 85 48 99
https://lesbullesdefarino.nc/
23 800 CFP pour une nuit en bulle avec petit déj, 34 800 CFP pour les dômes. Table d'hôtes à 4 500 CFP sur réservation.

On parle souvent des Bulles de Farino comme de l'une des meilleures adresses du coin. On ne peut que saluer l'audace et la réussite de ce projet qui affichait une file d'attente d'un an en 2022 ! Et pour cause, chaque unité est nichée en pleine forêt avec ses bains privatifs extérieurs. Vous dormez ici dans des dômes transparents sans vis-à-vis face à la nature. De son lit *king size* on se fait bercer par la rivière et ses cascades d'eau en contrebas. Le matin venu on profite des bassins naturels de la rivière pour s'y baigner.

CHEZ MAMIE €€

La Plaine aux Truies
✆ +687 43 23 14
Ouvert tous les jours de 7h à 18h30 et plus tard sur réservation. Fermé le dimanche soir.

Si Mamie Fogliani n'est plus aux commandes, elle reste malgré tout une célébrité locale. Tôt, elle a appris à tenir une maison et à s'occuper des plus petits. C'est donc une vocation chez elle que de bien recevoir. Aujourd'hui, c'est sa fille Ghislaine qui gère le restaurant. Les menus sont élaborés en fonction des produits de saison disponibles, et l'on y retrouve tour à tour des salades de tagliatelles de citrouille crues, de papaye verte ou de chouchoute. Suivies de poulet, cerf ou cochon sauvage accompagné de légumes traditionnels (taros, igname, chou kanak).

RÉSERVE DU COL D'AMIEU

Cette réserve se situe en bordure de la route transversale depuis La Foa vers Canala et Kouaoua. Le parcours longe le flanc du plateau de Dogny et traverse de somptueux paysages, des forêts de pins, de bancouliers, de fougères arborescentes, tandis que des cascades dévalent les pentes. Le col d'Amieu culmine à 425 m et sépare les vallées de Couli et de la Négropo. De là, on aperçoit une montagne au sommet aplati vers l'ouest : c'est la table Unio (1 000 m). À l'embranchement entre la RP5 et la RP3, on a le choix entre suivre la route de gauche, qui mène à Kouaoua (25 km), et celle de droite qui conduit à Canala (20 km).

SARRAMÉA ★★

Grandement réputé pour sa culture du café entretenue par les premiers colons, ce village est aussi célèbre pour ses essences de fleurs et de plantes diverses. Parmi elles, *Amborella trichopoda* qui n'existe qu'en Nouvelle-Calédonie et était déjà présente sur Terre à l'époque des dinosaures. Certains la considèrent comme la mère de toutes les fleurs. On observe sa floraison en mars, entre 600 et 800 mètres d'altitude dans la région. Pour une petite marche qui donne un aperçu de la superbe flore des environs, un sentier botanique débute à proximité du syndicat d'initiative. Le plateau du Dogny saura attirer quant à lui les grands randonneurs.

CUVE DE SARRAMÉA

Prendre la route de l'hôtel Évasion. Remonter la butte jusqu'au portail qui barre le chemin. 5 minutes de marche vous y conduisent.

Aussi appelée « Trou Feillet » car le gouverneur Feillet la fréquentait régulièrement au temps des colons, cette piscine naturelle est très facile d'accès et permet une baignade agréable ou fait office d'une aire de pique-nique idéale. La Cuve de Sarraméa est un magnifique endroit à découvrir au sein d'une nature luxuriante et laissée maîtresse des lieux. Des trous d'eau et des cascades sont éparpillés au fil des sentiers de promenade. Sur certaines cascades, on peut même y faire du toboggan naturel ! Une randonnée aquatique à faire.

AUX DÉLICES DES JUMELLES €€

Sarraméa

✆ +687 43 46 65

Ouvert du mardi au dimanche pour les déjeuners et dîners. Réservation au moins 24h à l'avance.

C'est une histoire de famille, celle de Bernadette et de sa sœur jumelle qui ont, il y a quelques années de ça, installé leur belle table d'hôtes sous le *faré* au sein de la vallée de Sarraméa. Une table d'hôtes renommée. Aujourd'hui, c'est Andréane, la fille de Bernadette qui a repris le flambeau. Un défi qu'elle relève haut la main même si elle explique que sa maman s'en est allée avec quelques-unes de ses recettes. Les plats traditionnels sont toujours de la partie et ravissent les convives rassemblés autour de la grande table.

PLATEAU DE DOGNY ★★

Sarraméa

http://loisirs.province-sud.nc

Compter 7 heures de marche pour 16 km. Itinéraire détaillé sur le site de la Province Sud.

Le sentier débute à l'hôtel Evasion. Il faut passer le portail d'entrée de l'établissement et, à la première intersection, prendre à gauche avant les courts de tennis, puis à droite. Au croisement suivant, descendre en face vers la rivière, avant de bifurquer à gauche. Franchir une vieille clôture et monter jusqu'au panneau, qui fournira les informations sur le parcours. Cette randonnée conduit au cœur de la forêt primaire, où il n'est pas rare d'observer quelques espèces d'oiseaux endémiques (pigeons verts, notous…). 1 055 mètres d'ascension vous attendent !

SARRAMÉA RANDONNÉES

Sarraméa

✆ +687 76 60 45

Randonnées en quad d'1h : 8 500 CFP, 1h30 : 11 500 CFP, 2h : 15 000 CFP.

Autrefois connu pour ses randonnées équestres, ce prestataire ne propose désormais plus que des sorties en quad dans la jolie vallée de Sarraméa, à travers des « caféries » et la forêt humide. Un permis B est obligatoire et la taille minimum est de 1,40 m pour le passager (5 ans minimum). Pour celles et ceux voulant quelque chose de « moins mécanique », sur place se trouve toujours un élevage de chevaux et d'ânes sur la propriété de 270 hectares, et il est toujours possible de faire des randonnées à pieds ou en VTT sur sentiers balisés.

Le plateau de Dogny.

MOINDOU ★★

Fondée en 1874 par des Alsaciens et des Lorrains qui fuyaient les dispositions du traité de Francfort de 1871, Moindou (*Mwâhruu* en kanak) est l'endroit où fut découvert un gisement de charbon à la fin du XIXe siècle. On y installe alors une usine de briquettes en fonctionnement entre 1902 et 1930. Une voie ferrée et un wharf sont bâtis dans la foulée, mais les coûts de production trop élevés obligèrent à fermer la fabrique. Aujourd'hui, la population locale (709 habitants) vit principalement du commerce de la crevette. La ferme Sodacal est d'ailleurs la plus grande du territoire. En venant de La Foa par la RT1, vous remarquerez sur votre droite, après la rivière, les ruines d'un pénitencier agricole de femmes connu sous les noms de bagne de Fonwhary, puis de collège de Fonwhary, lorsqu'il fut transformé en pension pour les filles de bagnards à la fin du XIXe siècle. La délimitation de ces terrains était au centre des revendications kanakes lors du soulèvement de 1878. Le fort Téremba témoigne lui aussi de ce passé très agité.

Transports

Moindou se trouve à 1h30 de Nouméa en voiture et à 1h50 avec les bus du RAI. L'ensemble des transports vers le nord (sauf les lignes Nouméa - Kouaoua et Nouméa - Canala) s'y arrêtent et il y a plusieurs départs quotidiens.

Côté pratique, il faudra se rendre à La Foa pour la majorité des commodités mais Moindou possède tout de même sa mairie.

LES 1001 PALMIERS DE MOINDOU

Moindou

✆ +687 41 52 10

Accès libre à la palmeraie.

Originaire de La Réunion, un colon arrivé à Moindou pour planter de la canne à sucre emporta avec lui un sac de graines de palmiers royaux. Une inondation les répandit dans la vallée et 1 200 arbres virent ainsi le jour. La vallée de la Ryawa, à Moindou, abrite la plus grande concentration de palmiers royaux de la Nouvelle-Calédonie. Plus de 500 de ces arbres, pouvant atteindre 50 m de haut, s'y dressent. Pour se faire conter l'endroit, prévoir une visite guidée d'environ 2h30 !

COL DE MOMÉA

Moméa

Le point de vue sur le lagon est superbe au col de Moméa. C'est ici, sur le récif et non loin de la passe d'Uaraï, que s'échoua le 12 juillet 1922 le cinq-mâts *France-III*. C'était alors le plus grand voilier du monde, avec ses 126 m de longueur. Si vous poursuivez plus loin, vous atteignez ensuite le col de Boghen (225 m) au cœur d'un site très montagneux. La route rejoint ensuite la RT1 entre Nessadiou et Bourail. Une étape incontournable à faire pour profiter d'un des meilleurs spots de la région pour admirer la vue (et prendre des photos !).

FORT TÉREMBA ★

Téremba

✆ +687 44 32 71

www.fort-teremba.com

Ouvert tous les jours de 9h à 16h. Comptez 1 000 CFP par adulte et 800 CFP pour les enfants et étudiants.

Téremba, dont le nom vient d'un petit îlot de la baie d'Uaraï, était un établissement pénitentiaire avec bureau de poste, télégraphe et magasin. La construction des bâtiments débute en 1871, mais suite à la révolte kanake en 1878, on y érige un fort qui sert de quartier général à l'armée française. À partir de 1897, le site perd de son importance et est vendu aux enchères en 1919. L'association Marguerite de La Foa s'est très activement chargée de la restauration des lieux et participe à la diffusion d'un passé longtemps resté tabou. C'est un excellent musée.

GORGES DE MOINDOU

Au tout début de la sortie nord du village, prenez la première à droite avant le premier pont.

Au sein de la commune Verte de Moindou, sur le chemin de la tribu de Table-Unio, cette magnifique route serpente dans le paysage et offre une vue sublime sur la nature environnante. Creusée par la rivière Moindou dont le village tire son nom, cette gorge a dessiné de beaux et verdoyants paysages sur ses flancs. Une promenade accessible y est possible et l'on jouit de plusieurs points de vue, jusqu'au barrage où l'on peut se baigner (demander aux habitants de Table-Unio pour savoir où). Un 4x4 est recommandé, passé un certain point.

CÔTE OUEST ET NORD

ASSOCIATION DES FEMMES DE LA TRIBU DE TABLE-UNIO €

Tribu de Table-Unio
✆ +687 46 98 56
Week-end découverte (2 nuits/3 repas) : 10 000 CFP adulte, demi-tarif enfant.

Le troisième week-end de chaque mois, les femmes de la tribu de Table-Unio organisent leur grand week-end découverte. Au programme : cuisine mélanésienne, marché, initiation au tressage, randonnée... Vous pouvez également vous rendre à cette adresse toute l'année pour camper, prendre un repas ou simplement vous laisser guider l'une des nombreuses randonnées alentour. Aussi appelée Katricoin, ce site est niché entre les montagnes de la Chaîne, où la nature est reine.

AUBERGE HISTORIQUE DE MOINDOU €€

Moindou
✆ +687 35 43 28
Chambre double : 6 500 CFP, personne supplémentaire : 1 500 CFP. Petit déjeuner dès 1 200 CFP.

Dans le bourg, à droite avant le pont, en venant de Nouméa, cet ancien relais des messageries automobiles vous accueille. Construit dans les années 1900, il cessa son activité en 1976. Réhabilité depuis, le bâtiment abrite désormais une auberge et un restaurant de fruits de mer. Une chambre (3 pers.) et une suite (5 pers.) sont proposées. Chacune avec sa salle de bains privée. L'établissement vous propose même une petite exposition sur l'histoire des lieux. Une bonne adresse.

GÎTE LES NAUTILUS €€

RT1
✆ +687 79 65 69
www.gitelesnautilus.com
Tarifs sur le site Internet.

Les bungalows jaunes sont bien équipés (TV, climatisation, micro-ondes, grille-pain, réfrigérateur) pour un confort de séjour optimal et possèdent leurs sanitaires privatifs, tout comme les chambres qui peuvent quant à elles héberger jusqu'à 5 personnes. Déjeuner et dîner se prennent sous le faré et la cuisine se fait au feu de bois, avec les produits de la pêche et de la chasse pour une expérience des plus authentiques. L'accueil est chaleureux de la part des propriétaires qui organisent parfois des soirées à thème. Il est aussi possible d'y camper.

BOURAIL ★★★★

Ville de la brousse par excellence, Bourail (*Bû Rhaï* en kanak) signifie « queue du lézard » en langue vernaculaire. Avec ses 5 444 habitants, elle est au cœur de l'histoire et de la richesse calédonienne : des airs de Far West, d'énormes 4x4, des troupeaux de bovins et des lieux d'une beauté incomparable...

Créée en 1867 sous l'impulsion de l'administration pénitentiaire, la commune est aujourd'hui résolument agricole, regroupant pas moins de 25 % du bétail du pays dans ses vastes plaines. Mais elle est aussi très touristique, grâce à ses plages sublimes de la Roche percée et de Poé, et au lagon, turquoise et inoubliable, classé au patrimoine mondial de l'Unesco. Les activités y sont multiples : *snorkeling*, plongée, surf, randonnée, équitation, sorties sur l'eau, survols de la région, visites culturelles ou tout simplement repos au soleil... La faune et la flore raviront les amoureux de la nature, en mer comme sur terre, que ce soit au contact des fonds marins, au milieu des pins colonnaires de la baie des Tortues ou encore au domaine de Deva, immense terrain de jeu sauvage où les collines ondoyantes viennent mourir sur de vastes étendues de sable blanc.

Tout ici est éminemment calédonien et l'âme du Caillou s'y retrouve tout entière, entre la culture kanake et les traditions caldoches, au pied de l'immensité de la Chaîne et face à la splendeur du lagon. Point d'orgue de la vie locale, la Foire de Bourail, qui a lieu tous les ans le week-end de la semaine du 15 août, à ne surtout pas manquer si vous êtes dans les parages.

Le Bonhomme.

Le Bonhomme vu depuis la roche percée.

CIMETIÈRE DES ARABES

RT1

L'origine de ce site remonte à la fin du XIXe siècle, alors qu'entre 1864 et 1897, près de 2 000 prisonniers de droit commun, notamment des rebelles d'origine kabyle, sont déportés d'Algérie vers la Nouvelle-Calédonie pour être internés dans les bagnes du pays. Après leur libération, nombre d'entre eux s'installent à Nessadiou et à Boghen ; en 1897, un cimetière musulman est créé en bordure de la rivière. Le long de la RT1, on le reconnaît grâce aux croissants et étoiles rouges qui ornent le portail. Les tombes sont naturellement tournées vers La Mecque.

CIMETIÈRE MILITAIRE NÉO-ZÉLANDAIS ★

Entre Moindou et Bourail.

Entrée libre.

Ce cimetière rend hommage aux militaires néo-zélandais tués au cours d'opérations militaires en Nouvelle-Calédonie lors de la Seconde Guerre. De nombreux camps d'entraînement furent en effet établis dans la région de Bourail à partir de 1942 et 18 000 hommes y transitent jusqu'en 1944. Ici reposent ainsi 161 soldats, 78 aviateurs et 7 marins. A l'entrée du site, une plaque rappelle les principaux événements des conflits dans le sud-ouest du Pacifique.

DISTILLERIE DE NESSADIOU

Entre Nessadiou et la pointe Vidoire, sur la RM4.

✆ +687 41 92 31

Ouvert du lundi au vendredi de 9h à 16h30.

La visite de cette petite distillerie traditionnelle est gratuite, mais mieux vaut téléphoner à l'avance pour s'assurer des ouvertures. Si vous arrivez vers 9h30 le premier dimanche du mois, vous pourrez assister avec Didier, à une distillation de feuilles de niaouli et voir l'essence sortir de l'alambic. Sur place, la boutique vous propose des huiles essentielles. Faites provision d'huile de niaouli, d'essence de vanille, de produits dérivés et d'artisanat local. Il est possible de manger à la table d'hôtes, sur réservation.

PLAGE DE LA ROCHE PERCÉE ★★

Route de Poé

Cette plage est un spot très apprécié des surfeurs grâce aux vagues de la passe Popinée. Mais la véritable star des lieux, c'est bien sûr le célèbre « Bonhomme », rocher massif qui se détache de la falaise. Pour apprécier au mieux les environs, deux sentiers sont recommandés : le sentier des Trois baies, qui relie la Roche Percée à la baie des Tortues et à la baie des Amoureux avec des vues superbes sur 4 km depuis le parking de la Roche, et le sentier de la forêt des cycas, qui démarre vers le milieu de la plage et traverse une forêt sèche sur 2 km.

BAIE DES TORTUES ★

route de la Baie-des-Tortues

Cette ravissante plage tient son nom des tortues qui viennent régulièrement y pondre leurs œufs – mais prenez garde, la baignade y est interdite à cause des forts courants. Pour autant, il ne faut surtout pas la rater, tant son emplacement est exceptionnel. Face à la passe et au lagon, les magnifiques pins colonnaires y côtoient le fameux Bonhomme de Bourail. Depuis la Roche Percée, le sentier des trois baies pour se rendre à la Baie des Tortues en passant par la Baie des Amoureux et le belvédère, est un des plus jolis itinéraires pédestres de la Côte Ouest.

DOMAINE DE DEVA ★★★

Route de Poé
✆ +687 46 22 28
www.deva.nc

Accès libre au domaine. Informations à la maison Deva, à l'entrée (à droite).

Ces 7 500 hectares de nature sauvage et préservée est le terrain de jeux de rêve pour les sportifs et les amoureux de la nature. En bordure et sur les hauteurs du lagon classé par l'Unesco au patrimoine mondial de l'Humanité, on y accède *via* la route de Poé, peu avant d'arriver sur la plage. Le Domaine compte cinq sentiers pédestres de tous niveaux dont le sentier du Oua Koué, sur des crêtes avec des vues à couper le souffle (5,5 km, 324 m d'ascension) ; le sentier de la Forêt des origines au lagon, à travers la plus grande forêt sèche de Nouvelle-Calédonie (7 km) ; le sentier des Géants, autour du marais Fournier équipé d'un observatoire ornithologique (6,5 km) et le sentier du Boé Arérédi, qui surplombe la faille de Poé, dont le tracé d'un bleu profond entaille les eaux turquoise (4,5 km, 317 m d'ascension).

Pour les amateurs de VTT, sachez que près de 240 kilomètres de pistes leur sont également dédiés sur 17 itinéraires différents avec des niveaux de difficulté croissants : la piste verte No Poradéno (8,6 km), les pistes bleues No Bouaou (12,3 km) et Forêt plate (11 km), les pistes rouges Bouencoy (16 km) et Me Awi (15km), ainsi que la piste noire Zouvézélé (20,7 km).

Vous trouverez aussi plus de 13 km de plage de sable blanc sur le domaine et 7 sentiers équestres. Enfin, et outre l'hôtel *Sheraton*, son spa et son terrain de golf, il est aussi possible de louer des VTT à la Maison de Déva située à l'entrée du Domaine ou de faire des sorties à dos de cheval avec le ranch du Carré 9, ouvert du mardi au dimanche matin.

PLAGE DE POÉ ★★★

Route de Poé

Longue de 17 kilomètres et offrant des eaux peu profondes sur plusieurs dizaines de mètres, la plage de Poé est l'une des plus belles. Ses couleurs envoûtent tout autant que son sable blanc et ses récifs balayés par les vagues du grand large, qui contrastent avec le calme plat du lagon. Plébiscitée des habitants de toute la Nouvelle-Calédonie et notamment des familles de Nouméa, les activités touristiques y sont riches et profitent de la reconnaissance du site au patrimoine mondial de l'Unesco. Vous y verrez de nombreux kitesurfers et quelques véliplanchistes.

HOTEL DE POÉ €€

Route de Poé
✆ +687 44 22 00
www.hoteldepoe.nc

De 13 600 à 15 650 CFP pour 2 selon le jour et la saison, de 15 200 à 18 500 CFP pour 3 ou famille. Autres formules.

L'hôtel de Poé mise sur le confort pour attirer groupes et familles avec ses 14 bungalows tout équipés. De type F2 et F3, ils peuvent recevoir jusqu'à six personnes et sont situés à 50 mètres de la plage. Les chalets sont très propres et très confortables. Climatisation, jardin privatif, terrasse, TV écran plat, coin cuisine et accès Internet : une offre complète avec, en outre, un bon restaurant-brasserie sur place. On peut accéder à la plage à pied. A l'Hôtel de Poé, tout est présent pour se sentir bien.

© HOTEL DE POE

© HOTEL DE POE

Plage de Poé.

L'AIRE DE FAMILLE €€

139 route de la baie de Gouaro
✆ +687 73 93 83
Clef Verte. Tarif base 2 personnes par nuit : entre 8 000 CFP et 12 000 CFP. Comptez 2 000 CFP/personne supplémentaire.

Un lieu convivial en pleine nature. L'Aire de Famille, un projet initié par deux familles, offrant 6 hébergements insolites : Roulottes, « cabadiennes » et dômes. Idéals pour les familles, les logements peuvent accueillir jusqu'à sept personnes. Cuisine commune à disposition. Situé à 10 minutes de la plage en voiture, l'établissement offre à ses visiteurs un accès facile aux eaux cristallines et à la vue panoramique de la côte ouest de l'île. Activités : baignade, randonnées palmées, sports nautiques, randonnée dans le domaine de Déva...

POINT D'INFORMATION TOURISTIQUE BOURAIL

Déva 1 lot Gouara Déva – Route de Poé
✆ +687 46 57 56

Le bâtiment est situé à l'entrée du parc du domaine de Deva sur votre gauche. N'hésitez surtout pas à y passer ou à les contacter, la charmante équipe pourra vous aider dans votre programme afin d'organiser votre séjour dans les meilleures circonstances et avec les conseils avisés d'une équipe qui connaît le terrain et le domaine de Deva comme sa poche.

AUBERGE DE POÉ €

Lot 27 – Route de Poé
✆ +687 41 82 08
aubergedepoe.com
Chambre privée, camping, dortoir.

Andréa vous accueille dans cette auberge propre, moderne, organisée et qui s'ouvre magnifiquement dès le salon sur le lagon. Pratique, on y retrouve des chambres privées et des dortoirs jusqu'à cinq personnes, avec salles de bains et WC dans la chambre. La salle à manger, la cuisine, le coin salon et surtout la terrasse permettent aussi bien de se restaurer que de faire des rencontres. Le jardin est très agréable (un très bon plan pour camper) et donne directement sur la plage (accès privé). On peut profiter des barbecues disposés dans le jardin.

L'AUBERGE DU PÊCHEUR €

Pointe Vidoire

✆ +687 76 50 50

1 000 CFP par tente et 200 CFP/per. Bungalow sans cuisine pour deux personnes : 8 600 CFP. avec cuisine : 10 600 CFP.

Sur la pointe Vidoire, à l'ouest de Nessadiou et au sud de la Roche percée, ce camping offre des emplacements avec trois douches et deux WC. Des bungalows sont aussi disponibles pour deux ou quatre personnes, avec ou sans kitchenette. Pour les gourmands, des barbecues sont mis à dispositions sous les lampes solaires éparpillées sur le site. Plage et randonnées sont accessibles depuis le site ; deux kayaks et un paddle sont en location. Les propriétaires (une famille) sont adorables et prévenants avec leurs résidents. Prévenir de votre heure d'arrivée.

BETIKURE PARC LODGE €€

La Tarodière

✆ +687 46 23 60

www.betikure.com

Chambres doubles, suites pour 4. Réductions dès la seconde nuit. Pdj et dîners possibles.

Six villas en bois nichées entre deux vallées, l'une secrète et arborée, l'autre spacieuse et ouverte sur l'horizon broussard. Entre les deux, un jardin botanique et un espace commun. Chaque villa se divise en deux parties qui peuvent être louées ensemble ou individuellement : une chambre de 35 m² pouvant accueillir jusqu'à trois personnes et une suite avec bain bouillonnant contenant des couchages pour six personnes. Repas au bord de l'eau avec un menu unique le soir, composé avec les produits locaux. Wifi gratuit dans les chambres.

LES CHALETS DU LAGON €€

Lot 7 - Morcellement Gouaro Deva

✆ +687 44 15 26

www.chaletdulagon.com

Chalets et camping.

Les Chalets du Lagon est avant tout une adresse destinée pour les groupes et familles qui souhaitent voyager en toute indépendance. A 200 mètres de la plage, trois hébergements offrent 8 couchages et les trois autres en accueillent 4, 6 ou 12. Le camping dans le jardin n'est autorisé que dans l'éventualité de groupes nombreux si les chalets s'avèrent trop petits. Tous disposent d'une cuisine équipée et de la climatisation. Il faudra apporter ses draps, taies et serviettes, ou les louer sur place. Les animaux sont acceptés dans l'établissement.

POÉ CÔTÉ LAGON €€

Lot 40 route de Poé

✆ +687 83 63 73

www.poecotelagon.com

A partir de 130 € la nuit pour un bungalow équipé.

Imaginez le lagon et ses eaux turquoise tout près, le clapotis de la piscine au milieu du jardin et vous aurez un aperçu de ce qu'est un séjour chez Nathalie et Pierre. Tombés amoureux de Poé, ces mordus de voyage ont ouvert en 2015 leurs deux bungalows (dont 1 familial) aux visiteurs en quête de quiétude, dans un lieu incroyable. Le confort est parfait et le bien-être réel. L'offre est volontairement restreinte pour garder un cadre intimiste et il faudra penser à réserver à l'avance et en direct pour avoir les meilleurs tarifs. Kayaks et paddles à disposition.

© POE COTE LAGON

© POE COTE LAGON

CÔTE OUEST ET NORD

GITE LE CHERATOF €€

Plage de Poé
✆ +687 99 11 33
www.gitecheratof.com
Wifi, cuisine, barbecue, spa à disposition. A partir de 7 500 CFP par personne. Petit déjeuner inclus. Dîner 3 000 CFP.

© GITE LE CHERATOF

A seulement quelques mètres de la jolie plage de Poé, le Gîte Cheratof est un vrai petit paradis tenu par Karine, Christophe. Deux options s'offrent à vous : la chambre, qui peut accueillir jusqu'à 4 personnes, la case moderne (elle peut accueillir jusqu'à 10 personnes : option idéale pour les groupes) ou la roulotte installée dans le jardin. Les salles de bain sont annexées à chaque unité. Spa extérieur accessible à tous. Le soir venu, tout le monde se retrouve auprès du feu avant de rejoindre la table pour un dîner préparé par Christophe.

L'EFFET MER €€

26 lot Drémon
✆ +687 41 61 42
effetmer.kazeo.com
Chambres simples ou doubles. Pdj offert. Location de vélos. Surf et bodyboard.

Véronique et Dominique vous ouvrent les portes de leur maison pour le moins originale, à 50 mètres tout juste de la plage de la Roche percée. Au choix : quatre chambres indépendantes et finement décorées sur des thèmes particuliers. Chacune possède sa salle de bains et une connexion Internet. Jeux de société, bandes dessinées, livres et boules de pétanque sont à disposition, de même qu'un faré avec salon et bar pour se relaxer. Les repas sont pris en hauteur, dans un salon aménagé sur un *deck*. La cuisine est de grande qualité et la chaleur des hôtes fait le reste.

NËKWETA SURF CAMP €€

44 Lot Drémon
✆ 06 87 43 23 26
www.nekweta.com
10 000 CFP pour deux en case mélanésienne ou chambre tropicale, 5 100 CFP pour deux en bungalow. Taxis-boats.

Entre la rivière Néra et la superbe plage de la Roche percée, le séjour invite au repos en communion avec la nature. Jardin ravissant avec ses arbres fruitiers et ses sculptures kanakes, matériaux en bois et grandes tables conviviales : l'esprit authentique se retrouve jusque dans l'hébergement. Manu, le propriétaire, vous fera également partager son investissement pour la protection du lagon et des tortues. Un *taxi-boat* pour l'île Verte et des sorties surf sont également possibles. Le tout se fait sur réservation (24h à l'avance).

SHERATON NEW CALEDONIA DEVA RESORT & SPA €€€

Route de Poé
✆ +687 26 50 00
www.sheratonnewcaledoniadeva.com
Chambres à partir de 18 000 CFP. Restaurant et bar ouvert tous les jours. Pdj, midi, soir.

Ses 176 chambres, bungalows et suites sont répartis entre le bord de mer et le début du domaine de Déva. Un paysage à couper le souffle que vous pouvez découvrir depuis les deux restaurants : le Reef le matin et le soir et le Sand Beach Grill pour le déjeuner. Les activités ne manquent pas : spa, salle de sport et fitness, kayaks, paddles et sorties bateau. Des randonnées pédestres et équestres peuvent être organisées sur le domaine et le terrain de golf reconnu attend les amateurs.

AU P'TIT GOURMET €

rue Charles-Guilin
✆ +687 45 04 30
Ouvert du lundi au samedi de 10h à 14h et également de 18h à 21h les mercredis, jeudis et vendredis.

Cette bonne adresse sur place ou à emporter est une réussite bien connue des locaux. Au programme : des plats de pâtes (carbonara, bolognaise, etc.), des salades (César, au magret de canard, au poulet, au camembert...), des *fish & chips*, des nuggets et des desserts (mousse au chocolat, tiramisu, moelleux, salade de fruits, etc.), pour un résultat frais et convaincant. Une vraie bonne adresse à essayer sans hésitation pour savourer un bon repas. Attention pour les petits estomacs, les portions sont assez copieuses. Mais que c'est bon !

© HOTEL DE POE

© CAP ULM POE

CAP ULM

Hotel de Poé
Route de Poé
✆ +687 992 938
www.ulm.nc

Ouvert tous les jours. 30 min de vol 15 000 CFP. Une heure de vol 24 000 CFP.

Cap ULM vous propose de survoler le lagon à bord d'ULM pour en saisir toute la beauté vue du ciel. Au programme : la Roche percée, la baie des Tortues, la Grande barrière et la Faille aux requins. En une heure, vous pousserez jusqu'au récif lenticulaire. Des baptêmes sont aussi possibles au-dessus du Cœur de Voh, au départ de Koné. Un *must* au-dessus du plus grand lagon du monde. On repart avec des photos du vol et des étoiles plein les yeux. Prenez plaisir à repérer (et photographier pour les plus adroits) les tortues, dugongs et autres raies. Vol en duo possible.

© CAP ULM POE

© HOTEL DE POE

VOLEZ À POÉ

Aérodrome de Poé
✆ +687 45 34 53
Une heure de vol à 27 000 CFP.

© VOLEZ À POÉ

Volez Chez Poé, c'est avant tout une expérience unique à vivre si vous êtes de passage à Bourail. Ici, c'est le royaume des ULM (sortes d'hélicoptères dont les autogires disponibles ici font partie) et l'équipe n'attend plus que vous pour décoller et survoler les eaux turquoises de l'océan Pacifique. Le vol en ULM est une activité époustouflante qui vous offrira, ici, la chance d'admirer la côte ouest de l'île, dont la fameuse plage de Poé, réputée pour ses lagons cristallins, ses forêts luxuriantes et ses montagnes imposantes.

PIZZA NÉRA €

Lot 13 - Village de la Roche
✆ +687 44 68 18
Ouvert tous les soirs de 18h à 21h. Fermé le lundi. Pizzas de 2 000 à 2 500 CFP.

A venir récupérer sur place ou à se faire livrer, ces pizzas gargantuesques et succulentes sont considérées par certains comme les meilleures du Caillou. Cuites au feu de bois, elles combleront les plus grosses faims avec leurs ingrédients savoureux et leurs bonnes recettes imaginées par Raphaël. Un vrai régal qui sent bon l'Italie avec ses pizzas à la pâte fine et croustillante. Si vous allez les chercher vous-mêmes, la pizzeria se trouve dans la dernière véritable rue de la Roche percée, sur la gauche après la forêt de cycas.

SNACK L'ALIZÉ €

Plage de Poé
✆ +687 93 67 37
Ouvert tous les jours de 8h30 à 15h30 (fermé le mardi et le mercredi pendant les vacances scolaires).

Ce petit snack-restaurant les pieds dans l'eau se situe face au centre de vacances. Il offre un *snacking* de qualité préparé par Nathalie et son équipe. Salades, paninis, grillades, glaces, quiches, salades, excellents plats du jour, le tout à des prix raisonnables avec vue sur le lagon. Vous le trouverez au bout de la route de Poé, à côté du centre de vacances de la Mutuelle des Fonctionnaires. Un petit snack sans prétention mais au charme fou qu'il fait bon visiter. On recommande vraiment de s'y installer pour manger, bercé par la brise marine.

LA RESTAURATION BOURAILLAISE €

112 rue Duvergier
✆ +687 41 27 49
Ouvert du lundi au samedi de 7h30 à 16h30. Formules dès 800 CFP, buffet à volonté pour 2 500 CFP.

Le concept est simple et efficace dans cette cantine du village qui ouvre chaque midi en semaine. Des formules rapides proposent hot-dog, croque-monsieur, panini ou hamburger accompagnés de frites et de boissons, tandis que pour les gros mangeurs, les buffets mettent à l'honneur des poissons, crevettes, salades, du cerf, du porc, du poulet, des saucisses et steaks, aussi bien en entrées qu'en plats de résistance. Une bonne adresse pour manger rapidement.

CHEZ MARCO & CO €

La Roche Percée
BP 4223
✆ +687 77 39 29
moreno.noumea@gmail.com
Ouvert du vendredi au dimanche de 11h à 16h hors vacances scolaires. Accès wifi.

Non loin de la Roche Percée à Bourail, Marco vous accueille dans une ambiance rock et familiale. On vient déguster dans cet établissement les burgers de Marco avec le fameux chicken fried (le meilleur de côte, paraît-il !). Vous pourrez aussi vous restaurer avec des plats de poisson ou viande, le tout servi sous les parasols dans le jardin. C'est bon, fait maison et bon marché ! Des suggestions différentes sont proposées chaque semaine : salades, plats à base de produits de la mer, ou burger spécial. Crêpes, glaces et desserts maison.

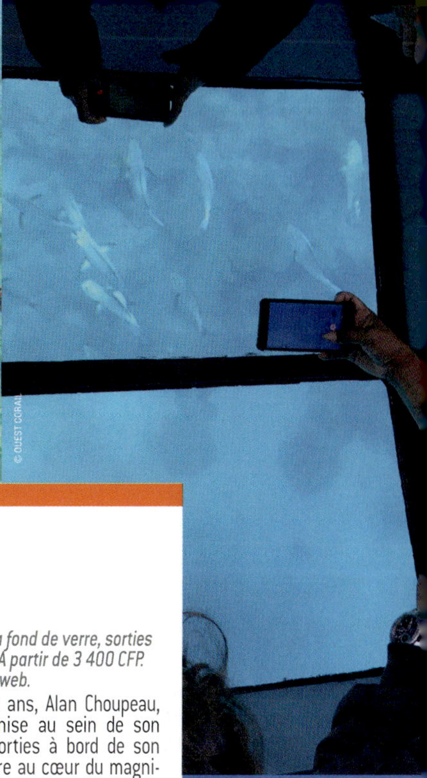

OUEST CORAIL

Route de Poé

✆ +687 77 60 59

www.ouest-corail.nc

Excursions en bateau a fond de verre, sorties palmes-masque-tuba. À partir de 3 400 CFP. Réservation sur le site web.

Depuis plus de vingt ans, Alan Choupeau, diplômé d'Etat, organise au sein de son établissement des sorties à bord de son bateau à fond de verre au cœur du magnifique lagon ainsi que sur la faille de Poé. On peut donc profiter des fonds marins sans se mouiller. Certaines excursions incluent un arrêt avec 45 minutes de randonnée palmée accompagnée (apporter masque, palmes et tuba). La sortie s'accompagne d'explications sur les fonds marins et d'un aquaguide. Des locations de kayak et paddle sont également possibles au snack l'alizée d'où part le bateau. Magique !

ÉPICERIE DE POÉ

Route de Poé

✆ 77 20 45

Du vendredi au lundi de 8h à 19h (18h le lundi).

Jolie petite épicerie sous les arbres gérée par Johan et Aurélie. Des produits locaux et des légumes frais. Mais aussi du pain, des viennoiseries... snacks pour petit déjeuner, brunch et lunch sur une terrasse ombragée. Produits artisanaux, savon, confitures, achards, miel, vanille... et des sculptures en bois. Un bel endroit, des gens aimables à fréquenter. On recommande notamment leurs *poke bowls* délicatement préparés et au goût absolument exquis. Une étape culinaire à ne pas manquer avant d'aller se dorer la pilule à la plage.

FAR WEST RANCH

Deva

✆ +687 93 65 15

www.farwestranch.nc

9 000 CFP pour une 1/2 journée avec 2 heures de randonnée entre plage et brousse. 5 000 CFP pour les moins de 7 ans.

Ambiance Far West à Bourail ! La région sauvage s'y prête parfaitement avec les dizaines de kilomètres de piste dans les alentours et la très belle et longue plage de Poé. Vous serez guidé par la charmante Marion, passionnée d'équitation qui est à l'origine de ce beau projet. Le ranch propose également une formule permettant de se baigner avec les chevaux à marée haute : un moment de connexion exceptionnel avec l'animal. Marion s'adapte à votre niveau, alors même si vous débutez, vous pouvez lui faire confiance et y aller les yeux fermés !

BOURAIL PARADISE

Route de Poé

✆ +687 75 21 33

www.bourail-paradise.nc

Sorties de pêche (5 personnes max). Sorties écodécouverte. Excursions journée.

B*ourail Paradise*, avec ses activités *Jet Paradise* et *Blue Paradise*, vous accompagne lors de sorties sportives (pêche, jet-ski, bouée tractée, *flyboard* et *hoverboard*) ou découverte (écodécouverte, navette vers l'île Verte, PMT, etc.). Pour les locations, les tarifs sont dégressifs et des *taxis-boats* sont aussi disponibles, de même que des journées d'activités sportives regroupant plusieurs offres. Sensations fortes garanties ! De nombreuses activités et de nombreux forfaits que nous vous invitons à découvrir au sein de leur établissement.

POÉ FUN LOC

Face au camping Le Rêve de Némo.

✆ +687 92 97 61

Ouvert de 8h au coucher du soleil (pas de locations à marée basse), vendredi-lundi, et tlj pendant les vacances.

Cette jeune structure située sur la plage en contrebas du camping propose de classiques locations de kayaks et d'originales locations de *funboats*, petits catamarans très faciles d'utilisation qui conviennent aussi bien aux enfants qu'aux parents. Sébastien loue également des bateaux à pédales avec toboggan, mais aussi des paddles en mousse pour se balader ou même faire du yoga sur un des plus beaux lagons de Nouvelle-Calédonie. La plupart des activités se font à marée haute, se renseigner au préalable pour ne pas avoir de mauvaise surprise.

DEVA'S BIKE

Domaine de Deva

✆ +687 86 44 43

www.devasbike.nc

Location de VTT classiques de 2 500 à 3 500 CFP. VTT électriques : de 3 900 à 5 900 CFP.

Départ le matin ou l'après-midi pour des balades en solo, entre amis ou en famille au cœur de la nature calédonienne. L'adresse propose des VTT musculaires ou électriques pour partir à la découverte du domaine de Deva et ses 240 km de pistes. Vous pourrez terminer votre parcours à flanc de collines pour admirer le coucher du soleil avant votre dernière descente. Les soirs de pleine lune, on peut même s'offrir des sorties nocturnes. Le site internet permet de réserver presque instantanément son VTT. L'activité et le domaine de Deva sont adaptés aux enfants.

VERTICAL LAGON

Route de Poé

✆ +687 87 58 48

http://verticallagon.blog4ever.com

Vol découverte à partir de 5 000 CFP.

Avec son paramoteur (littéralement un parapente propulsé par un moteur) biplace, stationné à deux pas du lagon, Dominique Delor emmène les curieux au-dessus du lagon pour une balade de 15 minutes à une heure. Ce véritable passionné des cieux vous fera découvrir avec plaisir les paysages somptueux du lagon. On se sent complètement libre et en contact avec la nature au cours du vol. De quoi en prendre plein les yeux et de faire des jalou(ses)x au moment de montrer toutes les photos au retour de vacances ! Un pur bonheur à ne pas manquer.

POYA ★

Fondée en 1898, Poya (*Nèkö* en kanak) a ceci d'original qu'une partie de sa superficie se situe en Province Sud, alors que la commune dépend de la Province Nord.
Ses 3 541 habitants vivent pour la plupart de l'exploitation du nickel et travaillent à Népoui, village minier situé plus au nord. L'agriculture constitue néanmoins une source d'activités et de revenus non négligeable, comme en témoignent les élevages occupant les prairies au pied de la Chaîne. Ce joli village fleuri, aux maisons blanches, constitue une véritable oasis au cœur d'une plaine aride et brûlée par le soleil.

PÉTROGLYPHES DE MONTFAOUÉ

Montfaoué

Réservation auprès d'un guide obligatoire.

Il s'agit du plus grand site de pétroglyphes du Caillou. Il s'étire sur un périmètre de 200 m et abrite 156 motifs de grande taille, gravés sur des rochers. La signification et l'origine de ces œuvres demeurent énigmatiques, la plupart de ces gravures étant abstraites. Elles diffèrent ainsi des autres pétroglyphes observés dans le monde qui, pour la plupart, représentent des hommes et des animaux. Pour vous rendre sur place, il faudra contacter à l'avance un guide de la tribu.

ROCHES D'ADIO

Montfaoué

On peut y aller par l'ancienne route de Poya à Bourail. Si les célèbres grottes d'Adio ne sont désormais plus accessibles au public, la vallée des Roches d'Adio est encore visitable. Elle donne à voir un chaos de calcaire noir tourmenté qui surgit spectaculairement de la forêt, en chemin pour les tribus de Montfaoué et de Gohapin. On trouve la piste peu après la sortie nord de Poya, juste avant Basse-Poya. Un site riche en pétroglyphes, incontournable pour les simples curieux comme pour les fanatiques de sites archéologiques.

GÎTE DE PORIN-NÉA €

Tribu de Nétéa

✆ +687 42 39 51

1 700 CFP par nuitée en dortoir et 900 CFP par personne en camping. Menu à 2 000 CFP.

L'adresse est en retrait de la route principale, mais l'accueil et l'endroit valent le déplacement ! Au milieu de la forêt, Reine Pourudeu vous reçoit dans son royaume qu'elle a fondé il y a vingt-six ans. Un faré surplombant la belle rivière Néa qui coule vigoureusement en contrebas, une cuisine au feu de bois, un dortoir d'une vingtaine de lits et un bloc sanitaire. Vous pourrez vous baigner dans les trous d'eau à proximité et déguster de bonnes tartes aux framboises. Pensez à réserver, aussi bien pour l'hébergement que les repas.

NÉPOUI

Népoui, village dépendant de la commune de Poya, est situé sur le plateau de la presqu'île de Muéo. Lucien Bernheim y crée la première mine en 1890, suivi par la Société Le Nickel (SLN), qui dans les années 1960 fait construire le village pour y loger ses employés. La SLN exploite ici la plus haute mine du territoire située à 1 000 m d'altitude (Népoui-Kopéto).
L'exploitation à ciel ouvert des mines de nickel, qui se prolonge en escaliers au cœur de la montagne, donne une teinte rouge aux massifs, contraste saisissant avec le vert des forêts. La montagne du Kopeto, entre Népoui et Pouembout (côte Ouest), en témoigne à merveille.

CHÂTEAU DE MUÉO

Vous quittez Poya en direction du nord et traversez la Basse le long de la RT1.

Une fois parvenu au lieu-dit Forêt-Français, et avant d'atteindre le col Nékoro culminant à 128 m, enjambez la rivière de Muéo. Côté montagne, vous apercevez à votre droite la station de Muéo, installée dans le château construit en 1882 sous la direction du commandant Escande. A environ 200 m, sur votre droite, vous trouverez une barrière blanche. L'endroit est aujourd'hui une propriété privée : vous pourrez donc prendre des photos mais seulement après en avoir demandé l'autorisation. Il n'est pas possible de le visiter, mais très beau point de vue sur le lagon.

PRESQU'ÎLE DE PINDAÏ

Pindaï

Après l'embranchement de Népoui, entre Poya et Pouembout, bifurquez à gauche vers la presqu'île de Pindaï, où 8 km de pistes s'enfoncent. 100 m après le commencement, le chemin de droite mène au phare, tandis que celui de gauche conduit à la plage, longue de trois kilomètres et aménagée. Avec palmes, masque et tuba, vous pouvez explorer les quelques récifs coralliens des environs. Cette zone littorale de plusieurs hectares est un petit paradis de biodiversité, avec mangrove, maquis minier et forêt sèche. Un sentier balisé est ouvert aux marcheurs.

PLAINE DES GAÏACS

Plaine des Gaïacs

A 20 kilomètres au sud de Pouembout, entre la RT1 et le lagon, on trouve ici un mémorial américain dédié aux morts de la Seconde Guerre mondiale. Il marque également l'emplacement d'une ancienne base aérienne édifiée lors de la guerre du Pacifique et offre de beaux points de vue sur le large. C'est aussi une aire de pique-nique. Parking à proximité du site. Récemment, une centrale photovoltaïque a été érigée en plein milieu de la Plaine, ce qui gâche malheureusement quelque peu le paysage... Un site intéressant mais négligeable.

AUBERGE DU PASSAGE €€

✆ +687 47 12 28

Chambres double avec brasseur d'air ou climatisation. Bungalows. Pdj. Restaurant fermé le week-end.

Népoui, entre Poya et Pouembout, est une petite cité active en raison de la centrale électrique et du port pour le chargement du minerai de nickel. On se croirait dans une bourgade australienne ombragée. Au centre du village de Népoui et avec une belle vue sur sa baie, vous pourrez ici choisir entre des chambres doubles et des bungalows de quatre personnes. On y sert également des plats français et des produits du lagon au restaurant, préparés avec amour et goût par Véronique. Attention, le-dit restaurant est fermé le week-end.

PLATEAU DE TIA

RT1. Au sud du village de Pouembout. Parking.

Compter 40 minutes de marche à travers un paysage lunaire jusqu'au sommet. Le panorama s'ouvre au fur et à mesure pour dévoiler une vue à 360° sur la plaine et ses nombreuses *stations*, le lagon et les montagnes aux alentours. Végétation luxuriante. Le plateau de Tia est un lieu incontournable pour les fans de randonnée ou celles et ceux qui voudraient juste profiter du paysage. Vous pouvez compter environ deux heures pour faire l'aller-retour sur le plateau et découvrir le magnifique panorama des environs. La vue au sommet est magnifique.

POUEMBOUT ★

Pouembout (*Pwëbuu* en kanak) est lovée dans une belle plaine très dégagée, où le regard plonge loin vers l'horizon. En cas de fortes pluies, la RT 1 peut être momentanément coupée. Créée en 1883 par l'administration pénitentiaire, c'est désormais le grenier de la Province Nord et l'on y trouve même le plus grand lycée agricole de France. Parmi les édifices notables, on peut mentionner le pigeonnier (1898) et le château Grimini (1886). Ce dernier fut fortement endommagé par le cyclone Erika, avant d'être rénové en 2006 pour accueillir la bibliothèque municipale. La population s'élève à 2 591 habitants. Elle forme une quasi-agglomération avec Koné toute proche.

PADDOCK DE LA BOUTANA €€

Vallée de la Mine

✆ +687 47 16 17

www.paddockboutana.com

9 100 CFP par adulte avec petit déjeuner, dîner et balade en 4x4). 5 200 CFP par enfant.

Le Paddock de la Boutana se mérite ! Le site est magnifique et la maison, posée au cœur de la vallée sur une propriété de 634 ha, donne la mesure de la vie des broussards. Marie-Claude, Calédonienne de souche, vous accueille chez elle avec authenticité. Hébergés dans l'une des trois chambres doubles de son confortable ranch (salle de bains commune), ou dans le chalet entièrement aménagé en bord de rivière, vous profiterez en douceur de la nuit dans l'hémisphère sud. Le forfait inclut une balade en 4x4 après le dîner pour essayer d'observer les cerfs.

KONÉ ★

Chef-lieu de la Province Nord, quasiment jumelée à Pouembout, c'est la capitale administrative, mais aussi économique de la moitié septentrionale du Caillou. Cette commune de 7 340 habitants, dont le bourg est relativement petit, fondée en 1870 par l'amiral de vaisseau Olry, doit son nom au pic Koné (*Koohnê*, en kanak), ancien lieu de sépulture kanak situé au cœur de la tribu de Baco. La région a connu un développement fulgurant grâce à la construction de l'usine de nickel Koniambo, et elle est aujourd'hui le cœur de la zone VKP (Voh-Koné-Pouembout). Ce pôle d'activités en plein essor entend contrebalancer le poids de Nouméa et maintenir une activité importante dans cette partie du pays. Les hôtels y ont logiquement fleuri et servent aussi bien à une clientèle d'affaires que touristique. La crise du Nickel depuis 2017 a affecté son dynamisme.

Pratique

A Koné, on trouve une mairie (+687 47 22 06), une gendarmerie (+687 47 89 15), un dispensaire (+687 47 72 50) et une caserne de pompiers (+687 47 38 28 ou 18), toutes les banques et de nombreux distributeurs de billets.

Transports

Nouméa est à 3h10 de Koné en voiture et à 4h10 avec les bus du RAI. Les transports vers Koné, Koumac, Poum, Pouébo et Panié s'y rendent quotidiennement.

HIBIS AIR

Aérodrome de Kone

✆ 00 687 70 00 23

https://www.hibisair.nc/

Vols de 45 minutes à une heure, duo ou trio. Initiation à la navigation. Autres offres.

© HIBISAIR

Un incontournable si votre budget le permet. La compagnie de vols en ULM partenaire de l'hôtel Hibiscus propose des vols d'une heure pour survoler le célèbre cœur de Voh et le lagon ou vous pourrez observer raie manta, dugong, requin. Pour les couples, il est possible de faire des vols en duo où, chacun dans un ULM, vous pourrez communiquer par radio et voler côte à côte à plusieurs reprises à bord des gyrocoptères. Plusieurs forfaits de vol possibles. Les paysages sont somptueux et l'expérience est inoubliable. A faire !

CENTRE CULTUREL PROVINCIAL POMEMIE

2243 route Pomémie

✆ +687 47 11 06

Au bout de la piste, une ancienne maison coloniale, rénovée par un médecin et rachetée par la Province Nord, abrite aujourd'hui le centre et un atelier d'artisanat. Les poteries Lapita, découvertes sur la commune, ont été exposées ici pour la première fois. Deux d'entre elles avaient été mises au jour en 1995 à Foué, le berceau historique de l'identification du Lapita. Des événements en tout genre sont organisés régulièrement (renseignements par téléphone).

ROUTE TRANSVERSALE KONÉ-TIWAKA

Route provinciale Nord 2 (RPN 2)

La transversale de 70 km qui relie Koné à Poindimié est certainement l'un des plus beaux itinéraires du territoire. La Koné-Tiwaka, du nom des deux rivières dont elle suit le parcours, constitua le plus grand chantier de l'histoire calédonienne, étalé sur dix ans. De nombreuses aires sont aménagées tout le long et offrent de superbes vues et points de départ pour les balades. Au niveau du col de Tango, la vue panoramique sur le lagon et sur la vallée n'a pas de prix.

SENTIER DU KONIAMBO

RT1

randonnees.tourismeprovincenord.nc

La piste vers le sentier débute 4 kilomètres après l'aérodrome, entre Koné et Voh. La montée est progressive est mène à 880 mètres d'altitude, avec un parcours total de 16,5 kilomètres. Les moins aguerris pourront s'arrêter après les premiers 2,6 kilomètres, au point de vue à 400 mètres au-dessus de la mer. Pour les autres, la randonnée se poursuivra avec de nombreux panoramas sur Koné, le lagon, la Chaîne et le maquis minier. Pensez à prévoir suffisamment d'eau et de vivres. Il faut compter 8h pour l'aller-retour. L'itinéraire est téléchargeable sur le site Web.

GIE TOURISME PROVINCE NORD

44 lots des Cassis Voie « Pont Blanc »

✆ +68727 78 05

www.tourismeprovincenord.nc

L'adresse est celle de la direction, reportez-vous aux offices de tourisme du quai Ferry ou de l'anse Vata.

Le GIE (Groupement d'Intérêts Economiques) Tourisme Province Nord a mis en place un site Internet très bien construit qui vous permettra de trouver tous les hébergements, activités et lieux de restauration du nord de la Nouvelle-Calédonie, avec photos pour la plupart. Ils ont à cœur de faire découvrir à leurs visiteurs le tourisme local de la Nouvelle-Calédonie, qu'il soit d'initiative calédonienne ou internationale, mais toujours faite à hauteur de l'île.

L'HIBISCUS €€

RT1 ✆ +687 47 22 61

www.hotelhibiscus.nc

13 200 CFP chambre standard, 15 200 chambre côté piscine. Package vol + repas + chambres : 72 600 CFP pour deux.

Certaines chambres ouvrent sur la piscine, d'autres, plus luxueuses, donnent sur l'élégant jardin japonais. Pour la détente, le hammam est au programme. La carte du restaurant est recherchée. La magicienne des fourneaux a fait de cette table l'une des meilleures de la Province Nord, offrant une présentation très élégante, avec des fleurs d'hibiscus, bien sûr ! Et pour couronner le tout, l'hôtel possédant sa propre compagnie de vol en ULM, des packages incluant la nuitée en demi-pension et le vol au dessus du cœur de Voh sont proposés à des tarifs alléchants.

PLAGE

A l'entrée de la ville, sur la gauche en venant de Bourail, une pancarte indique la piste qui mène à Foué. Passez devant la ferme aquacole, et, après plusieurs kilomètres de poussière, vous accédez à une plage.

De la plage recouverte de brindilles, le village de la tribu de Foué, situé au fond avant la mangrove, ressemble à un petit village de pêcheurs avec ses barques à moteur qui vont et viennent jour et nuit, au rythme de la marée. Possibilité de louer des kayaks à la base nautique pour s'aventurer dans les eaux calmes qui s'étendent face à vous.

Bon à savoir : le camping sauvage est autorisé sur la plage de Foué (sanitaires et douches à disposition). Attention aux moustiques (la mangrove est proche) et aux soirées alcoolisées qui s'y passent le week-end.

ÉDEN APPARTEL €€

239 avenue de Téari

✆ +687 42 41 42

www.eden.nc

Compter 12 900 CFP pour deux personnes en studio, et 2 500 CFP par personne supplémentaire. Tarifs dégressifs.

Cette adresse récente et moderne est bien installée et fait partie des incontournables de Koné. Avec 40 studios entièrement équipés et comprenant un espace cuisine, l'Eden Appartel satisfait aussi bien les voyageurs d'affaires que les visiteurs. Une jolie piscine complète le tout et le wifi est en libre accès. Une fois sur place, on est vraiment au calme. Pour celles et ceux cherchant à se déplacer dans la région, le Eden Appartel est proche d'une concession ADA pour louer une voiture, ainsi que de stations-service et d'un restaurant.

L'ESCALE DE KONÉ €€

Koné

✆ +687 47 21 09

www.escale.nc

Compter 9 200 CFP pour un studio 2 pers ou 8 200 CFP pour une chambre double. PdJ, déjeuner. Restaurant fermé le w-e.

L'Escale est doté de studios et chambres doubles, assez neutres mais bien équipées (réfrigérateur, kitchenette, brasseurs d'air et TV). L'accueil est agréable. C'est aussi un bon point de chute pour manger un bout et les plats sont particulièrement copieux, ce qui explique le prix un peu élevé, mais c'est indéniable : le rapport qualité-quantité-prix est idéal. Une très bonne adresse à retenir pour (beaucoup) manger asiatique dans la ville de Koné. La cuisine est simple, bien faite et efficace. On y retourne avec plaisir pour explorer leur carte.

HÔTEL COLIBRI €€

✆ +687 47 54 04
www.colibri-kone.com

12 500 CFP pour une chambre standard et 13 900 CFP pour une chambre supérieure. Petit déjeuner : 1 300 CFP.

Ambiance zen et internationale au rendez-vous dans cette adresse récente de Koné. Des chambres modernes et spacieuses sont disposées autour d'une petite piscine salée où vous pourrez piquer une tête en fin de journée, très agréable en été. Chacune est climatisée et dotée d'un coffre et d'un réfrigérateur. Pas de restaurant sur place, mais vous pourrez profiter de ceux des autres hôtels de la ville. Wifi gratuit. Le personnel est agréable et accueillant, ce qui ne gâche rien au calme absolu de l'établissement. On recommande !

HÔTEL KONIAMBO €€

3889 Avenue du Lapita
✆ +687 47 39 40
www.grands-hotels.nc

Chambres doubles. Pdj buffet. Déjeuner buffet. Dîner buffet.

L'établissement propose une grande variété de chambres, dont certaines, très pratiques, sont équipées d'une kitchenette. La taille et les caractéristiques varient de l'une à l'autre et toutes sont décorées avec sobriété, mais offrent de généreux espaces, modernes et confortables. La plupart bénéficient d'un accès direct sur un jardin zen absolument adorable et relaxant. Piscine et bar-restaurant viennent compléter l'offre. Le soir de nombreux habitants de Koné viennent y prendre l'apéritif, l'ambiance y est sympathique. Wifi gratuit.

MAMMA MIA €

262 rue de Kataviti
✆ +687 42 42 39

Pizzas à partir de 1 200 CFP.

Une très bonne adresse, mais qui ne se trouve pas au bord de la RT1. Facile à trouver. Excellente cuisine italienne sur une salle s'ouvrant en terrasse. A découvrir, car la notoriété s'est faite de bouche à oreille. Déjeuner et dîner, pensez à réserver. Une très bonne pizzeria à découvrir qui sert, évidemment, des pizzas, mais également des plats de pâtes savoureux. A noter que le restaurant organise régulièrement (au moins une fois par mois) des soirées Karaoké. A retenir pour passer une excellente soirée musicale et culinaire !

STONEGRILL STEAKHOUSE €€

Rue Camu-Ni-Xa
✆ +687 25 20 25

Ouvert du lundi au samedi de 11h à 13h30 et de 18h à 21h30. Menu du jour à 2 200 CFP. A la carte dès 2 050 CFP.

A l'entrée de Koné en venant de Nouméa. Comme à Nouméa, le concept ici est simple : on cuit soi-même son repas. Le choix se fait entre des pièces de viande variées et les divers poissons du jour qui sont servis crus, et dont la cuisson se fait sur la pierre de lave chaude qui sert d'assiette. Tous les soirs à partir de 18h, des tapas sont également disponibles pour accompagner les apéritifs. Le restaurant est tout près de l'Eden Appartel pour celles et ceux cherchant où loger. Une adresse toute simple où la cuisine est bonne et le personnel bienveillant.

ATÉOU

Le village traditionnel d'Atéou est l'un des plus hauts de Calédonie, perché à quelques 1 000 mètres d'altitude. Depuis le centre de Koné, il faudra prendre l'avenue de Koniambo et la piste, d'une quinzaine de kilomètres, qui révèle de merveilleux points de vue sur les collines, le lagon et son incroyable dégradé de couleurs. Une belle case kanake, avec sa flèche faîtière, indique l'entrée de la tribu de l'autre côté du versant. Ici, on vit doucement et simplement. Hienghène, sur la côte est, est accessible à pied ou à cheval par le chemin de Tipindié. La Nouvelle-Calédonie dans toute sa beauté.

VOH ★★

On ne présente plus Voh (*Vook*, en kanak) et son célèbre cœur, immortalisé par le photographe Yann Arthus-Bertrand dans son ouvrage *La Terre vue du ciel*. La mer et les montagnes prennent ici des allures magnifiques qui donnent à la région son visage typique du Grand Nord. Le café et la pêche ont également été des atouts, mais ce n'est pas sur ces activités ou la beauté de la nature que l'économie locale est fondée. Largement employés dans l'exploitation du nickel, ses 3 160 habitants participent au développement de la zone VKP, avec leurs voisins de Koné et Pouembout.

CENTRE CULTUREL DE VOH

✆ +667 47 55 50

Ouvert de 12h à 17h le mardi et jeudi, de 10h à 17h le mercredi et vendredi et de 8h à 12h le samedi.

Ouvert en 2013, le Centre Culturel de Voh se place comme un nouveau vecteur d'échanges culturels en Province Nord. Il accueille des expositions et spectacles locaux comme nationaux mais aussi la médiathèque et cyberbase de Voh. Fermé à cause de la pandémie, il a repris du service en 2021, plus fort que jamais. De nombreuses expositions et autres événements culturels, comme des ateliers de danse ou d'apprentissage informatique, y ont lieu. N'hésitez pas à vous rendre sur leur page Facebook pour consulter leur programme, et hésitez encore moins à leur rendre visite.

CŒUR DE VOH ★★

Voh

Comptez 2h30 de marche pour l'ascension du mont Kathépaïk, d'où l'on peut voir le Cœur par beau temps. (C'est l'ensoleillement qui fait ressortir le cœur). Une fois au sommet, repérez-vous par rapport aux deux rivières, la pointe du Cœur devant être orientée vers vous. Au risque d'être déçu, n'imaginez pas que vous parviendrez à retrouver ce que l'on peut voir sur les cartes postales de Yann Arthus-Bertrand ; à moins d'effectuer un survol du site, on le distingue assez difficilement. Malgré tout, si le soleil est de la partie, le panorama est grandiose et s'étire entre terre rouge latérite, montagnes, mangrove et océan. Au nord, la tribu de Téméla ; face à vous, la passe Duroc, à l'est, le massif du Koniambo et, au sud, la tribu d'Oundjo. Sans oublier, construite tout récemment, l'énorme usine du Nord.

Mais vous avez un bon point de vue sur le cœur, sans forcément atteindre le sommet. Comptez dans ce cas là, environ une petite heure de marche. Attention, ça monte !

▸ **Une visite guidée en 4x4 ?** Rapprochez-vous de Jacques Loquet : ✆ +687 42 38 78 ou ✆ +687 75 44 67.

▸ **Un survol du Cœur en ULM ?** Le vol se fait au départ de l'aérodrome de Koné. Compter 17 000 CFP pour 45 min. Renseignements auprès d'Hibis Air au ✆+687 47 22 61.

▸ Parking : le point de départ de la randonnée a lieu au niveau d'un lotissement, un peu en dehors du centre. Arrivée au niveau du magasin « le Katepai », prendre la route qui longe le magasin, puis au carrefour, prendre sur la gauche. Se garer dans les places disponibles ou le long d'un trottoir.

ÉCOMUSÉE DU CAFÉ

✆ +687 47 37 36

ecomuseevoh.com

Ouvert le lundi de 10h à 13h, du mardi au vendredi de 8h à 17h, le week-end de 8h à 12h.

Il faut savoir que la commune de Voh a été un haut lieu de la production de café au début du XXe siècle ! 500 ha y étaient consacrés produisant 300 tonnes par an. Depuis 2011, l'ancienne maison Destoop a été rénovée en écomusée pour accueillir des expositions temporaires sur les familles pionnières dans cette industrie, les variétés du café calédonien (robusta, arabica et Leroy) ou encore sur la route du café... Des journées d'animation sont régulièrement organisées et une cafétéria se trouve sur place. Ateliers cueillette, torréfaction, plantation, dégustation...

RANDONNÉE PÉDESTRE À LA TRIBU DE TÉMALA

✆ +687 755303

Camping 1 500 CPF/tente, randonnée botanique 3 000 CPF/adulte.

Glenn Bernanos vous fait découvrir la tribu de Témala au travers d'une randonnée pédestre botanique sur sa propriété. La randonnée commence par un sentier botanique, avec un bon point de vue sur la vallée et une flore spécifique des forêts sèches. Puis, découvrez ensuite un sentier historique avec les vestiges de cases et d'outils kanak comme des ustensiles de cuisine. Au terme de la balade, vous pouvez aussi faire du camping sur la propriété pour profiter de ce bel espace.

CAMPING DE GATOPE €

Gatope

✆ +687 86 27 60

Compter 1 500 CFP par tente et 200 CFP par personne pour un pique-nique, sur réservation.

A 5 km du bourg, sur la plage de Gatope qui est bien abritée et balisée, le camping fait face au massif de Katépahie. Point eau, électricité, abri solaire, tables, bancs et coin grillades sont présents, ainsi qu'un joli point de vue sur les baies de Voh depuis la fin de la plage. La Nouvelle-Calédonie et le camping, c'est une grande histoire d'amour, et le camping de Gatope est très représentatif de cette romance. Ultra-sécurisé (notamment par le cadenas à code à l'entrée du site), il bénéficie de tout le confort qu'on attend. Mais attention, gare aux moustiques !

Cœur de Voh.

GÎTE DU KONIAMBO €€

RT1

✆ +687 76 98 04

www.gitedukoniambo.nc

Bungalow pour deux à partir de 9 500 CFP.

Cyrielle et Olivier ont aménagé des bungalows pouvant recevoir entre une et huit personnes. Une grande cuisine équipée est à disposition des clients pour leur permettre d'être autonomes, mais il est aussi possible de commander des repas faits avec des produits locaux. La structure, bâtie dans la verdure, au pied du massif du Koniambo, est un point de chute idéal pour explorer la région et ses charmes, d'autant que depuis peu, le gîte propose de nombreuses activités de plein air telles que : location de SUP, balade pédestre accompagnée, baignade en rivière...

KONIAMBO EVASION

Plage de Gatope

✆ +687 99 46 57

www.koniambo-evasion.nc

Excursions en jet-ski ou en kayak accompagnées. Tarifs dégressifs. Réservation obligatoire.

Cette équipe jeune et dynamique propose au choix de la location simple ou des excursions en kayaks et jet-ski. Ces virées maritimes vous permettront de découvrir les récifs de Gatope et de Koné avec leurs fonds blancs riches en coraux, poissons et raies. Un établissement sérieux qui propose de nombreux forfaits et s'adapte à la demande. Pour les entreprises, ils peuvent organiser des journées de cohésion d'entreprise pour séminaires, réunions de CE, etc. A noter que leurs amis Facebook bénéficient de 5 % de réduction. Consultez leur site internet.

AUBERGE DE GAULLE €€

Route de Tiéta

✆ +687 42 88 71

www.aubergedegaulle.nc

Ouvert du lundi au vendredi midi et soir. Repas à partir de 1 900 CFP.

Si de l'extérieur le restaurant de l'Auberge de Gaulle n'est qu'un conteneur pourvu d'une porte et ne paye, on vous l'accord, pas de mine du tout, l'intérieur est bien différent et l'on découvre un lieu agréable et animé. Le choix du menu se fait à l'ardoise, parmi les plats concoctés avec des produits locaux et de saison, tels que la salade tahitienne, le cari de poulet, le crabe farci ou encore la salade de cerf. Tous les quinze jours, des soirées dansantes animées par des artistes connus sont organisées dans le bar adjacent.

KAALA - GOMEN ★

Entre Voh et Koumac, Kaala Gomen (*Bwapanu*, en langue kanak) vit au rythme de l'agriculture et du nickel, comme beaucoup d'autres communes de la région. Ses massifs impressionnants dominent l'horizon et le petit lieu-dit de Ouaco possède une histoire toute particulière, avec Jacques Lafleur. Point calédonien le plus proche de l'Australie (le premier vol est parti d'ici en 1931), c'était aussi là qu'était implanté le plus grand cheptel de bœufs du pays et sa conserverie, avec son propre abattoir et son *wharf*, dont l'on peut encore voir les restes du chemin de fer. La commune compte aujourd'hui 2 033 habitants, la bourgade en est le centre.

ASSOCIATION PATRIMOINE ET HISTOIRE

Voh

✆ +687 75 44 67

Compter 8 000 CFP pour deux personnes en 4x4 climatisé (2h de balade) ou 1 000 CFP à pied.

Véritable personnage, Jacques Loquet est une mine d'informations sur la région ! C'est à pied ou en 4x4 qu'il vous emmènera à 700 m d'altitude, jusqu'au point de vue du Cœur de Voh et qu'il partagera avec un enthousiasme communicatif ses connaissances sur le Cœur (mangroves, palétuviers, plantes endémiques) et le nickel (massif de Koniambo, l'usine du Nord, ou encore le village des Tonkinois). L'association fait un magnifique travail de préservation.

REFUGE DU CERF €€

Ouaco

✆ +687 47 93 92

Tarifs en demi-pension. A partir de 9 980 CFP pour 2 personnes en bungalow.

Le refuge du Cerf se situe en hauteur, juste avant le village de Ouaco. C'est là, en pleine brousse, sur une propriété de 100 ha avec vue sur mer, que Stéphane et Chantal ont ouvert leur gîte. Le nom de l'établissement n'a pas été difficile à trouver puisqu'ils élèvent également des cerfs. Stéphane n'est pas peu fier de sa piscine de 18 mètres de long et Chantal s'occupe de la cuisine, car ici « qui dort dîne ». Au menu : cerf, poisson et produits maison (pain, confiture…). Si le cadre est, certes, splendide, l'entretien et l'accueil peuvent être irréguliers.

KOUMAC ★★

Koumac (*Nixumwak*, en langue kanak) signifie « têtes dures » en langue *Pwaxumak*. C'est la dernière véritable ville du Nord, ultime étape avant les vastes étendues de Poum et la transversale pour la très sauvage Côte Est. A la fois agricole et minière, elle arbore un véritable aspect de village de brousse, avec ses grandes rues en angles droits. Ici, le nickel a façonné les paysages et l'économie, mais on trouve aussi un centre administratif important, avec l'hôpital du Nord, et un pôle touristique majeur, marqué par une vaste offre d'hébergement et plusieurs visites et activités, sur terre, dans les airs, en mer et à travers le temps. L'ancien village de Tiébaghi et les grottes restent des incontournables. Pour les plages, Tangadiou et Paagoumène sont très plaisantes. La population de la commune s'élève à 4 252 habitants.

Se loger

Koumac offre un large panel d'hébergements, de l'hôtel au camping. Les grands établissements sont au centre, tout près des magasins. Réservez bien à l'avance pendant la foire de Koumac. Vous pouvez gratuitement installer votre tente sur le site des Grottes et de la Néhoué, mais attention aux moustiques ! Possibilité de camper au camping Victor (✆ +687 47 90 48) également.

Tourisme

Au centre de Koumac, l'église Sainte Jeanne d'Arc date de 1950. On remarque ses magnifiques vitraux ainsi que les belles sculptures en bois de gaïac de l'artiste local Charles Weiss. Si l'entrée principale est fermée, poussez la porte latérale.

Quelques plages sauvages vous permettront de vous rafraîchir après une journée de balade ou de route, notamment la plage de Tangadiou et la plage de la péninsule de Paagoumène accessibles par des routes en terre. Très peu fréquentées, vous pourrez y observer les pêcheurs à la tombée du jour. Des aires de pique-nique au bord de la mer sont également aménagées sur la pointe de Pandop.

Transports

Il faut 4h20 pour rejoindre Koumac en voiture depuis Nouméa et 5h35 avec les bus du RAI. Les transports vers Koumac, Poum, Pouébo et Panié ont des départs quotidiens.

GROTTES DE KOUMAC ★

Koumac

Accès libre pour la petite grotte et les 380 premiers mètres de la seconde.

C'est au cœur d'une belle forêt que se cachent les grottes de Koumac, au milieu des bancouliers, des gyrocarpus et des banians. Creusées par des rivières souterraines, elles ont pris forme dans du calcaire karstique datant de l'éocène (-53 à -34 millions d'années). Connues bien avant l'arrivée des missionnaires, elles servaient de lieu de sépulture aux tribus locales. C'est entre 1970 et 1990 que l'exploration et les relevés topographiques des cavités ont été réalisés. La Petite Grotte des Vents s'explore en 15-20 minutes, tandis qu'il faudra 1h pour la Grande Grotte, accessible seulement sur ses premiers 380 mètres. Ne vous y rendez pas la nuit ou par temps de pluie ; pensez à prendre de bonnes chaussures fermées, une lampe, à boire, et à émarger le cahier à l'entrée. A l'intérieur, la grotte est absolument sublime et vous donnera à voir de nombreux types de roches, les plafonds naturels, les chauves-souris (eh oui) et les racines de banians mêlées dépassant depuis la surface. On déplore quelques graffitis placardés çà et là par des vandales sans scrupules.

Le camping est autorisé et gratuit sur l'aire aménagée. Pour accéder au site qui est à 8 km du centre de Koumac, prenez à droite au rond-point de l'église en arrivant du sud, puis suivez une nouvelle fois la droite à la patte-d'oie, avant de tourner à gauche au panneau. 400 m plus loin, suivez la droite et passez le pont-gué. Bifurquez à droite 900 m plus loin. Vous n'êtes plus qu'à 1 km des grottes. Prenez la piste de droite au bout de la route.

MALABOU FISHING

Hotel Malabou Beach

✆ +687 78 52 10

Sortie pêche au gros 50 000 CFP demi-journée et 70 000 CFP journée. Sortie sur l'îlot 4 000 CFP adulte 2 000 CFP enfant.

Christian Hervouet propose des sorties sur les îlots pour vous faire découvrir une nursery de requins à pointes noires, des sites de ponte de tortues, et des virées de pêche au gros. Rendez-vous à l'hôtel Malabou Beach. Les îlots en face sont magnifiques et déserts. Laissez-vous guider sur les flots et écoutez attentivement (pour les débutants) les conseils avisés de Christian sur comment appâter et surtout ramener sur le pont vos prises. La faune marine de Nouvelle-Calédonie vous attend. Les vétérans de la pêche ne seront pas en reste, les prises sont fréquentes.

MARAIS SALANTS ET BAINS D'ARGILE DE KÔ

Au bout du sentier découverte du Relais de Poingam

Prix libres.

Au départ du relais de Poingam, il faudra emprunter le sentier découverte et suivre les panneaux : Sel de kô et « bain d'argile c'est par ici ». Au bout, on est accueilli par une équipe jeune et sympathique qui nous accueille les bras ouverts et nous explique le principe de leur activité. On y laisse nos affaires avant d'aller se prélasser dans l'argile. Un bain de mer s'ensuit ainsi qu'une douche au niaouli. On déguste un petit café ou un thé avant de rebrousser chemin par la plage.

SKY DREAM MALABOU

Baie de la Néhoué

✆ +687 76 40 77

14 000 CFP pour un survol du Nord (35 min), 17 000 CFP pour 45 min et 20 000 CFP pour une heure.

Sky Dream Malabou vous propose de grimper à bord d'un *Virus SW Pipistrel* pour explorer le nord de la Nouvelle-Calédonie. Au choix : survol des îlots de la région ou escapade jusqu'au fameux Cœur de Voh. Les plus courageux pourront faire une initiation ou prendre des cours de pilotage. N'hésitez pas et courez profiter de leurs services afin de découvrir la Nouvelle-Calédonie et surtout la région de Poum (et sa magnifique baie de la Néhoué) depuis les cieux. Si vous avez de la chance, vous pourrez peut-être même admirer la faune marine depuis votre « vigie ».

ÎLES BÉLEP ★

843 habitants (*Dau Ar*, en langue kanak). Situé à 50 km de la pointe nord de Grande Terre, l'archipel des Bélep est constitué par de nombreux îles et îlots dont les îles Art, Pott, Daouinth et les îlots Daos. Seule l'île Art est habitée. Les structures hôtelières sur place sont inexistantes et, le mieux, si vous souhaitez vous y rendre, c'est encore de prendre contact avec la mairie à l'avance pour programmer votre venue. Le tourisme est quasi inexistant.

Histoire

Chaque Béléma connaît l'histoire de Sam Miller, qui serait le fils d'un pasteur protestant et d'une Tongienne. Charpentier de marine, il est venu s'installer en 1866 à Aawe, date à partir de laquelle les locaux abandonnent leurs pirogues traditionnelles pour des cotres de modèle européen, plus stables et plus solides. Miller acquiert même une petite flottille et un deux-mâts, mais, alors qu'il est un jour surpris en mer par le mauvais temps, il ne peut rejoindre les îles Bélep et dérive jusqu'en Australie. Il ne reviendra jamais en Nouvelle-Calédonie, laissant femme et enfants derrière lui.

Se loger

Le tourisme n'est pas vraiment développé sur les îles Bélep, seuls quelques techniciens y séjournent pour des travaux. Les adresses étant souvent sujettes à des changements de numéros de téléphone, vous trouverez des informations supplémentaires sur le site www.nouvellecaledonie.travel/fr/cote-ouest/belep. N'hésitez pas à contacter l'office de tourisme de Nouméa.

CÔTE EST

Les vastes plaines et prairies de l'Ouest cèdent ici la place à une région plus humide, à la végétation tropicale luxuriante et extrêmement dense. La route qui longe l'océan est absolument hypnotique, hérissée de pics montagneux aux cascades somptueuses. Des petits étals bordent la chaussée et proposent fruits et légumes, petites sculptures, jolis coquillages ou pierres sculptées, à échanger contre un billet. Visiter la Nouvelle-Calédonie sans y inclure cette partie, c'est à coup sûr se priver d'une expérience unique et c'est surtout fermer les yeux sur un univers fascinant. Car on ne vit pas ici à l'heure européenne et cette côte est l'un des endroits les plus séduisants du Caillou ! Parmi les immanquables, laissez-vous happer par les cascades et forêts tropicales, notamment par la route menant de Pouébo à Canala. Emprunter le bac de la Ouaïème, passer une nuit en tribu, faire un baptême de plongée...

POUEBO★★★
OUÉGOA★★
Pouébo
VERS KOUMAC★★
Pagu
RÉSERVE DU MONT PANIÉ
ÎLE HIENGHÉNE
HIENGHENE ★★★★
KAALA-GOMEN★
Gamai
Îlot Hienga
ÎLOT HIENGU
ÎLOT UAO
Vieux-Touho
TOUHO★★
Wago
Tiwaka (Atö)
VOH ★★
VILLAGE D'ATÉOU
POINDIMIÉ
KONÉ★
Paouta
PONÉRIHOUEN★
Presqu'île de Foué
POUEMBOUT★
Goa
Plateau de Konième
RÉSERVE DE L'AOUPINIÉ
Nétéa
NEPOUI
Presqu'île de Pindaï
Poya
ÎLE GRIMAULT
30 KM

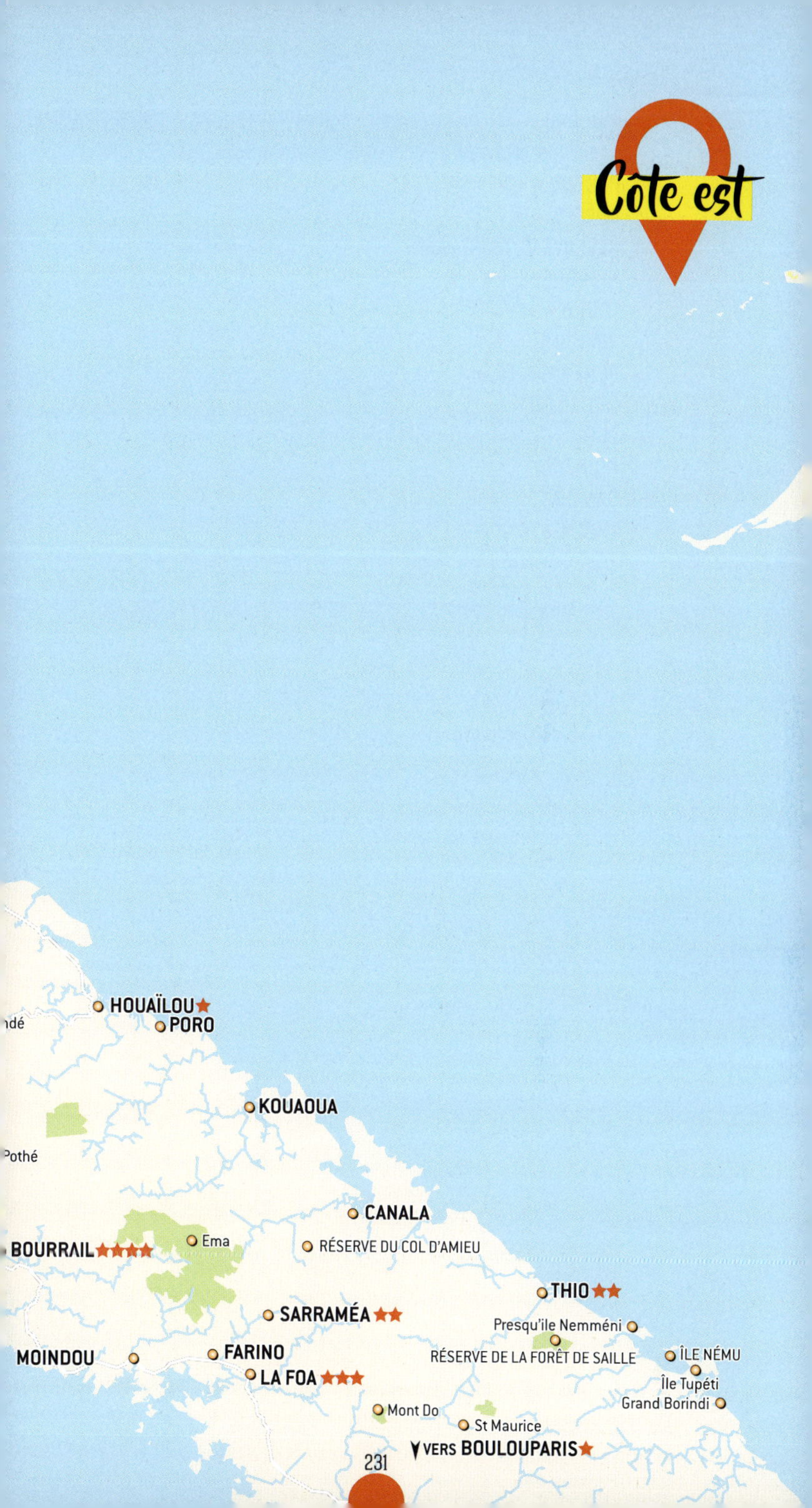
Côte est
HOUAÏLOU
PORO
KOUAOUA
CANALA
Ema
BOURRAIL
RÉSERVE DU COL D'AMIEU
THIO
SARRAMÉA
Presqu'ile Nemméni
MOINDOU
FARINO
RÉSERVE DE LA FORÊT DE SAILLE
ÎLE NÉMU
LA FOA
Île Tupéti
Grand Borindi
Mont Do
St Maurice
VERS BOULOUPARIS

PAGES

CÔTE EST

POUÉBO ★★★

Pouébo (*Pweevo*, en langue kanak) vit essentiellement de la culture de la banane et tout, ici, n'est qu'hommage à la nature, sa luxuriance, ses couleurs, ses odeurs et ses saveurs. Les arbres fruitiers et les mille fleurs qui bordent les routes y côtoient le grand large sans fin et les montagnes d'émeraude, parcourues de belles cascades, comme celle de Colnett. La mangrove, les jardins et la gentillesse des locaux (2 452 habitants) ne font qu'ajouter à un portrait déjà fort attirant. Un passage ici est indispensable à tout voyage en Calédonie et offre à voir le plus beau visage du Caillou, sur sa côte nord-est, épargnée des exploitations de nickel et éminemment imprégnée de la culture kanake. L'église de Pouebo est très belle.

Histoire

Entre Ouégoa et Pouébo, Balade est un tout petit village qu'on a vite fait de traverser sans s'en apercevoir. Et pourtant, c'est un lieu chargé d'histoire : c'est en effet ici que l'explorateur James Cook et son équipage débarquent en 1774, avant de poursuivre plus au sud vers l'Australie. C'est aussi ici que près d'un siècle plus tard, en 1843, les missionnaires catholiques décident d'établir la toute première mission de Nouvelle-Calédonie. La plage de Maamaat, à 2 km au nord de Balade, donna d'ailleurs lieu à la première messe célébrée en Nouvelle-Calédonie. En longeant la route principale vous passerez devant l'église qui deviendra le centre de la mission en 1845. Les vitraux rappellent l'attaque dont elle fit l'objet en 1847. Le monument érigé juste en face commémore le rattachement de la Nouvelle-Calédonie à la France, opéré par l'amiral Febvrier-Despointes en septembre 1853, au nom de Napoléon III.

Pratique

Pouébo a une mairie (✆ +687 47 64 38), une gendarmerie (✆ +687 47 89 65) et un dispensaire (✆ +687 47 74 90).
Pouébo est à 5h35 de voiture de Nouméa et à 7h32 sur les bus du RAI, via les lignes Nouméa- Pouébo et Nouméa-Panié, qui font plusieurs rotations chaque semaine.
Le Point I. L'équipe peut vous organiser des visites historiques de la commune ou des initiations au radeau, au tressage, ou à la cuisine mélanésienne.

CASCADE DE COLNETT 📷 ★

Colnett

A quelques kilomètres au nord de la cascade de Tao, la cascade de Colnett est visible depuis la route et est en partie accessible à pied (attention, ça glisse !). Il n'y a pas de panneau, comme presque partout ailleurs, mais on peut utiliser une sorte de petit parking. De belles photos sont possibles et même, pourquoi pas, une petite baignade. Un moment magique. Eviter tout de même de s'y aventurer par temps de pluie. Attention toutefois au moment d'organiser votre voyage : l'accès à la cascade est étrangement fermé les lundis et les mardis.

Cascade de Colnett.

Plage de la Côte Est.

ROUTE DE POUÉBO À HIENGHÈNE ★★★

RPN3

C'est très certainement la plus belle route du territoire. Les villages et les cases mélanésiennes, dressées sur les pelouses et au milieu des arbres fruitiers, sont adossés à la chaîne montagneuse et font face au lagon qui décline ses incroyables camaïeux de bleu. Les concessions sont souvent entourées d'hibiscus qui sèment des points de lumières rouges dans un océan végétal aux couleurs vertes, multiples et puissantes. Les rencontres, même en voiture, sont souvent ponctuées d'un geste de la main, bref salut de reconnaissance ou simple signe de bienvenue. Le bord de la chaussée est ponctué de petites échoppes en libre-service où sont exposés les produits artisanaux (bois, pierre savon) ou comestibles (bananes, ananas, mangues, papayes, letchis...). Les prix sont inscrits sur des panneaux ou sur le dessous et des boîtes qui font office de tirelire pour les paiements. Cette pratique du négoce surprenant remonte au temps où les tribus du bord de mer commerçaient avec les tribus des montagnes. La route étroite, et pas toujours en très bon état, serpente sur des kilomètres entre mer, hauts sommets, cascades et forêt tropicale dense (kaoris géants, araucarias montagneux, fougères...). Premier pic d'importance après Pouébo : le mont Ignambi à 1 311 m. Une fois passé le village de Yambé, la piste longe le massif du mont Panié. La belle cascade et le mont Colnett (1 505 m), au nord, laissent place peu à peu au plus grand sommet de Nouvelle-Calédonie, le mont Panié, qui culmine à 1 629 m.

POINT D'INFORMATION DE POUEBO

Pouébo

✆ +687 42 70 42

Ouvert du lundi au jeudi de 7h30 à 11h30 et 12h30 à 15h45, jusqu'à 15h le vendredi.

Le Point I de Pouébo se trouve dans les locaux de la médiathèque, qui fait office de cyberbase. L'équipe peut vous organiser des visites historiques de la commune ou des initiations au radeau, au tressage, ou à la cuisine mélanésienne, ou bien encore des randonnées. Comme pour tous les points d'informations ou offices de tourisme, le point I de Pouébo est une première étape à ne surtout pas négliger au moment de commencer votre séjour dans la région.

RELAIS DE OUANE BATCH €

Lieu dit Galarino

✆ +687 42 47 92

Entre 4 500 et 6 500 CPF pour deux/nuit. Petit déjeuner 850 CFP. Activités pédestres entre 2 500 et 3 500 CPF.

Situé juste à côté de la cascade de Colnett, ce relais comporte six bungalows, chacun équipé d'une salle de bain privative et deux lits doubles. Vous pouvez vous restaurer sur place et piquer une tête dans le lagon pour observer les coraux qui bordent la plage. La table d'hôtes se fait sur réservation, la veille pour le lendemain. Et pour découvrir les alentours, le gîte propose également des randonnées botaniques pédestres avec plantation d'un arbre endémique. Comptez environ une heure à l'aller. C'est gratuit pour les enfants de moins de 10 ans.

ASSOCIATION DJOWERO

✆ +687 902082

Initiation à la sculpture, dés 1 000 CFP / personne.

A une dizaine de minutes en voiture avec Pouébo, venez à la rencontre de la tribu de Yambé – qui va vous faire découvrir l'art kanak. L'association des sculpteurs vous invite dans son atelier pour une initiation à la sculpture sur pierre de montagne ou sur bois. Une activité insolite et originale, qui en plus d'être très instructive, devrait plaire aux plus jeunes ! L'accueil est impeccable et l'envie de transmettre fait le reste ! On en prend plein les yeux. Sur place, il y a également une belle boutique de sculpture et de vannerie.

OUÉGOA ★★

Fondée en 1879, la commune de Ouégoa (*Wégoa*, en langue kanak) est située au cœur d'une ancienne et vaste région minière, auparavant tournée vers le cuivre, le manganèse et le zinc. Actives entre la fin du XIXe siècle et le début du XXe siècle, les sites ferment cependant les uns après les autres (Pilou, Balade et Fern Hill). Si son identité mélanésienne est toujours forte, cette commune de 2 360 habitants est mixte et compte de nombreux habitants d'origine européenne. Elle constitua ainsi la tête de pont de la colonisation française dans le Pacifique Sud. Dans l'ombre des montagnes et sur les rives du seul fleuve du Caillou, le Diahot, la nature est de toute beauté. On s'en rend particulièrement compte en arpentant la transversale et en gagnant la côte.

Tourisme

Plus encore que sur le reste du Caillou et à l'image des îles Loyauté, tout le monde se salue sur la Côte Est. A pied ou au volant, un signe de la main ou un petit mot sont toujours de rigueur et il n'est pas rare que certains klaxonnent ou fassent même de grands coucous. Ne vous privez pas de cette civilité très agréable qui montre bien l'ambiance de la région, où la célèbre expression « casse pas la tête » règne en maître...

Transports

Ouégoa est à 5h de voiture de Nouméa et à 6h30 sur les bus du RAI, via les lignes pour Pouébo et Panié, qui font plusieurs rotations chaque semaine.

CAMPING D'AMOS €

Ouégoa
✆ +687 42 42 11

A partir de 800 CFP par tente. 500 CFP l'accès à la plage pour un pique-nique.

Lorsque l'on arrive du col d'Amos, on aperçoit le terrain en contrebas, au milieu d'une jolie cocoteraie face à la mer. L'embouchure du Diahot offre l'occasion de bonnes parties de pêche et ajoute encore au charme des lieux. Un bloc sanitaire rudimentaire est présent, ainsi qu'un faré. Des repas sont servis aux résidents du camping pour un supplément dans leur restaurant ouvert à tous. On notera d'ailleurs que le restaurant du camping est une halte souvent fréquentée par les randonneurs se rendant au Col d'Amos. L'occasion de rencontrer d'autres touristes.

CHEZ BOULI

✆ +687 79 42 98

12 000 CFP la descente du fleuve pendant 3 heures pour 2 personnes.

Armand offre ses services de guide pour vous faire visiter la mine de Pam et descendre le fleuve du Diahot en bateau. Ce fleuve, le plus long de Nouvelle-Calédonie et le seul à avoir une orientation sud-nord, s'écoule sur la commune de Ouegoa et se jette dans le lagon calédonien. Durant votre descente du fleuve, vous aurez l'occasion d'admirer deux flancs de montagne depuis le bateau : à l'est se dressera le massif du Panié, et à l'ouest vous pourrez admirer la partie de la Chaîne Centrale avançant jusqu'à Poum.

Possibilité de camper sur place.

TARAP DESTINATION

✆ +687 821 443

Sortie bateau 4 000 CPF/personne. Location de kayak 2 000 CPF la journée. Bungalow 7 000 CPF pour deux personnes/nuit.

Richard, dit aussi Ricky, vous propose à la fois des hébergements (camping clé en main, emplacement de tente, bungalow), une table d'hôte (repas sur la propriété sur réservation ou repas broussard sur l'île de Pam), mais également des activités. Au choix, vous avez une sortie bateau sur le Diahot, l'excursion en 4x4 sur la propriété, la visite du patrimoine, la location de kayaks... D'ailleurs, saviez-vous que le Diahot, c'est le seul fleuve de la Nouvelle-Calédonie ? Et Tarap Destination, la seule occasion de le parcourir en bateau !

RÉSERVE DU MONT PANIÉ

Le mont Panié est le plus haut sommet du Caillou, culminant à 1 629 mètres. Il est entouré d'une réserve botanique où vivent de nombreuses espèces comme le kaori géant, qui ne poussent nulle part ailleurs en Calédonie. Son accès est interdit aux randonneurs sans escorte pour protéger sa faune et sa flore : la Province Nord demande à ce que les visiteurs soient accompagnés par un guide diplômé en tant qu'accompagnateur de sorties pédestres, et personne ne possède cette qualification sur la commune. L'association Dayu Biik gère la protection du site, en partenariat avec la Province Nord.

▶ **Plus d'informations** : ✆ +687 42 87 77, dayubiik@lagoon.nc

HIENGHÈNE ★★★★

En langue fwaï, Hienghène se dit *Hyehen*, et signifie « pleurer en marchant » et l'histoire de la région fut l'une des plus mouvementées du pays. Le premier gouverneur de Nouvelle-Calédonie, Tardy de Montravel, y imposa la souveraineté française en 1854 en hissant le drapeau tricolore. Des affrontements entre colons et Kanaks entraînent l'expulsion à Tahiti du grand chef Bwarhat en 1857 et l'incendie de plusieurs villages en 1859, perpétrés par l'armée. Son retour d'exil en 1863 n'apaise pas la situation et les spoliations foncières qui s'en suivent attisent les tensions, tant et si bien qu'une tentative de rébellion éclate en 1917. De cette tradition de résistance naît un des hommes les plus illustres du Caillou : Jean-Marie Tjibaou. Chef de file indépendantiste originaire de la tribu de Tiendanite, il est maire de la commune jusqu'à son assassinat à Ouvéa en 1989. L'année 1984 est marquée par un boycott sans précédent, des violences et des exactions et débouche sur le départ massif des Européens et des Indonésiens. Dans le même temps, dix Mélanésiens, dont deux des frères Tjibaou, sont assassinés au cours d'une embuscade. Aujourd'hui, Hienghène veut tourner la page et s'ouvrir au monde telle qu'elle est : fière de ses racines et de ses traditions. Ses 2 483 habitants peuvent compter sur une nature absolument resplendissante, marquée par sa célèbre poule, ses mystérieuses roches de Lindéralique, ses imposantes montagnes, sa végétation luxuriante, ses rivières et ses cascades. Ce tout forme quelques-uns des paysages les plus uniques et séduisants de l'archipel, à ne rater sous aucun prétexte.

Balade en kayak.

Balade

Après le passage du village de Ouaïème (ou Wayem), les pentes s'élèvent jusqu'au sommet du col. La montagne vous fait alors face, couverte d'une épaisse végétation verte. En contrebas, la mer pénètre loin entre les flancs des deux rives, un peu à la manière des immenses fleuves sud-américains. Le bac, le dernier du territoire, vous attend gratuitement au bas de la piste. Ouvert jour et nuit, il survit au progrès et aux velléités de le remplacer par un pont. L'endroit est en effet tabou. Les ancêtres, à leur mort, viendraient se réincarner en carpes, au niveau du long croissant de sable blanc situé à l'embouchure. Le bac fonctionne tous les jours sous la conduite des passeurs qui se relaient sans interruption. La traversée est rapide et gratuite, mais c'est l'un des grands moments de votre tour de l'île. Sur l'autre berge, la route s'élève à nouveau en direction de Hienghène. Les points de vue sont toujours somptueux, aussi arrangez-vous pour effectuer le parcours de jour.

Se loger

Visiter la Nouvelle-Calédonie sans séjourner en tribu reviendrait à se priver d'une expérience unique. Ce type d'hébergement s'est parfaitement implanté à Hienghène. Vous pouvez contacter directement les personnes hôtes ou passer par l'office de tourisme qui vous orientera vers l'une des tribus de la vallée, équipées pour vous recevoir selon la durée de votre séjour et votre véhicule. Une fois sur place, respectez les coutumes : vous marquerez ainsi votre respect, qui sera apprécié. Les conditions de séjour sont généralement rudimentaires et varient d'un site à l'autre. Vous dormirez dans des cases mélanésiennes, des farés ou des maisons en bois, généralement sur un matelas reposant sur une natte. Des activités annexes sont souvent proposées : vannerie, randonnées dans la Chaîne, pêche à la crevette, récolte du café, confection de bougnas, etc., qui vont permettront d'en savoir un peu plus sur le quotidien des gens du coin. Notez que pour vous rendre dans les zones les plus reculées, un 4x4 peut être nécessaire.

Se restaurer

Les adresses ne sont pas nombreuses et il n'est pas toujours simple de trouver à manger sur la Côte Est. L'hôtel Koulnoué Village propose des snacks et repas à la carte, et il est possible de se restaurer en tribu ou au gîte Ka Waboana, sur réservation (et snack de 11h à 14h). Pour les autres snacks, vous trouverez le Terminus au centre du village (✆+687 97 15 29/ 52 89 25) et le Tcheck Viouk à sa sortie nord, derrière la station-service (✆+687 42 72 75). Bien préparer ses itinéraires ou ses sandwichs.

Sports / Loisirs

Plongées autour de Hienghène

Récif Doïman – Cathédrale. Cette plongée fait partie des plus renommées de Nouvelle Calédonie. Les scientifiques s'accordent à dire que le corail y est d'une qualité incomparable. Une faille profonde conduit dans un tunnel qui débouche sur le bleu où de grands pélagiques rodent souvent. La plongée se poursuit le long d'un mur vertigineux au-dessus d'un fond de plus de 50 m. Les gorgones accrochées à la paroi côtoient une faune marine abondante. Les perroquets à bosse font l'honneur de leur présence aux mois d'octobre et de novembre.

Récif Doïman – Pointe aux cachalots. Impensable de faire cette plongée en autonomie, sans l'aide d'un guide. La plongée débute sur le haut du récif et très vite une faille profonde vous conduit dans un dédale minéral. Canyons, arches et failles offrent des perspectives saisissantes et des jeux de lumières irréelles. Des images du film Océans ont été tournées dans l'une des ces failles.

Passe de Hienghène – Anse aux baleines. Souvent observées près de la grande passe de Hienghène ou à l'intérieur du lagon, entre juillet et septembre, les grandes baleines à bosse affectionnent particulièrement cette partie nord de l'îlot Hienghène. Le site présente une architecture en V ouvert sur le large. Ici pourtant pas de poissons. En revanche, vous rejoindrez un tunnel puis une belle arche constellée de gorgones.

Passe de Hienghène – Tidwan. La plongée « Poissons » par excellence. Trois énormes pinacles qui remontent de 25 m de profondeur servent de repaire aux bancs de carangues, de ludjans et de barracudas.

Passe de Hiengu. C'est un grand plateau corallien, abrité de l'alizé, qui affleure à 3 m sous la surface. Le nord du récif est un véritable gruyère : tunnels, arches et canyons... Les grottes dont le plafond s'ouvre vers la surface offrent une belle perspective ainsi que de splendides jeux de lumière sur des jardins de coraux.

Donga Hienga. Ce site n'est pas abrité de l'alizé et doit être visité par mer calme. Sa particularité : il abrite la murène ruban que vous croiserez certainement dans la zone des petits fonds. C'est le lieu idéal pour partir à découverte des nudibranches, anémones, crevettes et autres invertébrés.

Fonti Reef. Bien abritée de l'alizé, cette plongée débute sur le plateau formé par le récif à 3 m sous la surface. Rapidement une faille vous amène vers 20 m de fond à l'entrée de deux belles grottes dont le plafond s'ouvre vers la surface. La remontée s'effectue par une large cheminée oblique, tapissée de gorgones blanches, qui vous ramène à 3 m, sur le haut du récif, où vous attendent de splendides coraux ainsi qu'une myriade de poissons.

Tourisme

Hienghène offre de nombreux points de vue intéressants. En plus du sphinx et de la poule, vous pouvez vous rendre sur l'aire de repos de Kaa Bilou pour observer l'envol des roussettes à la tombée de la nuit. Elle est située à 4 km de Hienghène en direction du sud, face à la lagune et aux roches noires de Lindéralique.

CÔTE EST

Roches noires de Lindéralique.

CASCADE DE TAO ★

150 CFP par personne. A déposer dans la boîte à l'entrée du site.

Au nord du bac de la Ouaïème. Haute de 100 mètres, elle est accessible, sauf en période de pluie. Pour la rejoindre, il faut suivre le panneau et le chemin pour attendre, en quelques minutes, le joli bassin naturel, où la baignade est agréable. Un sentier fléché, parfois sportif, vous mène ensuite jusqu'au site en une heure aller-retour. Le terrain peut être glissant et abrupt, mais la vue depuis le sommet dévoile les merveilles du lagon. La rivière de Tao, qui prend sa source au cœur du mont Panié, est jalonnée de chutes d'eau plus hautes les unes que les autres.

RANDONNÉE DES ROCHES DE LINDÉRALIQUE ★★

Hienghène

Vous pouvez vous procurer les cartes des randonnées à l'office de tourisme.

Au départ de la poule, plusieurs itinéraires de randonnée pour découvrir les paysages de la région. Un autre point de départ est possible entre le pont au sud du village et le centre culturel Goa Ma Bwarhat. Les sentiers font entre 2,8 et 6,3 kilomètres et demandent entre 1h30 et 3h de temps, avec des niveaux faciles, moyens et difficiles. Superbes panoramas sur la baie, la poule et les roches, mais aussi sur l'ensemble de la baie et le village depuis le col du Ga Wivaek.

EMBUSCADE DE WAN YAAT

Hienghène

À 8 km après le début de la rivière, après avoir passé la tribu de Poindjap, vous découvrez deux camions calcinés et rongés par la rouille qui rappellent l'attaque et l'assassinat de dix militants kanaks le 5 décembre 1984. Sur la stèle est inscrit : « Fils de Kanaky, souviens-toi… ». Deux frères de Tjibaou tomberont dans l'embuscade et sept personnes en réchapperont. Sur ce lieu de pèlerinage et de recueillement pour les Kanaks et les indépendantistes, les carcasses de Peugeot 404 sont régulièrement recouvertes de bandeaux, morceaux d'étoffe et fleurs.

OFFICE DE TOURISME

Hienghène

✆ +687 42 43 57

www.hienghene-tourisme.nc

Ouverture du lundi au vendredi de 8h à midi et de 13h à 17h et le samedi de 8h à 15h.

N'hésitez pas à contacter l'office de tourisme pour préparer votre séjour à Hienghène et plus particulièrement en tribu. L'office de tourisme vous communiquera les noms des hôtes en mesure de vous accueillir (il vaut mieux réserver 24h à l'avance). On le trouve en plein centre du village, l'accueil est agréable et informé. Derrière le bureau, le portrait de Jean-Marie Tjibaou est affiché. Très pratique au début de quelque séjour que ce soit, l'équipe de l'office de tourisme de Hienghène sera ravie de vous guider dans votre aventure.

MISSION DE OUARÉ ✞

Ouaré

Fondée à proximité de Hienghène en 1897, la mission de Ouaré se situe en bordure de plage. L'église, posée sur le gazon, date de 1930. Les pins colonnaires dominent les lieux et la baie. Les pères maristes, missionnaires de l'Eglise catholique y convertirent de nombreux Mélanésiens. La Grande Terre est plutôt catholique. La messe s'y déroule tous les dimanches à 9h. Une visite à faire absolument, et pas seulement pour les croyants en quête d'un lieu spirituel ! Nous conseillons la visite à tous, dont ceux qui apprécieront la belle architecture du bâtiment.

TAXI BOAT DAALIK

✆ +687 900924

Les roches de Lindéralique dés 4 000 CPF. (1h30)

Embarquez à bord du « Houleyo » avec votre capitaine, Bruno Bouaouiu, de la Tribu de Lindéralique. Une balade sur la Hienghène ou la Tanghène, pour admirer la petite ville et ses roches différemment. A bord de ce petit bateau tout équipé, Bruno vous propose plusieurs balades en fonction de vos envies, votre budget et votre temps : les roches de Lindéralique, d'une durée d'une heure et demie ; l'îlot Hiengabat qui vous laisse 3h à 3h30 sur place pour profiter de l'îlot, et une option à la demi-journée sur l'îlot avec le repas inclus.

LA POULE & LE SPHINX DE HIENGHÈNE ★★

Hienghène

Véritable icône calédonienne au même titre que le cagou ou le tricot rayé, l'élégante poule sans âge trône fièrement dans la baie de Hienghène, entre la côte et le grand large. Elle prend des visages différents selon les points de vue, ce qui explique la grande diversité des photos possibles. Le plus joli spot se trouve au belvédère, où l'on accède à l'entrée sud du village. Un petit panneau annonce le site et il y a de la place où se garer et pique-niquer. Le panorama est absolument magnifique et s'étend des roches noires de Lindéralique à la fameuse couveuse et au sphinx qui lui fait face. Au large, la mer et le ciel semble ne former qu'un, si bien que la ligne d'horizon, au-delà de la baie, n'est interrompue que par les îlots et les hauts sommets du massif du mont Panié. Selon les croyances locales, la poule symboliserait l'élément fondateur de la vie. De nombreuses légendes entourent d'un halo de mystère ces lieux mythiques. Selon l'une d'elles, le peuplement du territoire aurait même débuté ici. Si vous avez l'occasion de faire un petit tour en canoë, on reconnaît, paraît-il, même les tours de Notre-Dame sous certains angles ! Pour mieux apprécier le sphinx, il faudra traverser le village et en ressortir par le nord pour l'admirer depuis son point de vue.

Un site absolument incontournable pour toute personne visitant (ou re-visitant) la région et même la Nouvelle-Calédonie en général. La beauté du lieu et les légendes les entourant sont envoûtantes.

ACCUEIL EN TRIBU - WÉRAP €

+687 876159

Case traditionnelle : 1 500 CPF/nuit/personne. Petit déjeuner : 850 CPF. Bougna : 2 500 CPF.

A dix kilomètres de Hienghène, venez vous perdre en forêt et découvrir un authentique accueil en tribu. Il faut compter environ trente minutes en voiture, le long d'une piste où on découvre de grands kaoris, des fougères, des palmiers endémiques... Sur place, Bernadette vous accueille dans une case traditionnelle et propose également diverses activités : la découverte du tressage, la visite de la tribu et des champs vivriers, la pêche à la crevette de creek. Et si vous le commandez en avance, pourquoi ne pas préparer le bougna en sa compagnie ?

GÎTE HOULO-MEN €€

+687 839162

Bungalow à partir de 8 500 CPF/nuit, base 2 personnes.

Après neuf kilomètres de route, soit une quinzaine de minutes en voiture de centre de Hienghène, Jean-Yves et sa famille vous accueillent au sein de leur gîte, dans la tribu de Ouanpouès. Les bungalows sont équipés d'un réfrigérateur, d'une salle de bain avec eau chaude, d'un lit double et de deux lits simples, accueillant jusqu'à quatre personnes. On apprécie la vue sur la plage ! Et si on veut découvrir les environs et la tribu, il suffit de demander à Jean-Yves pour découvrir les champs vivriers, le tressage ou la cuisine du bougna.

CAMPING BABOU CÔTE OCÉAN €

Situé à un kilomètre de l'hôtel Koulnoué Village.

+687 42 83 59 - www.babou-plongee.com

700 CFP nuit/p. 1 000 CFP location tente montée. 100 CFP pour l'accès à la plage, aire de pique-nique (hors campeurs).

Ce camping est tout simple et se situe en bord de plage. Deux formules sont proposées : la location d'un emplacement ou celle d'une tente déjà montée pour vous, si vous n'avez pas de matériel. Des matelas et des duvets peuvent également être loués sur place. Les campeurs se partagent 2 W.-C. et 2 douches à l'eau froide. L'établissement dispose d'un centre de plongée et même d'une connexion wifi gratuite. Une bonne option pour les plongeurs ou les voyageurs solitaires, car il y a toujours du monde à rencontrer. Une escale de détente doublée d'une escale sociale.

KA WABOANA LODGE €€

Hienghène +687 42 47 03

www.kawaboana-lodge.nc

De 7 000 CFP à 22 400 CFP/nuit/2p en fonction du type d'hébergement. Petit déjeuner 1 500 CFP, menu 2 500 CFP.

Entièrement rénové en 2014-2015, le Ka Waboana est désormais une adresse moderne et confortable, en plein centre du village et à proximité des commodités. Le choix se fait entre des bungalows tout en bois, pouvant accueillir de deux à cinq personnes, ou des hébergements en chambres simples et supérieures. On aime beaucoup le charme de ces bungalows, dont certains sur pilotis, et la proximité avec une sublime étendue d'eau. Le gîte propose également un service de restauration de qualité, avec des plats aussi copieux que leurs prix sont abordables.

CAMPING BILLET DE 500 €

Tribu de Lindéralique

+687 86 13 73

800 CFP par tente et par nuit, 200 CFP par voiture et 1 000 CFP par camping-car. Arrêt pique-nique 200 CFP par personne.

Ce camping au nom assez atypique de prime abord doit son nom au rocher dont le dessin est repris sur l'ancien billet de banque du même montant. Rocher dans lequel on voit très nettement un visage kanak tracé lorsque l'on se place face à lui depuis la mer. Le cadre est très agréable, au bord d'une charmante petite plage où l'on peut sortir les masques et tubas (attention, un panneau indique que l'on vous fera même payer la photo). Adressez-vous en face du site à votre arrivée pour demander l'autorisation de planter votre tente. Bloc sanitaire avec eau froide.

KOULNOUÉ VILLAGE €€€

Tribu de Koulnoué

+687 42 81 66

https://koulnouevillage.nc/

A partir de 11 500 XPF.

L'hôtel compte 50 bungalows au cœur d'une cocoteraie faisant face à la mer et rénovés en 2015. Télévision, réfrigérateur, air conditionné sont à disposition dans toutes les chambres et un village de 11 cases traditionnelles mélanésiennes permet de voyager en groupe jusqu'à huit. Le cadre invite à la détente dans un bel environnement, à quelques kilomètres au sud du village. Cet ancien Club Med possède aussi une piscine et les terrains adéquats pour pratiquer le basket, le tennis, le volley ou encore le minigolf. Le ranch du Koulnoué est géré par les locaux.

ASSOCIATION DAYU BIIK

A la sortie du village, en direction de Poindimié.
✆ +687 428 777
http://web.me.com/dayubiik
Ouvert du lundi au vendredi de 7h30 à 12h et de 13h30 à 16h.

D*ayu biik* signifie « kaori dur », un nom associé au kaori endémique du mont Panié. Cette association lutte pour la conservation de la nature et soutient le développement de l'écotourisme. Ses tâches sont multiples : soutien aux activités environnementales et éducatives dans le cadre de la protection de la faune et la flore endémiques, aide au développement durable en tribu et à la connaissance et sauvegarde du patrimoine naturel et culturel. Particulièrement actifs, ils organisent régulièrement des événements et interventions pour sensibiliser.

BABOU CÔTÉ OCÉAN

Tribu de Koulnoué
✆ +687 42 83 59
www.babou-plongee.com
Baptême : 9 000 CFP ; plongée autonome : 7 000 CFP.

L'équipe vous fait découvrir des sites de toute beauté à Hienghène. Le bateau permet d'accéder en seulement 30 min aux différents spots : reliefs variés, grottes, arches et champs de coraux avec une faune d'une richesse incroyable. Le centre propose également une sortie en randonnée palmée. Après une brève traversée en bateau jusqu'à l'îlot Hienga, vous suivez le guide le long d'un joli sentier marin. Et pour ceux qui craignent de mettre la tête sous l'eau, des sorties sur mer sont aussi organisées, plutôt le matin. Des randos à VTT sont également possibles.

BASE NAUTIQUE

Hienghène
✆ +687 42 84 28
2 000 CFP pour 1h30 de kayak biplace ou paddle. 500 CFP par demi-heure supplémentaire.

Christophe et Pierre-Chanel vous proposent de louer des kayaks pour réaliser des balades au fil de l'eau, accessibles à tous. Le *must* : le tour de la Poule à effectuer en 1 heure 30. Rien qu'en arrivant, on fait face à la Poule et au Sphinx, et l'envie irrésistible d'aller les voir de plus près nous prend aux tripes. Mais outre ces magnifiques et impressionnantes masses rocheuses, les guides vous emmèneront faire un tour des mangroves. Alors, n'hésitez plus et faites appel à eux pour faire partie de ces paysages sublimes le temps d'une balade sportive.

RANDONNÉE ÉQUESTRE RANCH KOULNOUÉ

Koulnoué Village
✆ +687 42 81 66
www.grands-hotels.nc
Tarifs variables.

Rendez-vous au ranch du *Koulnoué Village* pour une balade à cheval à la découverte des paysages de Hienghène. Au programme : un passage à travers la tribu pour rejoindre une grotte creusée dans les roches noires de Lindéralique avant de monter à flanc de montagne pour admirer la vue du sommet. Au retour, vous pourrez vous essayer au trot ou au galop – si vous avez l'habitude du cheval – sur le sable ou dans la mer, une expérience unique et magique.

TOUHO ★★

Commune de 2 087 habitants (*Tu Cèmurî*, en kanak), le village s'étend tout en longueur le long de la mer. À l'embouchure de la merveilleuse transversale Kone-Tiwaka, Touho constitue un lieu de passage important sur la côte est. Sa position centrale entre Hienghène et Poindimié en fait une base d'exploration intéressante et le travail du Point I permet de participer à plusieurs activités en tribu. En suivant la route vers le nord, des aires de repos sont aménagées pour prendre le temps d'apprécier la beauté des paysages. Côté histoire, les missionnaires se sont implantés ici en 1852, avant que la commune ne prenne forme en 1884. De son passé, on peut encore visiter le fort militaire en ruines, en service jusqu'en 1916. Le pin colonnaire du port fut planté en 1870 par le chef de la tribu Tiwaka pour célébrer la première union mixte de la région.

Pratique

Point I.
L'accueil est chaleureux et beaucoup d'informations sur la région sont présentes. Toutes les activités de la commune peuvent être réservées par Valérie. Site Internet très complet avec carte interactive.

Transports

Touho est à 4h10 de Nouméa en voiture et à 6h sur la ligne Noumea-Hienghène du RAI qui a un service quotidien. La commune est également desservie par la ligne Hienghène-Houaïlou (une rotation quotidienne, sauf le dimanche).

ANCIEN FORT MILITAIRE

A visiter avec l'autorisation du Point I.

Ce fort militaire, construit à partir de 1864 par des troupes de marine, fut utilisé jusqu'en 1916. Et le moins que l'on puisse dire, c'est que ce bâtiment a été le théâtre de beaucoup d'événements historiques. Outre les nombreux (et évidents) exercices militaires en tant que lieu de vie de soldats, il a été le cadre et le QG d'une Mission religieuse, mais également, du premier mariage mixte entre un Européen et une Mélanésienne en 1870. Aujourd'hui, le bâtiment est malheureusement en ruines, mais il est possible de le visiter en sollicitant le Point Info.

POINT INFORMATION DE TOUHO

Touho
✆ +687 42 88 07
www.touho-tourisme.nc

Ouvert du lundi au vendredi de 7h15 à 11h30 et de 12h à 15h45 (fermeture à 14h30 le vendredi).

Touho se trouve à 4 heures de route (55 minutes en avion) de Nouméa. Comme tous les points d'information ou offices de tourisme, nous conseillons de faire de ce lieu votre première étape durant votre séjour afin de tout savoir sur les activités du coin. L'accueil est chaleureux et beaucoup d'informations sur la région sont présentes. Toutes les activités de la commune peuvent être réservées par Valérie. Site Internet très complet avec carte interactive.

CASCADE DE KOKINGONE

Lieu-dit Hêjinamwa

La cascade est seulement accessible accompagnée ; demandez au Point I de vous mettre en contact avec un guide.

La cascade se trouve à mi-chemin entre Touho et Poindimié. Il faudra demander au Point I de vous mettre en contact avec un guide pour vous y rendre, car elle est située sur les terres de la tribu de Kokengone. La randonnée est magnifique et promet des panoramas splendides. Arrivé en haut, on peut voir une petite retenue d'eau qui forme une piscine, tandis que le reste s'écoule entre les rochers dominant la vallée et le lagon. Vous y ferez certainement quelques-unes des plus belles photos de votre séjour. Un lieu magique à découvrir sans attendre.

AIRE AMÉNAGÉE DE TEGANPAIK €

Camping gratuit.

Un nouveau lieu qui confirme l'attrait de la Nouvelle-Calédonie pour le camping. Il est possible de faire du camping sauvage sur l'aire aménagée de Teganpaik au nord de Touho. Sanitaires et douches sont sur place, adressez-vous à la tribu si vous souhaitez avoir de l'électricité (payante). Situé en bord de mer, l'endroit est idéal pour poser sa tente et profiter du paysage magnifique de la région de Touho. Parfait pour les *backpackers*, notamment grâce à la route juste à côté.

MISSION DE TOUHO

Touho

La mission a été fondée entre 1853 et 1860 par des maristes installés initialement à Balade, au nord de la côte orientale. L'église fut construite en 1889 et, même si la plage n'est pas extraordinaire en soi, le cadre est vraiment joli, établi au milieu d'une profusion de verdure et de plantations : bananes, café, fleurs, cocotiers, papayes, manioc, taro… C'est une bonne façon de voir si vous reconnaissez la flore calédonienne. Une visite intéressante d'un point de vue spirituel autant qu'historique en raison de la triste histoire attachée au lieu.

Chapelle Saint-Michel située près de Poindimié.

POINDIMIÉ ★★★

Poindimié est, avec Hienghène, le village le plus dynamique de la Côte Est. C'est même une petite ville. Sa tranquillité, sa chaleur humaine, sa nature généreuse et sa qualité de vie sont indéniables. Ici, tout le monde se connaît, se salue et prend le temps de vivre ensemble. La commune naît réellement en 1945, lorsque l'industriel Henri Dewez, séduit par la beauté de la baie, décide de créer « les établissements de Poindimié », dans une zone marquée par les stigmates des expropriations. La liaison routière avec Nouméa (1954), le barrage de Povilla et les ponts jetés sur la Tiwaka, l'Amoa et la Tchamba (dans les années 1970) désenclavent la région et en font la commune que l'on connaît aujourd'hui : un petit havre de paix de 4 868 habitants dont on ne se lasse guère, posé entre l'immense plage Tiéti et les montagnes verdoyantes de la Chaîne.

Balade

Balades au cœur des tribus

Tribu de Tiwaé : deux balades au choix avec Jean Dihan (✆ +687 90 37 20) : un circuit de 4h à la découverte des quatre vallées de Tiwaé, Poyes, Hacinène et Warri ou une promenade d'1h30 avec baignade.

Tribu de Ouanache : Jacky Thy (✆ +687 92 92 22/ 47 91 03) vous fait découvrir ses spots secrets : visite des grottes, chemin des pétroglyphes et randonnée avec de magnifiques points de vue.

Tribu de Pombei : 5 heures de marche avec Rolland Houon (✆ +687 80 41 03/ 93 18 52) sur les hauteurs de la tribu, pour aller voir notamment l'ancienne pirogue et l'épave d'un Douglas C-47 américain.

Tribu de Kokingone : Thérèse Ebettes (✆ +687 52 96 19/ 93 00 15) partagera ses connaissances du territoire avec vous pendant 3 heures, ponctuées d'une pause baignade à la cascade.

Randonnée à cheval : Austien Waka (✆ +687 97 30 02) vous propose quant à lui d'accéder à la cascade de Kokingone à cheval après une balade en forêt et sur la ligne de crête.

Pour réserver : il faudra s'y prendre au moins 48h à l'avance ; vous pouvez aussi passer par le Point I qui le fera pour vous. Un geste coutumier sera le bienvenu.

Sports / Loisirs

Les sites autour de Poindimié proposent de belles plongées.

Bargibanti. Un pinacle isolé dans la passe centrale. La faune pélagique fréquente le site. De nombreuses gorgones s'accrochent aux parois et les fameux hippocampes pygmées ont déjà été observés. La plongée prend fin au sommet du pinacle, dans un cadre très coloré. Bon niveau souhaité.

Waneque. Plongée en bordure est du plateau de la passe centrale. L'architecture est exceptionnelle : arches, grottes parsemées de gorgones... Ouvrez l'œil pour apercevoir des nudibranches.

L'Arche. Située en bordure nord du plateau de la passe centrale, cette immense arche (12 m de hauteur) tapissée de gorgones offre une plongée facile. Pélagiques, nudibranches et crevettes y sont souvent observés.

Actineria. La plongée se fait l'extérieur du récif, le long d'un petit parcours pour rejoindre un remarquable pinacle isolé. Celui-ci abrite de grandes gorgones, d'immenses coraux en forme de rose et des anémones géantes. Le nom du site provient de l'anémone à grappe ou actineria. Observation des coquillages blancs (*Ovula ovum*). Passages de tortues.

Val d'Isère. Fausse passe dans le récif, sur fond de sable blanc parsemé de très gros massifs de corail. La couleur, les formes, la taille et la diversité des coraux sont exceptionnelles. Les poissons foisonnent. Les requins-léopards y rôdent parfois.

Tibarama. Il faut y plonger la nuit, à la rencontre de perroquets, de langoustes, de tortues ou encore de porcelaines.

Randonnées dans les vallées

Vallée de la Tchamba. Après le pont enjambant la rivière du même nom, une petite piste sur la droite, au niveau de l'arrêt de bus, vous conduit au cœur d'un cadre merveilleux digne d'un conte de Heidi. Ici, les collines se succèdent, toutes plus charmantes les unes que les autres. L'endroit a été choisi comme cadre pour le tournage de la série Foudre en 2009. Une des plus belles vallées de Nouvelle-Calédonie.

Vallée de Napoémien. Dans le village, prenez la RM11 en direction du sud et tournez à droite au niveau de la banque. Au bout de la rue, tournez encore à droite. Les petites cascades sont ravissantes.

Vallée d'Ina. A la sortie sud de la ville, avant le pont, une petite promenade s'impose dans cette vallée d'herbes grasses. La forêt de pins avant les niaoulis vaut le coup d'œil.

Vallée de Névaho. Avant le pont de la rivière Eewe, prenez une route bitumée qui s'enfonce dans les jardins de bananiers, puis rejoignez la piste caillouteuse qui grimpe dans la montagne.

L'église de Tyé aux alentours de Poindimié.

ÉGLISE DE TYÉ

La petite église au toit rouge du Sacré-Cœur de Cié témoigne du développement au XIXe siècle de la mission des pères maristes. D'abord construite en bois et torchis en 1866, elle fut rasée puis remplacée en 1899 par l'église maçonnée néo-gothique actuelle. À l'intérieur, le chœur séduit par ses proportions intimistes et les lignes élancées de ses arcs ainsi que par la luminosité de sa pierre blonde et les reflets richement colorés de ses vitraux d'époque. Restaurée en 1999, elle est classée avec son presbytère depuis 1991 au titre de « patrimoine du pays ».

GÎTE NEWEJÏE €€

Vallée d'Ina

✆ +687 42 70 74

www.gite-newejie.com

De 9 300 CFP à 10 800 CFP pour un bungalow 2 personnes (1 500 CFP par adulte supplémentaire/600 CFP par enfant -12 ans).

Niché au cœur d'une végétation tropicale et d'un joli jardin, ce gîte de charme est tenu par deux métropolitains, François et Kathy, installés sur le territoire depuis longtemps. Chaque bungalow dispose de sa petite terrasse privée, d'un réfrigérateur individuel et de sanitaires collectifs ou privés selon l'hébergement. Une grande cuisine ultra-équipée et un grand faré barbecue (bois fourni) sont tenus à votre disposition. Quant aux adeptes du kava, Kathy se fera un plaisir de leur indiquer le très joli Nakamal à proximité, voir de les y emmener.

GÎTE LES POUROA €

Vallée de Napoémien

✆ +687 42 72 98

6 300 CFP/1p, 8 400/2p. Ajouter 2 100 CFP/p sup (4 max). Repas sur réservation seulement pour les clients. Wifi.

Il y a 11 ans que Marthe et Richard ont construit des deux charmants bungalows sur pilotis, parfaitement aménagés, avec plaque de cuisson, réfrigérateur, sanitaires individuels et TV. Chacun dispose d'un balconnet ouvrant sur une végétation luxuriante et la rivière en contrebas. Bungalows indépendants. Marthe connaît bien la métropole car elle y a voyagé et se fera un plaisir de discuter avec vous sur divers sujets. En fonction de vos envies, elle propose de vous mettre en relations avec des guides pour partir à la découverte de la vallée.

HÔTEL TIÉTI €€€

Poindimié

✆ +687 42 64 00

www.tieti.nc

18 500 CFP chambre standard, 22 700 bungalow tropical, 29 000 bungalow plage. Petit déj inclus. Restaurant midi & soir.

Sans conteste le plus bel établissement de la Côte Est et l'un des meilleurs sur le Caillou. En bordure de plage. Toutes les chambres offrent le confort souhaité (air conditionné, TV écran plat et chaînes satellites, réfrigérateur, bouilloire et nécessaire à thé, café, coffre-fort...). Diverses activités payantes : randonnée dans la vallée de Napoémien aux côtés du guide Jéhudit, balade guidée en kayak sur la rivière Amoa, visite en tribu, balades à vélo... Tennis, ping-pong, pétanque, masques et tubas prêtés. Wifi à la réception et au bar de l'hôtel.

PIZZA KOYABOA €

20 route de la Cascade

✆ +687 42 74 22

Ouvert de 17h à 21h. Fermé le dimanche. A emporter ou en livraison. Pizza dès 1 700 CFP.

Cette bonne pizzeria est bien connue à Poindimié, avec sa vaste carte et ses bonnes recettes, et même considérée par certains comme la meilleure pizzeria de la côte Est. Une petite est suffisante pour une faim normale mais il existe aussi des moyennes, des grandes et même des plaques. A réserver 24 heures à l'avance pour satisfaire votre faim. Installez-vous dans le restaurant pour savourer votre pizza, emportez-la pour vous installer en bord de mer, ou même faites-vous livrer à votre hôtel. Un petit goût d'Italie à l'autre bout du monde.

AQUALAGOON

BP 263

✆ +687 42 88 99

www.aqualagoon.net

Ouvert de 7h45 à 12h et de 13h30 à 16h. Compter 8 700 CFP pour une randonnée palmée ou un baptême de plongée.

Martin, Jeanne et Adèle emmènent les curieux sur le récif de Poindimié, une merveille naturelle aux formes et couleurs infinies. Au choix : un baptême de plongée ou une randonnée palmée. La sortie du matin permet d'explorer deux sites, celle de l'après-midi un seul. Les deux femmes, premières plongeuses kanakes de Calédonie, assurent l'encadrement. Au programme d'observation : poissons, coraux, anémones, gorgones, voire des tortues vertes ou des requins (pointe blanche ou noire) de récif... Une myriade de couleurs à admirer durant votre exploration.

ASSOCIATION ODYSSÉE

✆ +687 84 30 55

3 000 CFP pour deux heures de balade guidée en kayak (2 000 CFP sans guide).

Poindimié se prête aux balades en kayak, que ce soit sur la mer pour naviguer jusqu'à l'îlot Tibarama ou sur la rivière Amoa pour découvrir les paysages montagneux. L'Association Odyssée propose la location de matériel et des visites guidées avec panier-repas sur réservation. Une balade magnifique à faire absolument, entouré par les guides accueillants et très sympathiques. Si vous avez la chance d'être dans les parages un soir de pleine lune, l'Association Odyssée propose des balades spéciales ces soirs-là. On recommande chaudement.

GUIDE JEHUDIT PWIDJA

Napoémien

✆ +687 47 28 28

Visite de la tribu Napoémien : 3 000 CPF/personne. Avec confection et dégustation du bougna : 6 900 CPF.

Situé à, à peine dix minutes depuis Poindimié, venez découvrir la tribu de Napoémien. Jehudit Pwidja, est un guide passionné, qui organise des visites en tribu et des randonnées dans la vallée de Napoémien et sa très riche flore (palmiers, orchidées, fougères). Vous apprendrez même quelques secrets sur la médecine kanak, qui utilise les plantes locales. Si vous avez le temps, n'hésitez pas à ajouter l'option confection et dégustation de bougna, un plat traditionnel et typique de Nouvelle-Calédonie qu'on fait cuire en... l'enterrant !

LOUPIOT SEA DIVING

Lotissement les Vacances

✆ +687 42 78 81

www.loupiot-sea-diving.com

Baptême enfant (8 à 12 ans) : 6 000 CFP, adulte : 7 000 CFP. Formation niveau 1 : 44 000 CFP.

Eric a ouvert cette petite structure en 2009 pour les enfants. Désormais, il organise aussi des plongées et des formations pour adultes. A la fois gérant et moniteur, il possède toutes les casquettes de ce club convivial. Lors de plongées d'exploration, le groupe se veut restreint (4 personnes au maximum) et si vous le désirez, les plongées peuvent être entrecoupées d'une pause pique-nique sur un îlot (repas non fourni). L'établissement est donc un endroit privilégié pour que les plus jeunes découvrent les fonds marins de Poindimié.

TIÉTI DIVING

Poindimié

✆ +687 513 473

www.tieti-diving.com

Les tarifs des plongées sont donnés directement au centre.

Ce club tenu par Laurent est une véritable réussite. Lui-même et ses deux équipières encadrent les baptêmes et les plongées à la découverte de deux sites : Val d'Isère, riche en coraux, et Actinoria, dont les reliefs abritent de gros poissons. Le tout est fort sympathique et très professionnel, idéal pour une première fois ou simplement pour explorer la beauté du lagon local. Côté sécurité, le matériel, de bonne qualité, est régulièrement entretenu et révisé. Les palanquées s'organisent en nombre restreint pour plus de convivialité.

PONERIHOUEN ★

En langue vernaculaire, Ponérihouen (*Pwäräiriwa*, en langue kanak) signifie « l'embouchure du fleuve ». À la croisée des chemins entre la côte océanienne du Nord-Est et le Nord minier, cette petite commune de 2 370 habitants, fondée en 1879, possède un magnifique pont métallique construit par Gustave Eiffel. L'agriculture y est une activité importante et les paysages grandioses de la Chaîne s'y adoucissent quelque peu pour faire la part belle à de profondes vallées et de vastes prairies. Ici, le tourisme n'a pas encore de prise, mais ce n'est pas pour autant que l'on n'apprécie pas y admirer les panoramas.

CAMPING DE TIAKAN €

Plage de Tiakan

✆ +687 95 75 20

1 000 CFP par personne en camping. 4 500 CFP hébergement en case. Arrêt pique-nique à 300 CFP.

Situé sur la route principale au nord de Ponérihouen, ce camping est caché au milieu d'une grande cocoteraie. Ses petits farés sont installés au bord de plage, avec douches et toilettes dispersées sur le terrain. Chaque emplacement dispose d'un abri traditionnel, équipé d'une table et de chaises pour les repas. C'est un très joli coin, apprécié des habitants de la région qui y viennent le week-end. Pendant les vacances scolaires (celles de Nouvelle-Calédonie sont différentes de celles de la Métropole), l'endroit est sollicité, il faudra penser à réserver.

INITIATION À LA SCULPTURE

✆ +687 546642

2 000 CPF / personne.

On part du village du Ponérihouen, en direction de Poindimié. Après le pont, longez pendant une dizaine de minutes la tribu de Néouta, jusqu'à voir un panneau sur votre gauche « Sculpture ». Ici, c'est la maison de Waya, un sculpteur réputé du coin. Venez vous initier à cet art traditionnel, sur bois de gaïac ou encore tronc de cocotier ! En toute simplicité, Waya vous transmet son savoir et sa passion, de quoi vous faire passer une excellente demi-journée.

HOUAÏLOU ★

Centre minier important de 4 240 habitants, Houaïlou (*Waa Wi Lûû*, en *ajië*) fut longtemps un passage obligatoire entre les deux côtes, jusqu'à l'ouverture de la transversale Koné-Tiwaka, à la fin des années 1990. C'est aussi ici que le pasteur et ethnologue Leenhardt (1878-1954), grand ethnologue et spécialiste du monde mélanésien, a installé l'école de Do Neva, première de la Grande Terre à ouvrir ses portes aux enfants kanaks, en 1903. Il a dû faire face à l'opposition des colons, mais, infatigable, il a appris la langue locale, le *ajië*, et en a ainsi permis la transcription écrite. Aujourd'hui, Houaïlou est surtout connue pour ses letchis, mais aussi pour ses immenses exploitations minières de nickel qui font vivre une bonne partie de la population active. La route qui descend vers Kouaoua et passe par le village minier de Poro forme l'un des paysages les plus marqués et les plus hostiles du pays. L'industrie y a lacéré les montagnes, les découvrant à vif sur des étendues immenses. Prouesse technique synonyme d'emplois pour certains, c'est aussi un désastre environnemental pour d'autres...

Transports

Houaïlou est à 3h de Nouméa en voiture et à 4h20 avec le bus Nouméa-Houaïlou du RAI. Il y a un service quotidien et la commune est également sur la ligne Hienghène-Houaïlou qui opère chaque jour, sauf le dimanche.

CASCADE DE BÂ ★

Bwa

150 CFP par personne.

Sur la transversale, juste avant d'arriver à Houaïlou, prenez la petite route sur la droite, au niveau de l'arrêt de bus. Laissez votre voiture à l'épicerie et passez devant une ancienne scierie. Il faut marcher 2 minutes pour arriver aux premiers bassins, la chute est à 200 mètres. C'est un très bel endroit pour se poser quelques instants et apprécier la beauté de la nature. La chute, d'une quinzaine de mètres de hauteur, offre aux baigneurs des plongeoirs naturels et un grand bassin. Il y a une table sur place et le *spot* est très agréable.

CASCADE DE COULA ★

Coula

Entrée libre.

Sur la transversale d'est en ouest juste avant le pont de Coula, ne manquez pas sur la droite un abribus arborant un portrait d'Éloi Machoro. Après le pont, prenez à gauche. Au premier embranchement, bifurquez à gauche puis continuez tout droit. Demandez aux habitants l'autorisation d'accès à la cascade. Lorsque vous entendrez l'eau du ruisseau, garez-vous sur le terre-plein, prenez à droite, traversez le gué et prolongez dans les herbes hautes. Le chemin n'est plus pratiqué que par les gamins qui l'empruntent pour aller à l'école. Le point de vue est splendide.

DÉCOUVERTE DES PETROGLYPHES ★

RPN3

A 19 km au sud de Houaïlou, en direction de Canala. Une fois arrivé à la colline située dans le centre minier et après avoir dépassé deux gros poteaux électriques, prenez à gauche vers une plate-forme qui domine l'océan. En haut d'un monticule, sur la gauche, trois poteaux électriques alignés apparaissent. Vous êtes au cœur d'un site de pétroglyphes. Les rochers sont ornés de soleil, d'hommes et de croix. Les Kanaks y déposent des pièces de monnaie en signe de respect.

ROUTE TERRITORIALE 3

La route transversale entre Houaïlou et Bourail est de toute beauté et traverse des paysages montagneux qui en feraient presque oublier que l'on est sur une île. Elle est très sinueuse et engage à la prudence. En venant de l'est, on aperçoit, se détachant à l'horizon, le mont Maoya, un des plus hauts sommets calédoniens (1 508 m) et l'un des plus anciens lieux de culture par irrigation du monde kanak. Le col des Roussettes est le point d'orgue de la traversée, avec une perspective fabuleuse sur la vallée qui court jusqu'à la côte ouest.

PORO

La route menant au village minier de Poro longe le lagon et dévoile des points de vue impressionnants. Des bâtiments abandonnés témoignent de la fermeture du site par la SLN en 1984. La découverte d'un nouveau gisement a cependant permis de relancer l'activité et les énormes camions de transport se sont remis en marche. Ambiance étrange... Ici, la luxuriance de la côte a laissé place à un paysage plus dur mais tout aussi spectaculaire. Les montagnes alentour ont été inlassablement grattées par l'homme. Mines en activité, terrasses de pierre et sommets se succèdent et le panorama n'a vraiment rien à envier au Grand Sud. Une belle découverte !

KOUAOUA

Entièrement tournée vers l'exploitation du nickel, Kouaoua donne bien la mesure de l'univers de cette industrie, avec la mine Méa, perchée à 600 mètres d'altitude d'où dévale la Serpentine, un gigantesque tapis roulant acheminant le précieux minerai sur douze kilomètres, jusqu'à la mer. De nombreux incidents (incendies) ont perturbé fortement l'exploitation minière en 2018. Pour apprécier pleinement la beauté naturelle de la région, il faudra plutôt suivre la route qui mène à Canala, et encore plus particulièrement la transversale vers La Foa. Entre d'innombrables virages et détours, la Chaîne livrera tous les secrets de sa vénusté immuable.

ACCUEIL EN TRIBU - CHEZ D'LIANNE €

✆ +687 924308

Chambre 4 500 CPF/personne, camping 1 500 CPF/personne. Petit déjeuner 1 000 CPF, repas 2 000 CPF.

Une nouveauté pour Kouaoua ! Après l'embranchement du village, comptez environ une trentaine de minutes de route, puis au niveau de la guérite sur la gauche, empruntez cette route et comptez à nouveau une vingtaine de minutes, tout en longeant la rivière. Vous voilà dans la tribu de Méchin, au fin fond d'une vallée verdoyante, dans un calme absolu. Ici, c'est Sabrina qui vous accueille et vous fait découvrir son mode de vie, sa tribu et sa nature exceptionnelle.

CANALA

Canala (*Xârâcùù* en langue éponyme) est une commune de 3 687 habitants. Dominée par le pic des Morts et bénéficiant d'une situation exceptionnelle à l'extrémité d'une baie profonde et bien abritée, la plaine de Canala n'a pas manqué d'attirer l'attention des pionniers européens. Les santaliers anglo-saxons ont tenté l'aventure les premiers, en 1845, suivis par les forçats, envoyés au bagne par la justice métropolitaine dès 1865. De nouveaux arrivants s'implantent dans la foulée et la commune devient alors le second établissement de la colonie naissante, prenant même un temps le nom de Napoléonville. Au fil de son histoire, elle a joué un rôle-clé à plusieurs reprises entre allégeance à la France et rejet de la colonisation. C'est ici, en 1878, que se scella le sort de l'insurrection du peuple kanak. Longtemps hésitants, les guerriers locaux se rallieront finalement à la cause française sous l'influence du lieutenant Servan qui persuada les tribus Gétima, Kaké et Nundo de leur intérêt à contrer l'offensive des rebelles Ataï de la côte ouest. Dans la seconde moitié du XXe siècle, la donne change et Canala s'affirme à partir des années 1970 comme un bastion indépendantiste. Éloi Machoro, l'une des figures de proue du mouvement nationaliste, était originaire de Nakety, à quelques kilomètres à l'est. Il a été abattu le 11 janvier 1985 par les forces de l'ordre à La Foa, à la suite de menaces armées de la part de son groupe d'extrémistes indépendantistes. Sa mémoire est encore très largement entretenue dans la localité. De nos jours, l'avenir de la région semble se reposer sur son activité liée au nickel, mais aussi sur la richesse de son agriculture, symbolisée par le mandarinier. Elle peut également compter sur la beauté de ses paysages et sa culture vivace. Cependant cette commune est marquée par de nombreux incidents et incivilités depuis quelques années. Il convient d'être vigilant et de ne pas laisser sa voiture en dehors d'un endroit sûr. La population est très accueillante et vous aidera, mais la délinquance juvénile y est élevée.

Transports

Canala est à 2h20 de Nouméa en voiture et à 3h15 en bus sur la ligne Nouméa-Canala du RAI (un départ quotidien, deux le vendredi).

CASCADE DE CIU

Vallée de Nakety

Située dans la vallée de Nakety à 1,5 km au sud de Canala, sur les hauteurs de Gelima, il faudra grimper sur 4 km à travers les bananeraies et les cocoteraies pour y accéder. A l'arrivée, un sentier sur la gauche conduit en haut des chutes. Attention durant votre ascension, le chemin peut être piégeux. Vous y trouverez l'une des plus belles cascades du territoire, qui vous fera profiter d'une vue panoramique sur les magnifiques environs de Canala. Pensez à demander l'autorisation aux tribus de Gélima ou de Mia. Baignade possible sur place.

ROUTE À HORAIRES ★

Comptez 35 minutes de traversée.

Rejoindre Thio depuis Canala relève presque de l'aventure. La route, puis la piste, est si étroite et sinueuse que des horaires de passage ont été mis en place sur 13 km. De Nakety à Thio, vous passez aux heures paires et, dans l'autre sens, aux heures impaires. Prudence indispensable, l'itinéraire n'est pas goudronné partout, et certains essayent de forcer le passage. Pensez à bien vous renseigner sur son état avant de vous y rendre, veillez à ce que la météo soit bonne et que votre véhicule puisse faire de la piste. La nuit, elle est ouverte des deux côtés.

CAMPING DES CASCADES €

Tribu de Haut Gelima

✆ +687 94 27 56

1 500 CFP par tente pour 2, et 1 500 CFP par personne en bungalow de 4. Repas : 1 500 CFP, petit déjeuner : 600 CFP.

Au sud de Canala, ce petit coin de paradis n'est pas simple à trouver et il ne faut pas hésiter à demander au syndicat d'initiative ou aux habitants. C'est au bord de la rivière, bien à l'abri des arbres, dans un cadre enchanteur et verdoyant que l'on peut y planter sa tente. Bloc sanitaire, prises électriques, tables, abris et eau courante sont sur place ; on peut aussi opter pour le bungalow pour 4 personnes. Un accès aux petites cascades et aux trous d'eau est libre pour les résidents. La Cascade Aminminrinbû est à 45 minutes à pied en remontant la rivière.

SOURCE THERMALE DE LA CROUEN ★

La Crouen

En langue xârâcùù, on les appelle *xwâkwé nè*, « les sources de feu ». Des siècles durant, les guerriers kanak y trempèrent leurs armes avant de partir en guerre. Une légende transmise par la tradition orale mélanésienne explique les origines de ce lieu. Il y a bien longtemps, la vallée de La Crouen était sacrée. Seule une famille gardienne du site y vivait, en compagnie d'un dieu nommé Wankwéné, qui punissait les imprudents commettant le sacrilège de venir jusqu'ici. Une nuit, ce dernier remua dans son sommeil et bouscula la montagne. La rivière, qui coulait le long de la pente Ouest, dériva vers le versant Est. Les tribus voulurent alors s'approprier la source. Un jeune homme de l'ouest partit à sa recherche et tomba sur une jeune fille de l'est égarée. Ils s'éprirent l'un de l'autre et se sauvèrent dans la forêt. Issus de familles adverses, ils ne pouvaient cependant rentrer ensemble et se retrouvèrent dans la vallée de la Crouen, provoquant le courroux de Wankwéné. De colère, le dieu leur urina dessus, les transformant en tortue et en roussette. La légende dit qu'à l'endroit où ricocha l'urine jaillirent deux sources chaudes... Il ne faut cependant pas que cela vous rebute, car le *spot* est très appréciable. Les résurgences sulfureuses et alcalines débitent 250 m³ par jour pour une température comprise entre 40 et 44 °C. Elles sont efficaces contre l'asthme, les affections bronchiques et les rhumatismes, mais ne soyez pas trop sensibles à l'odeur de soufre.

CHEZ CLARISSE €

Tribu de Kuinet

✆ +687 94 77 26

Chalet pour deux 6 000 CFP.

A deux pas de la jolie cascade de Ciu, Clarisse accueille les voyageurs chez elle, dans l'un des deux chalets prévus à cet effet. Le premier possède un lit double alors que le second est pourvu de trois matelas simples directement posés au sol. Repas sur demande. Une véritable bonne adresse pour qui veut découvrir la région d'une autre façon, en partant à la rencontre du peuple Kanak grâce à la grande et accueillante famille de Clarisse. Du tourisme autrement, loin des hôtels et des centres commerciaux. L'établissement se trouve non loin de la cascade.

ALBERTINE RALEB

34-35 rue Karembeu

✆ +687 42 59 10

Entre 2 000 CFP et 8 000 CFP selon l'excursion.

Non seulement elle tient un petit complexe de chambres d'hôtes, Albertine propose des sorties en bateau dans la baie de Canala, des excursions de pêche à la traîne et des virées en palmes, masque et tuba à la journée ou à la demi-journée. Cette native de la région se fera un plaisir de vous faire découvrir son pays natal et sa faune et sa flore luxuriantes et magiques pour tous les sens. Une véritable occasion de découvrir autrement cette région du sud minier qui ne manquera pas de vous éblouir. Ouvert toute l'année. Paiement par chèque ou espèces.

MARCEL OUJANOU

✆ +687 42 60 61

Compter 300 CFP la randonnée et 1 500 CFP l'atelier de tressage.

C'est à pied que Marcel vous invite à découvrir la commune de Canala et ses cascades, dont celle de Ciu. Des randonnées pédestres dans un cadre sublime qui vous emmènera en direction des cascades de Ciu et de Amîmîrîbû. Originaire de la tribu de Haut Gélima, il partage son savoir sur sa région et organise aussi des initiations à la vannerie et au tressage, parfait pour découvrir un artisanat ancestral et délicieusement folklorique. Marcel met également en disposition à la location des VTT avec des forfaits demi-journée. On adore.

CÔTE EST

THIO ★★

Thio (en *xârâcùù ou Xârâgùrè : Tchô* ou Cöö), est un petit condensé de Calédonie à elle seule. Thio village et Thio mission rassemblent un millier d'habitants, les 13 tribus environ 1 600. On y retrouve de superbes plages de sable noir ou blanc, de puissantes montagnes dressées vers le ciel, des forêts profondes et indomptées, une culture mélanésienne vivace regroupant 15 tribus et la plus ancienne mine de nickel du pays. Le tout est réparti sur 1 000 km², avec à peine plus de deux habitants au km²... Le cadre naturel y jouit d'une grande diversité, notamment grâce aux réserves d'oiseaux de Kouaré et Ouindoà, ainsi qu'à la réserve du mont Humboldt (accès par la vallée de La Tontouta, côte ouest). Les îlots Némou et Moindé-Ouémié sont quant à eux classés réserves marines et la Côte oubliée donne le vertige par son immensité hors du temps et de l'espace. Venir ici est déjà une aventure en soi, la commune, n'étant accessible que par la route à horaires ou via la belle transversale de Boulouparis.

Argent

Attention, la plupart des prestataires acceptent uniquement les chèques calédoniens ou le cash. Il y a deux banques à Thio : l'OPT ouverte du lundi au vendredi et la BCI ouverte le mardi et le jeudi.

Balade

La Côte oubliée Thio-Yate

Voici un must de la randonnée pédestre et peut-être le plus beau circuit que puisse offrir le Caillou. Cette grande expédition de plusieurs jours traverse 61 kilomètres à travers des régions complètement sauvages et complètement isolées. De nombreuses embouchures de rivières sont à franchir. Ainsi, l'itinéraire s'étire de la rivière Xwé Fachia (Port-Bouquet) pour arriver au village de Mamié, à 12,5 km au nord du pont de Yaté. Pour cette aventure, qui nécessite une préparation préalable et beaucoup d'expériences, nous vous conseillons de consulter l'incontournable guide Nouvelle-Calédonie sauvage de Jean-François Clair ou de faire appel à H2O Odyssée pour une expédition guidée en kayak (www.h2o-odyssee.com).

La cascade de Kouaré.

En demandant préalablement la permission aux tribus locales, vous pourrez accéder à la cascade de Kouaré (en 4x4, tribu de Kouaré) et au trou d'eau chaude de Ouindo (tribu de Ouindo). Pour un moment émouvant, faites un saut au cimetière japonais à l'entrée du village, sur la RM4, au pied du plateau. Des pétroglyphes sont également visibles sur la transversale peu avant Thio, au lieu-dit les Pétroglyphes.

Se loger

Plusieurs tribus accueillent les voyageurs. Les hôtes proposent des repas faits à partir de produits frais, principalement de la viande du côté montagnes et du poisson et des produits de la mer du côté mer. Il est toujours bienvenu de faire un geste coutumier quand vous arrivez.

Camper à Thio

Thio dispose de nombreux emplacements de camping. Le confort est souvent sommaire, mais le décor entre plage et terre rouge est magnifique. La réservation n'est pas nécessaire, mais ces campings étant situés en tribu, il est préférable de se renseigner sur leur état et disponibilité auprès de l'office du tourisme de Thio.

Se restaurer

En dehors des gîtes et accueils en tribu, vous pourrez vous trouver des provisions dans l'épicerie du village (du lundi au dimanche midi). Des marchés avec produits locaux ont également lieu le lundi et le vendredi à Thio Mission, le mardi et le jeudi à Wenene et le mercredi et le samedi à St Philippo1. Du lundi au vendredi, le snack La Fiesta (✆ +687 44 51 81) propose de bons petits plats traditionnels ou asiatiques à midi. En brousse, il faut organiser sa logistique.

CÔTE DE THIO

À dix minutes en voiture du centre s'étire la jolie plage de Moara, avec son sable blanc au bord des cocotiers. La baie de Port Bouquet vaut elle aussi le détour, à quelques kilomètres de là. Elle surplombe la mer magnifiquement et fait face aux îlots Némou et Toupéti, qui offrent de superbes paysages sous-marins pour la plongée. Dans la direction de la route à horaires menant à Canala, la plage d'Ouroué et son sable noir dévoile également un paysage surréaliste. La région de Thio est une belle région, montagne et mer offrent des sensations fortes.

Thio.

MINE DE THIO ★

✆ +687 44 25 04

www.thio.nc

Sur réservation une fois par mois : visite de la mine avec petit déjeuner au musée et repas en tribu : 5 000 CFP.

Chaque mois, l'office de toursime de Thio organise des visites de la mine du plateau en activité depuis 1874 et toujours exploitée par la SLN. Première mine de Nouvelle-Calédonie, c'est l'un des plus importants gisements de nickel au monde et le seul site du pays ouvert au public. Ces journées sont commentées par Maurice Fels, historien local, puis par un chef d'exploitation du site. Elles sont suivies d'un repas traditionnel en tribu. Attention, chaussures fermées et pantalon obligatoires. Pensez à vous renseigner sur le calendrier et à réserver.

MUSÉE DE LA MINE ★

Thio

✆ +687 44 25 04

www.thio.nc

Ouvert du lundi au vendredi de 8h30 à 16h et le samedi de 9h à 14h. Entrée : 200 CFP. Visite guidée sur réservation.

Ce musée est installé dans un ancien bâtiment colonial. Il retrace l'univers de la mine et l'histoire de la région. La société Le Nickel (SLN), fondée en 1880, fut à l'origine du développement à Thio. Elle a mis en place les infrastructures nécessaires à l'exploitation du site. Les mines, l'usine de traitement du minerai, et le wharf d'expédition nécessitaient une main-d'œuvre importante qui, pour la moitié, fut recrutée au Japon. Très intéressant musée en regard direct avec l'exploitation moderne que vous pourrez apprécier en visitant la mine.

SENTIER DE BOTA MÉRÉ

Thio

Site emblématique, la Bota Méré est une montagne localisée dans la plaine deltaïque de Thio. Le lieu est tabou pour les habitants de la vallée. Lors de la Seconde Guerre mondiale, il servait comme poste de guet. Un sentier vous permet d'accéder au sommet du mont, au départ de la mission de Thio. En haut, vous bénéficiez d'une splendide vue sur les environs, le lagon et le site de chargement du nickel dans les minéraliers. Un beau panorama à 360° ! A proximité, vous trouverez également une magnifique plage bordée d'une allée de cocotiers.

POINT D'INFORMATION TOURISTIQUE THIO

Rue rapadzi

✆ +687 44 25 04

https://www.sudtourisme.nc/

Ouvert du lundi au vendredi de 8h à 16h30 et le samedi de 8h30 à 14h.

Renseignements et réservations sont ici disponibles, ainsi qu'une boutique et un espace café avec un accès Internet. Le bâtiment est situé dans un sublime parc. N'hésitez pas à les contacter, la charmante équipe pourra vous aider dans votre programme afin d'organiser votre voyage dans les meilleures circonstances et avec les conseils avisés d'une équipe qui connaît le terrain comme sa poche. Consultez le site Web pour connaître les événements organisés, notamment dans les tribus.

LES 3 BOUCLES €

Nakalé

✆ +687 44 51 13

4 000 ou 5 000 CFP par nuit selon le bungalow (base 4 personnes). Table d'hôtes à 2 500 CFP/p. Pdj à 1 200 CFP.

En venant de Boulouparis, prendre la première route à droite après le panneau de Nakalé. Continuer tout droit.

En venant de Thio village, prendre la 2e route à gauche. Il s'agit de la maison blanche sur la butte au bout de la piste. On y est logé dans l'un des deux chalets de 4 places, avec sanitaires communs. *Stockman* depuis sa tendre enfance, Raymond, le propriétaire des lieux propose aussi de faire des randonnées à cheval sur sa propriété ou jusqu'à la cascade de Kouaré, tandis que son fils, Alain, concocte de succulents repas.

JULIEN ET MAEVA KAINDA €

✆ +687 82 28 78

1 500 CFP par personne. Repas à partir de 2 500 CFP. Petit déjeuner à 500 CFP.

Géré par le couple Julien et Maiva Kainda, le camping de la tribu de Port-Bouquet est un petit coin de paradis. Julien et Maeva proposent 10 places en dortoir et des emplacements pour trois tentes, à la tribu de Port-Bouquet. Il est possible de découvrir la baie en bateau avec eux. Entre terre et mer, le camping vous permet de dormir, bercé par le bruit des vagues et le vent dans les arbres. L'accueil est l'un des plus adorables qu'il est possible de trouver sur l'île, et même dans toute la Nouvelle-Calédonie. Douche, toilettes et barbecues sont à disposition.

ÎLE DES PINS

A 60 km au sud-est de Nouméa, sa vénusté si envoûtante a fait le tour du monde grâce à sa piscine naturelle, ses baies aux eaux turquoise, ses pins colonnaires et ses plages de sable blanc, qui figurent sur toutes les cartes postales. Ce petit caillou est désigné par beaucoup comme « l'île la plus proche du paradis », un titre également revendiqué par Ouvéa – et il faut avouer qu'il est bien dur de les départager... Son histoire remonte à 1 500 ans avant notre ère, comme en témoignent les vestiges, à l'image des poteries Lapita. Aujourd'hui, on prend le temps d'y vivre et d'apprécier les choses simples, comme la gastronomie locale, dont les escargots (les célèbres bulimes) et les langoustes sont les deux stars. Gardez cependant à l'esprit que les terres appartiennent aux tribus et que certaines règles s'appliquent : veillez notamment à toujours avoir une tenue décente (pas de seins nus sur la plage).

GADJI
Gué
Wapwanga
Yuate Tremwatr
Waa
Wero
PIC N'GÂ
KUTO
5 KM

Île des Pins

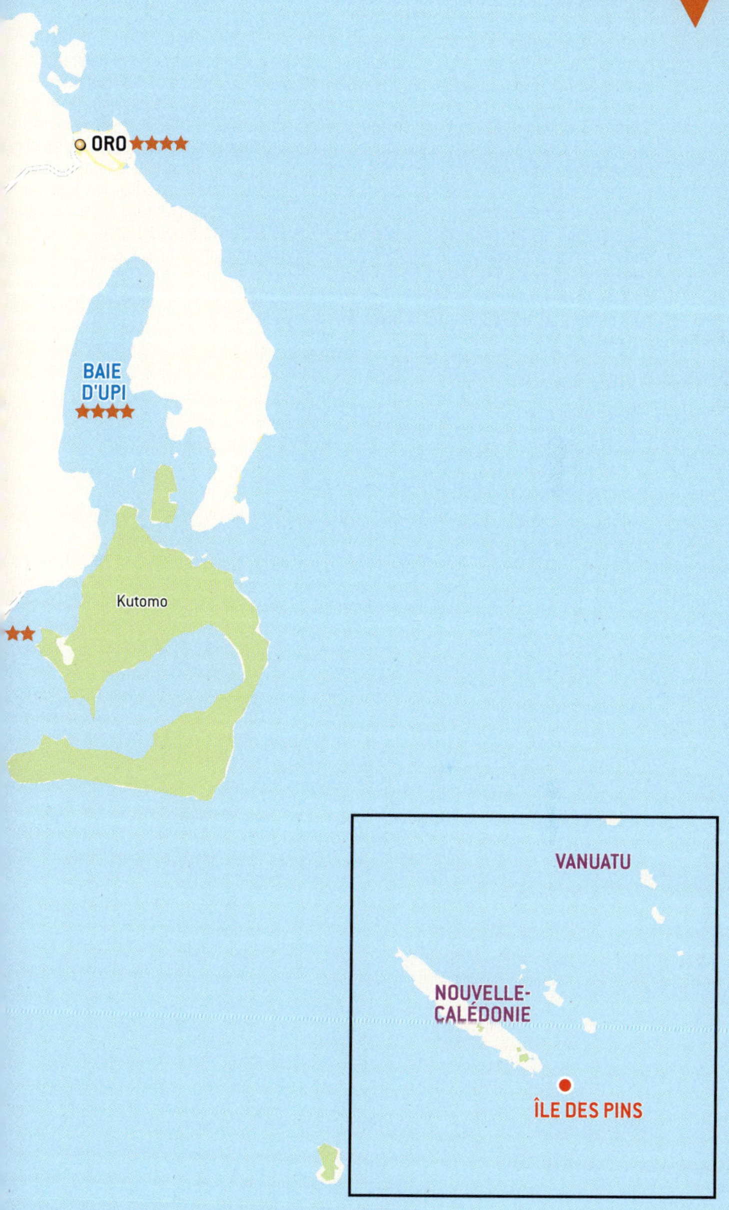
ORO ★★★★
BAIE D'UPI ★★★★
Kutomo
★★
VANUATU
NOUVELLE-CALÉDONIE
ÎLE DES PINS

● ● ÎLE DES PINS

« Un si beau coin de la Création… », c'est ainsi que le Britannique Andrew Cheyne, santalier et explorateur passionné, décrit l'île où il fait escale au XIXe siècle. Au milieu du XVIIIe siècle, les Kunié, peuple autochtone, durent faire face à l'arrivée de révoltés originaires de Lifou. L'évangélisation débute en 1840. En 1853, le rattachement à la France est acté et, avec lui, le début d'une histoire marquée par le bagne. Histoire qui reste en arrière-plan du décor idyllique d'aujourd'hui... À partir de 1872, les autorités métropolitaines déportent ici 3 000 communards et exigent le départ des habitants locaux. Ces derniers refusent naturellement et, aussi peu soucieux du traitement réservé aux bagnards qu'aux insulaires, le gouvernement décide de partager le territoire. Le sud-ouest devient une colonie pénitentiaire jusqu'en 1897, date du dernier convoi de forçats envoyés à « La Nouvelle ». Aujourd'hui, il n'y a plus besoin de forcer personne pour venir jouir des mille charmes de la région. On prend le temps d'y vivre et d'apprécier les choses simples, comme la gastronomie locale, dont les escargots (les célèbres bulimes) et les langoustes sont les deux stars. Gardez cependant à l'esprit que les terres appartiennent aux tribus (1 958 habitants au total) et que certaines règles s'appliquent : veillez notamment à toujours avoir une tenue décente (pas de seins nus sur la plage). La planche à voile n'est autorisée que dans les baies de Kuto et de Kanuméra, et sachez également que l'alcool n'est vendu que dans les bars et dans aucune supérette. Refusez les ventes à la sauvette.

VAO ★★★

Chef-lieu et seul véritable village de l'île des Pins, situé au sud de l'île que l'on atteint grâce à une route qui longe l'océan et offre de superbes vues sur l'îlot Brosse, Vao regroupe les principaux services indispensables ainsi qu'une jolie mission catholique et une très belle église, Notre-Dame de l'Assomption. C'est aussi ici qu'a lieu le marché communal deux fois par semaine et que l'on trouve l'unique snack de l'île. Le village est pittoresque et se confond dans une végétation exubérante. Mais le plus grand attrait du village réside sans doute dans les deux baies toutes proches : celle de Saint-Maurice, où se tient le très photogénique mémorial des missionnaires avec ses totems sculptés sur fond d'eau turquoise, et celle de Saint-Joseph d'où partent les pirogues pour la baie d'Upi.

Pratique

Le marché communal a lieu les mercredis et samedis matins de 6h à 11h. La station-service se trouve à la sortie de Kuto en direction de Vao.

Transports

- **En avion,** Air Calédonie propose plusieurs allers-retours quotidiens depuis l'aéroport de Nouméa-Magenta. Seulement 30 minutes de vol (entre 11 500 CFP et 19 500 CFP l'aller-retour – www.air-caledonie.nc).
- **En bateau,** sur le Betico (www.betico.nc) pour une traversée de 2h30 depuis le port de la capitale. Il y a une rotation le mercredi, un départ de Nouméa le samedi matin et un retour de l'île des Pins le dimanche soir (à partir de 5 900 CFP par trajet) ; des voyages sur la journée sont aussi proposés le week-end en été (à partir de 10 900 CFP l'aller-retour).

Pour les transferts, rapprochez-vous de votre hébergeur, qui pourra s'en charger, ou contactez un taxi.

Bon plan : vous pouvez faire l'aller avec le Betico – il part tôt le matin de Nouméa – et vous pouvez revenir à la fin de votre séjour, en fin d'après-midi, en avion.

- **Location de voiture.** L'Hôtel Kodjeue, Nataïwatch, le Kou Bugny et le Méridien offrent ce service, ainsi que Edmond Location (+687 76 69 96) et JS Kunie Location (+687 43 07 14).
- **Taxis.** Quelques prestataires de taxi sont présents sur l'île : Taxi Mana (&+687 79 19 26), Travel Excursion (+687 90 90 72) et Tranex Taxis (+687 76 84 50).

BAIE DE SAINT-JOSEPH

Vao

C'est ici que débutent les expéditions en pirogue, dans la jolie baie encastrée de Saint-Joseph avec ses nombreux îlots coralliens en forme de champignon. Il n'est pas rare d'en voir quelques-unes en passant par là, mais elles ont bien failli disparaître il fut un temps. Devenues vétustes, ces embarcations avaient été remplacées par les bateaux à moteur, avant de redevenir à la mode dans les années 1990. Des pêcheurs perpétuent aujourd'hui la tradition et proposent aussi des sorties en baie d'Upi (à réserver via votre hébergement).

BAIE DE SAINT-MAURICE

Vao

En quittant Vao vers le nord, il faudra prendre la première à droite pour les découvrir, tout de bois sculptés, avec leurs expressions aussi fascinantes qu'amusantes. Ce site doit sa célébrité à ses magnifiques bois kanaks (totems) érigés comme une palissade autour du monument. Ce monument commémore l'arrivée sur l'île des Pères Goujon et Chatelut et donc du premier service catholique donné le 12 août 1848 sur l'île. James Cook serait passé par là en son temps et les touristes et locaux ne s'en lassent pas. C'est l'un des endroits les plus pittoresques du coin.

BAIE D'UPI ★★★★

Excursion proposée par la plupart des hébergements de l'île. A partir de 4 000 CFP par adulte et 2 000 CFP par enfant.

Une excursion en pirogue mélanésienne dans la baie d'Upi est incontournable pour voir le merveilleux site et ses nombreuses « patates » coralliennes en forme de champignon géant. C'est souvent que l'on y croise dauphins et tortues. Le départ se fait tôt le matin jusqu'à la baie Saint-Joseph, où l'on embarque avant de voguer 1h30 dans un décor de rêve (sans moteur quand le vent le permet). Ensuite, il faudra marcher 30 à 45 minutes sous l'ombrage des arbres jusqu'à la piscine naturelle, où l'on passe le restant de la journée avant la navette retour. Idyllique.

MISSION DE VAO

Vao

Messe le dimanche à 9h.

L'église Notre-Dame-de-l'Assomption de Vao, érigée en 1860, est une bâtisse colorée très représentative du style insulaire calédonien. A l'intérieur, il faut noter le beau plafond et les vitraux multicolores. Le tabernacle et les pupitres sont en bois sculpté. Derrière l'édifice, prenez le chemin qui mène à une petite chapelle située un peu plus haut, où une statue de la Vierge se penche sur le monde. La Grande Chefferie est aussi toute proche. Inaugurée en 2006, il s'agit en fait d'un bâtiment des années 1850 qui a été restauré.

MANA NAUTIQUE

Mulu Mulu ✆ +687 41 51 14

www.mananautique.nc

Sorties Safaris nautique avec repas. Réservation en ligne sur le site. A partir de 9 500 CFP/personne.

Nouka et son équipe vous donnent rendez-vous sur la baie de Kanuméra juste à côté de l'Ouré lodge. A 9h30, vous partez à bord d'un des deux bateaux observer les raies manta et les tortues. La pause déjeuner se fait sur le sympathique îlot Brosse où l'équipe vous prépare de belles grillades avec des produits de la mer (option carnivore possible). Au retour, si le temps est clément, vous pourrez profiter d'un merveilleux stop en palmes-masque-tuba pour observer la formidable vie sous-marine. Une activité à faire absolument pendant votre séjour sur l'île des Pins.

SNACK KOHU €

Vao

✆ +687 46 10 23

Ouvert de 8h30 à 14h sauf le dimanche. Plat du jour à 1 950 CFP. Environ 700 CFP sandwich. Carte bancaire non acceptée.

Jean-Marc et Tina préparent une cuisine variée composée principalement de croque-monsieur, de sandwichs et de steak-frites. Le plat du jour, plutôt bon, est souvent à base de poisson et reste une valeur sûre. L'un des rares endroits bon marché où faire une pause agréable, à l'ombre de petites paillotes ! En dehors de la cuisine, Jean-Marc est ravi de converser avec ses clients et peut même les conseiller sur les paysages et activités à ne pas manquer dans les environs de son charmant restaurant. On recommande absolument pour la cuisine et l'ambiance.

CIMETIÈRE DES DÉPORTÉS ★

RM3

L'île comptait cinq villages de déportés, qui pour la plupart d'entre eux ne sont jamais rentrés en métropole. 230 sépultures ont été construites pour accueillir les dépouilles des victimes du scorbut et des déserteurs morts noyés dans le lagon. Pas la peine de chercher les tombes, seule une stèle blanche a été construite par les bagnards en hommage à leurs compagnons. Le cimetière des administrés, où reposent les anciens employés du bagne enterrés dans des tombes sculptées à même le corail, se trouve juste à côté. Demandez l'autorisation avant de traverser.

KUTO ★★★

Situé au sud-ouest de l'île, c'est le poumon touristique du territoire, avec les superbes baies de Kuto et Kanuméra et ses magnifiques arbres *Kou Bugny* se penchant majestueusement sur les petites routes de Kuto. L'eau turquoise et le sable blanc y sont d'une beauté remarquable et c'est aussi ici qu'arrive le Betico de Nouméa. L'offre d'hébergement y est variée et fournie et c'est là que se trouve l'unique station-service de l'île (fermée le dimanche).

Se loger

Les baies de Kuto et de Kanuméra accueillent la majorité des offres de logement sur l'île des Pins.

PIC N'GÂ ★★

RM3

Entre 1h30 et 2h aller-retour. Entrée : 100 CFP par personne et 200 CFP supplémentaires pour y stationner un véhicule.

A 262 mètres d'altitude, le Pic N'Gâ est le sommet de l'île des Pins. On y accède *via* un sentier sur la RM3 entre Kuto et Kanuméra. Avec ses airs de volcan, il offre un panorama imprenable sur les environs, la forêt et le lagon. Les plus courageux pourront aussi s'y rendre pour admirer le lever ou le coucher du soleil. Comptez 2 heures aller-retour pour l'excursion. Un sentier de randonnée sur lequel il est possible de prendre énormément de belles photos, alors n'oubliez pas votre appareil ! Déconseillé les jours de forte pluie.

BAIES DE KUTO ET DE KANUMÉRA ★★

RM3

Reliées par un isthme étroit, les baies sont des chefs-d'œuvre de la nature. Si la première est connue pour être le lieu de débarquement du *Betico*, la seconde est célèbre pour son rocher, dont l'accès est *tabou*. Les deux plages sont les seuls *spots* de l'île où l'on peut pratiquer la planche à voile, et le PMT y est aussi une activité répandue. Prenez le sentier qui longe la presqu'île par le Sud et contournez en allant vers le nord, vous serez ravi de cette courte excursion (1h).

POINT D'INFORMATION TOURISTIQUE ILE DES PINS

baie de Kuto

✆ +687 46 10 27

www.sudtourisme.nc

Ouvert 8h à 11h30 et de 14h à 16h en semaine et de 8h à 11h30 le samedi. Fermé le dimanche.

Ce Point d'information vous aidera à organiser au mieux votre séjour. Comme tout office de tourisme qui se respecte, c'est LA première étape pour tout voyage à moins que vous soyez plus du genre à partir à l'aventure sans information, ce qui est bien aussi. Pour les autres, on recommande vraiment de s'y arrêter. L'équipe connaît très bien l'ensemble de prestataires et saura vous aiguiller.

GÎTE NATAÏWATCH €€

Baie de Kanuméra ✆ +687 46 11 13
www.nataiwatch.com

Bungalow 14 900-24 900 CFP (6-7 personnes). Camping 1 500 CFP (1 personne). Repas 5 500 CFP. Location voiture et VTT.

Sur la route de Vao au milieu d'un parc, ce gîte-camping est situé dans la baie de Kanuméra. Plage à quelques minutes. Plusieurs types de bungalows sont proposés, tous avec salle de bains, réfrigérateur et climatisation. Les campeurs disposent d'un terrain ombragé, d'un bloc sanitaire extérieur et d'un barbecue, avec plusieurs tables protégées et quelques prises électriques. Menu différent chaque jour : escargots de l'île des Pins (bulimes), langoustes... Wifi gratuit sur tout le site et assez rapide. Il faudra penser à réserver bien en avance pour ce bel endroit.

CAMPING KOUENEY - CHEZ LOU-LOU ET LÉLÈNE €

Plage de Kouéney
✆ +687 78 32 28
1 000 CFP/pers camping. 500 CFP location de tente. Pdj 500 CFP. Dîner 200 CFP. Transferts à partir de 1 000 CFP.

Jean-Louis et Hélène sont les gérants de ce camping situé dans un grand parc dominant la longue plage de Kouéney, en face des îlots Duroc et Aventure. Leur cuisine (à la demande) se fait au feu de bois et met en valeur des produits locaux. A deux kilomètres de Kuto et un kilomètre de Kanuméra, deux douches à l'eau froide et deux WC. sont sur place. Le service est accueillant et le cadre est superbe. Si vous souhaitez faire des excursions, demandez aux gérants.

HÔTEL KOU-BUGNY €€

Baie de Kuto
✆ +687 24 92 80
www.kou-bugny.com
Chambres, bungalows. Pdj en supplément. Restaurant. Excursion pirogue. Piscine naturelle. Navette transfert.

26 chambres et 12 bungalows, avec climatisation, écran plat, réfrigérateur, coffre et salle de bains. La literie est excellente et le bois domine. Il est possible d'accéder à Internet (supplément à la semaine, gratuit sur les postes de l'accueil). Le personnel est très serviable et le restaurant qui domine la plage, est réputé pour son ambiance farniente et ses bons produits. Il faudra impérativement réserver avant 18h le soir. Le bar adjacent se trouve en terrasse juste au bord de l'eau. Il y a également une petite boutique sur place. Un lieu de rêve.

OURÉ LODGE €€€

Baie de Kanuméra ✆ +687 43 13 15
www.ourelodge.nc
Bungalows à partir de 31 100 CFP. Restaurant. Tarifs intéressants à découvrir sur leur site web.

Le prestigieux Ouré Lodge est situé dans la superbe baie de Kanuméra. Chaque hébergement est bien équipé (réfrigérateur, min ibar, coffre-fort, climatisation, téléphone). Un *faré* bar, situé derrière la piscine propose *snacks* et cocktails. Restaurants Le Banian pour le midi et Le Kanuméra le soir. Un snack assure une restauration toute la journée, hors des heures d'ouverture des restaurants. La réception effectue les réservations pour vous. Prêt de canoë-kayak, de stand-up paddle, de palmes, masques et tubas, ainsi que de boules de pétanque.

BOUTIQUE CRÉATION ÎLE DES PINS

Kuto
✆ +687 46 12 68
Ouvert du mardi au dimanche, de 9h à 11h30 et de 14h à 17h30.

Albert et Cléo officient dans cette petite boutique depuis 20 ans. A chacun sa spécialité : l'un peint sur tissu à la main tandis que l'autre écrit en prenant l'île pour thème. Vous y trouverez également des vêtements, des cartes postales et des beaux livres. Mais pas seulement, vous pouvez y trouver des chapeaux, des bijoux, des paréos, et tant d'autres choses encore. Un très bel endroit pour trouver des souvenirs artisanaux afin de (se) faire plaisir.

ATCHU NAUTIQUE

✆ +687 78 11 09
Sorties demi-journée ou journée. Avec ou sans repas.

Ambassadeurs du lagon, l'équipe d'Atchu Nautique vous fera découvrir le littoral du sud-est de l'île des Pins et son paysage à couper le souffle, avec ses côtes et ses baies sauvages. Cette petite structure familiale propose des sorties en mer sur l'îlot Brosse, à des prix raisonnables. En chemin, la jeune équipe prendra le temps de chercher, grâce à la transparence des eaux turquoise, tortues et raies mantas afin que vous puissiez les observer, voire nager avec elles (il faut apporter son matériel de PMT). Le repas servi, sous forme de barbecue, est de qualité.

ÎLE DES PINS PLAISANCE

✆ +687 77 28 50
10 00 CFP par adulte et 5 000 CFP par enfant.

Lauréat du Prix Qualité des Trophées du Tourisme 2015, Île des Pins Plaisance est une jeune entreprise familiale qui propose des sorties en mer sur l'îlot Brosse et l'îlot Moro. Le petit plus est sans aucun doute le bon repas servi sur place, avec au menu : langouste et poisson grillé. Un véritable délice. Pensez à amener vos masques et tubas avant de vous laisser guider. Une sublime expérience à vivre sans aucune hésitation, pour partager un moment hors du temps avec les autres plaisanciers et avec les tortues et autres raies mantas.

© CAMPING ATCHU

© CAMPING ATCHU CHEZ DIDAS

© CAMPING ATCHU

CAMPING ATCHU - CHEZ DIDAS €

Baie de Kuto ✆ +687 78 11 09
https://www.atchucamping.com/
Camping (1 500 CFP/pers). Location chalet (6 000 CFP/2 pers). Pdj, repas, sandwichs. Transferts, sorties bateaux.

Ce camping à deux pas de l'Ouré Lodge se situe sur un terrain planté de citronniers, bananiers, santals et autres arbres insulaires, le tout avec sa plage privée. Que l'on choisisse un petit chalet, une grande case, ou encore de louer une tente voire de planter la sienne, l'authenticité est au rendez-vous. Trois abris avec tables et électricité complètent le tout. Coin vaisselle, un bloc sanitaire partagé avec douche et un grand lavoir pour le linge. Restauration sur place possible. Louise et toute la famille vous réservent un accueil chaleureux et serviable.

© CAMPING ATCHU CHEZ DIDAS

© CAMPING ATCHU CHEZ DIDAS

© RELAIS LE KUBERKA

© RELAIS LE KUBERKA

RELAIS LE KUBERKA €€

Baie de Kuto
✆ +687 46 11 18

Dès 6 500 CFP la chambre simple, 12 400 CFP la chambre double. Restaurant sur place ouvert midi et soir sur réservation.

Situé en retrait de la plage, au bord de la route, ce gîte est une option accueillante et assez confortable (c'est l'option d'hébergement la moins chere de l'ile). Les 3 bungalows et 8 chambres (salle de bains, réfrigérateur, brasseur d'air et télévision) sont bien entretenus et agréables. Le restaurant, décoré de nombreux trophées de pêche, sert les fameux escargots de l'île des Pins, des langoustes et du poisson frais, pêché par le gérant qui est fan de la pêche au gros. Pour le restaurant, pensez à réserver le matin pour le soir. Il y a aussi une piscine sur place.

© RELAIS LE KUBERKA

© RELAIS LE KUBERKA

ORO ★★★★

Située sur la côte est de l'île des Pins, la baie d'Oro est surtout connue pour sa « piscine naturelle » qui est l'un des sites les plus emblématiques de toute la Nouvelle-Calédonie. C'est surement pour voir ce site que vous êtes venus jusque sur cette merveilleuse île. C'est aussi ici que le *Méridien*, seul hôtel de luxe de l'île et véritable havre de paix dans ce paysage somptueux qui allie pins colonnaires, océan tumultueux et lagon cristallin, a élu domicile. Mais au-delà de l'aspect touristique, l'endroit est aussi un haut lieu légendaire pour la tribu insulaire des Kunié, qui considèrent que cette baie est sacrée, car elle abriterait une partie des sépultures de leurs ancêtres. C'est d'ailleurs pour cela qu'elle porte ce nom, puisqu'en langue vernaculaire Oro signifie « cœur ».

Sports / Loisirs

Les sites de l'Île des Pins sont absolument exceptionnels, on en compte pas moins de 17 dont on retiendra les principaux :

- **Passe de Gié.** Plongée dérivante dans une passe où se croisent barracudas, carangues, requins et raies aigles.
- **Vallée des Gorgones.** La plongée débute au sommet d'une plate-forme récifale culminant à moins 3 m et dont les pans sont couverts de superbes coraux. Les failles sont nombreuses et la faune y est abondante (requins gris, requins pointe blanche, raies aigles...).
- **Le jardin d'Eden.** Les plongeurs confirmés évolueront à travers une succession de failles entre 5 et 50 m. Coraux mous, gorgones, alcyonaires et éponges ont colonisé les lieux. Les chanceux pourront y observer des hippocampes pygmées.
- **La grotte du troisième.** Les amateurs d'ambiance spéléo seront ravis. Ce site offre une plongée unique au cœur d'une forêt de stalactites et stalagmites, dans une partie immergée de la grotte. Accès réservé aux plongeurs confirmés.
- **Le récif Kasmira.** Fief des requins léopards, ce site fera le bonheur des plongeurs, qu'ils soient novices ou avertis. Les hauts fonds y sont très poissonneux.
- **Mur aux Pouattes.** Une diversité et une abondance de corail rarissime, le tout sur un tombant de 30 mètres : le courant souvent présent y attire de plus gros poisson. A faire !

© DELPIXEL - SHUTTERSTOCK.COM

Piscine naturelle d'Oro.

GROTTE DE LA REINE HORTENSE ★★

RM3

250 CFP par personne.

De nombreuses grottes plus ou moins accessibles se succèdent le long de la route en direction du nord. Leur exploration nécessite un matériel adéquat. La végétation luxuriante alentour est magnifique, de même que l'entrée du site ! C'est là que la reine Hortense aurait trouvé refuge entre 1855 et 1856, lorsque les tribus se livraient bataille pour la succession. A l'entrée, on aperçoit un temple dédié à sa mémoire. Il faudra traverser une petite rivière par un pont glissant et prendre garde à ne pas tomber. Au fond, une dalle aurait servi de couche à celle qui vint s'y cacher. Kanedjio Vendegou est née vers 1848 à l'île des Pins. Fille du grand chef, Kaoua Vendegou, bien que femme, peut prendre la parole et aide son père qui accepte la protection de la France en 1853. Kanedjio est baptisée, et devient Hortense. Excellente élève, elle devient la première femme mélanésienne à lire et écrire le français. Elle obtint grâce à un accord avec l'administration la sauvegarde de terres pour les Kuniés. Sans aucune descendance, au décès de son mari en 1872, elle rejoint les sœurs et meurt en 1900. Elle repose à Vao. Son portrait est toujours visible dans de nombreux gîtes et maisons de l'île. Sa mémoire est toujours très vivante.

A 20 minutes en scooter depuis Kuto, l'endroit n'est pas difficile à trouver. Il suffit de partir en direction de Vao et de suivre la direction de la baie d'Oro. 9 kilomètres tout droit plus tard, vous y êtes ! N'oubliez pas votre lampe-torche !

ÎLE DES PINS

Découverte de la baie d'Oro en pirogue.

PISCINE NATURELLE D'ORO ★★★

Baie d'Oro

Entrée : 200 CFP (le tarif augmente tous les ans).

C'est le joyau dans la couronne de l'île des Pins et un passage s'y impose lors d'un séjour ici. Ce petit bassin naturel corallien, coincé entre un chenal et la mer, est un *spot* impressionnant et merveilleux, un lieu tout simplement béni par la nature : à l'abri des vagues de l'océan qui viennent frapper la barrière de rochers qui l'entoure, cerné de pins majestueux et d'une plage de fin sable blanc, il cache sous ses eaux turquoise et limpides peu profondes une faune marine paradisiaque : coraux, coquillages et poissons multicolores. Nager dans cette piscine cristalline, avec ou sans tuba, au milieu d'une multitude de poissons multicolores pas effrayés pour un sou, voire même curieux, est un moment idyllique. A condition toutefois de ne pas oublier ses sandales en plastique, car avant d'atteindre les fonds sablonneux, il est nécessaire de marcher pendant quelques mètres sur de petits rochers ! Y passer la journée pour en saisir toute la magie, découvrir de nouveaux spécimens et se baigner à plusieurs reprises est une bonne option. Mais pour éviter l'affluence, il est conseillé de venir en début de matinée ou plus tard dans l'après-midi, les familles et les locaux ayant tendance à s'y rendre pour déjeuner, profitant de la piscine juste avant et/ou après. Pour y accéder, il faut laisser sa voiture au parking et suivre pendant une quinzaine de minutes environ un sentier forestier payant, à l'entrée duquel quelqu'un vous attendra pour encaisser et vous expliquer le plus court chemin. Celui-ci traverse le chenal, il faudra donc marcher dans l'eau (plus ou moins haute selon la marée) ce qui ne présente pas de difficulté particulière. Et pour les plus petits budgets, il est possible de venir par ses propres moyens *via* la piste qui dessert le Méridien. Mais il peut être également plaisant d'arriver sur le site à partir de la baie d'Upi, après une excursion en pirogue traditionnelle mélanésienne, pilotée par un piroguier au départ de la baie de Saint-Joseph. Dans ce cas, il faut prévoir quarante-cinq minutes de marche sur le sentier forestier pédestre pour rejoindre la piscine naturelle. Le péage et une certaine surveillance ont été mis en place par les autorités coutumières pour éviter certains abus de croisiéristes. Merci de penser à revêtir une tenue de bain garantissant une certaine pudeur.

Véritablement une escale à ne manquer sous aucun prétexte, pour la beauté des lieux, certes, mais surtout pour piquer une tête et profiter d'un moment de farniente bienvenu et parfait comme pause avant de reprendre son excursion.

HÔTEL LE MÉRIDIEN €€€

Baie d'Oro

✆ +687 26 50 00

www.lemeridieniledespins.com

Plusieurs offres bungalows. WiFi gratuit. Location de voiture, de pirogue. Excursions vers les îlots. Navette.

Outre la piscine et la charmante mezzanine, avec billard et coin lecture, de nombreuses activités et excursions sont proposées. Sports nautiques, randonnées, promenade VTT, jardin culturel et médicinal, démonstration de préparation du bougna, case des activités culturelles sont notamment au programme. À défaut de pouvoir vous offrir une nuit sur place et selon le taux d'occupation, profitez du lieu et des activités (kayak, *stand-up paddle*, prêt de palmes, masque et tuba), au prix de 2 100 CFP pers/jour. Le restaurant de l'hôtel est ouvert aux visiteurs.

LE KOU-GNY €€

Baie d'Oro

✆ +687 95 65 62

Plat à partir de 2 900 CFP. Demi-tarif sur le menu pour les enfants. Sur réservation uniquement. Paiement en espèces.

Situé entre le Méridien et la magnifique Piscine Naturelle. C'est à l'abri des regards, caché sur la sublime baie d'Oro, que l'on vient ici à pied par un sentier, pour déguster des langoustes, poissons et poulets. Le succès des lieux ne se dément pas, à tel point que le restaurant s'est agrandi. Le cadre est enchanteur, avec des tables en bois installées à même le sable, à l'ombre d'un toit de chaume. La cuisine est absolument délicieuse et ne déçoit jamais. Une adresse cachée que vous pourrez vous vanter d'avoir fait découvrir à vos amis !

GADJI ★★

La côte nord de l'île des Pins est moins fréquentée par les touristes que le reste du territoire. Si les accès mer sont plus difficiles et si ses plages sont un peu moins accueillantes, l'endroit reste exceptionnel pour ses *spots* de plongée et son calme absolu. Si vous êtes véhiculés, ne manquez pas d'aller y faire un tour et de vous promener un peu au hasard… A la tribu de Kéré, on trouve la grotte de la Troisième, remplie d'eau douce, de stalactites et de stalagmites. Renseignez-vous auprès des locaux pour la visiter avec un guide, de préférence. Sur la route de Gadji, le camp des Arabes possède un mémorial en hommage aux déportés.

HÔTEL KODJEUE €€

Baie de Ouaméo
✆ +687 46 11 42
www.hotel-iledespins.com
12 000 CFP bungalow Plage 18 350 CFP bungalow familial (4 pers). Sorties bateau, pirogue. Plongée. Location voiture.

Etablissement aux allures de village de vacances sur un parc de trois hectares. Hélas, il est peu entretenu depuis des années (la grande piscine n'est plus en service). Néanmoins, le spot est assez magique et les bungalows plage restent un bon *deal*. Il sont littéralement face a l'océan, propres et spacieux, avec terrasse sur la plage. On peut déjeuner dans le restaurant sur place sur réservation. Plusieurs sorties en mer sont possibles, dans les baies ou en direction des îlots. Notez qu'il faut un véhicule, car ici on est loin de tout.

© HOTEL KODJEUE

© HOTEL KODJEUE

BAIE D'OUAMÉO ET BAIE DES CRABES

Gadji

Les baies du nord de l'île sont célèbres pour leurs fonds marins, protégés et riches en faune et en flore. Des habitants de Lifou, fuyant la colère du chef de leur tribu, s'y établirent au milieu du XVIIIe siècle. Les premiers missionnaires y arrivèrent ensuite en 1840, suivis des santaliers. La tribu de Gadji n'est composée que d'une dizaine de personnes. Par rapport au reste de l'île, plus fréquenté des touristes, l'endroit est extrêmement paisible.

BAIE DE GADJI

Gadji est une des magnifiques baies qu'offre l'île des Pins, avec ses nombreux îlots déserts. Il n'est normalement pas possible de la visiter car elle est interdite à la navigation, sauf avec Kunie Scuba Center lorsqu'on part plonger. Néanmoins, on peut partir pour quelques heures ou la journée en kayak (prévoir pique-nique et eau) pour partir à la découverte de cette baie avec des kayaks que l'on peut louer à deux pas (au camping de la Vanilleraie). On est seul au monde, on déjeune sur les îlots, le tout pour un prix mini. À faire.

LA VANILLERAIE

Gadji
Visite 300 CFP. Avec guide 500 CFP. Camping possible. Location de kayaks.

En 2016, Nicole Koteureu ouvre les portes de sa vanilleraie aux curieux, sur rendez-vous. Depuis, son fils Geoffrey l'a rejointe et ensemble ils ont ajouté un espace camping. Pour tout apprendre sur l'exploitation et ses produits, il suffit de suivre le parcours aménagé et d'en lire les panneaux explicatifs. Le camping propose un magnifique cadre abrité et ombragé dans la baie de Gadji. Venez planter votre tente à l'ombre des arbres et profitez des tables et du barbecue mis à disposition. Le bloc sanitaire comprend deux douches et deux WC, à partager.

© KUNIE SCUBA CENTER

© KUNIE SCUBA CENTER

KUNIE SCUBA CENTER

Baie de Ouaméo
✆ +687 853486
www.kuniedive.com

Forfait 2 plongées : 15 000 CFP. Baptême, formation possibles. Package avec l'hôtel Kodjeue possible.

Kunie Scuba Center s'est installé dans la très riche baie de Ouaméo pour proposer des baptêmes et des plongées d'exploration. Ici, pas question de porter vos bouteilles et si besoin, on vient vous chercher à l'hôtel, pour peu qu'il se trouve dans l'ouest ou le sud de l'île. Passes, tombants, hauts-fonds et grottes : une vingtaine de sites sont accessibles et promettent de belles explorations. Les sorties se font par groupes de 4 plongeurs, n'hésitez pas consulter le site ou à téléphoner à Pierre pour voir l'offre qui convient le mieux à votre niveau et à vos envies.

© KUNIE SCUBA CENTER

© KUNIE SCUBA CENTER

Allée paradisiaque menant à la Baie de Kanumera sur l'île des Pins.

ÎLES LOYAUTÉ

Des trois provinces de l'archipel, celle des îles Loyauté s'étend sur 1 980 km², soit à peine 10 % de la superficie totale du pays, pour quelque 18 200 habitants. Peuplées par les Mélanésiens il y a plus de 3 000 ans, elles ont également bénéficié de l'apport culturel et technique des formidables marins polynésiens. Ce brassage ethnique unique a ouvert la voie à une culture métisse bien spécifique, tournée vers le grand large et foyer indépendant. Les Européens ne localiseront l'archipel qu'en 1793, 19 ans après avoir repéré la Grande Terre. Au cours du XIXe siècle, des marins téméraires, pêcheurs de bêches de mer, baleiniers anglais et américains, ou encore trafiquants australiens attirés par les ressources en santal, sont passés par ici et s'y sont même implantés pour certains, jusqu'à être intégrés par les tribus. Pensez à réserver logements, transferts et activités à l'avance.

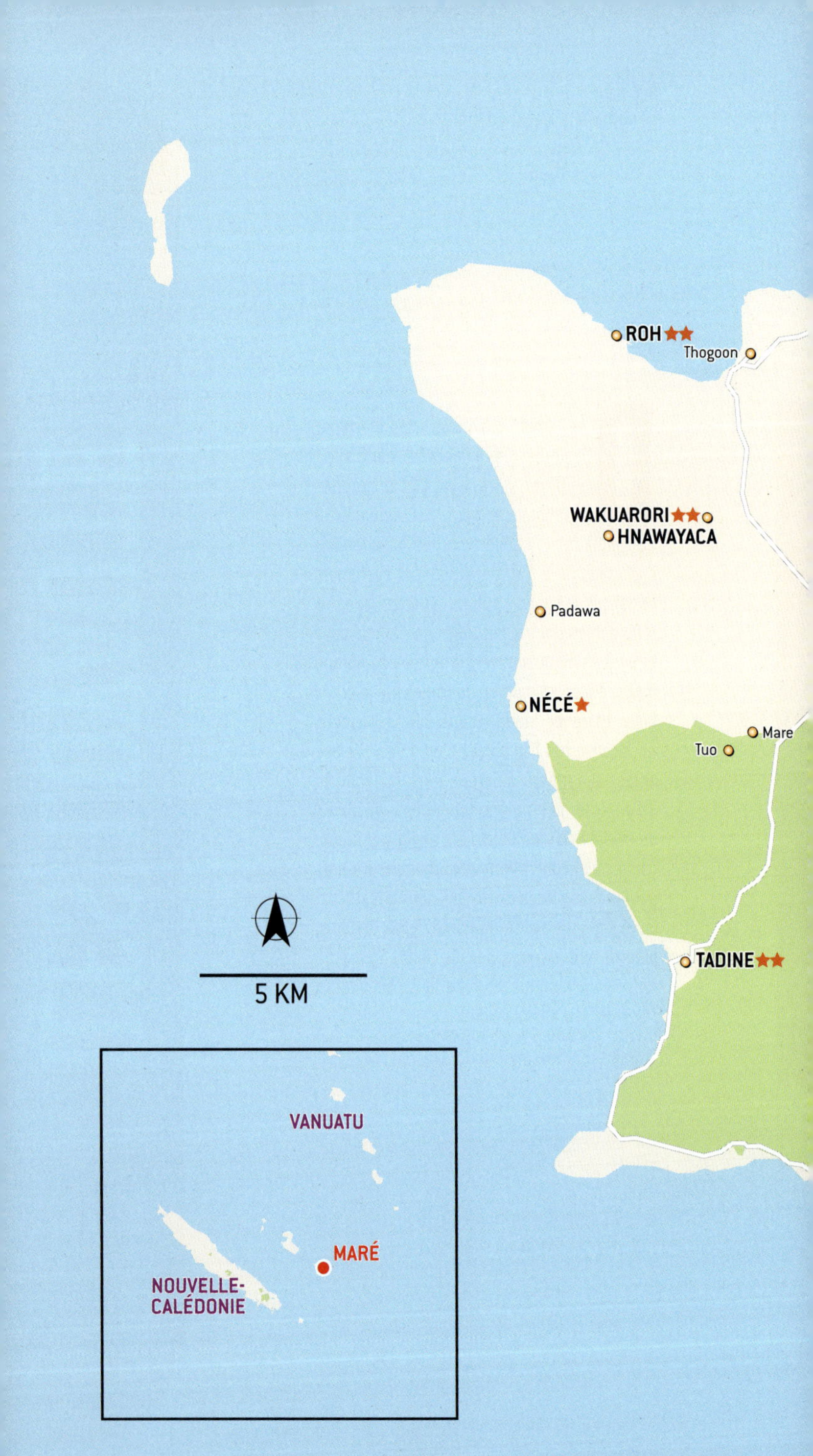
ROH ★★
Thogoon
WAKUARORI ★★
HNAWAYACA
Padawa
NÉCÉ ★
Mare
Tuo
TADINE ★★
5 KM
VANUATU
MARÉ
NOUVELLE-
CALÉDONIE

Maré
KAÉWATINE
Ménakou
WAKONE
Atha
Patho
Rawa
LA ROCHE
Tawainedre
Cuaden
WABAO
Patho
PENELO
Kurine
Medu
ENI

JOKIN
Hnacaom
Hunete
XEPENEHE
KUMO
Nathalo
Xepenehe
JINEK
Nang
LUENGONI
WÉ
DRUEULU
HAPETRA
Jozip
Wedrumel
Hnadro
Wasany
Thuahaik
Kedeigne
Hmelek
Huiwatrul
10 KM

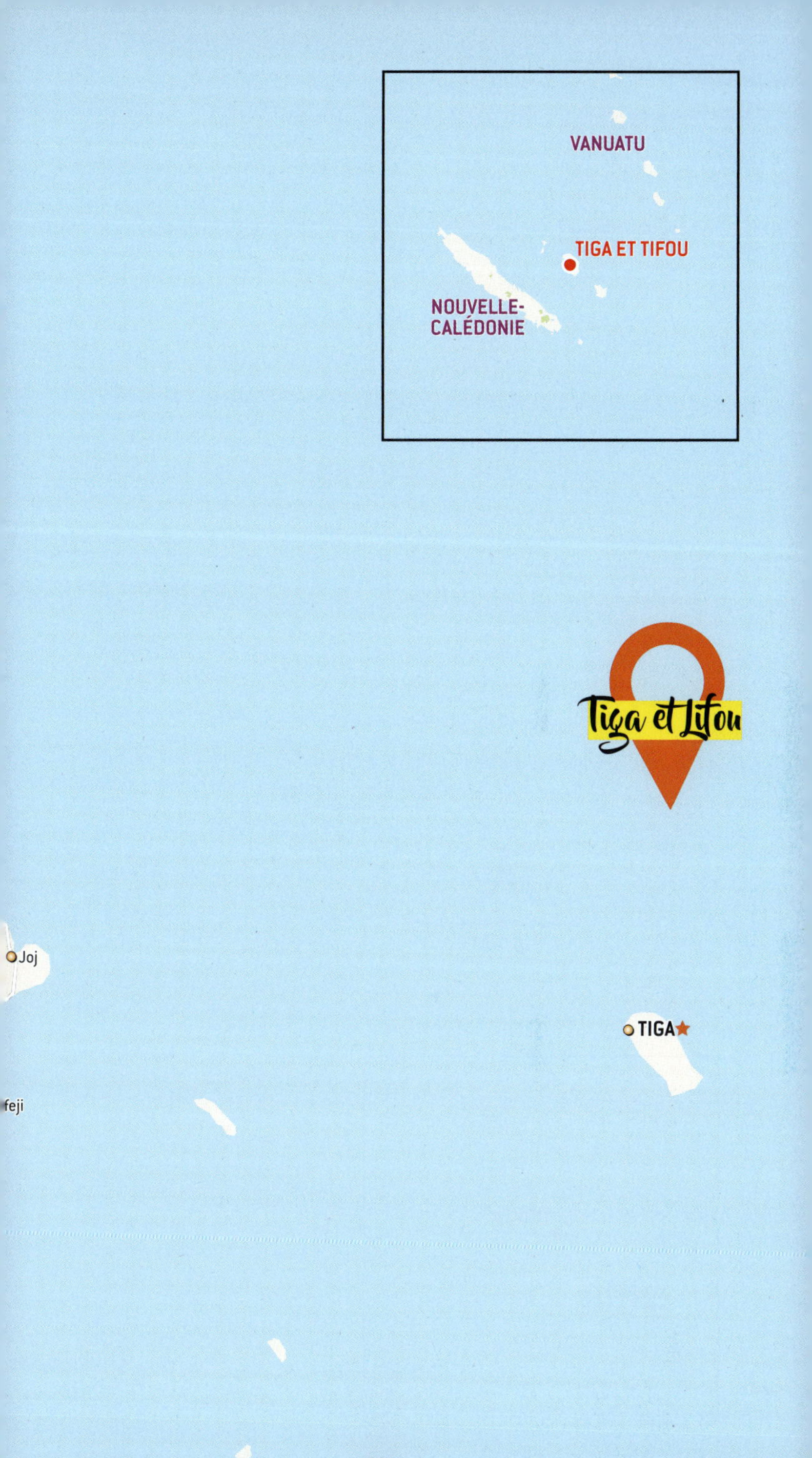
VANUATU
TIGA ET TIFOU
NOUVELLE-
CALÉDONIE
Tiga et Lifou
Joj
TIGA
feji

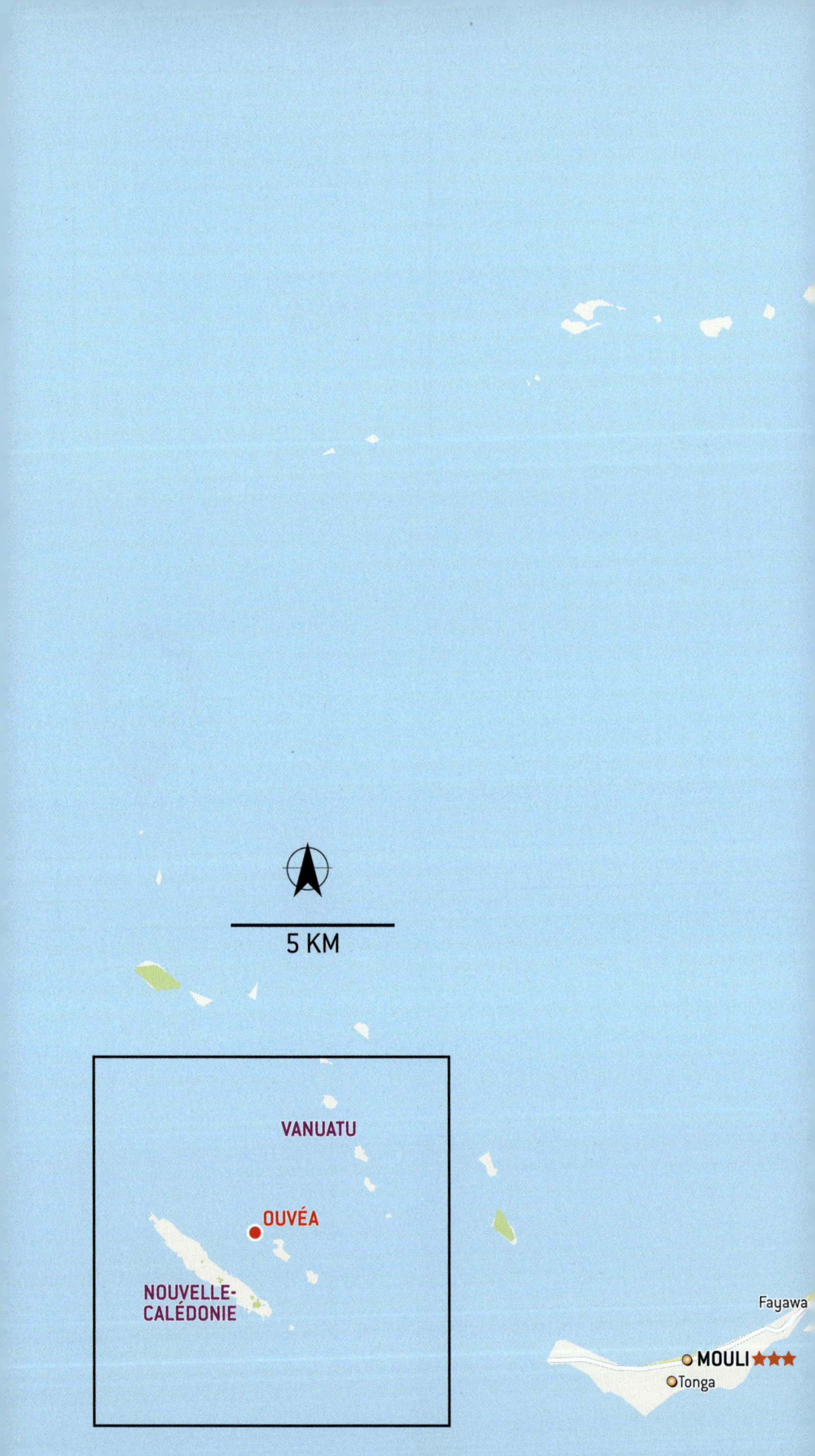
5 KM
VANUATU
OUVÉA
NOUVELLE-CALÉDONIE
Fayawa
MOULI ★★★
Tonga

Teuta
WENEKI
SAINT-JOSEPH ★★
Gossanah
Takéji
Ognat Saint Thomas
RP 2
ANAWA
WADRILLA ★
FAYAOUÉ ★★★
Saint-Paul
Wakat
EKINY ★★★
Ouvéa

PAGES

281

● ● MARÉ

Maré (Nengone, en langue éponyme) est la plus australe et la plus élevée des îles Loyauté. Souvent dans l'ombre de Lifou, c'est à tort qu'on ignorerait ses charmes insulaires fort séduisants. Son territoire est façonné de falaises profondes et échancrées, de forêts épaisses et indomptées, ainsi que de merveilleuses criques et longues plages de sable fin. Sa plaine centrale constitue le lagon d'autrefois et est percée de nombreuses grottes et trous d'eau. Ses falaises culminent à 130 mètres et étaient auparavant autant d'observatoires d'où les protestants surveillaient les tentatives de débarquement des catholiques. A partir des années 1840 et pratiquement jusqu'à la fin du siècle, l'île a été l'objet d'une âpre lutte d'influences entre missions protestantes anglaises et missions catholiques françaises. Se greffant sur des antagonismes tribaux traditionnels, ces oppositions prirent parfois la forme de véritables guerres de religion. C'est ainsi que l'église de Tadine est fortifiée. Devenue une terre de cultures, Maré est le principal fournisseur de Nouméa en tubercules et en fruits, tant et si bien que l'avocat et l'igname en sont devenus des symboles. Restée toujours très sauvage à l'heure actuelle malgré ses 5 648 habitants, il faut prendre le temps de l'explorer au rythme des découvertes et des rencontres. Maré est aussi la terre natale de Nidoïsh Naisseline, grand chef coutumier du district de Guahma, décédé en 2015, personnalité politique marquante et attachante de Nouvelle-Calédonie.

289

● ● TIGA

Tiga, la plus petite des îles Loyauté, reste aussi la moins touristique et la plus authentique en raison de son isolement. Très peu visitée, elle est tout de même accessible depuis Lifou, par avion sur Air Loyauté (www.air-loyaute.nc) et par le catamaran Iénech (ieneic@sodil.nc).

290

● ● LIFOU

Fascinante et magnifique, Lifou (Drehu, en langue locale) reste l'immense coup de cœur de bon nombre de voyageurs en Nouvelle-Calédonie. D'une superficie de 1 150 km^2, c'est la plus vaste et la plus peuplée des îles Loyauté. Elle est même plus grande que la Martinique, pour une population plus de 40 fois inférieure... Ses plages de sable blanc, ses fonds marins richissimes et ses impressionnantes falaises qui plongent dans l'océan feront la joie de tous les amateurs de nature et d'authenticité. Immense platier de corail s'élevant jusqu'à 104 mètres, elle est recouverte au centre d'une forêt clairsemée et étire ses étendues sauvages à perte de vue. Ses joyaux incontestés demeurent ses nombreuses grottes, toutes plus mystérieuses les unes que les autres. Dumont d'Urville l'a découverte en 1827 et la baptisa d'abord Chabrol, en l'honneur du ministre auquel le navigateur français devait son expédition. Si ce nom a désormais disparu, la baie de Wé, en revanche, reste celle de Chateaubriand, en référence à l'auteur des *Mémoires d'outre-tombe*.

Wabao.

L'Aquarium naturel de Tadine.

NENGONE VILLAGE €€€

Ceingeite
✆ +687 45 45 00
www.hotelnengonevillage.nc
A partir de 14 500 CFP le bungalow.

C'est l'unique hôtel de l'île et on peut dire qu'il a vu grand pour l'emplacement ! Le cadre est magnifique, entre la cocoteraie, les pins et la plage de sable blanc aux eaux transparentes. Une passerelle en bois conduit à l'un des 20 bungalows (dont 1 avec accès handicapé) et 3 suites, à la décoration intérieure et extérieure soignée et traditionnelle. Certaines avec vue sur le lagon. L'établissement propose des activités gratuites (prêt de canoës, palmes, masques et tubas, table de ping-pong et pétanque) et organise aussi des sorties payantes.

BONIFACE WAHAGA

Nengone Village
✆ +687 45 45 00
2 000 CFP pour 1h30 de balade aquatique. Sur réservation.

Au départ de l'hôtel *Nengone Village*, Boniface propose une randonnée guidée en apnée sur le tombant de la baie de Hnalé, à Pédé. L'île n'ayant pas de club de plongée, cette activité est la seule option pour se faire accompagner à la découverte des fonds marins de Maré. Des sorties snorkeling organisées par une équipe sérieuse et dynamique dans la baie de Pédé (compter 200 CFP pour une heure trente d'exploration). Une randonnée palmée accessible à tous, idéale pour découvrir les magnifiques récifs de la baie de Hnalé. Sur réservation uniquement.

NÉCÉ ★

Ce sont généralement les tribus de Nécé qui sont les plus dynamiques pour organiser la fête culturelle et agricole des producteurs d'avocats. Au programme : exposition des plus beaux fruits, randonnées pédestres et balades en pirogue. La fête de l'avocat a lieu deux fois par an, en mai et en septembre. Ouvertes à tous, elles sont l'occasion de grandes fêtes populaires. Mais Nécé, offre également de belles petites randonnées, une table d'hôte – celle de Chez Mejo – sympathique. Comme dans tous les villages, attention à ne pas vous balader de partout sans autorisation sur des terres coutumières. Vous y trouverez aussi une station-service.

LA ASICEN

Nece
✆ +687 45 03 49
Contact : Joné Peu. Comptez 2 000 CFP par personne. Moitié prix pour les moins de 12 ans.

Cette belle balade en forêt de 4 km (3 heures) est assez facile et permet d'explorer les falaises de La Asicen, avec leurs grottes et leurs fougères sauvages. Il faudra contacter Joné Peu à l'avance, afin qu'il vous conduise à travers un dédale de roches blanches et grises, sur lesquelles la végétation a su s'implanter. Les sentiers surplombent la chefferie de Nece. Le décor est irréel et le cadre envoûtant, une balade idéale pour être au contact avec les mystères de la forêt kanak, ses mythes, ses légendes, grâce aux explications du guide.

HNAWAYACA

Dans les terres, à mi-chemin entre les tribus de Padawa et Roh, Hnawayaca possède un temple et le gîte des sympathiques Wayaridri. C'est une bonne base pour explorer les plages du Nord-Ouest de l'île, à condition d'être véhiculé. Sur place, profitez-en pour visiter la vanilleraie de Marcel Wayaridri. Charmante petite ville côtière et vrai joyau méconnu de l'île, il serait bien dommage de passer à côté d'une visite de cette région qui, en essence, est l'endroit parfait pour explorer hors des sentiers battus et profiter de ses paysages naturels à couper le souffle. Montagnes escarpées, vallées verdoyantes, variété de faune et de flore...

GÎTE PE UNE €

Tribu de Hnawayace
✆ +687 73 21 47
3 990 CFP pour deux en case ou en bungalow. 1785 CFP pour un emplacement de camping et 210 CFP par personne.

Pe Une comme le nom de leur maison. L'authenticité est un maître mot chez les Wayaridri ; en effet, Marcel aime à partager les légendes et savoir-faire ancestraux de sa tribu avec ses invités, tandis que Louise prépare de succulents plats avec les produits de leur jardin. Pour plaire au plus grand nombre, ils ont choisi d'installer un chalet, une case ruche (de Lifou) et une case traditionnelle de Maré au milieu de leur grand jardin. Il est possible de camper et le bloc sanitaire dispose d'eau chaude. Une des meilleures adresses de l'île.

ÎLES LOYAUTÉ

RO ★★

C'est à Roh que l'on trouve le monument dédié à l'arrivée de l'Evangile. Tataio et Taniela furent les premiers catéchistes protestants polynésiens venus évangéliser l'île, en 1841. Mouillés devant Ténane, ils rejoignirent le rivage à bord de leur pirogue. Un Samoan, naufragé ou déserteur vivant à Maré depuis plusieurs années, les dirigea vers l'ouest où se trouvaient des tribus. Selon la tradition orale, ils furent accueillis à Roh par deux vieux, Kangiosh et Zinowe. Le tout-puissant chef d'alors, fondateur de la dynastie des Naisseline, Yeiwéné Nidoishi, les accepta sur ses terres où ils reposent toujours. Pour rejoindre le site, traversez le village, passez devant l'église, tournez à gauche et faites 200 mètres, sans oublier de demander l'autorisation auparavant. Suivant la coutume mélanésienne, les ossements des deux missionnaires furent déposés dans leur pirogue et celle-ci fut hissée dans une excavation au flanc de la falaise, à 2 mètres au-dessus du monument. En novembre, la tribu organise également la fête du Wajuyu (vivaneau).

Balade

Si vous voulez faire une randonnée accompagnée jusqu'aux falaises de Roh, vous pouvez contacter Emile au 99 66 83

Pour organiser vos randonnées sur l'île de Rôh, vous pouvez contacter M. Hukane, il propose d'être votre guide et de vous accompagner sur plusieurs randos (contacter le gîte Eoce ou se renseigner auprès du gîte Seday, Tél. 84 86 42).

SEDAY €

Roh

✆ +687 84 86 42

Tarifs variables.

Au nord de Maré, dans la baie de Waek, Jacques et Suzanne Wadehane mettent 4 paillotes à disposition, dont l'une est joliment posée sur un rocher, entourée d'eau. Cet emplacement est très prisé et les réservations se font des semaines à l'avance. Dix emplacements, à l'ombre des cocotiers, accueillent également les campeurs et, quel que soit le mode d'hébergement choisi, le bloc sanitaire est commun. Le cadre est magnifique et offre un parfum de bout du monde, entre eau turquoise et côte rocheuse découpée, idéal pour de la randonnée palmée.

WAKUARORY ★★

Cette tribu accueille régulièrement le Festival international du film océanien au mois de mai. Elle est aussi connue pour sa proximité avec le gouffre du « Trou de Bone ».Une petite ville côtière qui offre une expérience unique pour les visiteurs cherchant s'éloigner de l'agitation (relative) des grandes villes de l'île et de profiter seulement de sa beauté naturelle. Pour les curieux de la culture locale, le village offre largement de quoi découvrir l'histoire et la culture du peuple kanak. Destination idéale pour les activités nautiques comme la pêche en haute mer, le surf (la baie pour les débutants, l'extérieur pour les pros) et la planche à voile.

MONUMENT DÉDIÉ À L'ARRIVÉE DE L'ÉVANGILE

Roh

Tataio et Taniela furent les premiers catéchistes protestants polynésiens venus évangéliser l'île, en 1841. Mouillés devant Ténane, ils rejoignirent le rivage à bord de leur pirogue. Pour rejoindre le site, traversez le village, passez devant l'église, tournez à gauche et faites 200 mètres, sans oublier de demander l'autorisation auparavant. Suivant la coutume mélanésienne, les ossements des deux missionnaires furent déposés dans leur pirogue et hissée au flanc de la falaise.

TROU DE BONE

Bone

A seulement 10 kilomètres de La Roche, il faut prendre la route en direction de Tenané au nord. Il n'y a guère d'indication si ce n'est un petit panneau avant le site et des glissières de sécurité sur la route. Un kilomètre après la bifurcation, le gouffre est caché dans les buissons, sur la droite. D'une profondeur d'environ 40 mètres, on peut s'aventurer au bord de la falaise circulaire, au milieu d'une forêt tropicale, et jeter un coup d'œil dans le vide, à la recherche des cavités cachées qui entourent un lac d'eau douce.

KAEWATINE ★★

Cette charmante petite tribu située à la pointe nord de l'île est proche des superbes plages d'Ekure et Buhnetine. Paysages côtiers spectaculaires, sable blanc et eau turquoise, Kaewatine est une destination de choix pour celles et ceux qui veulent des paysages à couper le souffle. Contrairement à, par exemple, Wakuarory, on évite de faire du surf ici pour lui préférer de la plongée sous-marine et la planche à voile. De nombreux festivals et célébrations traditionnelles sont organisées à Kaewatine, permettant aux visiteurs de découvrir la culture kanak. Pour faire des randonnées accompagnées, contactez Randonnée Cadralo - Paul Wiako.

LA ROCHE ★★

C'est le second village de Maré après Tadine et c'est ici que l'on trouve l'aéroport de l'île. Il doit son nom aux rochers coralliens que l'on y trouve et qui atteignent une hauteur de 90 m. Ils servirent de refuge pendant les guerres tribales et sont encore surmontés de quelques fortifications. Au sommet, on admire la vue qui s'étend sur presque 20 km entre le cap Roussin et le cap Coster.

Pratique

Attention, il faudra un guide obligatoirement pour accéder à ses terres coutumières. Contactez Nengone Guide – Noël Songe au 50 67 31. Le marché quant à lui, a lieu tous les mardis et vendredis de 6h à 16h – en face de l'aérodrome.

VANILLERAIE DE M. KALOI CAWIDRONE

Tribu de Ténane

✆ +687 45 45 01

Visite de la plantation de vanille à 800 CFP. Vente de vanille et de produits artisanaux. Circuit pédestre 2 000 CFP.

Située au cœur de la tribu de Tenane au nord de l'île, cette célèbre et jolie vanilleraie organise des visites sur demande et vend des gousses, ainsi que des objets d'artisanat local dans sa boutique. L'hôte des lieux, Pa Kaloi Cawidrone, est un passionné de vanille et de son exploitation depuis des décennies, et sa vanilleraie est idéalement placée au sein d'une région et d'une forêt réputée pour ses nombreux contes et légendes. Une excellente visite.

AMAS LITHIQUE DE HNAENED ★

La Roche

Situé à moins de 2 km de La Roche, ce monument constitue dans son genre l'un des plus importants du Pacifique. Cet entassement de blocs de corail, datant approximativement de l'an 500 de notre ère, conserve tout son mystère. Selon la légende, les tribus de La Roche et de Hnaened étaient constamment en guerre. Le grand chef de La Roche aurait alors décidé d'organiser un concours pour lequel chacune des deux tribus devrait construire, en un temps record, un abri de guerre. Les guerriers de La Roche se mirent à la tâche et y consacrèrent leurs jours et leurs nuits.

CHEZ NATH €

Kaewatine

✆ +687 45 10 93

Tarifs variables.

Nath et Noël y ont construit des cases traditionnelles identiques aux autres, mais en y ajoutant un ou deux petits détails qui font toute la différence comme des peintures. Deux paillotes de quatre places trônent dans un grand jardin, ainsi qu'une case pouvant accueillir jusqu'à 10 personnes. Nath cuisine sous un agréable faré décoré d'objets de vannerie tandis que plus loin, la petite vanilleraie de Noël peut faire l'objet d'une visite instructive. Ce dernier propose également des randonnées guidées dans la forêt et sur les plages du nord.

CENTRE CULTUREL YEIWENE YEIWENE

La Roche

✆ +687 45 01 37

Ouvert du lundi au vendredi de 7h30 à 11h30 et de 13h à 16h, 15h30 le vendredi. Entrée libre.

Ce grand bâtiment renferme des tableaux et des sculptures d'art kanak. Il porte le nom d'un chef indépendantiste originaire de Maré et assassiné avec Jean-Marie Tjibaou par Djubelly Wéa, un extrémiste indépendantiste, en 1989. Des expositions temporaires sont aussi organisées tous les six mois, de même que plusieurs événements culturels. Sophie, entourée de son équipe, saura aussi vous renseigner sur les activités à faire sur l'île. Une visite qui vaut le coup !

WAKONE ★

Wakone est situé sur la pointe est de l'île. Vous devez passer à proximité pour admirer le saut du guerrier. Charme naturel, culture locale et activités nautiques passionnantes, Wakone est une destination de choix pour celles et ceux qui veulent explorer la nature, admirer la faune et la flore, ou simplement se prélasser sur la magnifique plage du coin.

Tourisme

Pour faire une randonnée palmée, contacter Yeiwie Hnore au +687 82 81 92. Possibilité également de faire du VTT sur les pistes cyclables afin de faire un tour des sites touristiques locaux, de la plongée, de la pêche ainsi que du kayak.

PÉNÉLO ★

Le district de Penelo couvre tout le sud-est de Maré et est resté relativement sauvage. Shabadran est le plus beau site de l'île et l'un des plus spectaculaires du pays. La plage de Patho-Kurine vaut également le détour, avec son sable blanc et ses récifs tout proches du rivage. Destination de rêve pour les voyageurs souhaitant découvrir la beauté naturelle de la Nouvelle-Calédonie. Petite région célèbre pour ses plages de sable blanc, ses eaux cristallines et surtout sa culture kanak traditionnelle. Les amateurs de sport nautique y trouveront également leur compte grâce aux nombreuses activités. A découvrir également : le centre culturel de la tribu.

SAUT DU GUERRIER ★

Wakone

Accès libre.

Le saut du Guerrier se trouve à l'est de La Roche, à la tribu de Wakone. Il s'agit d'une fissure de 5 mètres de largeur creusée dans la falaise qui domine la mer de près de 30 mètres. La légende dit qu'un guerrier du clan Si Hnathege, nommé Hnor, a franchi le trou d'un bond alors qu'il avait les Si Gurework aux trousses. Emportés par leur élan, ses poursuivants tombèrent dans la mer. Rester prudent avec les enfants, même si le site est sécurisé par des rambardes. Un très joli panorama à admirer (et photographier) sans modération !

BONE DE LA LÉPROSERIE

Penelo

Situé entre Tadine et Penelo, ce site est considéré comme l'une des plus grandes cavités noyées au monde, avec un puits de 40 mètres de profondeur pour 30 mètres de diamètre qui débouche sur un lac de plus de 350 000 m^3 d'eau douce. Pour le trouver, un guide peut s'avérer utile mais voici une marche à suivre pour ceux voulant explorer en solo : prendre la route RP3 qui traverse l'île entre La Roche et Tadine ; prendre la RM4 qui mène vers le Nord en direction des villages de Ténane et de Roh ; le site se trouve deux kilomètres après le carrefour.

Le Saut du Guerrier.

ÎLES LOYAUTÉ

CHEZ O'ZANE €

Tribu de Pénélo

✆ +687 99 91 19

Emplacements de tentes, cases, petits déjeuners. Bougna, langoustes, crabes sur commande.

Jeannette, originaire de Lifou, s'est mariée à Maré. Ancienne institutrice, elle s'est lancée dans l'accueil en tribu en 2018, ce qui fait de son hébergement le plus récent de l'île. Elle ouvre les portes de chez elle et le fait par pur plaisir, pour rencontrer du monde. On passe de belles soirées à discuter. On en apprend d'ailleurs beaucoup sur le monde de vie et la culture kanak. Les sanitaires sont à l'image de la maison, propres et bien entretenus. O'zane connaît bien son île et propose différentes excursions au départ de Pénélo... Un de nos coups de cœur.

TERRASSES DE SHABADRAN

Kurine

✆ +687 73 29 71

Au départ de la tribu de Kurine. Réservation si possible quelques jours à l'avance.

On aimerait pouvoir dire que cette randonnée (2 heures et demie pour l'aller) est parfaitement organisée et encadrée, mais ce n'est pas toujours le cas et il faut s'en accommoder. L'accès au magnifique site de Shabadran (prononcez Cha-Ba-djan) reste payant et il ne s'agit pas d'une balade de santé. Tout commence par 30 minutes à l'arrière d'un pick-up pour traverser une cocoteraie. On évolue ensuite sur un terrain difficile pour rejoindre la plage. Le premier tronçon parcourt une roche de corail coupante, ciselée par la mer et le vent, parfois peu stable. Il se termine par une petite escalade et offre de nombreux points de vue sur les plateaux coralliens et les falaises pouvant atteindre 140 m de hauteur. Le sentier se stabilise après un peu plus d'une heure de marche et la plage finit par apparaître. Avec son sable blanc bordé d'une végétation luxuriante et son eau turquoise, le lieu est absolument paradisiaque. Beaucoup disent qu'il s'agit du plus bel endroit de toute la Nouvelle-Calédonie. Une fois sur place, on y reste environ trois heures avant de rebrousser chemin. Si cet itinéraire demeure l'un des plus beaux du pays et est un réel enchantement, il fait l'objet d'avis très partagés des voyageurs (et des locaux) qui déplorent parfois son organisation et le fait que les différents guides (parfois des enfants), ne soient pas toujours en mesure de répondre aux questions. Il s'agit d'une terre coutumière et les propriétaire ne cessent d'augmenter le prix de l'entrée, d'année en année.

ENI ★★

La tribu d'Eni est un des 8 districts coutumiers de Maré, un des plus petits. Située tout au sud de l'île et comprend environ 350 habitants. Une jolie plage aux eaux turquoise s'étire au pied du village et l'on peut aussi visiter la grotte de Pethoen, sur le bord de la route en direction de Wabao (un sentier est repérable à ses barrières de sécurité). Autour d'Eni, vous pourrez trouver une forêt dans laquelle il fait bon se promener afin d'admirer la faune et la flore tout en faisant de l'exercice (les oiseaux sont magnifiques, prenez le temps de les observer). Si la nature vous passionne, vous pourrez passer une nuit en camping dans la forêt.

Eni.

CHEZ LÉON €

Tribu de Eni

✆ +687 45 43 70

Case pour 2 à 3 990 CFP et studio pour 2 à 5 040 CFP (1 680 CFP par personne supplémentaire), camping à 1 575 CFP.

Une bonne adresse. Léon et Marie gèrent ici une affaire qui marche, pour l'hébergement comme pour la table d'hôtes. L'accueil ne déçoit pas et l'on peut choisir entre une case pour 10 personnes, une case pour 8 personnes, deux studios pour 6 personnes et un espace camping. La nourriture est une réussite et il est possible de participer à des activités sur place. Côté cuisine, on adore leurs crabes de cocotier et leurs langoustes finement préparés et très bien dosés, voire carrément copieux ! Pensez à réserver pour les repas.

WATERLOO €

Eni

+687 45 18 02

4 000 CFP pour 2 en case. Emplacements de camping. Restaurant. Visite de vanilleraie.

Situé tout au bout d'Eni, face à la plage, le gîte Waterloo est un charmant établissement idéalement situé et bien entretenu. Céline possède un ravissant jardin planté d'arbres fruitiers, avec des manguiers, des avocatiers et des poiriers… Elle donne le choix entre deux cases pour 5 à 6 personnes et un espace camping pour planter sa tente. Le bloc sanitaire dispose seulement d'eau froide et la propreté est aléatoire. Côté table d'hôtes, les repas, à réserver à l'avance, sont copieux et succulents, faits de produits du jardin et de la pêche.

PLAGES

La route menant à Cengeïté est l'une des plus belles de l'île avec ses criques uniquement fréquentées par les pêcheurs. Sur la même route, après 10 km, une petite bifurcation part sur la droite. Prenez-la pour longer la côte et traverser la tribu de Cengeïté, regroupée à proximité des plages et autour de son temple. En quittant Wabao, vous retrouvez la route principale. Un kilomètre avant l'arrivée à Eni, sur la gauche, vous voyez sur la chaussée la trace d'un semblant de parking. Prenez le chemin à travers les hautes herbes pour vous baigner au trou d'eau d'Eni.

WABAO ★★★

La baie de Wabao dévoile quelques-unes des plus jolies plages de Maré, avec sa belle route côtière qui longe une myriade de criques et de petites cabanes couvertes de manous. La plage fait clairement de Wabao l'attraction principale de la ville, et son plus grand intérêt grâce aux expériences qu'elle permet de vivre. C'est un endroit idéal pour le *snorkeling* et la détente. La plongée avec tuba pour découvrir les magnifiques coraux et les très nombreuses espèces de poissons tropicaux. Non loin de Wabao, ne manquez surtout pas de visiter les somptueuses grottes de Petheon – en partie à ciel ouvert, avec ses impressionnantes stalactites.

YEDJELE BEACH €€

Wabao

+687 45 40 15

Bungalow pour 2 à 5 565 CFP, 1 890 CFP par personne supplémentaire. Petit déjeuner à 840 CFP.

Voici une adresse qui devrait faire des heureux, à deux pas d'une plage à la beauté inouïe. La famille Wadrobert y a installé quatre bungalows tout confort dans son jardin, avec un grand lit double, une salle de bains, un canapé, une table et une cuisine équipée. Chaque bungalow peut accueillir jusqu'à 7 personnes. La mezzanine avec ses matelas est idéale pour les enfants et l'on peut loger jusqu'à sept personnes au total. La vue depuis la terrasse est magnifique et le cadre se compose de cocotiers et d'arbres tortueux. On adore.

Wabao.

TIGA ★

Située à 30 km au nord de Maré, c'est la plus petite des îles Loyauté, avec de 12 km². L'île ne dispose d'aucune structure d'hébergement et il faut y avoir été invité pour y séjourner. Son origine nous est transmise par une vieille légende mélanésienne. Un jour, un brave petit rat poursuivi par les habitants de Lifou supplia une tortue pour qu'elle l'emmène jusqu'à Maré. Mais le reptile, fatigué, s'arrêta en route et devint Tiga d'où sa forme de carapace à moitié immergée. Les familles insulaires ont donné au territoire quelques-uns de ses plus brillants diplômés, au premier rang desquels on peut citer Jacques Iekawe, premier préfet mélanésien. Et pour les amateurs d'ornithologie, l'île accueille la nidification des fous bruns et des frégates. Il est d'ailleurs possible d'observer ces dernières le soir prenant la direction de la terre.

Se loger

Pour l'instant, l'île dispose de peu de logements pour accueillir les touristes. Seules deux familles disposent d'une case pour accueillir les touristes - qui vous accueillent également le soir pour diner. Vous pouvez réserver directement via Airbnb.

ÎLES LOYAUTÉ

SENTIER DE LA CÔTE OUEST

Ce sentier part du village à Nanal en passant par le cap Taetawanod. Parcours long mais de difficulté moyenne. Tracé par les Anciens, il relie toutes les plages et cocoteraies de la côte Ouest. La mer transparente lèche les sables dorés. Il rejoint ensuite le spectaculaire cap Taetawanod, puis Nanal, sur la côte Sud. Il sert également d'accès à plusieurs grottes ou points de vue cachés dans la végétation. Un passage acrobatique pimente la sortie de la grotte Malou.

ASSOCIATION ININATA SON'ORE EDEDO

✆ +687 74 87 78

Cette association peut aider les visiteurs désireux de visiter l'île à se faire loger dans des familles. De plus, depuis 2016, Tiga possède trois sentiers de randonnée auxquels on peut accéder avec des guides de l'association. Un développement important au niveau des hébergements et de l'offre touristique devrait avoir lieu dans les années à venir grâce à ces sentiers, et il est certain que les activités proposées par l'association évolueront également.

WÉ ★★

Bourgade la plus importante des îles Loyauté, Wé accueille le siège de la Province des Îles et se compose de trois tribus : Luécila, Qanono et Hnaase. C'est sur cette plaine accueillante que Fao, catéchiste protestant d'origine polynésienne, choisit d'installer sa mission en 1842. La baie de Chateaubriand, qui s'étire face à la mer, est une gigantesque et très agréable plage de sable blanc. Ne manquez pas non plus la route du sud qui descend jusqu'à Xodre, les panoramas sur le grand large et les falaises sont parmi les plus beaux de l'île. Pour quelque chose de tout à fait exceptionnel, vous pouvez tenter d'explorer la grotte de Qanono. Perçue par tous ceux qui l'ont visitée comme la plus splendide de Lifou, elle est très difficile d'accès et il faudra soi-même trouver un guide au sein de la tribu, avant de s'y aventurer... Lifou est connue aussi pour la qualité de sa vanille.

Histoire

Terre coutumière par excellence, Lifou est divisée en trois districts, Wetr (prononcez « wetch ») au nord, Gaïca au centre et Lössi au sud. Chacun est dirigé par un chef coutumier et abrite plusieurs tribus. Wetr en compte seize, dépendant de la chefferie de Hnathalo. Gaïca en regroupe quatre rassemblées autour de Drueulu, et Lössi en dénombre seize liées à la chefferie de Mu. Renseignez-vous toujours au préalable avant de pénétrer sur le territoire d'une tribu. La meilleure solution consiste souvent à demander à un local de vous accompagner. Le week-end, les terrains de cricket, de football et de volley attirent les foules. Le ballon rond reste le sport phare, grâce à Christian Karembeu, originaire d'ici et véritable fierté insulaire.

Se loger

De l'hôtel 3 étoiles au gîte bien équipé, en passant par le logement chez l'habitant, Lifou dispose d'une gamme d'infrastructures étoffée. L'hébergement en case se fait généralement sur une natte et un matelas, parfois partagé entre différents groupes de voyageurs. La paillote est plus petite, privative, parfois équipée de lits. L'accueil en tribu ou plus largement appelé « chez l'habitant » reste le meilleur moyen de rencontrer les locaux et de vivre une expérience personnalisée. A Lifou, la plupart des accueils chez l'habitant souhaitent conserver leur authenticité en ne meublant pas les cases traditionnelles, pour partager leur réel mode de vie. Vous dormirez donc sur des matelas et nattes tressées, avec les sanitaires à partager (eau chaude rare). Si la plupart des cases disposent désormais de prises électriques, veuillez ne pas brancher tous vos appareils systématiquement, les frais d'électricité étant très élevés sur les îles. Côté repas, il vous faudra penser à réserver 24 heures à l'avance.

Attention pour les campeurs, il n'est pas toujours bien vu de camper sans réserver au moins un repas chez son hôte.

VANILLERAIE DE WENIKO WEJIEME

Tribu de Jozip

✆ +687 45 01 30

Payant. Comptez 500 CFP pour la visite de la vanilleraie uniquement.

Weniko fait découvrir ses plantations de vanille. Pour prolonger la balade, il conduit sur un sentier qui passe devant un point de vue avant d'arriver à un trou d'eau (2 heures 30 aller-retour). Chaque matin, lors de la floraison (de septembre à décembre), les fleurs blanches sont fécondées une par une, à la main. Quelques mois plus tard, les gousses apparaîtront et il faudra ensuite attendre leur maturité pour les cueillir avec soin, les échauder puis les faire sécher au soleil.

CHEZ JEANNETTE IHAGE €

Tribu de Luécila

✆ +687 45 45 05

5 565 CFP pour 2 en paillote.

A 20 mètres de la très belle plage de Luécila tout près du centre de Wé et de la jolie plage de Chateaubriand, Jeannette a aménagé ses quatre paillotes (pouvant accueillir de 2 à 7 personnes) avec des lits et un peu de mobilier. Il y a également une case traditionnelle qui peut recevoir jusqu'à 8 personnes, ainsi qu'un grand espace commun où l'on peut utiliser la gazinière et le réfrigérateur. Jeannette est une excellente cuisinière et prépare tous les jours de bonnes spécialités locales et fraîches sur commande avec passion.

OASIS DE KIAMU €€

Jozip
✆ +687 45 15 00
www.hoteloasisdekiamu.nc
Dès 15 500 CFP pour 2. Randonnée et location de PMT possibles.

Nichée au creux d'une falaise, à deux pas de l'une des plus belles plages de l'île, l'*Oasis* a entrepris de gros travaux de rénovation et d'extension il y a quelques années. Le cadre est moderne grâce à ses bungalows équipés de climatisation et disposés autour d'une piscine. Un grand *faré* enjolivé de sculptures fait office de salle de restaurant. Si le service n'est pas toujours rapide et à la hauteur de nos attentes, les repas y sont bons, copieux et joliment servis (une des meilleures tables de Lifou). Wifi gratuit et très bon rapport qualité-prix.

DREHU VILLAGE HOTEL €€€

Baie de Chateaubriand
✆ +687 45 02 70
www.hoteldrehuvillage.nc
Bungalow dès 14 850 CFP.

Cet hôtel 3 étoiles met à disposition 28 bungalows et 2 suites, face à la très belle plage de Luécila. Les chambres offrent tout le charme et le confort attendu : air conditionné, TV écran plat, téléphone et réfrigérateur. Le petit plus : la terrasse très agréable. Le restaurant ouvre sur une petite piscine et le petit déjeuner buffet offre un bon rapport qualité-prix. Plusieurs activités sont proposées : visites guidées de l'île, location de vélos et prêt de canoës-kayaks et de palmes, masque et tuba. Accès wifi dans le hall, le restaurant et le salon.

L'ILE O PIZZA €

✆ +687 71 03 01
Uniquement le soir à emporter : 1 000 CFP pour une petite, 700 CFP pour une moyenne et 3 000 CFP pour une grande.

Située face au stade de Hnasse, cette pizzeria met à l'honneur les saveurs italiennes à l'autre bout du monde. A emporter le soir uniquement, sa réputation n'est plus à faire tant les recettes sont réussies. Et il n'y a pas que la cuisine ! Le personnel est charmant et adorable, et un juke-box donne une ambiance musicale rétro à l'établissement. On adore l'ambiance dans ce restaurant, et on s'installe avec plaisir. On vous conseille de venir tôt, car, comme tout bon établissement, l'Ile O Pizza est souvent très fréquentée, et à raison !

PLONGER À LIFOU

Gorgone Reef. Les énormes patates de corail posées sur le fond sablonneux sont reliées entre elles par de belles arches. Le lieu sert de refuge aux requins gris, requins léopards, ou requins à pointe blanche, aux tortues et aux thons... D'immenses gorgones multicolores s'agrippent aux parois.

Shoji Reef. Immersion réservée aux plongeurs expérimentés. Shoji Reef abrite une forêt de gorgones et de coraux mous où croît une faune pélagique aussi diversifiée que curieuse : requins gris, carangues, barracudas, thons à dents de chien...

Tomoko Point. Les rayons du soleil jouent à cache-cache dans un dédale de canyons, de grottes et de tunnels.

WE PLONGEE

37JH+68 Wé, Nouvelle-Calédonie
✆ +687 90 64 82
https://lifouplongee.com/
Baptême 8 000 CFP ; 2 plongées exploration : 13 000 CFP.

Wé Plongée est une entreprise gérée par Pascal fondée sur des principes de respect, de sécurité et d'émerveillement, destinée à la fois aux débutants qu'aux plongeurs expérimentés. Connue pour ses eaux cristallines et ses récifs coralliens colorés, l'île de Lifou est l'un des plus beaux spots (facilement accessible) pour faire de la plongée en Nouvelle-Calédonie. La baie abrite une grande variété de vie marine et sous-marine, dont des tortues de mer, des raies mantas et Napoléon. Pour terminer, Pascal régale ses clients avec un pain maison à la pause !

WÉ PLONGÉE
LIFOU – NOUVELLE-CALÉDONIE

ÎLES LOYAUTÉ

LA KAZ A JO €

Tribu de Hnasse

+687 83 99 60

Ouvert tous les jours de 10h à 14h30 et de 18h à 21 les lundis, mardis et vendredis. Fermé le jeudi.

Jo (Joëlle) vient des Antilles (d'où le mot case avec un K) et, depuis quelques années, la voilà installée à Lifou où elle tient cette charmante adresse comme il y en a trop peu. Tout en simplicité, elle prépare de bons petits plats qui ravissent les petites et grandes faims : quiches, salades, sandwichs... Tout en couleur et en bonne humeur ! Une bonne adresse savoureuse et aux prix très raisonnables. Prendre à emporter ou s'installer sur les petites tables du lieu. On adore la devanture décorée avec le légendaire Combi Volkswagen cher aux années 60.

SNACK MAKANU €

Wé

+687 45 08 71

Ouvert du lundi au vendredi de 6h à 14h et le samedi de 6h à 12h30. Barquette et plats à partir de 850 CFP.

Le parking du magasin Korail est très fréquenté, mais ce qui attire les clients locaux ici, ce sont les généreuses barquettes de porc au sucre ou de poulet, les hamburgers et les nombreux paninis ou autres sandwichs réussis. Une adresse toute simple pour manger sur le pouce au cours d'une journée de promenade. On peut manger en terrasse ou prendre à emporter et aller vers la plage de Chateaubriand à quelques pas.On déplorera seulement un léger manque de variété sur la carte, notamment pour les clients végétariens qui n'auront que peu de choix.

BAR RESTAURANT LE GLOBE TROTTEUR €€

Tribu de Qanono

+687 45 01 88

Ouvert le midi du lundi au vendredi et le soir des mercredis et vendredis. Plats à partir de 1 700 CFP.

Avec son joli *deck* donnant sur la baie de Chateaubriand, le Globe Trotteur est LE resto-snack de Lifou. Un excellent point de chute pour manger un morceau. On y sert de copieuses assiettes de cuisine du monde (asiatique, africaine, occidentale), ou de savoureux burgers à un prix plus que correct. L'ambiance est sympathique et des soirées musicales sont régulièrement organisées. Des jeux de société et d'échecs sont disponibles. La terrasse est vraiment très belle.

FETRA SUN €€

Tribu de Luecila

+687 94 89 47

fetrasun.com

Ouvert du mardi au samedi de 11h30 à 15h.

Le restaurant Fetra Sun est situé à Luecila, au-dessus de la baie de Chateaubriand, dans un petit coin de nature. Plusieurs fois par mois, des soirées thématiques autour des cuisines du monde sont organisées. Fetra *Sun* est l'une des meilleurs adresses de l'île pour se restaurer. Le service est agréable et les assiettes sont aussi copieuses que savoureuses. Le cadre est charmant et les saveurs variées sont convaincantes, grâce à des produits locaux et de saison. On peut aussi également prendre les plats à emporter avant de les manger chez soi ou sur la plage.

CENTRE D'ANIMATION NAUTIQUE DE HNAIPOLE

+687 45 18 18

Ouvert du lundi au vendredi de 7h30 à 11h30 et de 13h30 à 16h30 et permanence assurée le week-end de 13h30 à 16h30.

Le centre d'animation nautique de la baie de Chateaubriand propose de la location de matériel. Beaucoup d'options sont possibles pour découvrir les magnifiques eaux de Lifou et il est recommandé de réserver à l'avance, surtout le week-end. Kayak open ou simple, kayak double randonnée, planche à voile, planche de funboard, Hobie Cat 14, Hobie Cat 13, catamarans, etc. Le personnel est très sympathique. L'endroit parfait pour passer un après-midi de détente et/ou sportif !

KUMO ★★

Kumo est situé à l'intérieur des terres. Si cette tribu ne présente pas d'intérêt en lui-même, la Grotte du Diable et la Maison de la Vanille n'en sont pas très éloignées. La tribu Hnathalo se trouve à l'est et est l'une des seules de l'île à être catholique. Son imposante église, avec ses deux clochers carrés, date de 1881. À droite de l'édifice vit le Grand Chef du district de Wetr et une case traditionnelle se dresse dans son jardin. Il faudra demander l'autorisation pour la photographier et prévoir une coutume pour la visiter. Construite il y a plus d'un siècle, son pilier central représente le Grand Chef qui soutient l'ensemble de la tribu.

GROTTES DU DIABLE ★

Tribu de Tingeting

✆ +687 45 17 93

Visite guidée : 1 500 CFP par personne, 1 000 CFP pour les groupes de plus de 5, demi-tarif pour les moins de 12 ans.

Le nom de la grotte Qanopeu signifie littéralement « entrailles de la terre où naissent les esprits ». Elle comprend trois salles : la première correspondrait à l'endroit dont sont sortis les hommes, la deuxième sert d'abri aux chauves-souris, et la troisième s'avère être la chambre du Diable... Selon la légende, le Diable sortirait le jour pour rejoindre sa femme à Wanaham et reviendrait dormir ici. Interdiction formelle donc de s'y balader le soir… Pour venir découvrir les lieux, il faudra prendre contact avec Albert Trohmaé, au moins 24 heures à l'avance.

BAIE DU SANTAL ★

Cette baie est très réputée pour la qualité de son mouillage et signifie littéralement « arrivée des bateaux ». C'est ici que le trafic du bois de santal débuta à partir de 1842. Aujourd'hui, les temps ont changé. Ce dernier a laissé place aux croisiéristes qui débarquent leur flot de touristes australiens en escale. Le site s'étend jusqu'aux falaises de la pointe d'Easo et sa blanche chapelle. Depuis le ponton en bois, il est facile d'observer les tortues de mer au coucher de soleil. Ne manquez pas d'y faire un tour tôt ou en fin de journée.

XÉPÉNÉHÉ ★★★

C'est à Xépénéhé, ou Chépénéhé, qui signifie « arrivée des bateaux » en drehu, que démarra en 1842 le trafic du bois de santal entre la Nouvelle-Calédonie, l'Australie et la Chine. Toujours réputé pour la qualité de son mouillage, le village accueille aujourd'hui de nombreux croisiéristes qui débarquent à la journée pour visiter le district du Wetr. Les baies de Jinek et du Santal sont tout particulièrement impressionnantes, de même que les falaises de Jokin, au nord.

BAIE DE JINEK ★

La baie de Jinek offre des possibilités d'explorations aquatiques faciles d'accès et merveilleuses. Palmes, masque et tuba suffisent largement pour profiter de ce véritable aquarium naturel ! Partez du petit ponton, descendez les escaliers et vous passerez certainement des heures à contempler la vie des poissons et des coraux dans moins de trois mètres d'eau. Vous y croiserez peut-être perroquets bleus, idoles mauresques et autres créatures multicolores. Attention à ne pas abîmer les fonds marins sur votre passage ! Le lieu se remplit à l'arrivée des paquebots.

CHAPELLE NOTRE-DAME DE LOURDES ★

Easo

© WIRESTOCK CREATORS - SHUTTERSTOCK.COM

Classée monument historique, cette belle chapelle date de 1898. Les couchers de soleil sur la baie du Santal y sont magnifiques et la procession de Notre-Dame de Lourdes y a lieu chaque année, le 8 décembre. C'est à Easo que les pêcheurs de baleines dépeçaient leurs prises, entre 1860 et 1870, et brûlaient les graisses pour en extraire l'huile. En face de l'édifice, un grand banian plonge ses racines au cœur d'une grotte. Demandez par politesse l'autorisation d'y pénétrer.

Baie du Santal.

JARDIN BOTANIQUE DE FÉLIX BOLE ★

Tribu de Mucaweng

La visite est gratuite mais vous pourrez faire un geste auprès de vos hôtes une fois le café servi.

Aucun panneau ne vous indiquera la direction de ce jardin d'Eden amoureusement planté. C'est là que Félix et Janine accueillent chaque jour les voyageurs de passage au cœur de leur vanilleraie. Plus de 1 000 pieds ont été plantés sur les troncs des espèces locales et sont maintenus à hauteur d'homme pour pouvoir féconder la belle orchidée éphémère et cueillir les gousses sans trop de difficultés. C'est Félix Bolé qui a relancé l'activité sur l'île. Passionnant.

LAGOON SAFARIS

✆ +687 454 060

www.lagoon-safaris.nc/

Comptez 8 500 CFP pour un baptême.

Le club est géré par une équipe internationale. Anna-Bella, d'origine australienne possède un Brevet d'Etat. A ses côtés, Tawake, Instructeur Padi fidjien, est à la barre du bateau. Enfin, Bagus, complète le trio avec un Dive master Padi. Il est de Lifou. A leurs côtés, vous pourrez découvrir dix sites localisés dans le nord-ouest de l'île : la vallée des Gorgones, l'Arche, le cap Martin… tous vous offrent un cadre de plongée idéal car les eaux de Lifou abritent de sublimes gorgones et un récif préservé. Possibilité d'observation des baleines en hiver.

LIFOU NATURE

Tribu de Hunëtë

✆ +687 45 05 56

Circuit d'une demi-journée à une journée. Sur réservation.

Marianna et Bossie Ijezie proposent plusieurs circuits en pleine nature sur une demi-journée, une journée, deux jours ou même plus. La randonnée de deux jours au pays de Zimetrötr est particulièrement inoubliable. Le premier jour (5h), les marcheurs progressent en sous-bois jusqu'au campement traditionnel dans la cocoteraie Zimetrötr. Après le déjeuner, la baignade, voire l'exploration des fonds en palmes, masque et tuba, tout le monde embarque sur le bateau pour rejoindre le bivouac installé sur la plage de Ngöni. Une expérience unique à Lifou.

CHEZ BENOÎT ET PATRICIA BONUA €

Tribu d'Easo

✆ +687 451 111

Hébergement en paillote, case, camping…

Benoît et Patricia offrent un hébergement en paillotes ou en cases traditionnelles. Possibilité aussi de planter sa tente. Le lieu est superbe, face à la baie de Santa et à deux pas de la baie de Jinek. Tables et gazinière à disposition des campeurs. Ne pas manquer l'observation des tortues de mer à la tombée de la nuit depuis le ponton tout proche ! Le lieu perd de son charme les jours de croisières, renseignez-vous sur les dates avant de réserver.

LILO RÊVE €

✆ +687 451 423

Compter 5 460 CFP pour une ou deux personnes en paillote, et 1 575 CFP par jour en camping (plus 210 CFP par personne).

Ce gîte tenu par Emma et Pascal, avec l'aide de Jacques, le père, a beaucoup de charme. 3 jolies paillotes en dur d'une capacité d'accueil de 3 à 6 personnes ont été installées face à la mer, dans un beau parc arboré. Un bloc sanitaire relativement récent offre tout le confort nécessaire avec douches, toilettes et lavabos. L'ambiance est clairement dictée par un maître-mot : détente. On se sent comme dans un cocon chez Emma et Pascal et on a bien du mal à se motiver pour le quitter. On recommande leur bougna de poulet délicieux.

FENEPAZA €€

Tribu de Mucaweng

✆ +687 45 15 02

Case, bungalow… Restauration.

C'est sous l'arbre bourao que Guillaume Waminya a ouvert cette table d'hôtes avec hébergement, à son retour de métropole. L'adresse en séduit beaucoup, avec son joli bar sculpté, sa grande cheminée et la qualité de sa cuisine. Cet ancien légionnaire a le goût des choses bien faites : plats à la carte et grillades au feu de bois, sans compter les langoustes, crabes et bougna sur commande. C'est aussi l'un des seuls établissements que l'on est à peu près sûr de trouver ouvert en passant à l'improviste. Côté hébergement, on peut compter sur quatre bungalows.

MEDEHU NATURE

Tribu d'Easo

✆ +687 45 18 13

Compter 2 100 CFP par personne (1 700 CFP pour les groupes de 6 personnes).

Cette randonnée familiale est conduite par Antoine Geihaze sur un court itinéraire pour une découverte culturelle et botanique. Il vous apprend le nom et l'utilisation des plantes de Lifou, avant de vous montrer la petite grotte où la troupe de danseurs du Wetr vient se ressourcer et de vous présenter les techniques de chasse et de pêche traditionnelles. Une excursion absolument charmante dans un cadre enchanteur. Le guide est un véritable puits de savoir et c'est passionnant de l'écouter tout vous raconter sur sa région natale.

FALAISES DE JOKIN ★★

Jokin

A 12,5 km au nord de Xépénéhé, ces hautes falaises sont absolument admirables. Hautes de 40 m, elles plongent dans les eaux limpides et poissonneuses du nord de l'île. En arrivant à Jokin, il faudra prendre garde à respecter la chefferie et à en contourner la cour et sa barrière en pierres pour emprunter le sentier qui mène à la mer, derrière le temple. Une fois sur place, un pin colonnaire marque l'entrée d'un escalier de 210 marches qui descend au pied des colosses. Au coucher du soleil, le site frise la perfection : couleurs incroyables et émotions garanties.

JOKIN ★★★

Situé tout au nord de l'île, le village est réputé pour ses falaises qui surplombent l'océan à une quarantaine de mètres de hauteur. De juillet à septembre, elles constituent un poste d'observation idéal pour guetter les baleines à bosse. La tribu de Jokin est regroupée autour de l'église. Derrière, la case du petit chef est facilement reconnaissable à ses beaux totems sculptés dans le bois et au mur de corail qui l'entoure. N'oubliez pas de demander la permission aux locaux pour prendre des photos. Ne manquez pas non plus votre visite sur l'île pour découvrir le miel d'ici, un produit d'exception qu'on rapporte volontiers en métropole !

HAPETRA ★★

Une tribu – celle d'Hapetra – a joliment distribué ses cases le long de la route, sur les pelouses, à l'ombre des cocotiers. Ils se sont installés dans les années 1920, alors que la lèpre sévissait dans la tribu de Peng. Les quatre-vingt-dix survivants déménagèrent et s'installèrent alors à Hapetra. On vient ici principalement pour découvrir la plage de Peng. Ne manquez pas d'y aller pour paresser sur cette sublime étendue de sable fin ! Avant de vous baigner dans le secteur, penser à vérifier auprès de votre hôtel ou des locaux que la baignade est bien autorisée (elle est régulièrement déconseillée ou interdite pour cause de requins) !

ÎLES LOYAUTÉ

Messe au temple d'Hapétra.

Falaises de Jokin, Lifou.

DRUEULU

Drueulu et le district de Gaïca occupent le quart sud-ouest de Lifou. Moins touristique que d'autres villages de l'île, Drueulu est calme et très tranquille. Il y a de nombreuses petites criques, toutes plus belles les unes que les autres ! Longez la côte en voiture et laissez-vous porter par le décor qui vous entoure pour en profiter un maximum. L'endroit est très apprécié pour la splendide plage de Peng, qui rivalise de beauté avec celle de Luengoni. C'est aussi dans le coin, à la tribu de Wedrumel, que l'on peut visiter la fascinante grotte Saqea. Sur place, vous pouvez également trouver deux épiceries pour faire vos courses en journée.

PLAGE DE PENG ★

Peng

Aire de pique-nique, barbecue.

© MAÏLYS ALBERTO

La plage de Peng est perçue par certains comme la plus mignonne de l'île. Ouverte depuis peu au public, comme partout ailleurs, veillez à ne rien dégrader. C'est un petit coin de paradis qui s'apprécie particulièrement le matin, lorsque l'on peut en profiter seul au monde. Cette plage est également un lieu réputé (car idéal) pour admirer le coucher de soleil. Sable blanc, eau limpide, un cadre enchanteur qui époustoufle dès que l'on met les pieds dans le sable. A droite de la plage, des petites cavités sont à faire en snorkeling.

SAQEA AVENTURE ★

Tribu de Wedrumel

✆ +687 82 16 23

Randonnée guidée sur réservation (24h à l'avance)

L'île de Lifou – comme toutes les îles Loyautés – cache de nombreuses grottes, disséminées un peu partout sur l'île. Avec passion et gentillesse, Jeanne Passil guide les curieux dans la plus grande grotte souterraine de Lifou. Dans ce véritable labyrinthe, on découvre la salle des guerriers et les chambres cathédrales, au milieu d'un paysage de boyaux en calcaire. Il faudra prévoir chaussures fermées et vêtements de pluie légers. Casques et lampes fournis. Et puis, Jeanne cuisine également très bien, si jamais vous avez un petit creux !

AU COEUR DE LITO €

✆ +687 45 13 39

3 990 CFP pour deux en case traditionnelle et 5 565 CFP en paillote.

Marie-Claudine et Théo (le boulanger de la tribu) accueillent les visiteurs chez eux en tribu, à Drueulu. Les deux paillotes sont propres et meublées, tandis que la case traditionnelle est carrelée au sol, décorée avec goût et recouverte de feuilles sur lesquelles sont posés des matelas confortables. Vous pourrez assister à la préparation du pain marmite les matins, ou faire une randonnée selon la disponibilité. Détail original, le gîte dispose également de sa propre boulangerie où vous pourrez découvrir un pain fait à la marmite. Savoureux.

HOCELE NY €€

✆ +687 47 92 58

Hébergement en paillotes à 5 565 CFP pour deux, Pdj à 945 CFP et menu du jour à 2 625 CFP.

Ouverte en 2013, cette structure située dans la tribu de Wedrumel dans le district de Gaica au centre Lifou, est l'un des rares accueils en gîte et en tribu du sud de l'île. Il faut cependant être véhiculé car l'hébergement reste excentré du reste de l'île. Jeanne Passil, guide de randonnée, a construit deux paillotes (cinq personnes maximum) et un bloc sanitaire moderne, dans un endroit au calme de la forêt. On peut également y camper et s'y restaurer, et c'est ce dernier point qui est une des grandes forces du gîte. La cuisine est délicieuse.

LUENGÖNI ★★★★

Cet endroit de l'île jouit de deux des sites les plus enchanteurs de Lifou, ce qui en fait une étape obligée de tout séjour en pays Drehu. Sa longue plage de sable blanc, bordée de cocotiers et baignée d'eaux translucides dans lesquelles les tortues viennent manger les herbiers, a tout du décor de carte postale tout en étant déserte la plupart du temps. Au nord de la plage, un passage s'impose également à la grotte de Hutr, plus communément appelée Joyaux de Luengöni, où, avec l'aide d'un guide, on rejoint une série de grottes calcaires dont certaines en partie immergées forment de vraies piscines naturelles à la couleur émeraude.

LES JOYAUX DE LUENGÖNI ★

Baie de Luengöni
✆ +687 45 03 09
Visite : 1 000 CFP (2 personnes minimum), randonnée et baignade : 2 500 CFP. Réserver au moins 24h à l'avance.

Il s'agit d'une balade à travers la forêt pour arriver à des trous d'eau dans lesquels on peut se baigner. Un guide est obligatoire car c'est en terre coutumière, et Noël est votre homme. Il est toutefois difficile à joindre, mais votre patience sera récompensée par sa gouaille et sa bonne humeur ! N'oubliez pas votre maillot de bain, des chaussures fermées et vos palmes, masque et tuba. Il vous mènera en randonnée à travers les falaises et vers des trous d'eau limpides dans la forêt. Un très bon moment en perspective, qu'il faudra programmer à l'avance.

PLAGE DE LUENGÖNI ★★★

Luengöni

La plage de Luengöni est sans doute la plus belle de l'île. Sable blanc, cocotiers, eau turquoise aux reflets cristallins sont autant de bonnes raisons d'en prendre plein les yeux. En son centre, un rocher corallien émerge de la mer et rend l'endroit encore plus romantique. La magie des lieux est totale, un immanquable lors d'un séjour à Lifou. Au sud, le cap des Pins porte bien son nom et un phare y a été érigé. Possibilité de PMT rapide lors d'une pause relaxante en ce lieu. L'une des plus belles plages de Lifou après celle de Peng.

À LA PETITE BAIE €

✆ +687 45 15 25
Case, chambre, paillote... Restauration.

© MAÏLYS ALBERTO

C'est peut être la meilleure adresse de Lifou. En effet, ancienne factrice sur Lifou, Annette Wejiene a le sens de l'accueil et des qualités de cuisinière. Elle a profité de sa retraite pour ouvrir cette chambre d'hôte. Son mari quant à lui, tient l'école de voile de Lifou, on peut ainsi louer du matériel sur place. Tout est décoré avec goût et le site est magnifique, grâce à une plage privée idyllique, au jardin impeccable et à la salle à manger où l'on vient déguster une cuisine typique et savoureuse - mieux vaut réserver pour manger sur place.

CHEZ BELLA PATEL €

Luengöni
✆ +687 45 09 53
Hébergement, restauration. Transferts possibles.

C'est assurément l'une des plus belles adresses de l'île, et une des plus réputées, idéale pour un accueil en tribu. Bella fait bien les choses et sait accueillir comme personne. Sa maison est située à 50 m seulement de l'entrée de Luengöni, de l'autre côté de la route. Originaire de l'île, c'est dans son propre jardin qu'elle a fait construire ses cases traditionnelles. Les sanitaires sont propres et modernes. Le jardin est agréable et bien entretenu. Tous les soirs, les voyageurs se réunissent sous le joli *faré*, c'est aussi là qu'on peut déguster sa cuisine.

ÎLES LOYAUTÉ

© ERIC CHIROL - SHUTTERSTOCK.COM

Plage de Luengöni.

HUKEKEP €

Luengöni

✆ +687 45 14 34

5 565 CFP pour 2 en paillote et 1 890 CFP par personne supplémentaire, 1 575 CFP pour une tente et 210 CFP par personne.

Hukekep est l'une de ces adresses dérobées, paisibles, où il fait bon s'arrêter. Au bord de la superbe plage de Luengöni, Agathe et Rémi ont construit trois paillotes traditionnelles pouvant accueillir quatre personnes, en bord de mer. Les campeurs peuvent se rapprocher de l'eau et se laisser bercer par le bruit des vagues. Bloc sanitaire et cuisine du *faré* sont à votre disposition pour préparer vos repas, à moins que vous vous laissiez tenter par les plats préparés avec amour par Agathe. Un excellent rapport qualité-prix, on aime beaucoup.

MU ★★★

A l'extrémité sud-est de Lifou, Mu est le centre du vaste district de Lössi. Une stèle y commémore l'arrivée de Fao sur l'île en 1842. Ce jeune catéchiste protestant d'origine polynésienne fut le premier à évangéliser les îles Loyauté. On trouve ici une belle offre d'hébergement et c'est un bon point de départ pour aller explorer les falaises de Xodre. Et surtout, Mu, c'est l'occasion de découvrir une de plus belles plages de l'île ! Ne manquez pas non plus d'aller faire un tour du côté de la vanilleraie, s'il leur reste encore de la vanille (ça part très vite!) elle est délicieuse et de très bonne qualité ! N'hésitez pas à en rapporter en France.

CHEZ JEANNE FORREST €

✆ +687 451 656

5 040 CFP 2 pers/nuit en paillote, 3 150 CFP en case (forfait familles), 1 050 CFP pour une tente. Bougnas sur commande.

En bordure de la célèbre et splendide plage de Luengöni. Une case traditionnelle pour 8 personnes et 2 paillotes pour 4 personnes. Les sanitaires sont à l'extérieur. Des emplacements de camping sont également disponibles pour planter sa tente (si vous n'en avez pas, le gîte en propose à la location). Jeanne fait aussi, et surtout, table d'hôte avec son fameux bougna (prendre commande à l'avance). Une adresse sérieuse et sympathique, idéale pour en faire son point de chute durant notre exploration de cette magnifique région !

FALAISES DE XODRE

✆ +687 93 54 45

1 000 CFP par personne.

Au sud de Mu, les belles falaises de Xodre ont été creusées dans le corail au fil du temps et arborent aujourd'hui leur ravissant visage venu d'ailleurs. Emaillé de grottes toutes plus mystérieuses les unes que les autres, il faudra demander l'autorisation à la tribu locale pour accéder à ce site enchanteur. A garder en tête toutefois : La visite ses grottes se fait obligatoirement en présence d'un guide local. Un détail qui pourrait gêner les touristes solitaires, mais les guides sont très agréables et ont plaisir à raconter les légendes de l'endroit.

LA VANILLE JOYEUSE

Mu

✆ +687 45 15 79

Visite 1 000 CFP par personne. Vente de gousses de vanille : 1 000 CFP le paquet de 5 gousses.

La vanille est une institution en Nouvelle-Calédonie, et les locaux ont toujours à cœur de produire la vanille la plus goûtue possible. Et La Vanille Joyeuse ne déroge pas à cette règle. Le sympathique Lues propose de découvrir sa vanilleraie pour une visite de 1 heure 30, et on sent la passion dans le cœur et les yeux de cet homme charmant lorsqu'il explique comme la culture de vanille est faite selon des procédés emplis de tradition ancienne. Il vend également des gousses et des produits artisanaux. Un bon moment à passer et à savourer.

LA VANILLE À LIFOU

La vanille a été introduite sur l'île par la femme d'un pasteur anglais, qui en a transmis les secrets aux habitants. La production a depuis pris une importance singulière, si bien que Lifou compterait aujourd'hui 370 petits planteurs réunis au sein de l'association Ahmelewedre Bio. Cette dernière récolterait deux tonnes par an, labellisées bio et la commercialisation de ses gousses est facilitée par les croisiéristes australiens qui font escale ici. A la Maison de la vanille à Lifou, on nous explique les différentes techniques de réalisation, de la culture à la gousse de vanille commercialisée.

CHEZ HÉLÈNE GAZE €

Mu

✆ +687 45 09 99

5 565 CFP pour 2 en paillote, 3 990 CFP en case ou 7 190 CFP en chambre.

Face à la plage de Mu et au milieu d'une cocoteraie, Hélène Gaze (prononcez « Gazé ») dispose de deux chambres, de trois paillotes et d'une case traditionnelle. Bloc sanitaire avec eau chaude et espace camping sont aussi présents et l'on peut se restaurer sur place. On aime beaucoup les bougnas (au poulet, au poisson ou à la roussette), mais le menu compte également des langoustes et des roussettes, et les trois sont absolument délicieux. Il est possible de partir en balade en tribu et de louer des tentes si vous n'avez pas la vôtre.

TANUKUL €

Mu

✆ +687 91 59 54

Dès 4 000 CFP pour 2 en case ou en paillote. Repas sur réservation, fruits de mer et bougna sur réservation.

On loge ici sur des matelas posés au sol, dans une paillote ou dans l'ancienne case traditionnelle de la famille, qui abrite encore le foyer qui servait à chauffer la case mais qui l'enfumait aussi. La charmante Marie-Hélène, dite Maline, accueille ses hôtes au bord de l'eau, sur un terrain bien vert, idéal pour le camping. Le confort est sommaire mais le cadre vaut le détour. D'octobre à février, ne ratez pas le parc aux tortues juste au bout de la plage. Vous pourrez partir aussi faire le coup de pêche avec la propriétaire des lieux.

TAMANU BEACH €

Mu

✆ +687 84 67 63

www.tamanubeach.com

Bungalow pour 2 dès 5 565 CFP. Spécialités sur commande. Transferts possibles.

Cette structure a été ouverte par Eric Gaze et demeure en harmonie avec la tribu, avec deux bungalows pour quatre personnes et une aire de camping. Située à l'entrée de la tribu de Mu et à deux pas de la plage, on peut y déguster une bonne cuisine insulaire. Le bloc sanitaire inclut l'eau chaude et l'authenticité est au rendez-vous. Le Tamanu Beach est avant tout réputé pour son restaurant. Eric cuisine de délicieux petits plats et tout le monde le connaît à Lifou. On s'y sent tellement bien ! Attention, là aussi il faudra appeler pour réserver.

CHEZ WAKA €

Mu

✆ +687 45 15 14

6 300 CFP pour 2 en paillote et 3 990 CFP pour 2 en case. Camping possible. Pdj, fruits de mer et bougna.

Située juste à côté de Chez Hélène Gaze, Rachelle n'est autre que sa belle-fille. Rachelle prend le temps avec chacun de ses hôtes. Son mari propose un kava d'arrivée et la plage sur laquelle se situe l'hébergement est tout simplement superbe (prolongement de Luengoni). Un *faré* avec barbecue a été aménagé pour les campeurs et tous les hôtes se partagent un bloc sanitaire. Malheureusement, le terrain et les constructions de Rachelle n'ont pas été épargnés par le cyclone Hola. Si l'hébergement en case reste confortable, nous recommandons les paillotes.

FAYAOUÉ ★★★

Longue de 25 km, la plage de Fayaoué est la plus grande de Nouvelle-Calédonie. Elle s'étend de Lékiny, au sud, à Saint-Joseph, au nord, avec ses magnifiques étendues de sable blanc bordées de cocotiers sur fond de lagon émeraude. C'est aussi ici que l'on trouve le centre administratif de l'île et son aéroport. Côté visite, ne manquez pas ses grottes : la grotte Anubet au coeur de la forêt, où on admire la fameuse perruche, les notous, les crabes... ou encore la grotte d'Hulup, remplie de légendes. Aux pieds des falaises de Ceu, de cette grotte, de nombreux habitants dirent dans le passé, qu'ils entendaient des bruits similaires à ceux du tonnerre.

PLONGER À OUVÉA

Voici une liste des spots de plongée et PMT à Ouvéa :

- **La Pointe :** il s'agit de la première passe d'Ouvéa. La plongée s'effectue sur tombant, dans des failles et tunnels naturels. Retour au bateau ou dérive.
- **Les Miettes :** les plongeurs expérimentés explorent un récif immergé d'un kilomètre de long. Le courant y est fort. Possible dérive.
- **La Passe du Styx :** plongée en dérive, sur tombant et à l'intérieur d'une passe.
- **Camelot :** superbe récif corallien. Plongée sur tombant et passe. Possible dérive.
- **Bonaparte :** dérive sur tombant et passe.
- **Jardins du Styx :** profondeur maximum de 20 m. Jardin de corail en pleine passe : les coraux durs et mous y sont splendides.
- **Fausse passe :** superbes jardins de corail plantés dans une passe peu profonde (18 m). Retour au bateau ou dérive.
- **Le pont de Mouli,** en se mettant du côté non tabou. Fort courant.
- **La rampe de Oulouop,** au nord.
- **La pointe de Mouli,** à l'extrême sud de l'île, avec un tombant accessible à quelques mètres seulement. Attention aux courants.
- **La plage de Tiberia,** à l'entrée de la tribu d'Ognat (au niveau de l'escalier vert), ou au départ du snack Au Soleil levant. Laissez-vous dériver avec le fort courant pour atterrir sur cette belle plage.

GROTTE ANUBET

✆ +687 87 64 20

Visite à 1 400 CFP.

Creusée au cœur de la forêt qui peuple le sud d'Ouvéa, la grotte d'Anubet est visitable en compagnie de Dominique Tanghmelen qui y conduit les visiteurs. Il faut prévoir des chaussures de marche, mais aussi son maillot, avec masque et tuba. Une visite à faire absolument, tant pour la beauté du lieu que pour les explications de Dominique. Il vous expliquera avec passion et pédagogie tout ce qu'il faut savoir sur la faune et la flore du coin. A la fin, une dégustation de coco fraîchement cueillie et coupée est tenue. Foncez sans hésiter.

GROTTE D'HULUP

✆ +687 96 50 36

Réservations avec Marie-Reine ou auprès du syndicat d'initiative. 1 000 CFP par personne.

Marie-Reine et Pierre Dialla font visiter pendant 2h cette grotte située au pied des falaises de Ceu, où reposent les ancêtres de la tribu. Beaucoup de mystères entourent ce lieu, à la fois calme et authentique. Située juste derrière l'aérodrome, venez découvrir la grotte de Hulup, un lieu qu'on penserait hors du temps et dont le calme n'a d'égal que ses impressionnantes stalactites et stalagmites. Les guides vous raconteront tout ce qu'il a à savoir sur cet endroit chargé de légendes et de mythes. A la fin, une baignade vous attend !

CHEZ DYDYCE €

Banout

✆ +687 45 72 87

Case ou paillote. Camping. Pdj. Wifi payant. Location de vélos. Excursion aux Pléiades avec pique-nique.

Au cœur de la tribu de Banout (*Banutr*) et à deux pas de la plage de Fayaoué, Rachelle Kauma reçoit ses hôtes dans l'une de ses quatre cases ou sur son terrain de camping. Les campeurs sont particulièrement soignés avec un coin cuisine, un barbecue et un réfrigérateur. Les sanitaires sont partagés et disposent d'eau chaude. Pierre Kauma se charge quant à lui des sorties en mer. On conseille de réserver la sortie en mer en même temps que les nuits dans le gîte. L'endroit est idéal pour admirer le coucher de soleil sur la plage à deux pas.

Fayaoué.

OUVÉA MOTU

Heo

✆ +687 45 19 18

A partir de 10 000 CFP la journée, 6 300 CFP la demi-journée. Possibilité de commander un repas poisson ou langouste.

Joffrey (*Ouvéa Motu*) organise des excursions nautiques à destination des Pléiades du Nord et des sessions de pêche sportive. Réservez bien au moins 48h à l'avance, il faut un minimum de trois personnes. Pour les plaisanciers, pour visiter ces îles, il faut obligatoirement un accord de la chefferie d'après la coutume. Une très bonne adresse à retenir pour celles et ceux voulant découvrir les Pléiades et autres merveilles du paysage calédonien. Si vous avez de la chance, vous pourrez même apercevoir des tortues ou des requins.

MIO PALMO PLONGÉE

Tribu de Lékiny

✆ +687 53 45 09

miopalmo.weebly.com

Dès 10 000 CFP pour 1 plongée, 15 000 CFP pour 2, 37 000 CFP pour 6, 49 500 CFP pour 8. Baptême. Plongée de nuit.

Le cadre et l'exceptionnelle richesse des fonds marins rendent les lieux incontournables pour tous les amoureux de plongée : passes, tombants et jardins de corail constituent l'ensemble des paysages aquatiques et en font un *spot* merveilleux à explorer. Les moniteurs sont très professionnels et les souvenirs seront inoubliables. Plusieurs prestations adaptées au niveau de chacun : balade sous-marine, baptême de plongée, exploration, formations. Les récifs de l'atoll Pacifique Sud et l'immense lagon n'auront bientôt plus de secrets pour vous.

LÉKINY ★★★

Suite à de nombreux bouleversements géologiques, l'atoll d'Ouvéa s'est progressivement affaissé à l'ouest, donnant naissance aux différents îlots que l'on peut voir aujourd'hui. Sur la côte orientale, en renvanche, la terre s'est élevée pour former de hautes falaises de corail, sculptées par l'érosion et offrant le fabuleux spectacle de Lékiny. La baie de Lékiny constitue une réserve coutumière de pêche pour la tribu de Fayawa - petite île entre les falaises de Lékiny et Mouli, avec sa petite chapelle blanche visible depuis le pont. (interdiction de se baigner). Pour découvrir l'artisanat local, contacter Marjorie Tiao, sculptrice au 50.28.16

MOULI ★★★

L'extrême sud de l'île est bien connu des touristes japonais qui aiment venir y passer leur voyage de noces à l'hôtel Paradis d'Ouvéa. Il est bien difficile de leur donner tort lorsque l'on voit l'immense beauté du décor naturel, notamment au pont et à la pointe de Mouli. Il faut se baigner avec prudence aux environs du pont de Mouli en raison du courant et des requins de passage. Mais pour les amateurs de snorkeling ou de plongée, l'endroit est un pur enchantement. Et pour ceux qui préfèrent ne pas se mouiller, ne manquez pas de vous installer sur le pont et d'admirer au travers des eaux translucides, les poissons qui naviguent devant vous !

LA PORTE DU PARADIS €€

Lékiny

✆ +687 45 05 08

Ouvert tous les jours de 9h à 18h. Repas sur réservation. Petit déjeuner, repas.

Voici une adresse authentique et savoureuse qui jouit d'une très bonne réputation. Le service a lieu les pieds dans le sable, sur les tables installées à même la plage. L'accueil est souriant et la cuisine traditionnelle est souvent plus élaborée qu'ailleurs, ce qui explique son succès et des prix en hausse. Le cadre est idyllique et la nourriture à tomber par terre. On ne saurait que trop recommander cette adresse, probablement l'un des meilleurs restaurants du coin. Pensez à téléphoner pour connaître le menu du jour et vous assurer une place.

LE COCOTIER €

✆ +687 45 70 40

Paillote, bungalow, case. Camping. Pdj, repas, bougna. Transfert aérodrome.

Après des travaux de rénovation et un changement de gérance en 2016, ce gîte est désormais une adresse correcte, bien loin de ce que l'on avait pu lire et écrire à son sujet auparavant. Situé juste en face de la plage de Mouli, le *Cocotier* propose des cases et des bungalows simples mais propres et confortables, avec un bloc sanitaire extérieur disposant d'eau chaude. Les repas servis sont de qualité, notamment le petit déjeuner, fait rare en Calédonie. Un séjour chez l'habitant enchanteur et accueillant, dans un cadre à couper le souffle.

LES FALAISES DE LÉKINY

Lékiny

✆ +687 92 55 12

Réservations par téléphone ou auprès du syndicat d'initiative.

À pied ou en bateau à fond de verre avec session palme-masque-tuba, Félix Alosio conduit les visiteurs au plus près des majestueuses falaises de Lékiny. En randonnée, on découvre la vaste étendue turquoise du lagon et le bleu profond de l'océan, tandis que l'on longe le bras de mer du Hnymek et les falaises. Le sentier chemine ensuite sur un balcon ombragé, vestige d'une époque où la côte était plus basse, avec un point de vue magnifique sur la passe de Mouli et toute la baie de Lékiny. Réservation 24h à l'avance conseillée.

© MAÏLYS ALBERTO

PONT ET POINTE DE MOULI ★★

Mouli

© MAXENCE PEIGNE

Érigé en 1984, le pont franchi qui sépare Lékine de l'île de Mouli est à ne surtout pas rater. La vue sur les falaises et la mer bleue du lagon est tout simplement grandiose. A chaque heure, l'eau semble changer de couleur ! On aperçoit l'île de Fayawa et une faune aquatique d'une grande diversité : bancs de poissons, tortues, raies, voire requins, si vous avez de la chance. En poursuivant au sud, la presqu'île de 8 km de longueur offre une plage exceptionnelle au blanc immaculé sur son versant ouest et de belles falaises de corail sur sa côte est.

LE PARADIS D'OUVÉA €€€

Fayawa

✆ +687 45 54 00

www.paradisouvea.com

Bungalows divers, transfert aéroport, tour de l'île, location vélos, sorties en mer. Restaurant. Wifi. Location kayak.

Le seul hôtel *resort* d'Ouvéa dispose d'un emplacement de choix : les bungalows 34 sont situés au bord du lagon, sur une plage s'étendant à perte de vue. Chaque hébergement dispose d'une terrasse d'où l'on peut admirer de merveilleux couchers de soleil et la piscine vient compléter ce tableau idyllique. Deux restaurants : *La Part des Anges*, ouvert le soir, et *Les Jardins d'Eden*, ouvert le midi. Un bureau est ouvert pour l'organisation des excursions à faire sur l'île. A noter que la nouvelle équipe apporte un vent de fraîcheur et assure un bel accueil.

DIDEWA MAFATOU €

✆ +687 97 85 64

Ouvert tous les midis, et le soir sur réservation. Menu allant de 1 100 à 2 100 CFP.

La première chose que l'on remarque chez Martine, c'est la vue imprenable dont on bénéficie, avec le lagon qui vous coupera le souffle. A l'extrême sud d'Ouvéa, ce snack populaire propose une nourriture traditionnelle sur place ou à emporter. Menus, sandwichs, crabes, langoustes, barquettes et nems sont tous de la partie et il faudra réserver en soirée et pour les fruits de mer. Le midi, il peut aussi y avoir du monde, réservez en passant. Courez sans hésiter déguster leur cuisine authentique faite à partir de produits locaux. On adore.

MOAGUE €

Mouli

✆ +687 95 23 25

7 350 CFP pour 1 ou 2 personnes en paillote et 1 890 CFP par personne supplémentaire. 2 625 CFP camping.

Charly et Marie-Annick Aema ont installé quatre paillotes sur la plage (d'une capacité d'accueil de 2 à 6 personnes) et un camping donnant sur la mer. Les campeurs trouveront des emplacements ombragés sur le sable blanc et un coin barbecue. Le confort est sommaire, mais reste correct pour un accueil en tribu. Des sorties en mer et tours de l'île sont aussi proposés. On reprochera au gîte d'être plutôt mal situé, notamment car la première supérette se trouve à 15 kilomètres, mais c'est bien le seul reproche qu'on peut lui faire.

SNACK FASSY €

Fayawa

✆ +687 93 31 88

Ouvert tous les jours de 8h à 20h. Repas à partir de 850 CFP à 2 500 CFP. Sortie sur l'îlot Fayawa pour 1 000 CFP.

Ce petit snack fonctionne sur un mode coopératif et demeure une bonne option pour les petits budgets. Le personnel est principalement composé d'une famille et ça se ressent dans leur cuisine. Ici, on mange comme si on était à la maison. Chaque semaine, les différentes familles de la tribu de Fayawa se relaient pour cuisiner et assurer le service. Ainsi, tout le monde travaille et gagne un peu d'argent. Pensez à vous munir d'un bon anti-moustiques à l'heure du dîner. Il est possible d'organiser des sorties sur l'îlot Fayawa en réservant au moins 24h à l'avance.

ORGANISER SON SÉJOUR

La Nouvelle-Calédonie n'est pas forcément une destination très populaire pour des vacances, à cause de son éloignement géographique et du coût du voyage. Côté pratique, la carte d'identité suffit pour se déplacer et il n'y a pas de formalités particulières pour les ressortissants français. L'île est bien connue des tour-opérateurs classiques ou spécialisés et de nombreux séjours vous seront proposés si vous ne souhaitez pas partir seul. Et si c'est l'option en solo que vous préférez – ou du moins sans agence –, vous pourrez facilement organiser votre voyage sur place tant l'île est accueillante à tous les types de voyageurs : en famille avec des enfants ou non, en solo, en amoureux, pour une ambiance détente ou sportive... Sur place, vous n'aurez aucun mal à trouver un logement, mais n'hésitez pas à réserver un peu en avance si vous partez en haute saison. Il ne nous reste plus qu'à vous souhaiter un excellent séjour !

PRATIQUE

ORGANISER SON SÉJOUR

ARGENT

▸ **Monnaie :** le franc pacifique (CFP ou XPF) est la monnaie en cours au sein des collectivités françaises du Pacifique (Nouvelle- Calédonie, Polynésie française, et Wallis-et- Futuna).

▸ **Taux de change :** le franc pacifique a une parité fixe avec l'euro. 1 € = 119,33 CFP et 100 CFP = 0,83 €.

BUDGET / BONS PLANS

Le coût de la vie en Nouvelle-Calédonie est élevé (1,5 fois plus qu'en métropole), surtout pour l'alcool et les produits laitiers, et il n'est pas rare que les budgets doivent être revus à la hausse une fois sur place.

En brousse, vous parviendrez à vous loger à des prix raisonnables (à partir de 1 000 CFP en camping et 7 000 CFP en gîte), ce qui n'est malheureusement pas le cas à Nouméa. Sur la Grande Terre et sur les îles Loyautés, il est désormais possible, mais l'offre est réduite, de loger chez l'habitant (à partir de 2 500 CFP la nuitée).

En termes d'activités, il faudra compter 12 000 CFP pour deux plongées.

▸ **Petit budget :** 100 €/jour pour un repas sur pouce, une nuit dans une auberge de jeunesse pour deux.

▸ **Gros budget :** 300 €/jour, inclus un repas au restaurant, une nuit dans un hôtel de bon standing, une excursion type randonnée palmée.

PASSEPORT ET VISAS

La Nouvelle-Calédonie fait partie de la République française : dans la Constitution française c'est une collectivité d'outre-mer à statut particulier, donc de caractère *sui generis*.

▸ **Votre carte d'identité suffit sur place, mais attention**, vous avez besoin d'un passeport en cours de validité pour les escales de transit.

▸ **Aucun visa** n'est exigé pour les séjours de moins de 3 mois pour les ressortissants de l'Union européenne. Mais au-delà de trois mois, nos voisin européens doivent impérativement requérir un titre de séjour auprès des autorités compétentes. Ils peuvent alors s'installer et travailler librement en tant qu'indépendants, ou faire une demande de permis de travail en qualité de salariés. Dans ce dernier cas, c'est la direction du Travail et de l'Emploi qui instruira le dossier, puis le gouvernement de la Nouvelle-Calédonie qui sera compétent pour décider de l'octroi (ou pas) du document.

PERMIS DE CONDUIRE

Le permis de conduire français est le permis légal, la conduite se fait ici aussi à droite. Le permis local ne comporte pas de points.

© ONFOKUS - ISTOCKPHOTO.COM

INTERVIEW

L'ASSURANCE VOYAGE, LE MEILLEUR MOYEN POUR PROTÉGER SA SANTÉ À L'ÉTRANGER

avec le DR CÉDRIC RAMAUT, directeur médical d'Allianz Travel

En cas de souci de santé sur place, que faut-il faire ?

Si l'on se trouve dans une situation urgente (accident grave, morsure d'animaux...), il est conseillé d'appeler les numéros d'urgence locaux. Une fois à l'hôpital, appeler son assisteur pour déclencher les procédures de prise en charge.

Est-il possible d'entrer en contact avec un professionnel de santé en cas de besoin ?

Allianz Travel dispose d'un service de téléconsultation médicale accessible en visio qui permet de s'entretenir avec un médecin 24h/24, 7 jours sur 7. La consultation se fait en français et des conseils sont donnés sur les démarches à effectuer. Une ordonnance peut également être délivrée.

S'agissant des frais médicaux, est-on forcément couvert par son assurance maladie et sa mutuelle à l'étranger ?

La sécurité sociale fonctionne uniquement dans les pays avec lesquels la France a passé des accords. Il faut pour cela demander sa carte européenne d'assurance maladie (CEAM). La sécurité sociale et la mutuelle couvriront alors les frais médicaux à l'étranger à hauteur de leur propre barème sous certaines conditions. Il est malgré tout conseillé de souscrire une assurance voyage, car la prise en charge des frais ne sera pas la même qu'en France.

Quel est le meilleur moyen de voir ses frais médicaux pris en charge ?

Dans les pays hors Europe, il est recommandé de souscrire à un contrat d'assistance avec un bon niveau de couverture des frais médicaux. Il est également important de choisir un assureur disposant d'un important réseau international dans le domaine médical.

En cas de problème médical, le rapatriement est-il prévu dans le contrat d'assurance ?

Oui, la majorité des contrats d'assurance voyage prévoit le rapatriement mais il n'est toutefois pas systématique. L'état de santé du patient peut nécessiter une hospitalisation / une immobilisation sur le lieu de séjour. Si le patient peut être traité sur place, l'assisteur l'orientera vers un médecin ou une structure médicale adaptée localement, et ce jusqu'à ce qu'il puisse à nouveau de voyager et rentrer chez lui.

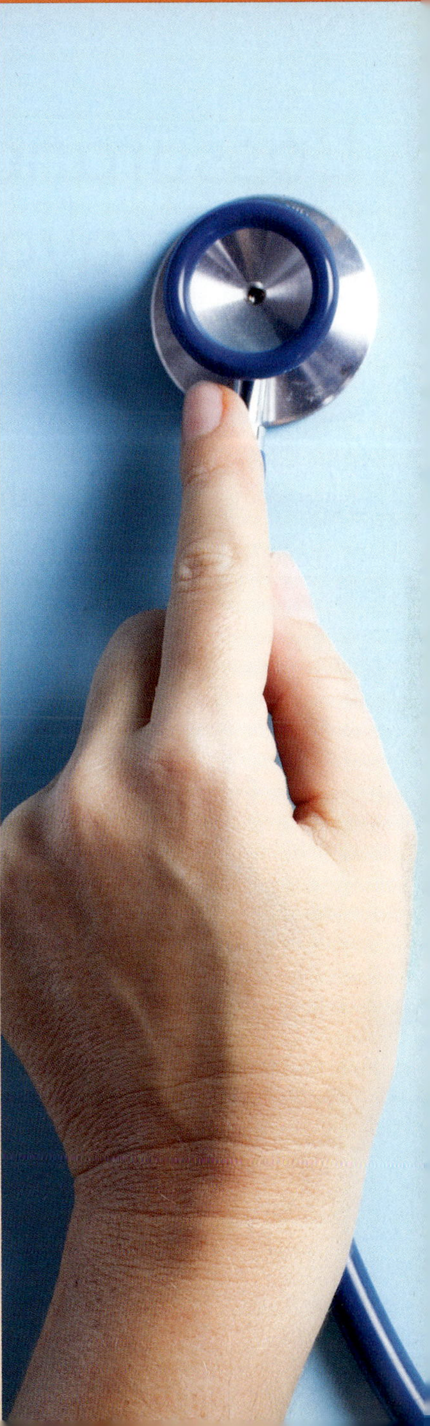

SANTÉ

La Nouvelle-Calédonie connaît régulièrement d'importantes épidémies de dengue, dont plusieurs cas mortels, mais rares, veillez donc à éviter les piqûres grâce à une couverture vestimentaire correcte et une solution anti-moustique. D'autres maladies véhiculées par les animaux comme le chikungunya et la leptospirose peuvent également sévir. Les cicatrices s'infectent facilement en milieu tropical, il faut donc bien désinfecter et surveiller la plaie. Les amateurs de sports nautiques se frotteront souvent au corail très coupant. Assurez-vous qu'il ne reste jamais de corail dans la coupure si vous êtes blessé, et désinfectez avec du citron pour tuer le corail, qui est un organisme vivant.

▶ **Préparez une trousse à pharmacie** contenant des produits basiques : médicaments contre les douleurs et la fièvre, un kit pour les petites plaies cutanées avec un produit antiseptique, quelques pansements, une pince à épiler, des crèmes solaires haute protection, des produits anti-moustiques efficaces. N'oubliez pas les préservatifs. Les pharmacies locales vendent les mêmes produits qu'en métropole. Pas besoin de charger vos bagages inutilement.

VACCINS OBLIGATOIRES

Aucun vaccin particulier n'est exigé pour entrer sur le territoire calédonien.

DÉCALAGE HORAIRE

+10 heures en hiver métropolitain et +9 heures en été. C'est-à-dire que quand il est 10h en métropole, il est 19h ou 20h à Nouméa.

LANGUES PARLÉES

Le français est parlé partout, car c'est la langue officielle et c'est la langue parlée par tous. Les langues kanaks ont été reconnues comme des langues régionales lors des arrêtés du 20 octobre 1992. C'est lors de l'Accord de Nouméa en 1998 que la création d'une Académie des langues kanaks (ALK) est prévue. Cette dernière voit le jour en 2007 et a pour but de promouvoir les langues et de veiller à ce qu'elles soient enseignées. Aujourd'hui, on dénombre 40 langues et dialectes en Nouvelle-Calédonie (28 langues et 11 dialectes). Les langues kanaks sont avec le français, des langues d'enseignement et de culture en Nouvelle-Calédonie. 4 langues sont d'ailleurs aujourd'hui présentées comme épreuve facultative lors du baccalauréat. Les langues kanaks les plus parlées sont les suivantes : le *dréhu* (langue de Lifou), avec environ 13 000 locuteurs, le *nengone* (langue de Maré), avec environ 8 800 locuteurs à travers la Nouvelle-Calédonie, le *paici* (aire de Poindimié) avec 6 600 locuteurs et le *iaai* est la langue de Ouvéa, parlée par 3 800 locuteurs.

Pour les parents qui le souhaitent, l'enseignement des enfants peut se faire « en langue » dès la maternelle, à raison de 7 heures par semaine. Fruit du travail de l'ALK, qui prône cet apprentissage afin de reconnaître d'avantage la culture kanak.

COMMUNIQUER

À Nouméa, vous pourrez vous connecter gratuitement au wifi dans les hôtels, les cafés et les bars et la municipalité a installé un réseau libre d'accès sur toute la place des Cocotiers. Le wifi est de plus en plus courant, y compris dans des endroits qui paraissent un peu isolés. Le débit est plus faible qu'en métropole.

ELECTRICITÉ ET MESURES

Le courant électrique est de 220 V et est distribué sur toute la Grande Terre et dans les îles. Dans certaines régions éloignées, des groupes électrogènes alimentent les villages à certaines heures le matin et le soir. Les prises électriques ont les mêmes caractéristiques qu'en métropole. Le système métrique est le même que dans l'Hexagone.

BAGAGES

Vous pourrez laisser vos cols roulés au placard et goûter au plaisir de marcher en tongs au mois de décembre ! D'octobre à mars, tee-shirts, shorts, robes et chaussures ouvertes suffisent. Les frileux n'oublieront pas d'emporter un pull pour les nuits plus fraîches. De juillet à septembre, habits de pluie, pantalons et vêtements plus chauds peuvent être de rigueur. En toute saison, les randonneurs se muniront de leurs chaussures de marche. Sans oublier la panoplie complète du parfait vacancier : maillot de bain (port du monokini interdit ou désapprouvé sur l'ensemble du territoire), lunettes de soleil, crème solaire à indice élevé et chapeau. Vous trouverez sur place de bons produits anti-moustiques et des crèmes apaisantes contre les piqûres.

S'Y RENDRE

Il vous faudra compter quasiment 24 h de vol – avec escales – pour vous rendre en Nouvelle-Calédonie. De nombreux vols en font qu'une seule. La plupart des escales auront lieu à Tokyo. Et c'est la ville de Nouméa qui vous accueillera une fois sur place. Quant aux prix des billets, le coût moyen d'un vol Paris-Nouméa tourne autour des 2 000 €. A noter que la variation de prix dépend de la compagnie empruntée, mais, surtout, du délai de réservation. Pour obtenir des tarifs intéressants, il est indispensable de vous y prendre très en avance. Pensez à acheter vos billets six mois avant le départ ! Certains sites vous aideront à trouver des billets d'avion au meilleur prix. Certains d'entre eux comparent les prix des compagnies régulières et *low cost* – même si pour Nouméa, il n'y a guère le choix. Vous trouverez des vols secs (transport aérien vendu seul, sans autres prestations) au meilleur prix.

AIR FRANCE

✆ 09 69 39 36 54

Réservez en ligne ou par téléphone. Bagage en soute gratuit. Entre 55 et 100 € pour un bagage en soute supplémentaire.

Acteur majeur du trafic aérien international, le groupe dispose d'un réseau mondial comprenant plus de 300 destinations, desservies grâce à Air France, KLM Royal Dutch Airlines et Transavia. Fort de 3 grands pôles d'expertises (le transport aérien de passagers, le fret et la maintenance aéronautique), Air France-KLM constitue aujourd'hui un acteur mondial de premier plan. Pour un vol Paris-Nouméa, comptez 26 heures de vol, avec une escale à Singapour (ou Tokyo, la capitale japonaise). La partie Singapour-Nouméa est assurée par Aircalin.

AIRCALIN

4, rue Ventadour - **PARIS** (1er)

✆ 01 78 09 08 09

www.aircalin.com

Du lundi au vendredi de 9h30 à 13h et de 14h à 17h.

Si vous résidez ou voulez vous rendre en Nouvelle-Calédonie, voilà qui va vous intéresser ! Aircalin : ce nom charmant – et fort efficace publicitairement ! – est une contraction de Air Calédonie International. Aircalin propose de nombreux vols entre Paris et Nouméa, en partenariat avec d'autres compagnies. Comptez généralement plus de 23 heures de vol. Personnel et accueil impeccable. Et pour prolonger le voyage, sachez-que Aircalin dessert les îles Fidji deux fois par semaine après une escale à Nouméa. Une raison de plus de découvrir la compagnie !

AIR VANUATU

22 rue Paul Duquesne - **NOUMEA**

✆ +687 286 677

www.airvanuatu.com

Ouverture du lundi au vendredi de 8h à 17h et le samedi de 8h à 11h.

Fondée en 1981 après que le Vanuatu a acquis son indépendance du Royaume-Uni et de la France, Air Vanuatu a bénéficié d'un accord entre le pays et la compagnie australienne Ansett Australia afin d'obtenir des appareils et du personnel. Air Vanuatu dessert une trentaine de destinations, notamment en Australie (Brisbane, Melbourne, Sidney, Auckland), dans le Pacifique Sud (Nadi, Suva, Nouméa, Port Moresby, Honiara) ainsi que, évidemment, de nombreuses destinations dans la république de Vanuatu, dont Lamap, Norsup, Lamen Bay, Gaua, Mota Lava, etc.

MISTERFLY

www.misterfly.com

Ouvert du lundi au vendredi de 9h à 21h. Le samedi de 10h à 20h.

MisterFly.com est le nouveau-né de la toile pour la réservation de billets d'avion. Son concept innovant repose sur un credo : transparence tarifaire ! Cela se concrétise par un prix affiché dès la première page de la recherche, c'est-à-dire qu'aucun frais de dossier ou frais bancaire ne viendront alourdir la facture finale. Idem pour le prix des bagages ! L'accès à cette information se fait dès l'affichage des vols correspondant à la recherche. La possibilité d'ajouter des bagages en supplément à l'aller, au retour ou aux deux... tout est flexible !

SÉJOURS ET CIRCUITS

Du fait du nombre d'îles et des diverses combinaisons possibles, les voyagistes vous proposeront de nombreux séjours à la carte en Nouvelle-Calédonie. Un circuit de 13 jours, au départ de Nouméa, combinant un tour de la Grande Terre en voiture et un séjour sur Lifou et l'île des Pins vous coûtera environ 1 700 €. Au départ de France, un circuit de 15 jours pour savourer l'essentiel de l'archipel calédonien vous reviendra entre 3 000 et 4 000 €. Les circuits peuvent être orientés voyages de noces, plongées, nature et traditions avec pourquoi pas, une excursion supplémentaire au Vanuatu. Vous pouvez aussi facilement partir seul, la Nouvelle-Calédonie est accessible à n'importe quel voyageur, même s'il est préférable d'avoir le permis et de louer une voiture pour mieux découvrir l'île. Dans tous les cas, n'hésitez pas à jeter un œil aux circuits organisés, pour vous inspirer et vous faire une idée !

ALMA VOYAGES

573, route de Toulouse
VILLENAVE-D'ORNON
✆ 05 56 87 58 46
www.alma-voyages.com
Ouvert du lundi au vendredi de 9h à 17h30 et le samedi de 9h à 12h.

Chez Alma Voyages, les conseillers connaissent parfaitement les destinations proposées et chaque client est suivi par un agent attitré ! Une large offre de voyages, avec émission de devis pour les voyages sur mesure, vous sera alors proposée. Alma Voyages pratique les meilleurs prix du marché et travaille notamment avec Kuoni, Beachcombers, Jet Tour, Marmara, Look Voyages... Si vous trouvez moins cher ailleurs, l'agence s'alignera sur ce tarif et vous bénéficierez en plus, d'un bon d'achat de 30 euros sur le prochain voyage... Catalogue sur le site Internet.

CERCLE DES VOYAGES

31, avenue de l'Opéra - **PARIS** (1er)
✆ 01 40 15 15 19
www.cercledesvoyages.com
Tous les jours sauf dimanche 9h-20h, samedi 10h-18h30. « Balade Western au Texas » à partir de 3 470 €/14 jours.

Les conseillers du Cercle des Vacances sont des spécialistes qui partageront avec vous leurs conseils et leurs petits secrets pour faire de votre voyage une expérience inoubliable et personnalisée. Confiez-leur vos habitudes de voyages, les différentes régions que vous souhaitez découvrir et élaborez ensemble un voyage sur mesure, qui vous ressemble. Leur agence en plein cœur de Paris vous accueille pour vous proposer des séjours et des vols à prix économiques. 5 autotours sont proposés pour aller découvrir les paysages et la population calédonienne.

CLUB FAUNE VOYAGES

50, rue de Passy
PARIS (16e)
✆ 01 42 88 31 32
www.club-faune.com
Ouvert du lundi au vendredi de 9h à 19h.

Depuis 30 ans, Club Faune réalise des voyages sur mesure « cousus main », à deux pas du Trocadéro. Evadez-vous en Nouvelle-Calédonie pour un voyage exceptionnel où le temps s'arrête. Club Faune vous construira un circuit, un autotour ou un séjour découverte inoubliable pour explorer toutes les richesses de cet incroyable territoire français en plein cœur du Pacifique Sud. Des séjours organisés existent aussi comme le voyage qui combine Nouvelle Calédonie et Vanuatu (16 jours), ou encore le circuit « Nouvelle-Calédonie version luxe » (15 jours).

H2O VOYAGE

85, rue Louis Pasteur
TRÉLAZÉ
✆ 02 41 24 69 00
www.h2ovoyage.com
Du lundi au vendredi de 9h à 12h30 et de 14h à 18h30.

Cette agence est spécialisée dans les voyages d'exception, et plus particulièrement dans les plus belles destinations de plongée, aux quatre coins du monde. L'équipe est en effet composée de plongeuses et plongeurs passionnés qui ont eux-mêmes déjà visité les spots proposés. Un séjour plongée de 20 jours vous attend en Nouvelle-Calédonie entre la Grande Terre et les îles. Avec ses 1 500 espèces de poissons, 350 espèces de coraux et 20 000 espèces d'invertébrés, c'est l'un des plus beaux récifs du monde, et l'un des mieux préservés.

JLT VOYAGES

50, rue Bobillot
PARIS (13e)
✆ 01 45 65 23 23
www.jltvoyages.com
Ouvert du lundi au vendredi de 10h à 19h, le samedi de 10h à 12h et de 14h à 18h.

« Arrêtez de dire un jour j'irai » : cette phrase toute simple est pourtant diffusée à juste titre par JLT Voyages. Promotions de dernière minute et voyages à la carte (grands hôtels, hôtels de charme et pensions de famille), JLT Voyages propose aussi de nombreux séjours tout compris en Nouvelle-Calédonie : « L'Essentiel de la Grande Terre » (8 jours), « Grande Terre : la boucle Nord » (15 jours), « Grande Terre : la boucle Nord et l'île des Pins » (18 jours), « Le Caillou et ses îles » (22 jours) et « Combiné Polynésie - Calédonie (Grande Terre) » (21 jours).

MELTOUR

103, avenue du Bac
LA VARENNE-SAINT-HILAIRE
✆ 01 73 43 43 43
www.meltour.com
Ouvert du lundi au vendredi de 9h à 19h.

Spécialiste des voyages sur mesure, Meltour propose de nombreuses prestations pour personnaliser votre circuit en Nouvelle-Calédonie. Parmi les circuits, on trouve par exemple un séjour « Terre Kanak - Grande Terre et île des Pins » (21 jours), « Circuit sur la Grande Terre - l'Île Principale » (14 jours), « Voyage de noces en Nouvelle-Calédonie » (20 jours), « Un lagon aux multiples visages » (15 jours), une excursion supplémentaire « Douceur des Îles Loyauté » (3 jours), ainsi qu'un voyage au Vanuatu (23 jours) pour être encore plus dépaysé !

ROUTE AUTOUR DU MONDE

34, rue Robert-Giraudineau
VINCENNES
✆ 01 43 74 94 42
https://routeautourdumonde.com

Ni limites ni frontières, l'équipe d'Exotic Voyages réalise tous vos désirs de terres lointaines. La Nouvelle Calédonie, île du bout du monde, est sans surprise la destination-phare de l'agence qui propose des circuits très bien pensés comme le circuit « Nouvelle-Calédonie, mon amour », 14 jours pour découvrir Nouméa, Bourail, Koné, Hienghène, Sarraméa et l'île des Pins ou encore des combinés avec le Japon et le Vanuatu, l'Australie... Spécialiste de l'île, ils seront d'excellents conseils pour vous aiguiller sur le meilleur choix.

SUBOCÉA

7, port de la Pointe Rouge
MARSEILLE (8e)
✆ 04 28 70 89 00
www.subocea.com
Ouvert tous les jours en été et le reste de l'année en semaine de 9h à 18h.

Le spécialiste de la plongée ne pouvait être que marseillais ! Du bassin indo-pacifique aux Caraïbes, en passant par l'océan Indien et la mer Rouge, Subocéa conçoit des croisières et séjours pour découvrir les spots de plongée les plus réputés au monde. En Nouvelle-Calédonie, le « Safari plongée combiné Grande Terre et île des Pins » vous fera découvrir les plus beaux sites et partir à la recherche des espèces sous-marines. L'agence s'occupe également de votre accueil à l'aéroport, de votre billet d'avion, du transfert en ferry et de l'installation à l'hôtel.

TERRE ET NATURE VOYAGES

23, rue d'Ouessant
PARIS (15e)
✆ 01 45 67 60 60
www.nature-plongee.com
Ouvert du lundi au vendredi de 9h30 à 19h. Sur rendez-vous en dehors de ces horaires.

Terre et Nature Voyages est une agence spécialisée destinée à tous les amoureux de la mer. Animée par une équipe de passionnés, l'agence met son expertise pour proposer des séjours uniques. Que ce soit le kitesurf, le windsurf, la voile ou encore la plongée, ce tour-opérateur parcourt les océans pour débusquer les meilleurs spots. Terre et Nature Voyages propose aventure, découverte et culture. Trek, randonnée à pied, chiens de traîneaux, canoë, voile, VTT, trail, raids multisports, croisières… vous attendent ! Plusieurs séjours riches en émotion.

ULTRAMARINA

✆ 08 25 02 98 02
www.ultramarina.com
Centre d'appel accessible du lundi au samedi.

Cette agence de voyages est bien particulière puisqu'elle propose des destinations ciblées, à savoir l'Australie, la Nouvelle-Zélande, la Nouvelle-Calédonie, les Maldives… À la base, Ultra Marina a pour vocation les voyages axés autour de la plongée. D'où ces pays aux fonds marins absolument extraordinaires. En Nouvelle Calédonie, un circuit (21 jours) vous permet de découvrir les plus beaux spots de plongée du Caillou (vous passerez par Nouméa, Bourail, Koumac, Hienghène et Poindimié sur Grande Terre, Lifou et l'île des Pins).

LASTMINUTE

✆ +39 0892 586 132

www.lastminute.com

Des vols secs à prix négociés, dégriffés ou publics sont disponibles sur Lastminute, agence de voyage en ligne créée en 1998. On y trouve également des week-ends, des séjours, de la location de voiture... Mais surtout, Lastminute est le spécialiste des offres de dernière minute permettant ainsi aux vacanciers de voyager à petits prix sans avoir à s'y prendre plusieurs semaines à l'avance. Que ce soit pour un week-end ou une semaine, une croisière ou simplement un vol, des promos sont proposées et renouvelées très régulièrement.

PROMOVACANCES

✆ 01 55 33 44 44

www.promovacances.com

Promovacances est une agence de voyage en ligne qui propose de nombreux séjours touristiques, des week-ends, ainsi qu'un très large choix de billets d'avion à tarifs négociés sur vols charters et réguliers, des locations, des hôtels à prix réduits. En plus de cette importante offre, n'hésitez pas à guetter en ligne des promotions de dernière minute et les bons plans du jour. Enfin, des informations pratiques sont à consulter en ligne pour préparer votre voyage : santé, formalités, aéroports, voyagistes, compagnies aériennes.

AXXESS TRAVEL

22 Rue Duquesne

NOUMEA

✆ +687 28 66 77

https://www.axxesstravel.nc/

© AXXESS TRAVEL

Avis aux expatriés sur le caillou, voilà une agence de voyages basée à Nouméa qui propose de nombreuses formules pour découvrir les territoires alentour. Aux choix : des voyages sur mesure, des circuits organisés/guidés seul ou en groupe, des croisières, des séjours linguistiques, des séjours balnéaires et de bien-être... Que ce soit en Polynésie, à Bali, au Japon... Mais le plus intéressant, ce sont peut-être les séjours proposés au Vanuatu, une petite île à 500 kilomètres au nord-est de la Nouvelle-Calédonie. Equipe très sympa.

UCPA

12, rue des Halles - **PARIS** (1er)

✆ 3260

www.ucpa-vacances.com

Agence ouverte du lundi au vendredi de 9h à 20h, le samedi de 9h à 19h. Nocturne le jeudi jusqu'à 22h.

Cette association unique en France propose depuis 1965 des vacances sportives à destination des adultes, mais aussi des enfants et des adolescents. Rendez-vous sur son site Internet pour trouver un voyage qui vous convient, offrant des options à des prix différents. Sur le site Internet, on peut trouver par exemple une randonnée équestre aux Emirats arabes unis. Il leur est possible d'organiser des voyages sur mesure. Recommandé pour les plus sportifs et aventuriers. Les départs sont assurés à partir de cinq participants, à partir de 18 ans.

AUTHENTIK CALEDONIA

Hall de l'hôtel Beaurivage

NOUMEA

✆ +687 45 19 00

www.authentikcaledonia.com

Du lundi au vendredi de 9h à 12h et 13h à 17h30.

Voilà une agence jeune et dynamique qui mérite le détour, gérée par Gaëlle et Coline !

Ici, on organise à distance votre séjour en Nouvelle-Calédonie du début à la fin. Avec une parfaite connaissance du territoire, cette agence propose des *packages* tout inclus pour les îles ainsi que sur la Grande Terre avec des offres exclusives gérées en direct avec les prestataires (vols/bateau, hôtels ou gîtes, voiture de location, activités). Les sportifs seront comblés avec des *packages* thématiques autour de la plongée ou de la randonnée.

CALEDONIA SPIRIT

35 avenue du Maréchal Foch
NOUMEA
✆ +687 27 27 01
www.caledoniaspirit.fr
Ouvert du lundi au vendredi de 8h à 11h30 et de 13h à 17h, le samedi de 8h à 11h.

Cette agence du centre-ville s'est construite une belle réputation grâce à son équipe dynamique qui propose régulièrement de nouveaux forfaits week-end et des packs combinés très avantageux, notamment pour les séjours sur les îles. Réservation de l'hébergement et des activités nautiques et terrestres, location de véhicule, vente de billets du Bético et d'Air Calédonie pour les îles : *Caledonia Spirit* s'occupe de tout. L'atout de cette agence : vous pouvez réserver depuis la métropole ou ailleurs via le site Internet, avec paiement en ligne sécurisé.

DESTINATION ILE DES PINS

12 bis rue du Général-Mangin
✆ +687 24 92 80
www.hotelsnouvelle-caledonie.com

A la fois centrale de réservation et agence de voyages, Destination Ile des Pins compose des voyages à la carte avec des tarifs négociés et propose des *packages* très avantageux sur plusieurs jours pour découvrir cette merveilleuse petite île. L'agence possède un système de réservation intégré permettant une excellente réactivité en cas de problème. En cas de difficultés, l'agence assure le re-routage ou le remboursement pour le vol et l'hôtel. Un plan futé ! L'accueil est chaleureux, professionnel et très à l'écoute de vos envies.

LAGOON SAFARIS

XÉPÉNÉHÉ
✆ +687 454 060
www.lagoon-safaris.nc/
Comptez 8 500 CFP pour un baptême.

Le club est géré par une équipe internationale. Anna-Bella, d'origine australienne possède un Brevet d'Etat. A ses côtés, Tawake, Instructeur Padi fidjien, est à la barre du bateau. Enfin, Bagus, complète le trio avec un Dive master Padi. Il est de Lifou. A leurs côtés, vous pourrez découvrir dix sites localisés dans le nord-ouest de l'île : la vallée des Gorgones, l'Arche, le cap Martin... tous vous offrent un cadre de plongée idéal car les eaux de Lifou abritent de sublimes gorgones et un récif préservé. Possibilité d'observation des baleines en hiver.

PACIFIQUE LAGON VOYAGES

28 rue Eugène-Porcheron
NOUMEA
✆ +687 255 300
www.pacifique-lagon.nc
Ouvert du lundi au vendredi de 8h à 17h et de 8h30 à 11h30.

Depuis 1994, Pacifique Lagon organise les voyages des Calédoniens dans le monde entier. Parmi les agences de voyages de Nouvelle-Calédonie, Pacifique Lagon s'est forgé une solide réputation, on parle même de la toute première agence de voyages en Nouvelle-Calédonie ! Equipée d'un système de réservation intégré, l'agence peut vous compiler en direct votre tour de Nouvelle-Calédonie, du Vanuatu ou encore le voyage de vos rêves dans le Pacifique. Equipe de professionnels au rendez-vous. Le plus, elle est située en plein centre-ville !

JETCOST

www.jetcost.com

Jetcost compare les prix des billets d'avion et trouve le vol le moins cher parmi les offres et les promotions des compagnies aériennes régulières et *low cost*. Le site est également un comparateur d'hébergements, de loueurs d'automobiles et de séjours, circuits et croisières. L'interface du site Internet est très simple d'utilisation. Après avoir lancé la recherche, on peut affiner les résultats en fonction de ses choix afin de trouver le vol le plus intéressant, la durée du trajet, les éventuelles escales ou encore l'aéroport d'arrivée.

QUOTATRIP

www.quotatrip.com
Voyages sur mesure.

QuotaTrip est une nouvelle plateforme de réservation de voyage en ligne qui met en relation des voyageurs à la recherche d'expériences authentiques et uniques et des agences de voyages locales sélectionnées pour leurs compétences et leur sérieux. Le réseau de QuotaTrip couvre près de 200 destinations dans le monde entier. Le but de ce rapprochement est simple : proposer un séjour entièrement personnalisé aux utilisateurs. QuotaTrip promet ainsi l'assurance d'un voyage serein, sur mesure, sans intermédiaires et sans frais supplémentaires.

INTERVIEW

LE VOYAGE-SUR-MESURE

AVEC STEVEN LE CHEVALIER ET MATHIEU VALLY DE QUOTATRIP

Quel est le concept de l'agence QuotaTrip ?
Quotatrip est la première plateforme de mise en relation entre voyageurs et agences locales. Grâce à elle, les voyageurs peuvent enfin échanger en direct avec des agences qui sont sur place et concevoir un voyage unique, au meilleur prix et 100% personnalisé.

Pourquoi voyager avec des agences locales ?
À l'inverse des agences traditionnelles, les agences locales sont des expertes de la destination choisie. Ce sont aussi les mieux placées pour concevoir des séjours qui sortent des sentiers battus. Elles sont ainsi en mesure de répondre à l'ensemble des envies, le voyageur rentre dans l'univers de l'equi-tourisme = le tourisme sans intermédiaire.

Quels sont les autres avantages pour les voyageurs ?
Il y a une multitude d'avantages. Cela permet notamment de ne pas voyager comme tout le monde, d'organiser de manière simple et rapide un séjour sur mesure et au meilleur prix. Fini les mauvaises surprises, les voyageurs posent toutes les questions qu'ils souhaitent et bénéficient d'un accompagnement sur mesure, de la conception du projet jusqu'à sa réalisation en toute sécurité car les agences référencées sont sélectionnées et recommandées par les journalistes des guides du Petitfute en toute impartialité.

Les démarches sont-elle simples à effectuer ?
Les sites de voyage en ligne font perdre beaucoup de temps aux internautes sans pour autant répondre entièrement à leurs désirs. QuotaTrip propose un formulaire simple et rapide qui permet de décrire les souhaits, les envies et les besoins. L'internaute reçoit aussitôt gratuitement et sans engagement les offres de trois ou quatre agences locales avec qui il peut ensuite échanger afin de personnaliser son projet grâce à la messagerie mise en place.

Quelles sont les destinations proposées ?
Notre plateforme propose plus de 21 000 projets de voyage sur plus de 100 destinations à travers le monde. De l'Amérique latine en passant par l'Asie et l'Afrique, nos mille agences partenaires sont là pour répondre à vos projets de voyage.

Décrivez votre projet de voyage. Échangez en direct avec les agences locales et partez au meilleur prix.

***Plus d'informations** : quotatrip.com*

© D.R

© D.R

© D.R

SE LOGER

Vous n'aurez aucun mal à trouver un hébergement en Nouvelle-Calédonie ! Attention toutefois, le pays ne dispose pas énormément d'infrastructures haut de gamme. Si elles sont moins luxueuses qu'en Polynésie par exemple, elles n'en restent pas moins propres et confortables. A Nouméa, sur l'îlot Maître, on rêve avec des bungalows sur pilotis, le long des plages, nombreuses sont les chambres indépendantes qui font face à la mer et qui offrent un accès direct à la plage. Pour économiser, de nombreux logements chez l'habitant sont possibles. Attention, le niveau de confort peut être limité, avec très souvent salle de bains et toilettes à l'extérieur et partagées. De manière générale, le logement est cher sur l'île, on vous conseille de réserver un peu en avance, notamment en haute saison ou sur Nouméa. Et pour économiser, direction les quelques campings disponibles, qui offrent des emplacements ou des bungalows.

BEWELCOME €€

www.bewelcome.org

Le système est simple : être hébergé chez l'habitant, partout dans le monde. C'est le site Internet qui se charge de contacter les accueillants et les postulants puis de les mettre en contact, que ce soit en ligne ou dans la vraie vie. Avec leur carte interactive, les profils *des « welcomers »* s'affichent, avec leurs disponibilités. Certains font part de leurs projets de voyage afin de pouvoir trouver des affinités, des opportunités d'action avec les membres du site. Idéal pour un voyage solidaire et plein de belles rencontres !

HELPX €€

www.helpx.net

Plateforme Internet pour séjourner chez l'habitant.

Des fermes biologiques, des B&B, des hôtels où l'étranger aide tout en bénéficiant, selon les hôtes, d'un hébergement, de repas ou de cours de langues selon le travail fourni. Un panel de lieux, partout dans le monde, où vivre durant une année ou moins, afin d'améliorer une langue ou vivre une expérience hors du commun pendant une année de césure. Lors de notre dernière visite sur le site, des propriétaires de *guesthouse* proposaient lit + déjeuner en échange de quelques heures de travail. Peut être une bonne affaire pour les plus jeunes.

COUCHSURFING €€

www.couchsurfing.com

Plateforme internet pour séjourner chez l'habitant. Tarif d'adhésion : 15€ environ.

Couchsurfing est le service d'hébergement gratuit en ligne regroupant le plus d'adhérents. Il suffit de s'inscrire pour accéder aux profils des locaux ou faire sa demande d'hébergement pour quelques jours, voire quelques semaines. En échange, vous pouvez par exemple inviter votre hôte à manger, lui offrir un cadeau ou bien l'accueillir chez vous. Le site Internet met en place des systèmes de contrôle : notation des membres, numéro de passeport exigé à l'inscription, etc. Les participants ont accès à des hébergements volontaires dans plus de 200 pays.

HOME EXCHANGE €€

www.homeexchange.fr

Abonnement annuel 149 €.

Et si vous échangiez votre maison avec d'autres pour partir en vacances ? HomeExchange est une plateforme d'échange de maisons et d'appartements entre particuliers. L'idée : un site Internet pour échanger son logement (studio, appartement, villa…) moyennant un abonnement annuel à l'agence en ligne, qui se charge de la présentation du bien et de la mise en contact des intéressés. Un excellent moyen de faire des économies pour partir en vacances et réduire ainsi les frais d'hébergement sur place. Le choix est large, avec plus de 450 000 offres dans 159 pays.

SE DÉPLACER

Pour parcourir l'île, rien de mieux que de louer sa propre voiture. Comme les coûts peuvent vite être élevés, nous vous conseillons d'alterner les moyens de transport en fonction de votre itinéraire. Sur Nouméa, profitez-en pour découvrir la ville à pied, à vélo ou en empruntant les transports en commun. Pour découvrir la Grande Terre, une voiture ne sera pas de trop et vous permettra notamment de profiter des sublimes routes, notamment la transversale pour aller de l'est à l'ouest ainsi que de la route au nord de Hienghène, une pépite ! Sur les îles, vous pouvez alterner entre transport en commun et stop. Toutefois, sur l'île de Lifou, de Tiga ou de Maré, une voiture vous permettra de profiter de spots méconnus et de recoins cachés et isolés. Bref, laissez-vous porter par vos envies et faites attention, en particulier la nuit ou en cas de fortes pluies, aux nombreux nids de poule qui jonchent la route !

AIR CALÉDONIE

6 rue Unger - **NOUMEA** ✆ +687 25 21 77
www.air-caledonie.nc

Ouverture du lundi au vendredi de 7h30 à 16h. Fermé le week-end. Super promo web le 1er jeudi du mois.

- **À destination de l'Île des Pins**. Plusieurs vols sont programmés chaque jour (20 min de vol). Réserver en avance.
- **À destination des îles Loyauté.** Départ tous les jours vers les trois îles (40 min de vol).
- **À destination de la Grande Terre.** Air Calédonie dessert Koné, Koumac, Touho et les îles Bélep, en relation avec Air Loyauté.
- **Attention, les bagages à main** ne doivent pas dépasser 5 kg (45 x 35 x 20 cm) et le contrôle est strict (12 kg en soute). Se présenter 1h avant le départ. L'enregistrement prend fin 30 min avant le décollage.

AIR LOYAUTÉ

65 rue Roger Gervolino
NOUMEA
✆ +687 25 37 57
www.air-loyaute.nc

A partir de l'aérodrome de Magenta, dessert les Iles Loyautés en transversal et en délégation d'Air Calédonie les Bélep, Koumac et Touho. Possibilité de réserver sur le site internet. Leurs avions (appelés Twin Otter) permettent de transporter jusqu'à dix-neuf passagers et leurs capacités de fret sont considérables compte tenu de leur gabarit si compact, parfait pour faire le lien entre les différentes régions de Nouvelle-Calédonie. Un avion de choix pour les lignes régulières, les vols inter-îles, le transport de corps ainsi que tous les types de vol spécifique.

A5 LOCATION

Tontouta Airport
NOUMEA
✆ +687 252 504
www.acinq.nc

A partir de 4 000 CFP par jour pour une C1. Tarif dégressif selon la longueur du séjour.

Voilà une agence avec une gérance familiale dynamique disposant d'un parc d'une centaine de voitures très bien entretenues. Bureau à l'aéroport (attention, à noter que la location souffre d'une taxe supplémentaire pour les voitures prises à l'aéroport) et sur Nouméa. Possibilité de récupérer la voiture au sein de l'hôtel où vous séjournez. N'hésitez pas à consulter leurs conditions d'utilisation et leurs tarifs sur leur site internet. Une entreprise efficace et réactive pour une location sans accroc. Tarif dégressif selon durée du séjour.

ADA LOCATION

49 bis avenue Georges Clemenceau
NOUMEA
✆ +687 28 85 02
www.ada.nc

Ouvert du lundi au vendredi de 7h30 à 17h30 et le samedi de 8h à 11h.

ADA est le leader français de la location de voitures et de la location d'utilitaires de proximité. Ils possèdent la plus importante sélection de véhicules de tourisme en métropole et à l'étranger. Ils sont disponibles dans un réseau de plus de 1 100 agences de location de véhicules, réparties sur tout le territoire. Possibilité de louer une voiture dès 18 ans si le loueur a son permis définitif en poche. Possibilité de louer pour la journée ou pour la semaine. Grand choix de voitures citadines (Fiat 500, Opel Corsa...), 4 places ou utilitaires.

AMARANTE

34 rue de la République
NOUMEA
✆ +687 27 82 17
www.amarantenc.com
Ouvert tous les jours.

Amarante est une agence de location de voiture située en plein centre de Nouméa. C'est un loueur sérieux qui répondra à vos attentes. Les véhicules sont en très bon état, bien entretenus et les tarifs sont intéressants. Différentes formules adaptées aux besoins de chacun (touristes comme locaux) : forfait au kilomètre parcouru, forfait avec 150 km par jour ou forfait avec kilométrage illimité (sur demande). Tarifs dégressifs selon la durée de location. Les conditions de location : plus de deux ans de permis et plus de 21 ans.

BSP AUTO

✆ 01 86 26 90 80
www.bsp-auto.com
Site comparatif accessible 24h/24.

Il s'agit là d'un prestataire qui vous assure les meilleurs tarifs de location aux conditions les plus avantageuses auprès des grands loueurs de véhicules dans les gares, aéroports et les centres-villes du monde entier. Le kilométrage illimité et les assurances sont souvent compris dans le prix. Avec BSP Auto, vous pouvez réserver dès maintenant et payer seulement cinq jours avant la prise de votre véhicule. Autre bonus du courtier BSP : pas de frais de dossier ni d'annulation (jusqu'à la veille). La moins chère des options zéro franchise.

VAN AWAY- NOUVELLE CALÉDONIE

✆ +687 77 35 65 - www.van-away.com
En fonction du véhicule : à partir de 1 020 € pour de 7 jours (4 personnes). Bon plan car on peut dormir dans les parcs nationaux ; véhicule à retirer proche de l'aéroport.

Un bon plan quand on voit le coût de l'hébergement en Nouvelle-Calédonie. Le van est le plan parfait pour se déplacer dans cette magnifique île encore sauvage et en profiter pour des budgets sérés et s'offrir la liberté. N'hésitez plus et foncez chez Sylvie pour louer l'un de ses vans équipés de toutes les commodités nécessaires pour un voyage confortable (lits, cuisine équipée, douches, etc.). Les vans sont récents et offrent le fameux toit-tente extensible !

BUDGET - PACIFIC CAR

26 rue Gabriel-Laroque - **NOUMEA**
✆ +687 27 60 60
www.budget.nc
Ouvert du lundi au vendredi de 8h à 12h puis de 13h30 à 17h et le samedi de 8h à 11h.

Fondée en 1958, Budget est une entreprise américaine fondée par le couple Mirkin et a commencé avec une flotte de 10 véhicules. Cinquante ans plus tard, elle est intégrée à Avis pour étendre leur offre à l'international. Cette agence de Nouméa est l'une des plus proches des grands hôtels. Loueur compétitif offrant une grille tarifaire intéressante et dégressive à partir de 7 jours de location. Les conducteurs doivent avoir plus de 23 ans et plus de trois ans de permis. Livraison et restitution gratuites du véhicule à votre hôtel. Agence à la Tontouta et à Koné.

EUROPCAR

128 route de l'Anse-Vata
NOUMEA
✆ +687 28 48 00
https://www.europcar.nc/
Ouvert du lundi au vendredi de 7h à 11h et de 13h à 17h. le samedi matin de 7h à 11h.

Leader mondial de la location de voitures et d'utilitaires, Europcar est fier de fournir un service d'une excellente qualité à leurs clients dans le monde entier. Avec une adresse à chaque aéroport et une à l'Anse Vata, Europcar est bien implanté à Nouméa. Le rapport qualité-prix est très bon et le personnel est professionnel et sympathique. Que vous soyez particulier ou une entreprise, n'hésitez pas à recourir à leurs services flexibles, professionnels et aux prix raisonnables. Large gamme de modèles de voiture et d'utilitaires parmi lesquels choisir.

HERTZ

113 route de l'Anse Vata
NOUMEA
✆ +687 26 18 22
www.hertz-nc.com
Ouvert du lundi au vendredi de 7h30 à 12h et de 13h à 17h, le samedi de 8h à 11h30.

Hertz, une compagnie très connue qui n'a plus rien à prouver assure des prestations de qualité à cette enseigne Route de l'Anse Vata. Il y a peu, Hertz a renouvelé sa flotte, et est présent à la Tontouta à chaque arrivée d'avion. Dans le catalogue, vous pourrez trouver des modèles économiques, des 4x4, monospaces, etc. L'entretien de chaque voiture de la flotte permet à Hertz d'assurer à ses clients des véhicules performants, confortables et à la sécurité 100 % garantie, vous permettant ainsi de conduire en toute confiance sur les routes de l'île.

POINT ROUGE LOCATION

96 Avenue Charles-de-Gaulle
NOUMEA
✆ +687 28 59 20
www.pointrouge.com
Ouvert du lundi au vendredi de 7h à 12h et de 13h à 17h. Le samedi de 8h à 11h30.

Point Rouge possède des agences dans les deux aéroports et une agence à Koné. Une des plus anciennes enseignes de Nouvelle-Calédonie. Flotte de véhicules en très bon état. Possibilité de rachat de franchise. Kilométrage illimité à partir de 2 jours de location. De nombreux forfaits sont accessibles pour toutes les bourses et tous les besoins. Prix imbattable sur certains segments de voitures, notamment grâce à des promotions régulières disponibles sur leur site internet. Une agence sérieuse, efficace et au personnel agréable.

ETIC.NC - ELITE TRAVEL IN CALEDONIA

572 rue du Val-Boisé
LE MONT-DORE
✆ +687 919 711
Ouvert tous les jours 24h/24. Compter 2 500 CFP/personne pour un transfert à l'aéroport La Tontouta.

Service de transport. Svetlana a posé ses valises avec son mari il y a quelques années. Avec son mini bus 8 places, elle peut gérer tous vos transferts vers l'aéroport ou l'hôtel où vous séjournez. Plutôt un bon deal et pas plus cher que le bus si vous êtes en famille ou petit groupe. Elle gère aussi des excursions dans le grand sud ou en tribu. Une équipe sérieuse, jeune et souriante. On conseille fortement cette entreprise pour vos déplacements.

PICKME.NC

NOUMEA
Réservation de voiture avec chauffeur ou taxi via les applications iOS et Android, ainsi que sur leur site web.

PickMe, c'est simplement le Uber local. L'application lancée par des Calédoniens a vu le jour en 2018 en Nouvelle-Calédonie. C'est tout simple, il suffit de télécharger l'application, de s'inscrire et de renseigner l'adresse de départ et d'arrivée. Vous pouvez réserver un taxi pour les 45 minutes à venir. Les chauffeurs sont des professionnels qui ont opté pour cette option supplémentaire et le service de qualité. Le tarif est affiché au moment de la réservation de votre course. Cela évite les mauvaises surprises. A vos smartphones !

MOBILBOARD

NOUMEA
✆ +687 291 295
Compter 2 800 CFP les 30 minutes en centre-ville, 3 900 CFP le tour des baies d'une heure, 6 900 CFP la visite du parc.

Un bon moyen de découvrir Nouméa autrement : le Segway ! Une drôle de machine qui fait fureur depuis quelques années et qui a envahi nos rues. Pour celles et ceux qui ne seraient pas familiers avec la pratique, le Segway est une planche sur laquelle l'on se tient debout sur deux grandes roues en tenant un guidon. Les sorties sont accompagnées et la location libre n'est accessible qu'aux personnes qui ont suivi une formation complète de 2h30. Plusieurs circuits sont disponibles : des promenades détente, des circuits d'adresse, des rallyes et jeux, etc.

NOUMEA RIDER

10 rue Victor Roffey
NOUMEA
✆ +687 25 21 01
noumea-rider.lagoon.nc
Tarifs variables.

Nouméa Rider loue des scooters et des motos et propose aussi une excursion à la découverte de la Grande Terre avec un circuit de quatre jours longeant la côte Ouest puis la côte Est jusqu'à Sarraméa (sur un tour de 4 jours). Nouméa Rider se charge de réserver les nuits tout comme la prise en charge des repas. On le recommande particulièrement pour sa location de deux-roues. L'agence professionnelle vous conseillera en cas de besoin. Excellent rapport qualité-prix avec du matériel neuf et bien entretenu. Boutiques pour l'équipement du motard.

S'INFORMER

Pour préparer votre voyage, mieux programmer vos visites, découvrir davantage les différentes facettes du pays ou tout simplement explorer un lieu, les options sont nombreuses : beaucoup d'informations, facilement accessibles, vous permettront d'appréhender au mieux le pays. A l'échelle nationale, de nombreux offices de tourisme et centre d'informations délivrent en détail toutes les choses à savoir et autres bons plans utiles pour arpenter ce si grand pays. Les voyageurs y trouveront certainement leur bonheur : tout y est très bien expliqué ! Sur place, les médias locaux sont bien développés : chaîne TV, radio, presse, magazines ... Le site de l'office de tourisme de Nouvelle-Calédonie ainsi que ceux des provinces sont très bien faits et pleins d'idées et de *tips* pour que votre séjour soit parfait ! Vous pourrez trouver aussi des cartes, des circuits et des idées d'établissements à visiter.

ORGANISER SON SÉJOUR

GIE TOURISME PROVINCE NORD

44 lots des Cassis Voie « Pont Blanc » - **KONÉ**
✆ +68727 78 05
www.tourismeprovincenord.nc
L'adresse est celle de la direction, reportez-vous aux offices de tourisme du quai Ferry ou de l'anse Vata.

Le GIE (Groupement d'Intérêts Economiques) Tourisme Province Nord a mis en place un site Internet très bien construit qui vous permettra de trouver tous les hébergements, activités et lieux de restauration du nord de la Nouvelle-Calédonie, avec photos pour la plupart. Ils ont à cœur de faire découvrir à leurs visiteurs le tourisme local de la Nouvelle-Calédonie, qu'il soit d'initiative calédonienne ou internationale, mais toujours faite à hauteur de l'île.

ÎLES LOYAUTÉ EXPLORER

41 rue de Sébastopol
NOUMEA
✆ 00687 27 70 50
www.ilesloyauteexplorer.nc
L'adresse est celle de la direction, reportez-vous aux offices de tourisme pour toute information.

La Province des îles Loyauté tient à votre disposition un site Internet entièrement dédié aux trois îles. Vous y retrouverez des informations générales et pratiques sur le climat, la coutume et le tourisme, mais aussi des renseignements sur les restaurants et les hébergements existants. La Province propose également des bons plans de juillet à août avec les forfaits IBozu (forfait sur les îles Loyauté incluant vol et hébergement à prix cassés). Un très bon plan ! Et s'il vous reste des questions, n'hésitez pas à les contacter, l'équipe est adorable !

OFFICE DE TOURISME DE NOUVELLE-CALÉDONIE

22 Quai Ferry
NOUMEA
✆ +687 28 75 80
www.nouvellecaledonie.travel
Ouvert du lundi au vendredi de 8h à 17h, le samedi de 9h à 15h30, et le dimanche de 9h à 13h.

Idéalement situé sur le quai Ferry, l'office de tourisme est très bien documenté. Vous y trouverez toutes les informations nécessaires pour organiser votre séjour en Nouvelle-Calédonie. En relation avec tous les acteurs du tourisme. Accueil aimable. Cet office du tourisme est tout récent, il a ouvert ses portes en août 2022, et bénéficie de tout le confort et de toutes les informations possibles. Il est LA première étape indispensable à tout visiteur de l'île.

SUD TOURISME NOUVELLE-CALÉDONIE

12-14 rue Jules Ferry - **NOUMEA** ✆ 30 90 01
www.sudtourisme.nc
Points d'information également à l'Aquarium des lagons et au niveau de la zone bagage de l'aéroport de la Tontouta.

Chaque province possède une organisation propre en matière de tourisme. Le site de la Destination Province Sud renseigne sur les différentes activités et attractions de la région. Venez découvrir toutes les richesses de la Nouvelle-Calédonie à travers les différentes régions et îles du pays. Nouméa, La Foa, Bourail, Thio, Grand Sud, l'Île des Pins... Autant de moments inoubliables à vivre à l'autre bout du monde ! L'application LoisirSud NC est également téléchargeable sur smartphone.

CALEDO LIVRES

21 rue Jean-Jaurès
NOUMEA
✆ +687 27 38 11
Ouvert du mardi au vendredi de 8h30 à 17h et le samedi de 8h30 à 13h.

Située au cœur de la ville, le long de la place des Cocotiers, la librairie Calédo Livres propose des ouvrages neufs ou d'occasion spécialisés sur l'Océanie, et dispose d'un service de commandes si vous avez une recherche précise à effectuer. L'établissement propose également un site en ligne. Et au-delà de son nom, Calédo Livres propose aussi une sélection musicale avec notamment de la musique locale et calédonienne. Et côté souvenirs, on peut y trouver de très belles affiches décoratives, des cartes postales, des calendriers, des marque-pages...

CALÉDONIA

www.caledonia.nc

Caledonia, anciennement *NCTV*, est une chaîne de télévision citoyenne locale qui diffuse ses programmes depuis fin 2013 en Nouvelle-Calédonie. Son slogan, « La télé qui nous rapproche », se traduit à travers ses productions par une proximité avec les citoyens calédoniens, quelles que soient leurs origines et leurs sensibilités politiques. Différents rendez-vous d'information, locaux et nationaux (des JT, des talk-shows, des documentaires) et de divertissement sont proposés aux téléspectateurs pour permettre à chaque Calédonien de se reconnaître dans la chaîne.

CARNETS DE VOYAGE

36, Boulevard de la Bastille
PARIS (12e)
www.us.phoenix-publications.com

Publié par les éditions Phoenix, qui comptent déjà plusieurs revues à leur actif, ce trimestriel est consacré aux voyages avec des focus dédiés à la découverte d'une ville, d'une région, que ce soit en France, en Europe ou dans le monde. *Carnets de Voyage*, un magazine utile pour nous faire découvrir le meilleur d'une destination et nous faciliter le voyage. Pour de grandes ou petites escapades, les rédacteurs nous invitent à entrer dans leurs textes vivants, complétés de conseils pratiques, d'un agenda, de bonnes adresses et de superbes photos.

FRANCE 24

80, rue Camille Desmoulins
ISSY-LES-MOULINEAUX
✆ 01 84 22 84 84
france24.com

Fondée en 2005, cette chaîne de télévision française d'information internationale en continu est accessible par le câble ou par le satellite dans certains bouquets de chaînes des hôtels du pays (canaux en français, en anglais, en arabe et en espagnol). Mais seuls les faits les plus retentissants de l'actualité locale sont traités. Dans les hôtels, vous pourrez aussi parfois trouver les chaînes *TV5 Monde* et *Euronews*. Cette dernière est diffusée en quatorze langues, dont le français, mais aussi en bosno-serbo-croate depuis 2021.

RFI

80, rue Camille Desmoulins
ISSY-LES-MOULINEAUX
✆ 01 84 22 84 84
www.rfi.fr

RFI (Radio France Internationale) est une radio française d'actualité diffusée mondialement en français et en 13 autres langues*, disponible en direct sur Internet (rfi.fr) et applications connectées. Grâce à l'expertise de ses rédactions basées à Paris et de son réseau de 400 correspondants, RFI propose à ses auditeurs des rendez-vous d'information et des magazines offrant les clés de compréhension du monde.

*anglais, cambodgien, chinois, espagnol, haoussa, kiswahili, mandingue, persan, portugais, roumain, russe, vietnamien.

RMC DÉCOUVERTE

✆ 01 71 19 11 91
www.rmcbfmplay.com

Média d'information thématique, cette chaîne – diffusée en HD – propose un florilège de programmes dédiés à la découverte, et plus particulièrement des documentaires liés aux thématiques suivantes : aventure, animaux, science et technologie, histoire et investigations, automobile et moto, mais également voyages, découverte et art de vivre. C'est une excellente source d'informations pour préparer un séjour, se tenir au courant des événements dans la région et même bien au-delà. Une chaîne dont l'audience, logiquement, augmente régulièrement !

RESTER

On y vient parfois pour quelques semaines... et on reste finalement des mois voire des années. Une expatriation en Nouvelle-Calédonie est une belle aventure qui mérite d'être vécue tant les avantages sont nombreux. Mais quelles sont les raisons qui vous feront mettre les voiles ? Le confort de vie, l'exotisme quotidien, le multiculturalisme, le rythme de vie où l'on a souvent cette douce impression que l'on ne vit que d'amour et d'eau fraîche... Ou encore pour la beauté des fonds marins si vous êtes un passionné de plongée par exemple... Bref, il y a de multiples raisons de rester vivre ici et bonne nouvelle, puisqu'il s'agit d'un département et région d'outre-mer, il est assez facile de rester s'installer là ! Pas besoin de visa ni de permis de travail. Vous trouverez ici plusieurs organismes pouvant vous accompagner, mais aussi quelques conseils pratiques pour faciliter vos démarches.

ACTION CONTRE LA FAIM

102, rue de Paris - **MONTREUIL**
✆ 01 70 84 70 70
www.actioncontrelafaim.org
Par téléphone de 9h à 13h et de 14h à 18h.

ONG internationale spécialisée dans la lutte contre la faim dans le monde, active dans les domaines de la nutrition, santé, sécurité alimentaire, de l'eau, de l'assainissement. L'association intervient dans des situations de crise. Le but étant de rendre les populations autonomes d'un point de vue de la nutrition, en apportant une aide concrète et en formant les intervenants locaux qui prendront le relais. Ses missions de volontariat durent de trois mois à un an en Afrique, Asie, Amérique, Europe centrale, dans le Caucase, au Moyen-Orient et dans les Caraïbes.

CIDJ

www.cidj.com

Le Centre d'Information et de Documentation Jeunesse a été créé en 1969, sous la tutelle du ministère de la Jeunesse et des Sports. Le site Internet est bien fait et très complet. La rubrique « Partir à l'étranger » fournit des informations pratiques aux jeunes qui ont pour projet d'aller vivre à l'étranger. Il y a une rubrique spécifique dédiée à chacun des thèmes suivants : travail, étude, stage, volontariat international et séjours linguistiques. Pour vous aider dans vos démarches, vous pouvez avoir un entretien gratuit avec un conseiller du CIDJ.

AEFE

23, place de Catalogne
PARIS (14e)
✆ 01 53 69 30 90
www.aefe.fr

Cette agence, sous tutelle du ministère des Affaires étrangères, anime et gère un réseau de près de 500 établissements d'enseignement français à l'étranger, dans près de 140 pays. Des centaines de milliers d'élèves, dont une forte proportion de Français, fréquentent ces établissements. Offres d'emploi à l'international pour les titulaires de la fonction publique et informations sur la politique pédagogique émaillent le site Internet de cet organisme qui soutient également l'association Anciens des lycées français du monde est particulièrement bien fait.

ÉDUCATION NATIONALE

www.education.gouv.fr
Modalités sur www.france.diplomatie.fr/mfi.

Vous êtes enseignant ou fonctionnaire d'État, vous souhaitez travailler à l'étranger ? Consultez le site du ministère de l'Éducation nationale, il informe sur les conditions de mobilité dans le monde. Cette initiative peut s'inscrire dans un parcours professionnel. Elle permet d'exercer son métier dans des conditions spécifiques, ou un autre métier et diversifier ainsi son expérience en enrichissant ses compétences. Les personnels d'encadrement peuvent aussi postuler dans des organismes internationaux ou de l'Union européenne.

MINISTÈRE DE L'EUROPE ET DES AFFAIRES ÉTRANGÈRES

www.diplomatie.gouv.fr

Site Internet officiel pour connaître les formalités d'entrée et séjour dans le pays. Dans la rubrique « Services aux Français », vous trouverez un guide de l'expatriation, les modalités de demandes de documents officiels. Sur la page d'accueil en sélectionnant le pays, vous obtenez les contacts des ambassades. Dans l'espace politique, économie et socio-culturel, quantité d'informations et de communications utiles pour qui s'intéresse aux réalités du pays.

CAPCAMPUS

www.capcampus.com

CapCampus fut l'un des premiers portails étudiants français en ligne. Dans la rubrique dédiée aux stages et aux premiers emplois, vous trouverez aussi des offres pour l'étranger, classées par pays. Celles pour les Etats-Unis ne sont pas très nombreuses, le mieux est de consulter le site régulièrement pour ne pas passer à côtés des offres intéressantes. Le site est également utile pour se familiariser avec la vie aux Etats-Unis, car il propose également toutes les informations pratiques pour bien préparer son départ et son séjour à l'étranger.

WEP FRANCE

95, avenue Ledru Rollin
PARIS (11e)
✆ 01 48 06 26 26
www.wep.fr

WEP propose plus de 50 projets éducatifs et séjours linguistiques dans une trentaine de pays pour une durée allant de une semaine à 18 mois. Quel que soit votre projet d'études ou de volontariat à l'étranger, vous trouverez sur le site de WEP une rubrique qui y sera consacrée : étudier au lycée, dans une université, partir en séjour linguistique, faire une expérience professionnelle dans le cadre d'un stage ou vivre en immersion dans une famille. Possibilité également de planifier des programmes combinés (études et projet humanitaire par exemple).

CLUB TELI

Les Clarets
SAINT-PIERRE-D'ENTREMONT
✆ 04 79 85 24 63
www.teli.asso.fr
Adhésion d'un an : 45 €.

Le Club Teli est une association d'aide à la mobilité internationale créée voici bientôt 30 ans, forte de 4 000 adhérents en France et dans 65 pays. Si vous souhaitez séjourner à l'étranger, quel que soit votre projet, vous trouverez par le biais de ce club des infos et des offres de stages, de jobs d'été et de travail pour francophones. Si vous avez besoin d'aide pour envoyer des candidatures, le Club peut vous aider à mettre votre CV aux normes du pays où vous souhaitez partir. Pour bénéficier de ces aides et informations, il faut adhérer.

BUSINESS FRANCE

77, Boulevard Saint-Jacques
PARIS (14e)
✆ 01 40 73 30 00
Ouvert en semaine de 8h30 à 18h30.

L'Agence pour le développement international des entreprises françaises travaille en étroite collaboration avec les missions économiques. Le site Internet recense toutes les actions menées, les ouvrages publiés, les événements programmés et renvoie sur la page du Volontariat International en Entreprise (VIE). Fondée en 2015, cette structure est née de la fusion entre Ubifrance et l'Agence française pour les investissements internationaux. Elle est affiliée au Ministère de l'Europe et des Affaires étrangères et au Ministère de l'Économie et des Finances.

VIE - VOLONTARIAT INTERNATIONAL EN ENTREPRISE

✆ 04 96 17 26 50
mon-vie-via.businessfrance.fr

Le VIE est destiné aux jeunes de 18 à 28 ans. Il s'effectue en entreprise, dans une ONG, dans une collectivité locale ou dans un service de l'État allant de l'ambassade à l'établissement culturel en passant par le consulat. Par ailleurs, il peut durer de 6 à 24 mois et être renouvelé une fois, de deux ans au plus. Enfin, sa rémunération mensuelle est constituée d'un salaire fixe de 749,33 € et d'une indemnité supplémentaire dont le montant varie selon la mission.

ROMAIN, 18 ANS.
CHASSÉ DU DOMICILE FAMILIAL.
PARCE QU'IL EST HOMOSEXUEL.

INDEX

J

K

L

M

Chutes de la Madeleine.

EDITION

Directeurs de collection et auteurs : Dominique AUZIAS et Jean-Paul LABOURDETTE

Auteurs : Marie-Charlotte AMBLARD, Jean-Paul CABANAS, Baptiste THARREAU, Mathias DESHOURS, Amandine GLEVAREC, Juliette COURTOIS, Sylvie DEL COTTO, Adélaide SAUTER, Camille RENEVOT, Charlotte FICHEUX, Maxence PEIGNE, Maïlys ALBERTO, Harold BOGROS, Catherine FAUCHEUX, Jean-Paul LABOURDETTE, Dominique AUZIAS et alter

Directeur Editorial : Stéphan SZEREMETA

Rédaction Monde : Laure CHATAIGNON, Morgane VESLIN, Pierre-Yves SOUCHET, Natalia COLLIER, Julie BEZ

Rédaction France : Briséis TEMPLE-BOYER, Audrey VEDOVOTTO, Marie VIGNERON, Nicolas WODARCZAK, Mélanie PEILLET

FABRICATION

Maquette et Montage : Romain AUDREN, Julie BORDES, Delphine PAGANO

Iconographie et Cartographie : Anne DIOT, Julien DOUCET

WEB ET NUMERIQUE

Directeur Web : Louis GENEAU de LAMARLIERE

Technical Project Manager : Hervé MARION

Développeurs : Guillaume BARBET, Adeline CAUX

Intégrateur Web : Mickael LATTES, Antoine DION

Webdesigner : Caroline LAFFAITEUR

Community Traffic Manager : Alice BARBIER, Noémie LE SAUX

Content Manager : Aliénor de PERIER

DIRECTION COMMERCIALE

Directeur commercial : Guillaume VORBURGER

Coordinatrice des Régies commerciales : Manon GUERIN

Account Manager Marketplace : Leila ROUGEOT

Responsable Régies locales : Michel GRANSEIGNE

Responsables Développement régie inter : Jean-Marc FARAGUET, Guillaume LABOUREUR et Camille ESMIEU

Assistante commerciale Régie internationale : Leila ANTRI-BOUZAR

Chefs de Publicité Régie nationale : Caroline AUBRY, François BRIANCON-MARJOLLET, Perrine DE CARNE MARCEIN, Jonathan TOUTOUX

DIFFUSION ET PROMOTION

Directrice des Ventes : Bénédicte MOULET assistée d'Aissatou DIOP

Responsable des ventes : Jean-Pierre GHEZ assisté de Nelly BRION

Relations Presse-Partenariats : Jean-Mary MARCHAL

ADMINISTRATION

Président : Jean-Paul LABOURDETTE

Directrice des Ressources Humaines : Dina BOURDEAU assistée de Sandra DOS REIS et Eva BAELEN

Directrice Administrative et Financière : Valérie DECOTTIGNIES

Comptabilité : Guillaume PETIT, Aminata BAGAYOKO, Jeannine DEMIRDJIAN et Adama DIABY

Recouvrement : Fabien BONNAN assisté de Sandra BRIJLALL

Responsable informatique : Elie NZUZI-LEBA

PETIT FUTÉ NOUVELLE CALÉDONIE

LES NOUVELLES EDITIONS DE L'UNIVERSITE
18, rue des Volontaires - 75015 Paris.
✆ 01 53 69 70 00 - Fax 01 42 73 15 24
Internet : www.petitfute.com
SAS au capital de 1 000 000 € - RC PARIS B 309 769 966
Couverture : Nekaawi, Île des pins © M. Dosdane - NCTPS
Impression : CORLET IMPRIMEUR - 14110 Condé-en-Normandie
Achevé d'imprimer : juin 2023
Dépôt légal : 15/07/2023
ISBN : 9782305047270

Pour nous contacter par email, indiquez le nom de famille en minuscule suivi de @petitfute.com
Pour le courrier des lecteurs : info@petitfute.com

IMPRIMÉ EN FRANCE

S

T

U

V

W

X

Y